Jochen Peter Breuer / Pierre Frot

Das emotionale Unternehmen

Jochen Peter Breuer
Pierre Frot

# Das emotionale Unternehmen

Mental starke Organisationen
entwickeln

Emotionale Viren aufspüren
und behandeln

**GABLER**

Bibliografische Information der Deutschen Nationalbibliothek
Die Deutsche Nationalbibliothek verzeichnet diese Publikation in der
Deutschen Nationalbibliografie; detaillierte bibliografische Daten sind im Internet über
<http://dnb.d-nb.de> abrufbar.

1. Auflage 2010

Lektorat: Ulrike M. Vetter

Gabler Verlag ist eine Marke von Springer Fachmedien.
Springer Fachmedien ist Teil der Fachverlagsgruppe Springer Science+Business Media.
www.gabler.de

Umschlaggestaltung: KünkelLopka Medienentwicklung, Heidelberg
Druck und buchbinderische Verarbeitung: MercedesDruck, Berlin
Gedruckt auf säurefreiem und chlorfrei gebleichtem Papier
Printed in Germany

ISBN 978-3-8349-2076-8

Für
Francine
und
Audrey
Antoine
Jonathan
Jeremy

# Geleitwort

Die Annahme eines Homo oeconomicus, eines nur rational auf Nutzenmaximierung ausgerichteten Menschen, hat mit der wirtschaftswissenschaftlichen Teildisziplin der Verhaltensökonomie eine deutliche Einschränkung ihres Gültigkeitsanspruches erfahren. Der Einfluss emotionaler und kultureller Faktoren auf Entscheidungsverhalten wurde lange Zeit unterschätzt. Die Ergebnisse des Neuromarketings belegen eindrucksvoll, in welchem Umfang der Markterfolg von Unternehmen von diesen so genannten „weichen" Faktoren bestimmt wird. Markenwerte und Produkteinschätzungen lassen sich nicht auf Qualität, Preis und Leistung reduzieren. Mit dem Boom des Web 2.0 wird die Einschätzung von Angebot und Reputation eines Unternehmens immer mehr zum unkalkulierbaren Ergebnis der Diskurse in den sozialen Netzwerken. Die klassischen, auf Zielerreichung und Controlling ausgerichteten Handlungsstrategien erscheinen nur noch bedingt angemessen und die Notwendigkeit zu grundlegenden Veränderungen in Führung wie Organisation nimmt zu.

Das Buch passt in die Zeit und rückt die Prioritäten gerade. Die Auseinandersetzung mit dem Thema Kultur ist kein ‚Sahnehäubchen' mehr, sondern eine Aufgabe von höchster Wichtigkeit. Unternehmen, die in der neuen Netzwerkökonomie dauerhaft erfolgreich sein wollen, brauchen Regelwerke und Wertvorstellungen, die kompatibel mit den gewandelten Marktbedingungen sind. Der Übergang zum intelligenten Netzwerk eines Enterprise 2.0 erfordert einen Grad an Transparenz, Authentizität und Einfühlungsvermögen, wie er in hierarchischen Organisationsformen nicht zwingend erforderlich war.

Nur eine Kultur, die einen tragfähigen gemeinsamen Identitätskern besitzt, ist in der Lage, die Bildung funktionierender Netzwerke zu fördern und damit den vollen Mehrwert der kollektiven Intelligenz des im Unternehmen vorhandenen Erfahrungswissens zu realisieren. Ohne ein ehrliches Monitoring der Erwartungshaltungen und Wertvorstellungen aller Stakeholder bleibt die Netzwerkbildung allerdings nur allzu schnell auf der Ebene gut gemeinter Appelle stecken: „You can't manage, what you don't measure." Dass sich das Buch besonders auch der Frage der methodischen Analyse von Wahrnehmungen und Kulturaspekten widmet, ist daher nur konsequent.

Das Konzept „emotionaler Viren", die die Anpassungsfähigkeit eines Unternehmens verringern und seine Lebenskraft schwächen, ist angemessen und hilfreich. Das Buch bietet für Manager, Unternehmer und Berater eine Fülle praxisnaher Anregungen zum Verständnis und zur Entwicklung einer nachhaltig „gesunden" Unternehmenskultur.

Bremen, im Mai 2010

Prof. Dr. Peter Kruse
Geschäftsführer
nextpractice GmbH

# Vorwort

Im Verlauf unserer beruflichen Laufbahnen wurden wir mit vielen Organisations- und Finanztheorien konfrontiert, die alle eine gemeinsame Basis hatten: die Ontologie des Menschen als Homo oeconomicus, jener Mensch, der sich am Markt und im Unternehmen rein rational verhält.

Inzwischen ist die Wissenschaft wesentlich fortgeschritten. Der Neuropsychologe António Damásio hat bewiesen, dass „rational" sein nicht gleichbedeutend damit ist, sich von seinen Emotionen zu trennen, sondern dass vielmehr die Abwesenheit von Emotionen und Gefühlen erst verhindert, überhaupt rational sein zu können. Seine auf klinischen Studien basierenden Ergebnisse zeigen, dass gerade die Fähigkeit zur Vernunft aufs engste verbunden ist mit den emotionalen Prozessen. Elinor Ostrom, die Wirtschaftsnobelpreisträgerin des Jahres 2009, zeigte, wie Almbauern, Fischer oder Wassernutzer weit davon entfernt sind, sich bei der Verwertung ihrer gemeinsamen Ressourcen so rein egoistisch zu verhalten, wie ökonomische Modelle es vorhersagen.

In vielen Unternehmen allerdings werden Emotionen - vor allem kollektive Emotionen - immer noch als kaum ansprechbar und nicht behandelbar betrachtet. Die auf der reinen Rationalität des Menschen (auch wenn die Wissenschaft mittlerweile von „begrenzter" Rationalität spricht) basierenden Theorien bleiben die beherrschenden Modelle bei Organisationsprojekten. Eine „emotionale Anorexie" herrscht immer noch im Unternehmen.

Dies hat konkrete Konsequenzen: Als Berater, der über zehn Jahre lang bei amerikanischen Unternehmensberatungsfirmen für die Gestaltung großer Umstrukturierungen und internationaler Fusionen verantwortlich war, entstamme ich, Pierre Frot, ursprünglich der „Harte-Faktoren"-Fraktion. Zusammen mit meinen Kollegen leisteten wir wertvolle Arbeit und entwickelten Organisationen mit sehr hohen Potenzialen. Umso frustrierender war die Erfahrung, zu erleben, dass es oft nur bei den „Potenzialen" blieb. Durch meine Weiterbildung als Coach und Psychologe, und insbesondere seit 2003, dem Beginn der Zusammenarbeit mit Jochen Peter Breuer, nahm die Arbeit an kollektiven Emotionen - die hunderte oder tausende von Mitarbeitern betreffen - für mich wirkliche Form an.

Inzwischen wird zwar immer öfter Training und Coaching angeboten, welche die Emotionen Einzelner und von Teams adressieren und somit die nachhaltige Erfolgsquote der Change-Projekte erheblich verbessern. Allerdings bleibt die Arbeit an kollektiven Emotionen immer noch „Terra incognita" für viele Manager und Berater. Genau diesem Thema widmet sich unser Buch sehr intensiv, unter anderem mit der ausführlichen Beschreibung des Konzepts der „emotionalen Viren".

## Die Entstehung der Metapher der emotionalen Viren

Das Konzept der emotionalen Viren ist vor mehr als 15 Jahren im Rahmen der Begleitung von internationalen Fusionen und Change-Prozessen durch JPB Consulting in Paris entstanden. Gemeinsam mit meinem französischen Partner Pierre de Bartha und den Consultants von JPB suchte ich, Jochen Peter Breuer, nach Wegen, einfach und schnell an die emotionalen Blockaden innerhalb der Organisation heranzukommen und diese zu lösen, ohne dabei den Bezug zur Praxis und zur Inhaltsebene zu verlieren.

Mitte der neunziger Jahre arbeiteten wir mit den Vorständen einer deutschen und einer französischen Großbank an deren Kooperationsproblemen. Die Annäherung war schwierig, es stand viel auf dem Spiel. Keine Seite war bisher wirklich aus ihrer Deckung gekommen. Zwei Stunden vor Abschluss des Workshops baten wir die Teilnehmer, sich einen Kollegen der Partnerbank auszusuchen und sich dann in einer Untergruppe mit den Kollegen der eigenen Bank zusammenzutreffen. Beide Gruppen waren in unterschiedlichen Räumen und wurden angewiesen, gemeinsam über die individuellen Stärken und Schwächen der jeweiligen Kollegen der Partnerbank zu diskutieren. Jeder Teilnehmer sollte das jeweilige Feedback für seinen Partner aufschreiben und dann sozusagen als Botschafter seiner Gruppe dem Partner ein offenes und ehrliches Feedback geben. In der französischen Gruppe brauste ein Vorstand auf: *„Das geht doch nicht! Wir können doch nicht einfach hier über die anderen herziehen! Das ist doch peinlich."*

Ich antwortete: *„Erstens geht es nicht darum, nur über den anderen herzuziehen, sondern auch seine positiven Eigenschaften aufzuführen. Und zweitens verlangen wir von Ihnen nichts anderes als das, was Sie gleich im Flugzeug von ganz alleine machen werden, nämlich Ihre individuellen Wahrnehmungen und Gefühle zu einzelnen Personen untereinander auszutauschen. Sollten da negative Gefühle sein, so werden diese sich wie Viren bei den anderen ebenfalls verbreiten. Daher halten wir es für besser und professioneller, wenn diese Gefühle und Wahrnehmungen in dem geschützten Rahmen dieses Workshops auch dem anderen mitgeteilt werden, denn nur so können Sie eine offene und konstruktive Atmosphäre für die Zusammenarbeit schaffen."*

Diese letzte Übung war der Durchbruch: Endlich kamen auch Tabus auf den Tisch. Wir mussten den Workshop verlängern, die Teilnehmer verzichteten sogar auf einen Teil ihres Wochenendes.

Während der Nachbesprechung dieses Workshops gingen wir Moderatoren immer wieder die Szene durch, die zum Durchbruch geführt hatte. Die Metapher der Viren hat es zum einen ermöglicht, die hochkarätigen und zum Teil skeptischen Teilnehmer aus der Reserve zu locken, und zum anderen, an die verborgenen Emotionen in dieser Kooperation heranzukommen. Das Konzept der „emotionalen Viren" war geboren.

## Der wissenschaftliche Hintergrund des Konzepts

Nach vielen Jahren intensiver Beschäftigung mit den emotionalen Viren ist es für uns einerseits leicht, darüber ein Buch zu schreiben, denn wir können uns auf viele Praxisbeispiele stützen. Andererseits wird die Sache etwas komplizierter, wenn es darum geht, auch einen wissenschaftlichen Hintergrund für den Erfolg dieses Konzepts zu geben: Wie entstehen Emotionen? Welche Rolle spielen sie in unseren Entscheidungen? Wie verbreiten sie sich, um zu kollektiven Emotionen zu werden? Wie wichtig sind Metaphern für unser Denken? Wie funktionieren sie? Wie wirken unsere Interventionen auf das „limbische System" der Organisation? Wie entsteht Vertrauen und wie kann man Vertrauen zwischen verfeindeten Gruppen nachhaltig (wieder)herstellen?

Das Verhalten von Menschen ist bekanntlich nicht einfach zu untersuchen, und es ergeben sich umso weniger klare Antworten, je mehr die Emotionen im Vordergrund stehen. Es hat uns vielleicht gerade deswegen sehr viel Spaß gemacht, diese Hintergründe zu erforschen. Wir hoffen, wir können deutlich machen, dass der Ansatz der emotionalen Viren nicht nur ein hervorragendes Praxistool ist, sondern vielmehr eine fundierte Methodik für die Arbeit mit kollektiven Emotionen darstellt.

Wir glauben fest daran, dass das Konzept der emotionalen Viren den Menschen im Geschäfts- wie auch im Privatleben helfen kann, gelassener und professioneller mit Emotionen umzugehen. Es kann dazu beitragen, Emotionen zu entmystifizieren, ihnen den Platz zukommen zu lassen, der ihrer Bedeutung entspricht, nicht mehr und nicht weniger.

Darüber hinaus ist die Behandlung der emotionalen Viren, wie wir im letzten Kapitel dieses Buches aufzeigen, eine der vier Bedingungen, um die kollektive Intelligenz wirklich nutzen zu können. Angesichts der vom Einzelnen nicht mehr zu bewältigenden Komplexität ist es in Zukunft nicht nur notwendig, den Boden für die Ausschöpfung unseres Potenzials der kollektiven Intelligenz zu bereiten, sondern überlebenswichtig.

## Der Aufbau des Buches

Dieses Buch ist in vier Teile unterteilt:

- **Teil 1** behandelt im weiteren Sinne die Schwierigkeit des Umgangs mit Emotionen in der Welt der Wirtschaft und insbesondere in Unternehmen. Wir beschreiben, warum rein sachliche Entscheidungen nicht existieren können und vor welche Herausforderungen diese Tatsache das aktuelle und zukünftige Management stellt.

- **Teil 2** befasst sich mit den Konzepten und Methoden, die wir benutzen, um die emotionale Dimension in einer Organisation konkret anzusprechen und sichtbar zu machen. Hier stellen wir auch anschaulich vor, warum die Metapher der „emotionalen Viren" dafür sehr hilfreich ist.

- **Teil 3** beschreibt die Arbeit in der Praxis mit dem Konzept der emotionalen Viren anhand von vielen griffigen Beispielen, insbesondere an dem Fall Air Liquide. Der zu den Weltmarktführern bei Industriegasen zählende französische Konzern hatte vor einigen Jahren den deutschen Konkurrenten Messer Griesheim übernommen. Mit freundlicher Erlaubnis der Geschäftsführung von Air Liquide stellen wir in diesem Abschnitt die wichtigsten Prozesse und Werkzeuge vor, die wir angewandt haben, um insbesondere die emotionalen und kulturellen Aspekte der Integration zu behandeln.

- **Teil 4** zeigt auf, wie man aus unserer Sicht Organisationen effektiv zur mentalen Stärke coacht. Hier liegt der Akzent auf der Nutzung des kollektiven Intelligenzpotenzials. Wir stellen die vier Bedingungen vor, die dafür nötig sind.

## Was wir bewirken wollen

- **Dimensionen aufzeigen**: Unternehmen und Organisationen haben, genau wie der einzelne Mensch, eine emotionale und eine mentale Dimension, deren Zustand über Erfolg oder Misserfolg von Fusionen und Change-Initiativen entscheidet.

- **Angst nehmen**: Spricht man Emotionen in Organisationen an und behandelt sie, löst das oft Ängste aus. Diese sind zum Teil berechtigt, aber überbrückbar.

- **Wahrnehmung schärfen**: Bereits mit einer professionellen und gleichzeitig unkomplizierten Erfassung der Wahrnehmungen und Werte innerhalb der Organisation bewirkt man schnelle und konkrete Ergebnisse.

- **Skeptiker überzeugen**: Wir wollen Mut machen, neue Wege zu gehen, die sich in unserer Arbeit bereits bewährt haben. Die Behandlung der emotionalen Viren eines Unternehmens hat eine befreiende und leistungssteigernde Wirkung, der sich auch skeptische Entscheidungsträger nicht verschließen können.

### Was ist das Neue?

- **Die Metapher der emotionalen Viren:** Hier wird zum ersten Mal diese erfolgreiche Methodik einem breiten Publikum detailliert vorgestellt.

- **Die unkomplizierte Methode zur Erfassung und Strukturierung der emotionalen Viren** in Organisationen wird Punkt für Punkt beschrieben.

- Das Buch schildert, dass **eine Organisation als Ganzes genauso zur mentalen Stärke gecoacht werden kann** wie ein Individuum.

- Die **vier Bedingungen zur optimalen Nutzung der kollektiven Intelligenz** zeigen konkret die Voraussetzungen auf, um ungenutztes Potenzial wirkungsvoll freizusetzen.

### An wen richtet sich dieses Buch?

- **Führungspersönlichkeiten**, die unkomplizierte und anwendbare Werkzeuge suchen, um Fusionen und Change-Prozesse zu begleiten und zu gestalten.

- **Change-Verantwortliche**, die mehr Aufmerksamkeit und Unterstützung in ihrem Unternehmen für dieses wichtige Thema erreichen wollen.

- **Berater und Trainer**, die Entwicklungsarbeit in Organisationen leisten und sich inspirieren lassen möchten.

- **Wissensdurstige und Skeptiker**, die sich für den wissenschaftlichen Hintergrund zu unseren Thesen und Erfahrungen interessieren.

- **Kolleginnen und Kollegen**, die ebenfalls in diesem Bereich Pionierarbeit leisten und mit uns in den Austausch treten wollen.

### Wie kann das Buch zu dem aktuellen Wandel beitragen?

Während praktisch alle sechs Monate eine neue Computergeneration entsteht, herrscht vielfach in der Kooperation und der Kommunikation, somit in der Nutzung der kollektiven Intelligenz, noch Steinzeit. Mit den konkreten Werkzeugen geben wir Praktikern sofort und einfach umsetzbare Maßnahmen an die Hand. Der theoretische Input unterlegt unsere Thesen und macht auch Skeptikern Mut, neue Wege zu gehen.

Diejenigen Unternehmer, Manager und Berater, die wir nicht mehr überzeugen müssen, fordern wir auf, sich noch mehr zu engagieren, sich zusammenzuschließen und auszutauschen. So tragen wir gemeinsam dazu bei, dass sich professionelle Methoden und Prozesse für die Behandlung des emotionalen Unternehmens schnell verbreiten.

We are what we share!

Lausanne / München, im Mai 2010                    Jochen Peter Breuer & Pierre Frot

# Inhalt

# TEIL 1: Das emotionale Unternehmen

## 1.  Umgang mit Emotionen – das Grundproblem in Unternehmen

> „Deine Einstellung musst du ändern, nicht deinen Aufenthaltsort."
> Seneca (1 - 65 n. Chr.)

Mit der Übernahme von 80,1 Prozent der Anteile von Chrysler beendete im August 2007 der amerikanische Finanzinvestor Cerberus endgültig die transatlantische Auto-Allianz DaimlerChrysler. Bei der Hauptversammlung vier Monate zuvor in Berlin hatte Konzernchef Dieter Zetsche noch gequält gelächelt, als Aktionäre mit bissigen Worten die Rückabwicklung der teuren Fusion verlangten.[1] Die Deutschen hatten Chrysler für 36 Milliarden Dollar gekauft, bekamen neun Jahre später für die gleiche Firma nur 5,5 Milliarden Dollar. Die Ehe der zwei Autounternehmen endete damit als „gigantischer Flop".[2]

Als der damalige deutsche Vorstandsvorsitzende der Daimler-Benz AG, Jürgen Schrempp, den Fusionsvertrag mit der amerikanischen Chrysler Corporation in London unterzeichnete, bezeichnete er diesen Zusammenschluss als „Fusion der Gleichen, Fusion des Wachstums und Fusion einer beispiellosen Stärke". „Die Welt" schrieb damals: „Die Aktionäre von Daimler-Benz haben die Fusion mit Chrysler gestern begrüßt und sie auf der Hauptversammlung in Stuttgart ein historisches Ereignis genannt".[3] Heute gilt Schrempps Strategie als eine der größten Wertvernichtungen, die sich ein Manager je geleistet hat. Zeitweise war DaimlerChrysler über 40 Milliarden Euro weniger wert als zu Beginn der Fusion.

Was war geschehen? Es lag sicher nicht an der wirtschaftlichen Situation: Im Jahr vor der Fusion wurde bei Daimler-Benz das operative Ergebnis gegenüber dem Vorjahr um 79 Prozent verbessert. Das Konzernergebnis war um 15 Prozent auf 3,2 Milliarden DM gestiegen. Der Konzern versprach zu dieser Zeit die höchste Dividendenerhöhung der Unternehmensgeschichte. Chrysler ging es auch sehr gut: Vom „Forbes Magazine" wurde der Konzern als „Company of the Year" betitelt und der Vorstandsvorsitzende Robert Eaton in das Ranking der „25 besten Manager der Welt" der „Business Week" aufgenommen. Der Bilanzgewinn betrug 2,8 Milliarden Dollar.

Offensichtlich bestanden also beste Voraussetzungen: Zwei kerngesunde Unternehmen mit komplementärer Produktpalette und Marktpräsenz fusionieren, um den Weltmarkt zu erobern. Fast alle sachlichen Aspekte sprachen für den Erfolg des Vorhabens. Am Ende stand ein Fiasko, das Wirtschaftsgeschichte geschrieben hat.

Wie konnte es so weit kommen? Zahlreiche Fusions-Profis waren involviert, Schrempp hatte einen Drei-Jahresplan für die Post-Merger-Integration mit zahlreichen Berater- und Integrationsteams freigegeben, auch interkulturelle Seminare wurden auf beiden Seiten veranstaltet. Was hätte man also noch mehr tun können?

Eine detaillierte Studie der Tuck School of Business gibt dazu folgende Erklärung:[4] „Obwohl das Post-Merger-Integration-Team mehrere Millionen Dollar für Workshops zur kulturellen Sensibilisierung ausgab, wie ,sexual harassment in the american workplace' oder ,German dining etiquette', blieben die Risse in der Geschäftspraxis bestehen und das Verhalten der Manager unverändert. Dass die unterschiedlichen Kulturen kollidierten, war unter anderem auch in den Medien eindeutig zu verfolgen. Misstrauen und Abneigung beherrschten die Schlagzeilen."

Offensichtlich fehlte es an einer effizienten Begleitung der emotionalen Barrieren der Mitarbeiter und der Manager. Die hohen materiellen Verluste entstanden aus der Unterschätzung der Bedeutung der „immateriellen Realität".

Zu Beginn dieses Buches wollen wir daher zunächst unser Verständnis der immateriellen Realität definieren und erläutern.

## 1.1 „Emotionen sind schlecht"

Emotionen zu zeigen gilt bei vielen Managern als Schwäche

Die heute an den Schalthebeln der Wirtschaft sitzende Managergeneration wuchs in einem Umfeld auf, in dem das Zeigen von Emotionen, insbesondere bei Jungen, als Schwäche ausgelegt wurde. Dies trifft zu einem großen Teil auch heute noch zu.

**▷ PRAXISBEISPIEL:**

Der einflussreiche Manager eines internationalen Konzerns entdeckte während einer Coaching-Sitzung, dass er sich nicht bewusst war, wann er welche Emotionen empfand, und er war sehr überrascht festzustellen, dass es positive Emotionen gab, die ihn aufbauten. In der Firma war er als klassischer Hardliner gefürchtet. In seiner Vorstellungswelt gab es für Emotionen keinen Platz, denn er wollte nicht als Schwächling gelten. Der Preis dafür waren ein zerrüttetes Familienleben, ein Herzinfarkt und eine Karriere, die mit 54 Jahren in einer Sackgasse endete.

Es ist nicht einfach, Manager, die jahrzehntelang ihre eigenen Emotionen unterdrückt haben, dafür zu gewinnen, mit den Emotionen in ihrer Organisation zu arbeiten. Wir haben jedoch mehrfach die bereichernde Erfahrung gemacht, dass sich vor allem zunächst äußerst skeptische Manager im Nachhinein sehr erstaunt und dankbar zeigten, wenn sie schließlich die Gelegenheit hatten, die konkrete positive Wirkung der Arbeit mit und an den Emotionen selbst zu erleben.

Diese Abneigung und Voreingenommenheit gegenüber Emotionen kommt, neben der Erziehung, unter anderem aus der klassischen Betriebswirtschaftslehre, die viele heutige Manager geprägt hat. In Fallbeispielen und theoretischen Modellen werden Organisationen reduziert auf das Rationalitätsprinzip: Effektivität und Effizienz stehen im Zentrum des Erklärungsmodells. Sinnbildlich kann man von einer „emotionalen Anorexie"[5] sprechen, an der die Organisationstheorien kranken, denn es besteht eine große Diskrepanz zwischen der theoretischen Lehre über Organisationen und dem, was die persönliche Erfahrung sowie viele empirische Studien zeigen[6]: Organisationen sind demnach lebendige, soziale Gebilde mit der ganzen Bandbreite der menschlichen Emotionen: Freude, Ärger, Leid, Angst, Stolz, ... Die klassische Lehre hingegen vermittelt den Eindruck, als existierten Gefühle und Emotionen nicht, als könnten Organisationen völlig rational funktionieren.

*Die Organisationstheorien leiden unter emotionaler Anorexie*

## 1.2    Die Philosophen und die Vernunft

Auch in der juristischen Ausbildung werden Emotionen ausgeklammert. Im deutschen Recht heißt es, dass „die Sachlichkeitspflicht verhindern soll, dass der Anwalt bei der objektiven Beurteilung von Sachlage, Rechtslage und Erfolgsaussichten durch *emotionale Befindlichkeiten* beeinträchtigt wird und so seine *professionelle* Arbeit ... gefährdet". Anders gesagt: Wer seine Emotionen in seine Arbeit mit einbringt, agiert nicht professionell.

Schon bei den alten Griechen und Römern hatte die Rationalität mehr Ansehen als die Emotionen. Die Epoche der begriffsanalytisch und logisch argumentierenden Philosophie begann vor ca. 2.500 Jahren mit Parmenides. Bei Aristoteles zieht sich der Gedanke an den Menschen als rationales Wesen wie ein roter Faden durch sein gesamtes Werk, wobei für ihn ausschließlich Männer über die Gabe der Rationalität verfügten und Frauen generell irrational waren.

*Rationalität wurde bereits in der Antike den Emotionen vorgezogen*

Cicero erhebt den Menschen dank der Gabe der Vernunft über das Tier und lobt den Kampf der Überwindung der Leidenschaften zugunsten der Ratio. Seneca war der Auffassung, dass einzig die Vernunft zur Seelenruhe führt, die er als „Teil des göttlichen Geistes, versenkt in den menschlichen Körper" bezeichnete.

Für Kant sind die menschlichen Leidenschaften eine Krankheit der Seele. Glücklicherweise(!) sieht er den Menschen in der Lage, aufgrund seiner Vernunft unabhängig von anderen Einflüssen zu entscheiden. Dahinter steht die Vorstellung, dass die formale Logik ausreicht, um den Menschen zur bestmöglichen Lösung jedes Problems zu führen.

Die gemeinsame Botschaft dieser Philosophen und Vordenker: Gefühle sind schlichte „Denkfehler", die es auszumerzen gilt.

## 1.3    Die sachlich-materielle Generation

Diese einseitige Sicht dominiert unsere Gesellschaft bis heute. Das westliche Erziehungssystem ist darauf ausgerichtet, Rationalität zu trainieren und auszubauen. An Schulen und Universitäten wird nicht gelehrt, Gefühle ebenso wie das Denken als normalen Teil des Menschen zu betrachten. Die angehenden Manager werden darauf vorbereitet, ausschließlich sachlich und wissenschaftlich zu denken.

Gefühle und Emotionen wurden in den Privatbereich verdrängt

Deutschland hat aufgrund seiner Geschichte ein spezifisches zusätzliches Handikap. Die Erfahrung der emotionalen Manipulation der Bevölkerung durch die Nazis führte zu einem „Nie wieder!"-Syndrom. Gefühle und Emotionen wurden in den Privatbereich verdrängt. Seit 1945 wurde zunehmend die amerikanische Geschäftsphilosophie des „business is business" übernommen und von der damaligen Besatzungsmacht aktiv gefördert.

Das Geschäftsleben wurde auf reine „Sachlichkeit" reduziert. Wer im Duden nachschlägt, trifft auf hundert(!) Begriffe, die mit der Vorsilbe „Sach-" beginnen, wie zum Beispiel der „Sachexperte". „Sachlich" zu sein und zu argumentieren wurde zum Leitbegriff der Nachkriegsgeneration. Wissenschaftler und Professoren hatten und besitzen noch immer aufgrund ihrer Sachkompetenz und ihres wissenschaftlichen Hintergrunds nahezu „Papst-Status".

Es ist nicht unser Anliegen, Sachlichkeit und wissenschaftliche Argumentation zu verdammen. Selbstverständlich ist die Fähigkeit zu Rationalität ein wesentlicher Bestandteil menschlichen Führens und Handelns. Es geht darum, eine gesunde Balance zwischen Rationalität und Emotionalität zu finden, um die Organisationen von ihrer unnatürlichen „emotionalen Anorexie" zu heilen. Bevor wir uns mit Emotionen und deren Einfluss auf die immaterielle Realität befassen, betrachten wir zunächst die Sachaspekte, welche die materielle Realität mitgestalten.

## 1.4    Die materielle Realität

Die Managergeneration der Nachkriegszeit wuchs in einem Umfeld von Stabilität und Wachstum auf. Nach den harten Kriegsjahren ging es vor allem darum, finanzielle Sicherheit und materiellen Wohlstand zu erreichen. *„Unsere Kinder sollen es einmal besser haben als wir!"* war der Standardsatz der Eltern der Nachkriegsgeneration. Aufgrund ihrer Erziehung und Erfahrungen waren für diese Generation Wirtschaftszyklen, Unternehmenszyklen und -krisen beherrschbar und konnten mit Hebeln an harten Fakten gesteuert werden: Kostenreduzierung im Einkauf, Rationalisierung der Prozesse, strategisches Portfolio-Management, Ausgliederung von Aufgaben und Bereichen, Transfer der Produktion in Billiglohnländer, Entschlankung durch Reduzierung der Arbeitsplätze, optimierte Nutzung der IT ... Die meisten der renommierten Unternehmensberatungen haben sich einen Namen gemacht, indem sie sich auf einen dieser Bereiche spezialisierten. Wir bezeichnen diese Bereiche als die „materielle Realität", vergleichbar mit dem sichtbaren Teil eines Eisbergs.

---

**Abb. 1.1:  Die materielle Realität: Die Spitze des Eisbergs**

---

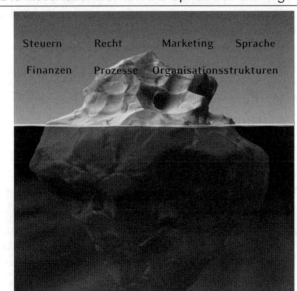

Steuern      Recht      Marketing      Sprache

Finanzen      Prozesse      Organisationsstrukturen

---

© he2be SA & JPB Consulting

Die Fokussierung auf die materielle Realität war zu Zeiten des Aufbaus, des stabilen Umfeldes und des mehr oder weniger ständigen Wachstums sowohl für die Unternehmen als auch für die Beraterbranche gewinnbringend. Auch heute geht

Ziel: Umsatz erhöhen, Kosten senken

es letztendlich darum, ein Unternehmen derart umzustrukturieren, dass durch bessere strategische Ausrichtung und optimierte Prozesse Marktanteil und Umsatz erhöht und die Kosten reduziert werden.

Eine renommierte Unternehmensberatung kann selbst Honorare in Millionenhöhe mit dem Hinweis rechtfertigen, dass die vorgeschlagenen Maßnahmen dem Unternehmen in den Folgejahren Einsparungen in mehrfacher Höhe des gezahlten Honorars ermöglichen werden.

**▶ BEISPIEL:**

> Die Verlagerung der Produktion ins Ausland zieht einen Aufwand von 20 Millionen Euro nach sich (Sozialplan, Umstrukturierung, Beraterhonorar ...), bringt jedoch Kosteneinsparungen von 5 Millionen Euro pro Jahr. Daraus errechnet sich eine Amortisierung innerhalb von vier Jahren. Welcher Unternehmer oder Manager kann es sich leisten zu zögern angesichts dieser einfachen, logischen und sachlichen Beweisführung im Rahmen eines rein materiell-mechanistischen Weltbildes?

Immaterielle Werte wie Lebensqualität, Spaß und persönliches Wachstum wurden bis zur Jahrtausendwende als reine Privatsache betrachtet, während das Unternehmen seine Mitarbeiter für ihren Arbeitseinsatz bezahlte. Der Mensch war schlicht Mittel zum Zweck. Die Frage, wie hoch der physische, psychische Preis ist, spielte bis vor Kurzem in Wirtschaftsunternehmen keine Rolle.

## 1.5  Ein Weltbild gerät ins Wanken

Seit Mitte der neunziger Jahre treten mehrere Phänomene gleichzeitig auf, welche die Vorhersehbarkeit auf der Grundlage dieses materiell-mechanistischen Weltbildes ins Wanken bringen. Die letzte globale Finanzkrise beschleunigte den bereits begonnenen Wertewandel:

- **Erhöhung der Interdependenz**: Höherer Vernetzungsgrad und Globalisierung führen zu starker gegenseitiger Abhängigkeit. Ein Erdbeben in China, früher lediglich eine traurige Nachricht in den Medien, kann heute die Weltwirtschaft in Nöte bringen.

- **Hohe Beschleunigung**: Früher entwickelten die Autohersteller einen neuen Wagentyp innerhalb von sieben Jahren, mittlerweile dauert es durchschnittlich nur drei Jahre. Internet, Mails und Videokonferenzen ermöglichen zeitnahe Information, fordern aber auch zeitnahe Reaktionen. Bewährte Konzepte und Methoden nutzen sich schnell ab, und viele wissenschaftliche Gewissheiten werden schon nach kurzer Zeit widerlegt.

- **Zunahme der Komplexität:** Wir erleben das Ende der Beherrschbarkeit und der Eindeutigkeit, vor allem aufgrund der beiden oben genannten Faktoren. Fünf-Jahres-Pläne gehören der Vergangenheit an, Einjahrespläne werden bereits nach zwei Monaten wieder angepasst. Es gibt schlicht zu viele unterschiedliche Parameter, deren Entwicklung unmöglich vorhersehbar ist.

Diesen Wandel bestätigt die Change-Management-Studie 2008 von Capgemini Consulting:[7] *„Zwei elementare Schwierigkeiten des Alltags gehören zu den Top fünf der Megatrends: ,Komplexität' und ,Beschleunigung'."*

Der wachsenden Unsicherheit als Folge dieser Einflüsse versuchen Unternehmen mit zunehmend dramatischen und hektischen Anpassungen zu begegnen: Reengineering, Lean Management, Downsizing, weltweite Fusionen und Zusammenschlüsse sind an der Tagesordnung. Als einziges Ziel der Unternehmensführung wird die Maximierung des Shareholder Value verfolgt.

Die jetzt an die Macht kommende Managergeneration, in materiellem Wohlstand und teilweise im Überfluss aufgewachsen, sieht sich heute mit einem zwiespältigen Weltbild konfrontiert:

Das zwiespältige Weltbild der jungen Generation

Einerseits fordert das aktuelle wirtschaftliche Umfeld, den alten, materiell-mechanistischen Glaubenssätzen zu folgen und weiterhin finanzielle und materielle Reichtümer zu schaffen und anzuhäufen. Kontinuierliches Wachstum, möglichst bis zur Marktführerschaft, kurzfristige Gewinnorientierung im Drei-Monats-Rhythmus, immer kürzere Produktzyklen sollen das Überleben im weltweiten Konkurrenzkampf sichern.

Der Lohn für den Einzelnen kann hierbei sehr hoch sein, wie die wachsende Zahl der Millionäre weltweit verdeutlicht: Die Anzahl von US-Dollar-Milliardären stieg von 101 im Jahr 2008 auf 130 im Jahr 2009. Im Jahr 2003 gab es in China offiziell keinen einzigen Superreichen.[8] Die Medien steuern ihren Teil dazu bei, damit das Ziel des persönlichen Reichtums erstrebenswert bleibt.

Andererseits fordert das heutige und künftige soziale und ökologische Umfeld ein gegenteiliges Handeln: nachhaltige Planung, verstärkte Kooperation, Verantwortung gegenüber der Umwelt.

Der Lohn für den Einzelnen besteht im besten Fall im Erhalt der Lebensqualität, wahrscheinlich aber nur in der Aussicht, dass Überleben auf diesem Planeten möglich bleibt.

Ein 30-jähriger Jungmanager, mitten im Konkurrenzkampf auf der Karriereleiter stehend, brachte dieses Dilemma während eines Coachings, in dem wir an seinen Zielen arbeiteten, drastisch auf den Punkt: *„Im Falle einer erfolgreichen Karriere sterbe ich mit Familie und Freunden in ein paar Jahren auf meiner Luxusyacht, sei es durch eine Umweltkatastrophe, durch eine Seuche oder durch Piraten und Flüchtlinge aus armen und übervölkerten Ländern."*

„Ich sterbe auf meiner Luxusyacht durch eine Umweltkatastrophe!"

## 1.6    Engpass Wertschätzung

Materielle Anreize reichen nicht mehr aus

Wer die heutige Situation im Geschäftsleben realistisch einschätzen will, muss zwangsläufig dieses veränderte Weltbild - und damit auch die sich wandelnden Motivationen der Mitarbeiter - zur Kenntnis nehmen. Die meisten Manager und Mitarbeiter sind nicht mehr ausschließlich mit materiellen Anreizen zu locken oder durch ehrgeizige Karriereplanung.

Dies bestätigt eine Studie mit 339, durchschnittlich 23 Jahre alten angehenden Jungmanagern, die zu ihren Einstellungen befragt wurden. Ihr vorrangiges Ziel lautete, das „Projekt Ich" voranzubringen. Die Beziehung zum Arbeitgeber wird vor allem als „Quid pro quo-Beziehung" gesehen: *„Ich gebe dir und dafür gibst du mir"*, aber nur so lange, bis sich woanders eine bessere Option ergibt. Laut dieser Studie betrachten diese Menschen sämtliche Karriere- und Entwicklungsmöglichkeiten strikt unter diesem Gesichtspunkt und nicht etwa als Weg, dem man folgt, weil es für das Unternehmen von Nutzen ist.[9]

In den Zeiten des Wirtschaftswunders und weltweiten Wachstums wurden Unternehmen zum Ideal der Selbstverwirklichung hochstilisiert, und man konnte sich mit ihnen identifizieren: Sie boten Sinn, Sicherheit, steigendes Einkommen und sozialen Aufstieg, teilweise auch Prestige. Heutzutage ist jedoch die Arbeit in vielen Unternehmen fast wieder, wie zu Beginn der Industrialisierung, zum notwendigen Übel geworden. Immer häufiger tauchen Umfragen auf, die medienwirksam propagieren, dass viele Mitarbeiter in Unternehmen demotiviert sind.

Stellvertretend hierfür steht eine Umfrage, in der Gallup Ende 2008 Arbeitnehmer in 17 Ländern nach ihrer Arbeitsmotivation befragte, wobei Deutschland auf Platz elf und damit im internationalen Vergleich im unteren Mittelfeld lag:

- 13 Prozent der Befragten in Deutschland sehen sich als engagiert und motiviert.

- 67 Prozent erklären, Dienst nach Vorschrift zu machen.

- 20 Prozent haben bereits innerlich gekündigt.

Der Berechnung von Gallup zufolge entstehen der deutschen Wirtschaft durch fehlende oder nur geringe emotionale Bindung der Beschäftigten an ihr Unternehmen Kosten in Höhe von 16,2 Milliarden Euro im Jahr - ausschließlich aufgrund von Fehlzeiten.

- Nur jeder fünfte Arbeitnehmer (19 Prozent) erklärt, dass für gute Arbeit Lob und Anerkennung ausgesprochen wird.

- 69 Prozent der Beschäftigten beanstanden, dass bei der Arbeit das Interesse an ihnen als Mensch fehlt.

- 81 Prozent der Mitarbeiter beklagen, dass die Förderung der individuellen Entwicklung auf der Strecke bleibt.

Da Unternehmen dem Einzelnen langfristig weder materielle Sicherheit noch emotionale Zuwendung bieten können, sehen die Manager und Mitarbeiter die traditionellen Instrumente zur Kostenreduzierung und zur Förderung des Wachstums zunehmend kritischer. Sie haben das Gefühl, sich letztlich ihr eigenes Grab zu schaufeln. Wo man früher noch „mit anpackte", um die „Karre aus dem Dreck zu ziehen", um dann von den Früchten der Arbeit zu profitieren, wird heute vor allem versucht, das eigene Überleben in einer mehr oder weniger komfortablen Nische zu sichern. Anstatt ihre kollektive Intelligenz zum Wohle des Unternehmens miteinander zu verbinden, setzen Manager und Mitarbeiter ihre Intelligenz heute zur Aufrechterhaltung ihres persönlichen Selbstschutzes ein. Wir nennen dieses Phänomen „protektive Intelligenz", im Gegensatz zur allseits geforderten und geförderten „kollektiven Intelligenz". Im Modus der protektiven Intelligenz fordert jeder vom anderen, bei Anwendung der kollektiven Intelligenz hingegen fördert jeder den anderen.

*Protektive statt kollektive Intelligenz: Fordern statt Fördern*

**Konsequenz:** Viele Manager und Mitarbeiter verstehen ihren Arbeitsplatz nicht mehr als langfristige Bindung, sondern bringen sich mit ihrer Arbeitskraft und Intelligenz nur für einen bestimmten Zeitabschnitt ein. Wie der Motivationsexperte Reinhold Sprenger bereits Anfang der neunziger Jahre prognostizierte, haben sich die Rollen verkehrt: Gute Manager werden zu Arbeit-Gebern, die so lange ihre Talente und Energie vermieten, bis sie ein besseres Angebot finden. Die Unternehmen werden zu Arbeit-Nehmern, die versuchen, die Talente nicht nur zu mieten, sondern so lange wie möglich an sich zu binden. Dieser „War for talents" können in Zukunft nur Unternehmen gewinnen, die ihre Mitarbeiter auch emotional ansprechen und erreichen. Die persönliche Wertschätzung wird dabei immer stärker im Vordergrund stehen.

Auf einem Forum der Unternehmensberatung Kienbaum bemerkte die Talent-Management-Chefin des Pflanzenschutzmittel- und Saatgutkonzerns Syngenta, Petra Fässler: *„Meist liegt es an mangelnder Wertschätzung seitens des Vorgesetzten, wenn Potenzialträger gehen."*[10]

Der ehemalige Bundesminister Heiner Geißler vertritt ebenfalls diese These: *„Nur eine soziale Marktwirtschaft, die das Menschliche nicht dem Monetären unterordnet, kann die Talente hervorbringen, die wir heute brauchen."*[11]

**⊞ Zusammenfassung:**

Noch bis weit in die neunziger Jahre hinein konnte man es sich erlauben, Emotionen und andere menschliche Aspekte zu ignorieren beziehungsweise zu unterdrücken. Wachstum, neue Technologien, Prozessoptimierung und Rationalisierung machten die durch die Nichtbeachtung der weichen Faktoren verursachten Produktivitätsverluste mehr als wett. Zudem konnten die Unternehmen noch auf Führungskräfte und Mitarbeiter bauen, die ihre persönlichen Bedürfnisse, „Beziehungskisten", Probleme und Ängste zugunsten des Unternehmens zurückstellten. Das Motto *„Ärmel hoch, da müssen wir durch"* galt damals noch und wurde von den Hardlinern im Top-Management auch immer wieder strapaziert. Die kommende Generation setzt hingegen auf das „Projekt Ich". Das Eigeninteresse steht im Vordergrund, die individuelle Intelligenz wird protektiv statt kollektiv eingesetzt.

## 1.7 Die immaterielle Realität drängt ins Bewusstsein

Die neuesten Studien zeigen deutlich, dass der erhebliche Einfluss der weichen Faktoren auf die Business-Realität mit Macht ins Bewusstsein der internationalen Manager drängt. Ursache dafür ist allerdings nicht eine neu entdeckte Menschlichkeit im Business, sondern die harte Realität. Megafusionen wie DaimlerChrysler scheitern, Projekte kosten weit mehr als budgetiert, nicht zuletzt aufgrund von Konventionalstrafen für zu späte Lieferungen, und wichtige Know-how-Träger verlassen das Unternehmen zum ungünstigsten Zeitpunkt. Es lässt sich nicht mehr leugnen, dass die Soft Facts die Hard Facts „schlagen", das heißt, die große Bedeutung der immateriellen Realität für den wirtschaftlichen Erfolg lässt sich nicht mehr länger bestreiten.

*Keine neue Menschlichkeit, harte Realität verursacht das Umdenken*

---

**Abb. 1.2: Die immaterielle Realität: Der verborgene Teil des Eisbergs**

Der verborgene Teil des Eisbergs bleibt zum großen Teil unbewusst oder gar tabu. Diesen nennen wir die „immaterielle Realität": die emotionalen Aspekte, welche die wahren Blockaden darstellen. Denn die immaterielle Realität ist eine Realität, die desaströse Auswirkungen haben kann, wenn sie ignoriert wird! Wenn die „Chemie" zwischen zwei hochrangigen Managern nicht stimmt, kann das die gesamte Organisation belasten. Wenn Entscheidungsfindung und Führungsstil in zwei fusionierenden Unternehmen sehr unterschiedlich sind, prallen in Meetings zwangsläufig vollkommen verschiedene Vorgehensweisen aufeinander. Frustration entsteht und es folgt unweigerlich ein Machtkampf. Verdrängt wird meist auch eine schwierige Vergangenheit, zum Beispiel als die beiden fusionierenden Unternehmen noch Konkurrenten waren.

*Die immaterielle Realität hat potenziell desaströse Auswirkungen, wenn sie ignoriert wird*

**⑪ PRAXISBEISPIEL:**

Ein in einer Fusion erlebtes Beispiel verdeutlicht die emotionaler Inkompetenz vieler Manager: Die Vertriebsleiter zweier bisher konkurrierender Unternehmen hatten sich in der Vergangenheit mit lauteren und unlauteren Mitteln bekämpft. In der nun anstehenden Fusion wurden beide aufgefordert: *„Vergessen Sie Ihren Streit, begraben Sie die Vergangenheit, jetzt sind wir eine Firma!"*. Es ist gut vorstellbar, wie diese Aufforderung bei dem Vertriebsleiter aufgenommen wurde, dem ein Bonus von 20.000 Euro entgangen war, weil ihn sein neuer „Kollege" noch in der vergangenen Woche bei einem wichtigen Auftrag durch Dumping in letzter Sekunde unterboten hatte.

Solche Appelle an die Vernunft des Top-Managements zeugen von Beziehungs-Amateurismus und einer erschreckend geringen Kenntnis fundamentaler menschlicher Bedürfnisse. Selbstverständlich war eine „sachliche" Kooperation zwischen den beiden Vertriebsleitern ein unmögliches Unterfangen, solange alte Rivalitäten und Historie nicht aufgearbeitet waren.

*Viele Top-Manager sind Beziehungs-Amateure*

## 1.8 Die Macht der Worte

Die Wortwahl der „materiellen" und „immateriellen Realität" ist weder Zufall noch zwanghaft versuchte Differenzierung. Wir hätten zurückgreifen können auf Begriffe wie „harte" und „weiche" Faktoren, die seit dem Buch *„Auf der Suche nach Spitzenleistungen"*[12] von Peters und Waterman sehr verbreitet sind, oder auf „formale" und" informale" Aspekte, wie sie Professor Dietmar Vahs in seiner Version des Eisbergs benutzt.[13]

Allerdings stellte sich schnell heraus, dass diese Begriffe nicht auf Resonanz bei Managern trafen und – was noch wichtiger ist – auf keine Resonanz, die eine Handlung hervorruft. Wenn Begriffe wie „Faktor" oder „Aspekte" bereits ungreifbar klingen, so gilt dies für so genannte „weiche Faktoren" oder „informale Aspekte" in noch höherem Maße.

Manager haben nach unserer Erfahrung durchaus eine Vorstellung von „immaterieller Realität". Der Begriff suggeriert, dass etwas tatsächlich vorhanden ist, das Handeln erfordert, und dass dieses Etwas greifbar und real ist. Damit sinkt die Hemmschwelle, sich darauf einzulassen beziehungsweise damit zu arbeiten. Es mag zunächst wie ein zu vernachlässigendes Detail erscheinen, wir werden jedoch in Kapitel 5 („Die Metapher der emotionalen Viren") zeigen, dass Sprache nicht nur eine Realität beschreibt, sondern vielmehr auch eine eigene Realität schafft. Aus diesem Grund sind wir äußerst sorgfältig bei der Auswahl von Worten und Metaphern, die wir einsetzen, denn wir wollen natürlich eine höchstmögliche Resonanz erreichen.

## 1.9    Traditionelle Unternehmensberatung in der Klemme

**Durch emotionale Blockaden werden selbst sinnvolle Maßnahmen nicht umgesetzt**

Es gibt hervorragende Projekte zur Kostenreduzierung und strategischen Neuausrichtung, beispielsweise durch eine Fusion mit einem Konkurrenten. Doch die Betroffenen setzen diese nur widerstrebend oder gar nicht um. Die immaterielle Realität führt dazu, dass sachlich richtige und aus der Sicht des materialistisch-mechanischen Weltbildes sinnvolle Maßnahmen nicht umgesetzt werden.

Dies fällt häufig auf die traditionellen Unternehmensberatungen zurück, denen der Vorwurf gemacht wird, dass sich ihre teilweise sehr kostspieligen Beratungen nicht umsetzen lassen. Daher überbieten sie sich gegenseitig mit Studien, die aufzeigen, dass die menschlichen Aspekte immer wichtiger werden. So kommt eine Studie zum Change-Management von IBM zu folgendem Schluss:

**„The soft stuff is hard!"** *„The soft stuff is hard!"* und: *„Überraschenderweise ergibt die Studie, dass die Softfaktoren am schwierigsten in den Griff zu bekommen sind."*[4]

Die Verwendung des Wortes „überraschenderweise" („surprisingly") ist in diesem Zusammenhang sehr aufschlussreich. Dieser radikale Wandel hin zur immensen Bedeutung der weichen Faktoren ist in seiner Intensität für viele erfolgreiche Akteure der materiellen Realität noch immer eine Überraschung, obwohl sich der Wandel bereits seit langem angekündigt hat.

In dieser aufwändigen Studie, basierend auf Interviews mit Managern aus über 1.500 internationalen Unternehmen, wurden unter anderem die Hauptgründe für das Gelingen oder Scheitern von Change-Projekten hinterfragt. Die drei Spitzenreiter bei der Frage nach den größten Herausforderungen in Change-Projekten waren

1) Verhalten und geistige Einstellung zu verändern: 58 Prozent

2) Unternehmenskultur verändern: 49 Prozent

3) Komplexität wird unterschätzt: 35 Prozent

Erst danach folgen klassische Hard-Themen wie zu knappe Ressourcen (33 Prozent), fehlendes Change-Management-Know-how (20 Prozent), Change der IT-Systeme (12 Prozent).

Die Arbeit an der immateriellen Realität ist nicht nur eine nette „Nice-to-have"-Aufgabe für die Kunden der Unternehmensberatungen. In einer Langzeitstudie des Soziologen Winfried Panse und des Betriebswirts Wolfgang Stegmann von der Fachhochschule Köln[15] wurde nachgewiesen, dass in einem von Angst geprägten Betriebsklima persönliche Frustration und soziales Misstrauen herrschen, während Kreativität und Motivation deutlich abnehmen. Mittel für Konferenzen können unnötig investiertes Geld sein, wenn die Konferenz ohne Ergebnis bleibt, weil sich die Teilnehmer aus Angst nicht offen äußern oder keine eigenen Ideen einbringen. 85 Prozent der von Panse und Stegmann Befragten haben Angst, im Unternehmen ihre Meinung offen zu äußern. Die „Kosten der Angst" laut dieser Studie sind:

- 8 Milliarden Euro durch Fluktuationen.

- 34 Milliarden Euro durch innere Kündigung.

- 10 Milliarden Euro infolge von angstbedingtem Medikamentenkonsum.

- 25 Milliarden Euro aufgrund von Mobbingprozessen.

- 9 Milliarden Euro durch angstverursachte Fehlzeiten.

**⊞ Fazit:**

Die immaterielle Realität beeinflusst die Art und Weise, wie Mitglieder einer Organisation ihre eigenen und gemeinsamen Tätigkeiten wahrnehmen, interpretieren, steuern und bewerten. Gefühle und Emotionen wie Stolz, Freude, aber auch Angst, Neid und Ärger üben großen Einfluss auf die Mitarbeiter und ihre Arbeitsbeziehungen untereinander aus. Hinzu kommen unterschiedliche Werte aufgrund kultureller oder persönlichkeitsbedingter Unterschiede. Nur solche Organisationen, die diese immaterielle Realität als *Realität* anerkennen und berücksichtigen, werden zukünftig Veränderungen und Transformationsprozesse erfolgreich steuern können.

## 1.10    Hintergrund: Kritik der reinen Vernunft

Was passierte, wenn wir tatsächlich in der Lage wären, unsere Emotionen „zu Hause zu lassen" und im Betrieb unsere Entscheidungen rein rational zu treffen? Wenn jeder von uns Mr. Spock, der gefühllose Vulkanier aus dem Science-Fiction-Epos „Star Trek", des Managements wäre? António Damásio, Professor für Neurologie und Psychologie an der University of Southern California und einer der berühmtesten Neurologen der Welt, ging dieser Frage bei Patienten mit Hirnläsionen auf den Grund.

*Der Fall Elliot*

Das bekannteste Beispiel liefert die Fallgeschichte von Elliot, einem erfolgreichen Anwalt bis zum Tage seiner Operation, bei der ihm Chirurgen einen Tumor und mit ihm einen Teil des Stirnhirns entfernten.

Nach der Operation veränderte sich Elliots Persönlichkeit radikal: In der Arbeit war er völlig verloren. Wenn er sich vornahm, seinen Schreibtisch aufzuräumen, konnte er stundenlang grübeln, nach welchem Prinzip er die Papiere und Dokumente sortieren sollte. Bald begann sein gesellschaftlicher Abstieg. Die Firma kündigte ihm, seine Ehe zerbrach, eine zweite Beziehung scheiterte nach kurzer Zeit. Er tat sich mit einem Geschäftspartner von zweifelhaftem Ruf zusammen, schlug alle Warnungen von Freunden aus und musste schließlich Insolvenz anmelden. Mit knapp 40 Jahren endete er mit einer Invalidenrente in der Obhut seiner Geschwister.

António Damásio untersuchte ihn wochenlang. Rein intellektuell gesehen war mit Elliot alles in Ordnung, er litt weder an Sprachstörungen noch hatte er Gedächtnisprobleme. Sein IQ lag deutlich über dem Durchschnitt. Es fehlte ihm weder an Wissen noch an Intelligenz, sondern daran, was die Ursache für sein Versagen im Alltag war: Gefühl. Schon zu Beginn seiner Untersuchungen war dem Neurologen das kühle Verhalten des Mannes aufgefallen: Er war in der Lage, die Tragödie seines Lebens mit einer Distanziertheit zu erzählen, die in keinem Verhältnis zur Bedeutung der Ereignisse stand, stets beschrieb er die Vorgänge wie aus der Sicht eines unbeteiligten Zuschauers. Als Damásios Mitarbeiter ihm Bilder von Menschen zeigten, die aus brennenden Häusern flohen oder bei Überschwemmungen zu ertrinken drohten, erklärte er, er wisse, dass er diese Szenen schlimm finden müsse, aber er empfinde nichts. Elliot, der Mann ohne Gefühle.

Eigentlich hätte Elliot der Inbegriff der Weisheit sein müssen, jedoch war genau das Gegenteil der Fall. Seine Gefühllosigkeit hatte ihn nicht zum Weisen gemacht, sondern zum Versager. Es war ihm unmöglich, vernünftige Entscheidungen zu treffen, weil sich jede Entscheidung für ihn gleich anfühlte, und zwar nach *nichts*. Obwohl er sich den katastrophalen Folgen seiner Entscheidungen gegenübersah, schien er aus seinen Fehlern nicht lernen zu können.

*Die Theorie des somatischen Markers*

Der Fall Elliot zeigt, dass bestimmte Aspekte von Gefühlen und Empfindungen unentbehrlich für rationales Verhalten sind. Laut Damásio hinderte Elliots Gefühlsleere ihn daran, verschiedenen Handlungsalternativen emotionale Werte zuzuordnen, die anderen Menschen bei ihrer Entscheidungsfindung helfen. Damásio stellte die Theorie auf, dass alle Erfahrungen des Menschen im Laufe des Erwachsenwerdens in einem emotionalen Erfahrungsgedächtnis gespeichert werden. Dieses Erfahrungsgedächtnis teilt sich über ein körperliches Signalsystem mit, das dem Menschen bei der Entscheidungsfindung hilft und das Damásio als somatischen Marker beschreibt.

Eine rationale Entscheidung erfordert die Kosten-Nutzen-Analyse aller Handlungsmöglichkeiten und ihrer Verzweigungen, und sie braucht meistens mehr Zeit, als in der betreffenden Situation zur Verfügung steht. Deshalb werden normalerweise keine rationalen Entscheidungen getroffen. Stattdessen beurteilt der Entscheider zur Beschleunigung des Verfahrens die verschiedenen Handlungsmöglichkeiten gefühlsmäßig. Bei der Vorstellung verschiedener Handlungsalternativen geben die somatischen Marker eine bestimmte Rückmeldung, die dem im Entscheidungsprozess befindlichen Menschen hilft. Somatische Marker können Entscheidungen bewusst oder unbewusst beeinflussen. Das Wirken somatischer Marker im Unbewussten bezeichnet man auch als Intuition. Die Wahl, die wir am Ende treffen, ist immer emotional. Es gibt keine rationalen Entscheidungen, nur rationale Abwägungen.

*Das Glücksspielexperiment*

Zum Beweis der Theorie der somatischen Marker führte Damásio ein „Glücksspielexperiment" durch. Gesunde Teilnehmer und Patienten mit Schädigung des Stirnhirns erhielten jeweils ein Darlehen von 2.000 Dollar und sollten mittels eines Kartenspiels, dessen Regeln sie nicht kannten, möglichst viel Geld gewinnen.

Sie sollten sich dabei entscheiden, ob sie lieber Karten vom Stapel ziehen wollten, die regelmäßig 50 Dollar Gewinn und selten 100 Dollar Verlust einbrachten, oder ob sie den zweiten Kartenstapel bevorzugten, bei dem zwar Gewinne von 100 Dollar winkten, die Verluste aber bis zu 2.500 Dollar betragen konnten.

Sowohl geschädigte als auch nicht geschädigte Teilnehmer zeigten zunächst eine Präferenz für den zweiten Stapel. Die meisten gesunden Spieler durchschauten nach ca. 30 Durchgängen das System und hielten sich dann an den ersten Stapel. Die Patienten mit Schädigungen des Stirnhirns hielten jedoch an ihrer Entscheidung für den zweiten Stapel fest, und dies obwohl ihnen vollkommen bewusst war, dass diese auch zu viel höheren Strafen führte. Nach der halben, vorher festgelegten Spieldauer waren diese Probanden insolvent und mussten ein zusätzliches Darlehen aufnehmen.

Damásio leitete von diesem Experiment ab, dass die Bestrafung beziehungsweise Belohnung der Stirnhirngeschädigten – also Probanden ohne somatische Marker – nicht zur „Markierung" schlechter Handlungsalternativen mit emotionalen Reaktionen führt, sodass bei diesen immer die unmittelbar belohnende Wahlmöglichkeit vorgezogen wird. Damásios Frau untermauerte diese Erkenntnisse, indem sie die Hautleitungsreaktionen der Teilnehmer während eines solchen Experiments untersuchte. Während die nicht geschädigten Versuchspersonen vor der Auswahl der Karten mit zunehmender Spieldauer mit wachsender Intensität reagierten, zeigten die Patienten mit Läsionen im orbitofrontalen Kortex (wie Elliot) keinerlei Reaktion.

Der hochintelligente Elliot hatte zwar nach ein paar Runden das Spiel durchschaut und konnte die Regel nennen, zog jedoch nach wie vor vom zweiten Stapel. Ihm war klar, dass das Ziehen von diesem Kartenstapel zu hohen Verlusten führen konnte, aber er fühlte keine Veranlassung, dieser Einsicht zu folgen, denn Gefühle wie Angst oder Ärger waren ihm völlig fremd.

### Literatur

António Damásio (2004): *Descartes' Irrtum – Fühlen, Denken und das menschliche Gehirn*, List

## 2. Emotionen, die harten Soft Facts

> „Die Sache haben sie gesehen, die Ursache haben sie nicht gesehen."
> Augustinus (354 – 430 n. Chr.)

Bei der DaimlerChrysler-Fusion kochten innerhalb kurzer Zeit die Emotionen hoch. Bereits die Bestimmung des Zeitpunktes der öffentlichen Bekanntgabe dieser Fusion offenbarte Konflikte zwischen den amerikanischen und deutschen PR-Abteilungen. Die Meldung wurde auf eine Uhrzeit festgelegt, die passend für die Veröffentlichung in den europäischen Medien war. Dies hieß zwei Uhr nachts für die im östlichen Teil gelegenen Staaten der USA. Zu allem Überfluss hatte Mercedes-Benz-Chef Hubbert gegenüber der „Süddeutschen Zeitung" im Vorfeld geäußert, dass er niemals einen Chrysler fahren würde, da der Chrysler seiner Mutter in Plymouth nur zweieinhalb Jahre lang gelaufen war. Noch kürzer fasste ein Mercedes-Händler seine Kritik an der Qualität der Chrysler-Produkte zusammen: „Was wollen die bloß mit diesem amerikanischen Schrott?"[16] Die Amerikaner beantworteten diese Äußerungen auf ihre Art und Weise: Chryslers stellvertretender Vorstandsvorsitzender Lutz wies in der Detroiter Presse darauf hin, dass der Jeep Grand Cherokee eine höhere Konsumentenzufriedenheit genoss als die Mercedes M-Klasse.[17]

Zwei Jahre nach der Ankündigung der Fusion war der Streit der (Ehe-)Partner schon unüberhörbar. Misstrauen und schlechte Kommunikation beherrschten den Alltag zwischen den „steifen Deutschen" und den „schlagfertigeren Amerikanern" (Wall Street Journal).

Wie kam es dazu, dass anerkannte, intelligente und hochbezahlte Manager in der Presse übereinander herzogen und somit ihrer eigenen Firma Schaden zufügten? Weshalb ließen ansonsten sachlich auftretende Entscheider plötzlich ihren Emotionen freien Lauf?

## 2.1    Der Mensch ist primär ein emotionales Wesen

Je höher unsere Bildung, umso schwerer fällt es uns, einzugestehen, dass wir sozusagen fremdbestimmt sind. Insbesondere Manager, die alles im Griff haben möchten, können sich nur schwer mit dem Gedanken anfreunden, dass Emotionen nicht nur bei ihnen selbst, sondern auch in ihren Unternehmen unterschwellig wirken und nur schwer zu steuern sind. Die moderne Hirnforschung zeigt jedoch, dass es kein emotionaleres Lebewesen als den Menschen gibt und dass wir zum großen Teil von Emotionen beherrscht werden. Der so genannte Sachverstand versetzt uns lediglich in die Lage, die unbewussten Antreiber mit unseren kulturellen und umfeldbedingten Glaubensgrundsätzen möglichst in Einklang zu bringen.

*Es gibt kein emotionaleres Wesen als den Menschen*

Je stärker wir unter Stress stehen oder (Leidens-)Druck ausgesetzt sind, umso mehr beruhen unsere Entscheidungen auf unserer eigenen, sehr emotionalen Interessenlage. Das heißt, dass unsere Kompromissfähigkeit und unsere Bereitschaft, die Interessen anderer zu berücksichtigen, in dem Maße zurückgehen, wie unsere Emotionen die Oberhand behalten.

Wir haben auf unsere emotionalen Reaktionen nur begrenzten Einfluss. Wer einmal versucht hat, eine Emotion vorzutäuschen, weiß um die Schwierigkeit dieses Bemühens, denn andere Menschen spüren automatisch, bewusst oder unbewusst, eine gewisse Unglaubwürdigkeit und reagieren entsprechend mit Ablehnung. Nicht umsonst sprechen wir abwertend von „Schauspielerei". Nur hervorragende Schauspieler verstehen es, uns emotional zu manipulieren, wobei sie im Film dabei noch von Musik, Lichteffekten und der Dramaturgie unterstützt werden.

Wenn unser bewusster Einfluss auf Emotionen nur begrenzt ist, können uns umgekehrt Emotionen geradezu überfluten und unser gesamtes Bewusstsein vereinnahmen. Der Grund hierfür liegt darin, dass die Verbindungen von den emotionalen Systemen in die kognitiven Systeme hinein stärker sind als umgekehrt.[18]

Emotion ist, Leben zu spüren. Leben ist, Emotionen zu spüren

Ein Leben ohne Emotionen ist undenkbar, wir können unsere Emotionen nicht einfach abschalten. Nur sehr bewussten, seelisch und mental ausgeglichenen Menschen ist es möglich, ihre Emotionen zu kanalisieren. Emotion ist, Leben zu spüren. Leben ist, Emotionen zu spüren. Daher versuchen wir, unsere Lebensumstände derart zu gestalten, dass wir Lust, Freude und Glücksgefühle empfinden können, und versuchen andererseits, möglichst alle Situationen zu vermeiden, die uns Enttäuschung, Kummer und Leid bringen.

Emotionen sind ein wichtiger Bestandteil des Lebens und menschlichen Miteinanders. Wenn wir unser eigenes und das Verhalten anderer Menschen verstehen wollen, kommen wir nicht umhin, uns mit Emotionen auseinanderzusetzen.

## 2.2 Emotionen: Überlebenswerkzeuge des Individuums und der Gruppe

Emotionen sind laut psychologischer Definition „vorübergehende, innere Zustände einer Person", die folgende vier Komponenten enthalten:

- **Fühlen:** Erleben eines Gefühls wie Stolz, Unruhe, Lust.

- **Denken:** emotionsspezifische Gedanken, zum Beispiel Kummer über Misserfolge.

- **Erleben:** physiologische Veränderungen, wie gesteigerte Schweißproduktion, Blutdruck, Adrenalinausschüttung.

- **Wirken:** spezifische Verhaltensweisen und Verhaltensbereitschaft wie Mimik, Gestik.

Abb. 2.1: Die vier Komponenten einer Emotion

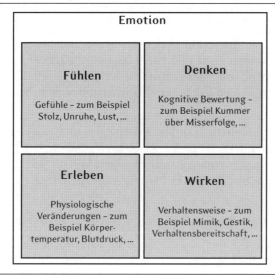

Die verschiedenen Emotionen sind im Laufe der Evolution entstanden, wobei die lebenden Organismen vielfältige Anpassungsprobleme lösen mussten, um unser Überleben sicherzustellen.

So mahnt uns das Gefühl der Angst zur Vorsicht und macht uns wachsamer gegenüber Gefahren. Ein Ekelgefühl warnt vor verdorbener Nahrung und veranlasst zu mehr Hygiene. Verunsicherung bewirkt, dass wir nicht weitermachen wie bisher, sondern innehalten und zunächst nach Orientierungspunkten suchen.

## 2.3    Ordnung der Emotionen

Es gibt viele Klassifizierungen von Emotionen, jedoch ist keine davon wirklich schlüssig. Häufig wird unterschieden zwischen primären (universellen) und sekundären (sozialen) Emotionen.

**Primäre Emotionen** sind unmittelbare, zuerst auftretende Erlebnisreaktionen nach einem Ereignis aus der äußeren oder inneren Welt. Sie sind relativ kurz und intensiv und beinhalten eine affektive, jedoch keine bewusste Bewertung. Zu den wenigen primären Emotionen gehören Angst, Wut, Ekel, Traurigkeit, Glück und Überraschung. Sie dienen oft dem sofortigen Überleben eines Organismus, indem sie den inneren Zustand regulieren, damit er auf die spezifische Reaktion vorbereitet ist. Durch Angst wird die Blutzufuhr in die Beinarterien er-

*Primäre Emotionen dienen dem Überleben des Organismus*

höht, so dass die Beinmuskulatur zusätzliche Mengen an Sauerstoff und Glukose für die Flucht erhält. Traurigkeit wie Glück lösen innere Spannungen und wirken auf das körperliche und psychische Gleichgewicht ein.

Diese primären Emotionen sind genetisch vorprogrammiert und universell. Der amerikanische Anthropologe und Psychologe Paul Ekman[19] konnte beweisen, dass diese Emotionen von einem charakteristischen mimischen Ausdruck des Gesichts begleitet werden und in verschiedenen Kulturen zu beobachten sind.

**Sekundäre Emotionen** - auch soziale Emotionen genannt - sind zeitlich verzögerte, kognitiv bearbeitete Reaktionen und von wesentlich längerer Dauer als die primären Emotionen. Zu diesen Emotionen gehören Stolz, Scham, Schuld, Neid, Verlegenheit, Verachtung, Dankbarkeit und Mitleid. Sekundäre Emotionen initiieren adaptive Handlungen in Bezug auf die Bedürfnisse und die jeweilige soziale Umwelt.

*Sekundäre Emotionen dienen dem sozialen Zusammenleben*

- Schuld macht den Weg frei für Entschuldigung und Wiedergutmachung.

- Ärger zieht die Bekämpfung des Ärgernisses sowie dessen Ablehnung und Distanzierung nach sich.

- Interesse bewirkt eine Annäherung und Intensivierung des Reizes.

Sekundäre Emotionen sind nicht nur beim Menschen, sondern auch bei Tieren zu beobachten (die „Verlegenheit" eines Hundes, der etwas Verbotenes getan hat). Sie sind sowohl erlernt und damit kultur- sowie personenspezifisch als auch Erbe der Evolution. Vieles spricht für die Annahme, dass diejenigen unserer Vorfahren, die dieses Repertoire an Emotionen beherrschten, bessere Aussichten auf ein langes Leben und viele Nachkommen hatten. Der Wissenschaftler Charles Darwin vermutete, dass eine wichtige Funktion der sekundären Emotionen darin besteht, mit Artgenossen zu kommunizieren.

*Das Repertoire der sekundären Emotionen unterstützt das soziale Leben*

Sekundäre Emotionen sind die kritischen Emotionen in einer Organisation, beispielsweise in einem Mitarbeitergespräch: Der emotionale Prozess beinhaltet die bewussten Überlegungen, die der Manager über den Mitarbeiter oder die Situation anstellt. Diese Überlegungen kommen als Vorstellungsbilder zum Ausdruck, die in einem Denkprozess organisiert werden und unzählige Aspekte der Beziehung des Managers zum Mitarbeiter oder Merkmale der Situation und ihre möglichen Folgen beinhalten.

## Abb. 2.2:  Primäre und sekundäre Emotionen[20] (Auswahl)

| Primäre Emotionen | Wut | | | Trauer | |
| --- | --- | --- | --- | --- | --- |
| Sekundäre Emotionen | | Eifersucht | | | Scham |
| | Ärger | Neid | Unzufriedenheit | | Verlegenheit |
| | Zorn | Argwohn | Ohnmacht | | Befangenheit |
| | Verärgerung | Hass | Kummer | | Enttäuschung |
| | Gereiztheit | Misstrauen | Melancholie | | Schuld |
| | Ungeduld | Verdacht | Schwermut | | Demütigung |
| | Frust | Ehrgeiz | Niedergeschlagenheit | | Konfusion |
| | Irritation | Verlangen | Hilflosigkeit | | Keuschheit |
| | Genervtsein | | Bestürztheit | | Scheu |
| | Verdruss | | Depression | | Reue |
| | Empörung | | Verwirrung | | Bedauern |
| | Entrüstung | | Langeweile | | Peinlichkeit |
| | Erbitterung | | Mutlosigkeit | | |
| | | | Verstimmtheit | | |
| | | | Sorge | | |
| | | | Mitleid | | |
| | | | Reue | | |

| Primäre Emotionen | Angst | Ekel | Überraschung | | Freude |
| --- | --- | --- | --- | --- | --- |
| Sekundäre Emotionen | | | | Verlangen | |
| | Furcht | Abneigung | Interesse | Sympathie | Aufregung |
| | Besorgnis | Ablehnung | Erstaunen | Wertschätzung | Fröhlichkeit |
| | Beschäftigtsein | Abgestoßensein | Bewunderung | Anziehung | Zufriedenheit |
| | Geplagtsein | Mattigkeit | Verblüffung | Wohlwollen | Stolz |
| | Befürchtung | Herablassung | Neugier | Aufmerksamkeit | Befriedigung |
| | Panik | Antipathie | Destabilisierung | Bewunderung | Heiterkeit |
| | Ängstlichkeit | Verachtung | Verwunderung | Faszination | Aufwertung |
| | Beklommenheit | | | Vergnügen | Hochmut |
| | Schrecken | | | | Eitelkeit |
| | | | | | Dankbarkeit |
| | | | | | Liebe |

**⚓ PRAXISBEISPIEL:**

Ein Abteilungsleiter, der sich in letzter Zeit sehr aggressiv verhielt, kam zu uns ins Coaching – ein Mitglied der Geschäftsleitung hatte dies veranlasst. Winfried Liebermann, 42 Jahre, hatte bis dahin eine erfolgreiche Karriere hinter sich, machte jedoch einen verbitterten Eindruck. Im Verlauf des Coachings öffnete er sich zunehmend und erzählte schließlich von einem starken emotionalen Konflikt, hervorgerufen durch eine Mitarbeiterbeurteilung im vergangenen Jahr. Sein Vorgesetzter in der Geschäftsleitung mochte den zu beurteilenden Mitarbeiter nicht, Liebermann hielt jedoch große Stücke auf ihn.

Sein emotionales Dilemma beschrieb er wie folgt: Den Mitarbeiter, wie vom Vorgesetzten gewünscht, schlechter zu beurteilen, als er es für gerecht empfand, würde zu starken Schuldgefühlen führen. Sich jedoch dem Chef zu widersetzen fiele negativ auf ihn selbst zurück, was insofern heikel war, da er zu diesem Zeitpunkt Aussicht auf eine Beförderung hatte. Liebermann entschied, den Mitarbeiter seiner Ansicht nach gerecht zu beurteilen. Die Reaktion seines Chefs folgte prompt, indem er die geplante Beförderung verhinderte. Liebermann rächte sich daraufhin auf seine Weise: Als anerkannter Spezialist hatte er die Möglichkeit, durch beweiskräftige, „sachliche" Bedenken Entscheidungen zu blockieren oder zu verzögern. Zeitweise suchte er die offene Provokation, und selbst die vormals gute Beziehung zum positiv beurteilten Mitarbeiter war inzwischen gestört.

Im Coaching erkannte Liebermann, dass er diesen unbewusst für seine Nichtbeförderung verantwortlich machte, denn letztlich war seine gute Beurteilung der Auslöser hierfür. Der Coachingprozess ermöglichte Liebermann, sich seinem Gefühlsdilemma zu stellen und es nochmals zu durchleben. Das bewusste Erleben und Erkennen der durch die sekundären Emotionen (Ärger, Verbitterung und Schuldgefühl) ausgelösten Mechanismen erlaubte es ihm, seine Gefühle aufzuarbeiten. Die Erleichterung darüber ließ ihn wieder zu seinem emotionalen Gleichgewicht finden, und er war im Anschluss in der Lage, mit seinem Vorgesetzten ein offenes Gespräch zu führen.

Soziale Gerechtigkeit oder die Eigeninteressen wahren, ein typisches emotionales Dilemma

Soziale Gerechtigkeit gegenüber Mitmenschen walten zu lassen oder Eigeninteressen zu wahren, sind ein typisches emotionales Dilemma, in dem sich Verantwortliche in Unternehmen ständig befinden. Die Emotionen stürzen sie einerseits in dieses Dilemma, helfen aber auch gleichzeitig, es zu lösen, da eine der widerstreitenden Emotionen letztlich immer die Oberhand behält. Im obigen Beispiel setzte sich das Schuldgefühl durch, jedoch hatte der Ärger des Managers, nicht befördert worden zu sein, unliebsame Konsequenzen für die Organisation auf der Ebene der immateriellen Realität, denn letztlich litten alle: der demotivierte, verbitterte Manager mit Rachegedanken, sein verärgerter Vorgesetzter, der beurteilte Mitarbeiter mit seinem plötzlich launischen Chef und schließlich das Unternehmen selbst aufgrund der hinausgezögerten Projekte.

## 2.4 Das Chaos der Begriffe: Emotionen, Gefühle, Stimmungen und Launen

In der Psychologie herrscht große Uneinigkeit in der Bezeichnung der Gefühle. Die Unterscheidungen zwischen den Begriffen sind nicht einheitlich und variieren von Autor zu Autor. Vor einer weiteren Betrachtung geht es zunächst darum, die Begriffe klar zu definieren und differenzieren:

Wenn wir im Alltag von „Lust" oder „Neid" sprechen, meinen wir damit meist die subjektiv erlebten Gefühle. Psychologen hingegen betrachten **Emotionen** als komplexe Zustände, die nicht allein durch Gefühle beschrieben werden können: Sie äußern sich auch in körperlichen Reaktionen wie Herzklopfen oder schnellerer Atmung („Erleben") sowie in Mimik, Ausdruck und Verhalten („Handeln") und beinhalten eine Kognition, wie zum Beispiel das bewusste Erinnern („Denken"). **Gefühle** sind somit „nur" ein Bestandteil von Emotionen.

*Gefühle sind ein Bestandteil von Emotionen*

**Stimmungen** unterscheiden sich von Emotionen dadurch, dass sie als zeitlich länger ausgedehnt erlebt werden und vor allem ihre Auslöser (Objekte oder Situationen) oft unbekannt oder unbemerkt bleiben.

Eine **Laune** ist eine kurzfristige Veränderung der Stimmungslage, verbunden mit einem Handlungsimpuls, eine „spontane Lust", willkürlich und oberflächlich.

## 2.5 Emotionen steuern unser Handeln und Bewertungen unsere Emotionen

Wie wir bereits zeigten, sind die Emotionen der eigentliche Antrieb unseres Handelns. Die alleinige Wahrnehmung der Realität liefert uns noch keinen Antrieb. Das bloße Erkennen einer Gefahr, zum Beispiel die Möglichkeit, von der Klippe zu fallen, wenn wir uns dem Abgrund zu sehr nähern, löst keine Energie aus, etwas zu unternehmen, wie zum Beispiel einen Schritt zurückzutreten. Nur die *Angst* vor der Höhe veranlasst uns dazu.

Die Bewertung der Gefährlichkeit einer Situation ist individuell verschieden. Der Change-Management-Experte Winfried Berner verdeutlicht die Rolle der individuellen Bewertung in einem prägnanten Beispiel[21]: „Stellen Sie sich einen mittelgroßen Hund vor, der laut bellend auf Sie zuläuft. Was für einen erfahrenen Hundeliebhaber eine erfreuliche Abwechslung darstellt, zumindest jedoch als harmlose Situation eingestuft wird, kann bei einem Menschen, der kürzlich von einem gleich aussehenden Hund gebissen wurde, eine Panikattacke auslösen." Sein Fazit: Nicht der Hund als solcher löst die Emotionen aus, sondern unsere

Nicht die Tatsachen, sondern unsere persönlichen Bewertungen lösen Emotionen aus

individuelle Deutung des Geschehens, die sehr viel mit unseren Vorerfahrungen zu tun hat. Das heißt, dass es nicht die Tatsachen sind, die Emotionen auslösen, sondern unsere persönliche Interpretation und Bewertung dieser Tatsachen. Die Mechanismen eines emotionalen Prozesses können im folgenden Schema zusammengefasst werden:

## Abb. 2.3: Auslöser eines Verhaltens[22]

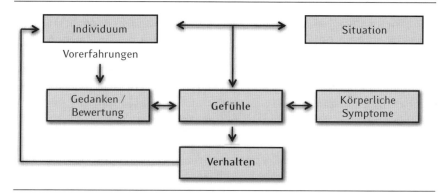

**BEISPIEL:**

Jürgen Leibold ist Manager in einer großen Maschinenbaufirma in Düsseldorf. Er trifft heute um elf Uhr einen wichtigen Kunden in München. Er hat extra einen frühen Flug gebucht, um sicher zu sein, dass er rechtzeitig ankommt. Als er am Flughafen eintrifft, erfährt er, dass seine Maschine eine technische Panne hat. Er hört auch unverbindliche Informationen von Bodenpersonal, dass die nächste Maschine aufgrund von Nebel erst verspätet gegen elf Uhr eintreffen wird. Leibold beginnt sich vorzustellen, dass sein Gesprächspartner das Geschäft mit einem Konkurrenten in Bayern abschließen könnte. Dies hätte dramatische Folgen für das Budget. Er beginnt zu schwitzen. Seine Gedanken überschlagen sich: *„Wenn ich den Vertrag nicht bekomme, verliere ich nicht nur den Auftrag. Mein Chef wird stinksauer sein und außerdem bekomme ich keine Prämie zum Jahresende ..."* Leibold drängelt sich am Informationsschalter vor und beginnt aggressiv auf die Mitarbeiter der Fluggesellschaft einzureden. Diese versuchen ihn zu beruhigen, aber Leibold wird immer hektischer und fordert lautstark, mit dem Chef zu sprechen. Er hätte Anrecht auf bevorzugte Beförderung, schließlich habe er eine Goldcard ...

Abb. 2.4: Verspätung als Auslöser für aggressives Verhalten

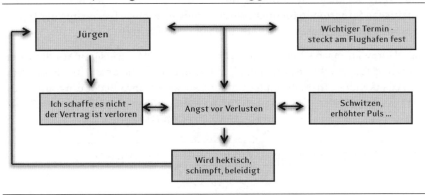

## 2.6 Emotionen sind schwer zu bändigen

Da Emotionen einem kognitiven Prozess der Bewertung unterliegen, versuchen Manager typischerweise, diesen Prozess bei einer Veränderungsinitiative zu beeinflussen und die Mitarbeiter damit zu beruhigen beziehungsweise „zur Vernunft" zu bringen. Dies ist jedoch nur begrenzt möglich. Typische Formulierungen bei Veränderungsprozessen in Wirtschaftsorganisationen sind:

- „Wir werden alles tun, um die negativen Konsequenzen ... zu begrenzen."

- „Die Umfeldbedingungen zwingen uns zu dieser Maßnahme. Wir können uns den Marktgegebenheiten nicht entziehen, werden aber dafür Sorge tragen, dass ..."

- „Mit diesem Zusammenschluss werden wir unsere Marktposition sichern und uns für die Zukunft neu aufstellen. Wir bitten Sie, diesen Prozess aktiv zu unterstützen."

Diese rationalen, sachlichen Formulierungen signalisieren dem Einzelnen nur: „Veränderung? Daran kann ich nichts ändern. Aber was wird aus mir?"

Solche Aussagen sind vergleichbar mit folgender Durchsage, die Jürgen Leibold am Flughafen hört: *„Meine Damen und Herren, wir haben die technischen Probleme schneller als erwartet beheben können. Leider hören wir aber gerade aus München, dass ein Schneesturm eingesetzt hat und der Flughafen vorübergehend gesperrt ist."*

Inwieweit beeinflusst diese sachliche Information den kognitiven Prozess der Bewertung bei unserem völlig gestressten Manager? Da keine Lösung für seine spezifische Situation in Sicht ist, kann es sein, dass diese Bewertung der Durchsage zur Folge hat, dass er die Kontrolle über sich verliert.

Ein kurzer Weg zum Zentrum der Emotionen beschleunigt die Reaktionszeit des Gehirns

Der Neurowissenschaftler Joseph LeDoux[23] konnte nachweisen, dass die Informationen aus den Sinnesorganen nicht nur über den Thalamus zum Neokortex, dem „denkenden Hirn", gesendet werden, wo sie auf ihre Bedeutung hin analysiert werden, sondern dass es noch einen zweiten Weg gibt, und zwar vom Thalamus über eine kürzere Strecke zur Amygdala („Mandelkern").

## Abb. 2.5: Die zwei Wege zu einer emotionalen Antwort

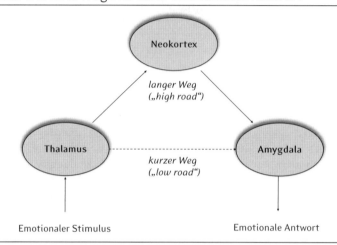

Der kürzere Weg, vom Thalamus zur Amagdyla, führt über eine einzige Synapse. In diesem rein emotionalen Prozess findet eine blitzschnelle Einstufung in die Reizmuster „gefährlich" oder „ungefährlich" statt. Der Einstufung folgt die augenblickliche, erste Reaktion, zum Beispiel Flucht. Die Entscheidung, ob gefährlich oder nicht basiert auf erlernten, erfahrungsbedingten Reizmustern. Wenn das Reizmuster als „gefährlich" identifiziert wurde, wird sofort eine Warnmeldung an alle Teile des Gehirns geschickt.

Dieser kurze Weg bedeutet zwar eine extrem schnelle Reaktionszeit, führt jedoch auch dazu, dass unsere Emotionen vorschnell und ungenau werden können: Wenn eine Person, die an einer Spinnenphobie leidet, aus den Augenwinkeln heraus etwas zu erkennen glaubt, das einer großen schwarzen Spinne ähnelt, veranlasst der Impuls ihres emotionalen Gedächtnisses ihr Gehirn dazu, einen Fluchtreflex zu aktivieren, wie Zurückschrecken. Erst danach folgt die „Entwarnung", denn bei genauerem Hinsehen handelte es sich bei der vermeintlichen Spinne lediglich um ein schwarzes Fadenknäuel.

Wir alle kennen Überreaktionen dieser Art. Wenn wir nach einem spannenden Krimi im Dunkeln stehen, können wir selbst sonst vertraute Dinge als bedrohlich wahrnehmen. Die Phantasie von Kindern führt ständig zu emotionalen Überreaktionen: Eine Gute-Nacht-Geschichte kann sie emotional so stark aufwühlen, dass sie nicht einschlafen können.

Auf unser soziales Leben übertragen, kann diese Ungenauigkeit in der Wahrnehmung unangenehme Auswirkungen haben: vorschnelle Schlüsse, aus denen eine Reaktion entsteht, für die objektiv gesehen keinerlei Veranlassung bestand.

**▷ PRAXISBEISPIEL:**

Peter Knoblich hatte ein Problem mit einem Kollegen, dessen Auftreten er als bedrohlich und oberlehrerhaft empfand und das dazu führte, dass er ihm möglichst aus dem Weg ging. Bei unvermeidlichen gemeinsamen Besprechungen bekam er Herzklopfen und Schweißausbrüche. Er vergaß alle vorbereiteten Argumentationen und konnte daher seinen Standpunkt nie durchsetzen.

Während einer Coachingsitzung erinnerte sich Knoblich, dass er in seiner Schulzeit einen Lehrer gehabt hatte, dem dieser Kollege physisch stark ähnelte. Dieser Lehrer, „mit dem strengen Blick", mochte Knoblich nicht und demütigte ihn häufig vor der Klasse. Im Coaching erkannte er, dass er die schlechten Erfahrungen aus seiner Jugend auf diesen Kollegen projizierte. Dieses unbewusste, erfahrungsbedingte Reizmuster veranlasste seine Amygdala dazu, die Situation als „gefährlich" einzustufen, und löste die gleichen Reaktionen aus wie damals in der Schulzeit.

Jeder von uns kennt solche Situationen aus dem privaten oder geschäftlichen Bereich. Gute und schlechte Erfahrungen haben sich in Form von „Programmen" in unserem Körper verankert. Wenn wir Objekte, Töne, Düfte oder Situationen wahrnehmen, die in diesem Programmen gespeichert sind, setzen diese Programme immer wieder die gleichen Emotionen, ob positiv oder negativ, frei: Bestimmte Musikstücke, die wir mit Glücksmomenten aus der Vergangenheit verbinden, versetzen uns sofort wieder in die angenehme Stimmung von damals.

*Bestimmte Wahrnehmungen lösen immer wieder die gleichen Emotionen aus.*

Wenn wir uns dieser Tatsache bewusst sind, können wir verstehen, welche emotionalen und kommunikativen Schäden im sozialen Umfeld aufgrund von zu Programmen gewordenen, negativen Erfahrungen entstehen können. Dieser Problematik widmet sich die inzwischen weit verbreitete Therapiemethode der Neurolinguistischen Programmierung (NLP).[24] Sie hat unter anderem zum Ziel, schädliche Programme zu identifizieren, aufzulösen und gegebenenfalls durch neue zu ersetzen.

## 2.7 ... doch es gibt Kontrollfunktionen

Der zweite Prozess von LeDoux ist das „kognitive Prozessieren". Es ist zwar nicht so schnell, dafür jedoch „überlegter". Dieses zusätzliche Signal geht zum Neokortex, der die ankommende Information verarbeitet, bis er alles vollständig aufgenommen hat und dann die subtilere Reaktion einleitet. Der Neokortex dient quasi als Kontrollstelle der beim emotionalen Prozessieren gewonnenen Information und führt zu einer angemesseneren Reaktion, indem die Amagdyla und andere limbische Bereiche gedämpft werden. Dies ist der Moment, in dem wir entscheiden, ob wir resignieren, lügen, versuchen zu beschwichtigen, verhandeln, jammern ... Die Reaktion ist langsamer als die vorschnelle Reaktion, da mehr Schaltungen daran beteiligt sind. Bei der Betrachtung der verschiedenen Elemente eines emotionalen Verhaltens lassen sich Ansatzpunkte für die Kontrolle festlegen:

### Abb. 2.6: Ansatzpunkte für die Kontrolle der Emotionen

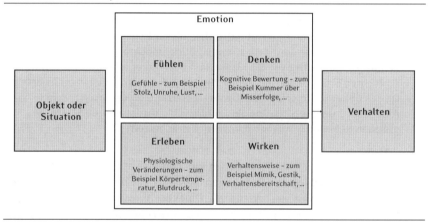

- **Situation**: Wir haben oft die Möglichkeit, eine Situation zu beeinflussen. Einen Großteil unserer Lebensenergie verwenden wir darauf, unangenehme Situationen zu vermeiden und angenehme zu wiederholen. Auch wenn Situationen unveränderbar erscheinen, muss dies nicht unbedingt auch tatsächlich der Fall sein. Das Beispiel des Ethikdilemmas (siehe Beispiel: „Winfried Liebermann") beweist, dass das Besprechen des Dilemmas mit den Beteiligten die Situation grundlegend ändern kann.

- **Fühlen**: Schon die Wahrnehmung und das Benennen von Gefühlen helfen, diese zu mindern, eine Erfahrung, die von der Mediationsforschung bestätigt wurde. Insbesondere Männer sind häufig nicht in der Lage, ihre Gefühle korrekt wahrzunehmen und zu benennen. Wenn sie jedoch dabei unterstützt werden, stellen sich große Erleichterung und eine messbare Verringerung der Intensität der negativen Gefühle ein.

- **Denken:** Unsere Bewertung einer Situation ist uns oft nicht bewusst oder zumindest von unbewussten Faktoren beeinflusst. Das Sichbewusstmachen dieser Bewertung oder ihrer Faktoren hilft häufig dabei, die Gefühle, die eine Situation ausgelöst haben, anzupassen und anders mit der Situation umzugehen. Dies gilt auch für extreme Zustände wie zum Beispiel für schwerkranke Patienten, die durch Arbeit an der Sinnhaftigkeit ihres Lebens (ein Ansatz der Logotherapie) neue Kraft schöpfen.

- **Erleben und Wirken:** Die physiologischen Zeichen einer Emotion sind nicht nur die Konsequenzen unserer Gefühle, sondern können diese Gefühle beeinflussen. Der Emotionsforscher Paul Ekman[25] berichtet, dass er systematisch unterschiedliche Kombinationen von Muskelbewegungen im Gesicht ausprobierte und welche teilweise heftigen emotionalen Empfindungen dadurch bei den Versuchspersonen ausgelöst wurden. Ekman stellte fest, dass „schon das Aufsetzen eines bestimmten Gesichtsausdrucks Veränderungen im vegetativen Nervensystem eines Menschen produzieren kann". Ein Lächeln löst im Gehirn eine ganze Reihe physiologischer Veränderungen aus, die mit Freude verknüpft sind. Anders gesagt, können wir unsere Emotionen managen, indem wir „so tun als ob"...

- **Verhalten:** Menschen können lernen, ihr Verhalten zu ändern, und dies wiederum beeinflusst unsere Bewertung einer Situation. Dies ist das Prinzip der Verhaltenstherapie. Eine Spinnenphobie wird behandelt, indem sich die Person der Spinne immer ein Stückchen weiter nähert, bis sie ihr Verhalten völlig kontrollieren kann. Im Prozess wird nicht nur das Verhalten, sondern die Angst selbst - also die Emotion - geändert.

## 2.8   Der Neandertaler in uns

Die richtige Einschätzung von Situationen stellt uns vor ein ernsthaftes Problem, denn über unsere eigenen Lebenserfahrungen hinaus haben sich, über Tausende von Generationen, die Erfahrungen der Evolution tief in unserem Innern eingegraben. Diese ererbten Erfahrungen und die entsprechenden Reaktionsauslösungen passen sich nur langsam im Maßstab der biologischen Evolution an Veränderungen an.

Dies bedeutet konkret, dass unsere Reaktionen widerspiegeln, was sich in den 10.000 Generationen seit Entstehung des Homo sapiens, oder sogar in den 200.000 Generationen seit Entstehung der ersten Hominiden, am besten bewährt hat. Die letzten 200 Generationen, welche die Entwicklung unserer Hoch-

kultur gesehen haben, spielen in diesem Zusammenhang keine Rolle. Frühe Instinkt-Programme, wie zum Beispiel der Schutz des Territoriums, das nach den
Regeln des Stammhirns gegen Angreifer verteidigt werden muss, finden ihre
heutige Entsprechung in dem frühmorgendlichen Handtuch auf der Liege am
Hotelswimmingpool oder dem Firmenparkplatz direkt vor der Tür.

Unsere Emotionen sind oft nichts anderes als die Einflüsse dieser „historischen
Vernunft" auf unser gegenwärtiges Verhalten. Mag ein aufbrausendes Temperament in jener grauen Vorzeit zur Erhöhung der Kampfbereitschaft überlebenswichtig gewesen sein, so ist es heute angesichts der Kooperationsanforderungen
in den Arbeitsprozessen nicht unbedingt von Nutzen.

Ein weiteres Beispiel, das viele Fahrer kennen: Wird man(n) von einem anderen
Auto überholt, so tritt man(n) oft unbewusst auf das Gaspedal. Wenn zwei Autos
nebeneinander an einer Ampel stehen, so gibt es bei Grün meistens einen Wettbewerb, welches von beiden schneller losfährt. Diese im Prinzip lächerlichen Reaktionen entspringen noch jenem Rest Neandertaler in uns, denn früher ging es
darum, schneller als der andere zu sein, um zu überleben. Unser emotionales
System war geeignet für ein Leben in der Savanne, als unsere Vorfahren mit wilden Tieren kämpfen mussten. Es ist allerdings vollkommen ungeeignet, um den
Anforderungen im Verkehrsstress während der Rush Hour oder den Kooperati-

onsmechanismen innerhalb eines internationalen Konzerns mit Tausenden von
Angestellten gerecht zu werden. Oder, um es drastisch auszudrücken: Während
wir uns im Umgang mit Computern mittlerweile auf die 10. Softwaregeneration
stützen können, sind wir im Umgang mit Emotionen auf dem Niveau von DOS 1.0.

Dieses „emotional-genetische" Erbe ist sehr tief in uns verankert. Daher wird
auch jede wichtige Entscheidung im Berufsleben, ob strategisch, organisato-
risch oder aufgabenspezifisch, unter Einbeziehung unseres uralten Erbes getroffen, obwohl dieses in uns wohnende emotionale Repertoire schon lange nicht
mehr den Anforderungen unserer Zeit genügt. Laut Professor Nigel Nicholson
von der London Business School „kommt der Mensch aus der Steinzeit heraus,
aber die Steinzeit nicht aus ihm."[26]

## 2.9 Die Grundregeln der Steinzeit

Die Evolutionspsychologie kennt eine Reihe von Grundregeln oder Entschei-
dungspräferenzen, die aus der Steinzeit stammen und heute noch unser Verhalten steuern.

- Zwei wichtige Beispiele und deren Konsequenzen für das heutige Leben in einem modernen Unternehmen verdeutlichen dies:

- **Emotionen vor Ratio:** In einer bedrohlichen Welt war es lebenswichtig, das „emotionale Radar" (man kann es auch als Instinkt bezeichnen) ständig eingeschaltet zu haben. Für Menschen wie für Tiere stellen die Emotionen ein erstes Aussieben aller eingehenden Informationen dar. Aus diesem Grund wird jede Veränderung der Umwelt zuerst kritisch auf ihre eventuelle Bedrohlichkeit überprüft. Diese Analyse hatte eine überlebenswichtige Funktion und ist noch immer fest in uns verankert, selbst wenn es sich „nur" um eine geplante Umorganisation im Unternehmen handelt. Die Problematik für das Management liegt darin, dass diese erste kritische Überprüfung ein Hindernis darstellt, das die geplante Veränderungsmaßnahme erschweren und verzögern kann. Ein einfaches Abwägen der positiven und negativen Botschaften ist nicht ausreichend, um mit dem Problem umzugehen, denn es entspricht dem menschlichen emotionalen Erbgut (der „menschlichen Steinzeit-Natur"), den negativen Botschaften Priorität zu geben.

*Jede Veränderung der Umwelt wird zuerst kritisch geprüft*

- **Vermeidung von Verlust:** Die Jäger und Sammler der Steinzeit verfügten über wenig Hab und Gut, vermutlich wenig Nahrung und nicht immer über einen sicheren Unterschlupf, um ihr Überleben zu sichern. Sie waren deshalb wahrscheinlich nicht allzu risikofreudig und hüteten sorgfältig das Wenige, das sie besaßen. Zahlreiche Experimente beweisen, dass der moderne Mensch hinsichtlich der Risikobereitschaft zwei vollkommen unterschiedliche Verhaltensweisen zeigt:

*Verluste werden um fast jeden Preis vermieden*

1) Er verhält sich eher risikoscheu bei der Aussicht auf mögliche Gewinne (nach dem Motto: „Lieber den Spatz in der Hand als die Taube auf dem Dach.").

2) Er zeigt sich risikofreudig, wenn es um die Vermeidung von Verlusten geht.
   Dies erklärt den Widerstand vieler Mitarbeiter oder Manager in Change-Situationen: Da die Vermeidung von Verlusten im Vordergrund steht und die möglichen Gewinne nie so hoch bewertet werden wie die möglichen Verluste, wird in der Regel jede Veränderungsinitiative zunächst mit großer Skepsis bezüglich der eigenen Situation betrachtet (siehe dazu auch das wissenschaftliche Versuchsbeispiel in Kapitel 2.12).

Diese Instinkt-Programme sind nicht grundsätzlich von Nachteil. Häufig ist ein Mitarbeiter gut beraten, zunächst abzuwarten, um zu prüfen, ob das Management es diesmal ernst meint mit den Veränderungen. Joseph LeDoux sagt zu diesem Thema, dass „viele Emotionen einer Weisheit entspringen, die der Evolution entstammt. Diese verfügt aller Wahrscheinlichkeit nach über mehr Intelligenz als alle geistreichen Hirne zusammen."[27]

## 2.10 Auswirkung von Emotionen im Unternehmen

Negative Emotionen lösen kontraproduktives Verhalten aus

Negative Emotionen verursachen Stress und Frustration, die wiederum kontraproduktives Arbeitsverhalten auslösen. Die Forschung in diesem Bereich wurde in den letzten Jahren stark intensiviert und verschiedene Ursachen - oder Stressoren - für kontraproduktives Arbeitsverhalten wurden identifiziert und untersucht.

Insbesondere organisatorischen Stressoren wie Unklarheiten in der Stellenbeschreibung, Konflikten zwischen Führungsrollen oder zu hohem Arbeitspensum - jenen Stressfaktoren, die während einer Umorganisation oder einer Fusion unweigerlich aufkommen - wurde ein hoher Wirkungsgrad zugeschrieben.

Des Weiteren wurden auch soziale Stressoren identifiziert, wie zum Beispiel Konflikte mit dem Vorgesetzten oder unter Kollegen, die unser emotionales System stark in Anspruch nehmen. Organisationsforscher konnten nachweisen, dass diese Stressoren mit negativen emotionalen Zuständen einhergehen und fanden auch eine hohe Korrelation zwischen negativen Emotionen und kontraproduktivem Arbeitsverhalten, wie zum Beispiel längere Pausen, Mobbing, Beschwerden, unsoziales Verhalten bis hin zu Feindseligkeiten oder Aggressivität, Kündigung oder gar Sabotage. Kurz: Negative Emotionen erhöhen signifikant die Wahrscheinlichkeit, negatives Verhalten auszulösen.[28]

Umgekehrt konnte bewiesen werden, dass der Grad der positiven Emotionen im Unternehmen mitbestimmt, inwieweit Mitarbeiter Unterstützung der Kollegen, Schutz der Organisation sowie konstruktive Vorschläge und allgemeinen Goodwill zeigen. Darüber hinaus wirken sich positive Emotionen auf das Konfliktverhalten aus. Personen in positiver Stimmung sind kreativer, kooperativer und eher geneigt, in Verhandlungssituationen integrative Lösungen zu finden: Sie helfen bedingungslos, ohne zuerst an die eigenen Interessen, die Kosten und sonstige Nachteile zu denken.

Der Grund für die Macht der positiven Emotionen liegt gemäß der Neurowissenschaft darin, dass zum Beispiel romantische Glücksgefühle verschiedene Hirnregionen, die für negative Emotionen zuständig sind, deaktivieren, so etwa bestimmte Partien der Amygdala, in denen Angst, Trauer und Aggressionen ausgelöst werden.[29]

Firmen mit engagierten Mitarbeitern weisen eine bessere Profitabilität auf

Emotionen haben folglich ganz konkreten Einfluss auf die Ergebnisse eines Unternehmens. Das Umfrageinstitut Gallup konnte im Rahmen zahlreicher Firmenuntersuchungen zeigen, dass Firmen, in denen die Mitarbeiter positiv involviert sind („engaged"), eine höhere Produktivität und eine bessere Profitabilität[30] aufweisen. Eine Studie von Towers Perrin mit vierzig globalen Unternehmen und 86.000 befragten Arbeitnehmern belegt, dass ein hohes Mitarbeiter-Engagement zu einer Steigerung der Umsatzrendite führt.[31] Dabei wird „Engagement" als eine „Funktion von rationalen und *emotionalen* Faktoren" definiert.

## 2.11 Ohne Emotionen kein Veränderungsmanagement

Winfried Berner formuliert es drastisch:[32] Letzten Endes sind die Emotionen der Grund, weshalb so etwas wie Change-Management überhaupt nötig ist. Wenn Menschen absolut neutral (siehe Fall von Elliot) auf Veränderungen reagierten, bräuchte man keinen Veränderungsprozess im Unternehmen. Doch ist es ihnen nicht gleichgültig, was mit ihnen und aus ihnen gemacht wird. Sie machen sich dazu ihre eigenen Gedanken und entwickeln auf dieser Basis teilweise sehr heftige Emotionen. Peter Senge, der Autor des Bestsellers „Die fünfte Disziplin", sagte dazu sehr treffend: *„Menschen wehren sich nicht gegen Veränderung, sondern dagegen, verändert zu werden."*[33]

Es ist den Menschen nicht egal, was mit ihnen und aus ihnen gemacht wird

Trotz aller Schwierigkeiten ist es möglich, Emotionen zu beeinflussen, was sich zum Beispiel in der Stressbewältigung bewährt hat: Schon allein der explizite Umgang mit Emotionen hilft. Auch die Bewertungen von Situationen können umgeschrieben werden. Es geht nicht darum, Emotionen als „primitiv" abzustempeln, sondern darum, sie bewusst zu machen und zunächst als solche zu akzeptieren, denn je bewusster wir damit umgehen, umso weniger können sie sowohl dem Einzelnen als auch dem Unternehmen Schaden zufügen. So gesehen kann Veränderungsmanagement als das *„Aufnehmen und Verändern von Bewertungen und der damit verbundenen Emotionen"* definiert werden.

Der Glaube ist illusorisch, dass negative Emotionen im Rahmen einer Organisationänderung mit rein rationalen Argumenten und professioneller Kommunikation zu steuern oder gar zu verändern sind. Rationale Argumente sind zwar notwendig, aber nicht ausreichend. Darüber hinaus brauchen Veränderungsprozesse die professionelle Begleitung der emotionalen Aktionen und Reaktionen. Eine ihrer Aufgaben ist, das „limbische System" des Unternehmens zu erreichen. Nur so kann die immaterielle Realität der Organisation beeinflusst werden.

## 2.12 Hintergrund: Gehirn und Emotionen

Zwar besitzen Emotionen auch physische Komponenten, wie steigender Blutdruck, Muskelanspannungen oder eine Bewegungsreaktion. Ein Großteil des emotionalen Prozesses spielt sich jedoch in unserem Gehirn ab. Wo sind Emotionen genau angesiedelt, und wie kommt es, dass unsere Emotionen manchmal unseren Verstand täuschen?

*Das limbische System: Zentrum der Emotionen?*

Wenn von Emotionen und Gehirn die Rede ist, fällt häufig der Begriff des so genannten „limbischen Systems", der 1952 von dem Hirnforscher Paul MacLean geprägt wurde. Worum handelt es sich dabei genau?

Das limbische System ist eine Funktionseinheit des Gehirns, die der Verarbeitung von Emotionen und der Entstehung des Triebverhaltens dient. Es ist eine Ansammlung von komplizierten anatomischen Strukturen in der Mitte des Gehirns, die den Hirnstamm wie einen Saum (lat.: limbus) umgeben. Hierbei handelt es sich um archaische Gehirnstrukturen, die der Mensch mit den Reptilien und niederen Säugetieren gemein hat. Schmerzfasern gelangen in das limbische System, wo die Schmerzinformation mit unbewussten emotionalen Inhalten vermischt wird.

Wichtige Strukturen sind unter anderem der Hippocampus, der eine zentrale Rolle bei der Bildung und Verarbeitung von Erinnerungen spielt, der Hypothalamus, der die Hormonlage des Körpers kontrolliert, und vor allem die Amygdala (Mandelkern). Die Amygdala ist wesentlich an der Entstehung der Angst beteiligt und spielt allgemein eine wichtige Rolle bei der emotionalen Bewertung und Wiedererkennung von Situationen. Eine Zerstörung beider Amygdalae führt zum Verlust von Furcht- und Aggressionsempfinden und somit zum Zusammenbruch mitunter lebenswichtiger Warn- und Abwehrreaktionen.

Die Sichtweise, bestimmte Emotionen nur auf das limbische System zu beziehen und als vom Rest des Gehirns funktionell abgegrenzt zu betrachten, gilt jedoch heute als veraltet. Tomographische Aufnahmen zeigen, dass jedem Gefühl ein eigenes Muster der Hirntätigkeit entspricht, das nicht nur auf das limbische System begrenzt ist. Die Entstehung von Emotion und Triebverhalten muss also immer als Zusammenspiel vieler Gehirnanteile gesehen werden und darf nicht dem limbischen System allein zugesprochen werden.

### Wie Emotionen uns beherrschen: Die Angst vor Verlusten

Forscher des University College in London haben mit Hilfe eines Magnetresonanztomografen untersucht, was in unserem Hirn abläuft, wenn wir mit verschiedenen Darstellungen des gleichen Problems konfontiert sind. Versuchspersonen bekamen zuerst einen Startbetrag von 50 Pfund und wurden danach in zwei Gruppen aufgeteilt. Die erste Gruppe konnte direkt 20 Pfund kassieren oder ein Glücksspiel um Alles oder Nichts riskieren. Die zweite Gruppe hatte die Wahl zwischen 30 Pfund Verlust und dem Glücksspiel. Beide Optionen waren also gleich, das Verhalten der Teilnehmer jedoch höchst unterschiedlich: Bei dem garantierten Gewinn von 20 Pfund entschieden sich nur 43 Prozent der Teilnehmer für das Spiel. Bei dem sicheren Verlust von 30 Pfund riskierten 62 Prozent ihr Glück!

Die Analyse des Magnetresonanztomografen ergab: Die Amygdala – das „Angstzentrum" im Gehirn – löste eine emotionale Reaktion aus, welche die Teilnehmer veranlasste, einen sicheren Gewinn einzustreichen oder bei einem möglichen Verlust ein höheres Risiko einzugehen.

Dieses Phänomen ist unter Börsianern gut bekannt. Investoren, die Verluste mit einer Aktie gemacht haben, behalten oft diese Aktien ein, um ihre Verluste „wettzumachen", auch wenn es klüger wäre, die Verluste zu realisieren und ein anderes, vielversprechendes Wertpapier zu kaufen. Daher sichern sich viele professionelle Anleger mit Stop-Loss-Aufträgen ab, bei denen ein Verkauf automatisch beim Erreichen einer bestimmten Marke getätigt wird. Ein drastisches Beispiel dieses Verhaltens ist die Insolvenz der Baring Bank im Jahr 1995. Nick Leeson, der Bankangestellte, der mehr als 1,4 Milliarden Dollar im Börsenhandel verlor, meinte lapidar, dass er „Verluste ausgleichen wollte".

**Literatur**

Alexander Haslam (2007): *Kopf oder Bauch?*, Gehirn & Geist 11/2007

# 3. Das Dilemma des Managers

> „Kontrolle ist Illusion."
> Anthony Hopkins, Schauspieler (alias Dr. Ethan Powell in „Instinkt")

Im Juli 1990 erhielt die Finanzwelt eine Hiobsbotschaft: Philips, der niederländische Elektrogigant, kündigte eine negative Bilanz von fast zwei Milliarden NLG (ca. 0,9 Milliarden Euro) an. Der Philips-Traum von einem Weltkonzern, der japanischen Konkurrenten rund um den Globus Paroli bieten würde, war ausgeträumt.[34]

Als kurz darauf die Top-Manager des Konzerns in das so genannte „Centurion I"-Meeting gingen, erwartete sie eine Überraschung: Der damalige CEO, Jan Timmer, präsentierte ihnen eine fiktive, um sieben Monate vordatierte Presseerklärung mit der Schlagzeile „Philips meldet Konkurs an".[35] Diese Schocktherapie war ein voller Erfolg: Die Bedrohung hatte nun plastische Gestalt angenommen. Bei den anwesenden Managern ließen sich starke Emotionen beobachten: zunächst Unglaube, dann Betroffenheit, gefolgt von Angst und Sorge.[36]

Es ging Timmer darum, den Handlungsbedarf für eine Kostensenkungsinitiative zu verdeutlichen, indem er eine „Burning Platform" schuf, das heißt eine Situation, die sofortiges Handeln erforderte und in der „business as usual" von der Liste der möglichen Optionen gestrichen war. Bildlich gesprochen stellte sich die Situation dar wie die Wahl, entweder von einer brennenden Ölplattform ins eiskalte Meer zu springen oder in den Flammen umzukommen. Wer würde nicht ins kalte Wasser springen? Timmer wollte mit allen Mitteln die Akzeptanz für die drastischen Kostensenkungsmaßnahmen sichern, und machte deshalb auf die akute Existenzgefahr aufmerksam. Die 120 Manager des „Centurion I"-Meeting entschieden gemeinsam, sich von 45.000 der weltweit 250.000 Mitarbeiter zu trennen.[37]

Dieses Beispiel zeigt, dass Manager durchaus in der Lage sind, die geballte Macht der Emotionen zu nutzen und damit zu arbeiten, – allerdings nur, wenn sie selbst bestimmen, wo, wie und wann diese Emotionen ausbrechen sollen. Aber was tun, wenn die Emotionen nicht gesteuert werden können und mit der ihnen innewohnenden Sprengkraft in der Organisation auftauchen?

## 3.1    „Nice to have"...

Der bewusste Umgang mit Emotionen stellt für die Managementpraxis eine neuartige Herausforderung dar. Die Konzentration auf das Kalkulierbare und Vorhersehbare hat zur Folge, dass Gefühle und Emotionen primär als zu eliminierende, bestenfalls zu kontrollierende Störfaktoren betrachtet werden. Wenn man jedoch hinterfragt, was in Organisationen tatsächlich geschieht, warum dies geschieht und wie gewisse kritische Zustände oder Entwicklungen möglicherweise zu verändern beziehungsweise zu verbessern sind, hilft das Verdrängen der Emotionen kaum weiter.

Erste Anzeichen dafür, dass die Berücksichtigung der emotionalen Bedürfnisse in das Arbeitsleben Einzug fand, waren die innovativen Seminare und Workshops, die in den neunziger Jahren sehr populär waren. Um dem Stress des immer komplexer und nervenaufreibender werdenden Arbeitsalltags entgegenzusteuern und gleichzeitig den Bedürfnissen der „Spaßgeneration" Rechnung zu tragen, kamen Outdoor-Teambuildings, Motivationsseminare und Exoten wie Feuerlaufen, Bungee-Jumping und Wellness-Seminare in Mode. Leider wurden damit in der Regel nur die Symptome behandelt, jedoch nicht die Ursachen. Die Veranstaltungen boten ein Ventil zum „Dampf-Ablassen", oft auch aufschlussreiche Erkenntnisse für den einzelnen Mitarbeiter, aber selten eine wirkliche Veränderung innerhalb der Organisation. Die Hardliner hatten somit leichtes Spiel und konnten, mit zynischem Hinweis auf die kostspielige Ineffizienz, derartige „Nice-to-have-Seminare" nur belächeln.

*Innovative Maßnahmen werden von Hardlinern „abgeschossen"*

## 3.2 ... oder „crucial to have"?

Fast alle Umfragen zeigen, dass die überwiegende Mehrheit der Manager die Behandlung der weichen Faktoren als „crucial", das heißt als sehr wichtig empfindet:

- In der letzten Capgemini-Studie[38] zum Thema Veränderungsmanagement steht „Mobilisierung und Commitment sicherstellen" als Erfolgsfaktor Nummer eins, noch vor „Organisation und Prozesse erfassen und designen". „Konflikte und Widerstände reduzieren oder vermeiden" findet sich ebenfalls unter den Top fünf.

- In einer ähnlichen Studie von Booz & Company[39] sind „Entwicklung und Alignment der Führung", „Kommunikation und Stakeholder Management" sowie „Involvierung der Betroffenen" die drei Hebel, die am meisten zum Erfolg einer Veränderungsinitiative beitragen.

- Wie bereits erwähnt, belegt IBM[40] durch eigene Untersuchungen, dass die drei Hauptanforderungen einer Veränderungsinitiative allesamt Elemente der immateriellen Realität sind. Die Nummer eins lautet: „Mindsets und Einstellungen ändern". Fazit der IBMler: „The soft stuff is hard!"

- In einer Studie, die sich auf die großen deutschen Unternehmen fokussiert, zeigt der Lehrstuhl für Soziologie an der TU München in Kooperation mit der Firma C4 Consulting,[41] dass die „fehlende Erfahrung der Führungskräfte im Umgang mit Verunsicherung der betroffenen Mitarbeiter" einer der wichtigsten Gründe für das Scheitern von tief greifenden Veränderungsprozessen ist.

Die Fakten als solche sind klar definiert, gleichzeitig aber herrscht seitens der Manager starke Verwirrung darüber, wie diese immaterielle Realität angesprochen und behandelt werden soll.

## 3.3 Emotionen zulassen, businessorientiert bleiben und die Intimsphäre respektieren

Das Dilemma des Managers: Wie soll es gelingen, gleichzeitig

- business- und zielorientiert zu sein,

- messbare Ergebnisse vorweisen zu können,

- die Emotionen in der Organisation anzusprechen,

- nicht zu sehr in die Intimsphäre des Einzelnen einzudringen,

- Manipulationsängsten vorzubeugen

und parallel dazu das Tagesgeschäft mit Zeit-, Aktionsplänen und Budgets zu erledigen?

Andererseits ist das Thema Emotionen für viele Manager eine persönliche Herausforderung, denn sie müssen zunächst drei innere und eine äußere Hürde überwinden:

- Innere Hürde 1: Den eigenen Barrieren und Ängsten bezüglich der Arbeit mit Emotionen ins Auge zu sehen.

- Innere Hürde 2: Sich auf einen Prozess einzulassen, der einen klassischen, rein technisch orientierten Ansatz nicht erlaubt.

- Innere Hürde 3: Die Befürchtungen auszuhalten, dabei die Kontrolle zu verlieren.

- Äußere Hürde: Solide Partner finden, in der Regel Human-Resources-Experten oder Unternehmensberater, die in der Lage sind, mit Emotionen und verantwortungsvoll umzugehen.

## 3.4    Innere Hürde 1: Die Angst vor dem „Psychiater"

Noch heute, zu Beginn des dritten Jahrtausends, stehen wir bei der Thematisierung der unterbewussten Seite einer Organisation in etwa an dem Punkt, an dem sich die Psychotherapie vor 30 Jahren befand: Damals wurde den Menschen zwar zunehmend bewusst, dass der Besuch bei einem Psychotherapeuten eine Hilfe bei der Lösung persönlicher Probleme sein könnte. Den Gedanken allerdings in die Tat umzusetzen war ungleich schwerer, denn der Besuch bei einem Therapeuten kam dem Eingeständnis einer persönlichen Unzulänglichkeit, des Versagens gleich.

*Kein Manager will den Ruf haben, unfähig zu sein*

Viele Manager in Unternehmen empfinden es noch immer als ein Eingeständnis ihrer Unfähigkeit, wenn sie ihre Organisation „nicht mehr im Griff" zu haben scheinen und sie ihrer Aufgabe, den Mitarbeitern Sicherheit und Zielorientierung zu vermitteln, nicht gerecht werden können. Der Ruf nach Hilfe von außen kommt der persönlichen Bankrotterklärung gleich, und die Angst ist groß vor dem möglichen Verlust von Status und Prestige in unserer männerdominierten Wirtschaft. Die auf geschlechterspezifische Unterschiede spezialisierte Psychologin Susan Pinker liefert dazu ein Beispiel: *„In Großbritannien kämpfen 40 Prozent der Männer mit psychologischen Problemen wie Angstgefühlen oder Depressionen. Allerdings geben sie das selten zu. Nur 29 Prozent der Männer reden mit Freunden über ihre Probleme, aber 53 Prozent der Frauen. Viele Männer denken, dieser psychische Stress würde sie schwach erscheinen lassen."*[42] Psychologische oder Beziehungsprobleme eingestehen zu müssen, kommt also insbesondere für einen Mann einer Niederlage gleich. Wenn sich in der Firma herausstellt,

*Für die „Beziehungskisten" setzt man verschämt ein Teambuilding an*

dass die Probleme nicht mehr totgeschwiegen oder sich die „Beziehungskisten" nicht länger umgehen lassen, werden „Teambuilding"-Maßnahmen angesetzt, wobei die Teilnehmer die stille Hoffnung hegen, dass die „heißen Kartoffeln" irgendwo zwischen Orientierungsmarsch und geselligem Abend in gemütlicher Runde angesprochen werden und sich dann von selbst auflösen, möglichst ohne Drama und Gesichtsverlust.

Um Professionalität und den Überblick auch in Ausnahmesituationen nach außen hin manifestieren zu können, werden Powerpoint-Folien der „wichtigen" Verkaufs-, Marketing- und Produktionsthemen mit in ein Seminar gebracht, in den Pausen werden hektisch „nur die wichtigsten" E-Mails gecheckt, und telefonisch wird im Büro klargestellt, dass das Tagesgeschäft absoluten Vorrang hat und man über alles auf dem Laufenden gehalten werden möchte. Das eigentliche Ziel wird durch diese Ablenkung aus den Augen verloren.

Das Tagesgeschäft hat Vorrang

Doch die Zeiten ändern sich: Viele Manager beginnen zu erkennen, wie wichtig es ist, die Thematik der immateriellen Realität in Organisationen genauso ernst zu nehmen wie ein persönliches Problem. Heutzutage ist es gesellschaftlich akzeptiert, einen Therapeuten zu konsultieren, seine Kinder schulpsychologisch behandeln zu lassen und Spitzensportlern eine persönliche Entourage samt Mentaltrainer und Coach zuzugestehen. Viele nachhaltig erfolgreiche Unternehmen arbeiten heute mit Unternehmenscoachs.

Eine eigene Erfahrung verdeutlicht diesen Trend: Mitte der achtziger Jahre waren die Probleme der Zusammenarbeit zwischen Deutschen und Franzosen das Gesprächsthema Nummer eins. Es kam jedoch beinahe einem Tabubruch gleich, dieses Thema professionell behandeln zu wollen, denn die interkulturelle Thematik gehörte im Selbstverständnis der Manager zu ihren ureigensten Aufgaben. Einen externen Berater für diese Aufgabe zu engagieren, wurde praktisch gleichgesetzt mit dem Eingeständnis persönlicher Unfähigkeit. Mittlerweile existieren zum Thema „interkulturelles Management" eigene Studiengänge.

## 3.5 Innere Hürde 2: Die bedrohlichen Tatsachen der immateriellen Realität akzeptieren

Zeit ist Geld, und wenn ein Problem auftaucht, möchten wir es innerhalb kürzester Zeit lösen. In der materiellen Realität ist es selbstverständlich, eine Zeitschiene für eine Problemlösung zu erstellen. Für jedes Alltagsproblem gibt es einen Zeitpunkt, zu dem ein Thema ad acta gelegt werden kann. In den zwischenmenschlichen Beziehungen können Differenzen häufig nicht in einem klärenden Gespräch „abgehakt" werden. Es kann funktionieren, ebenso gut kann es drei Monate dauern oder, schlimmstenfalls, überhaupt nicht zufriedenstellend gelöst werden.

**ⅠⅠ PRAXISBEISPIEL 1:**

Mit einem Tandem-Coaching sollten zwei für das Unternehmen sehr wichtige Manager, die sich überworfen hatten, wieder zu einer konstruktiven Zusammenarbeit gebracht werden. Aufgrund der Problemschilderung wurden acht Coaching-Sitzungen über einen Zeitraum von drei bis vier Monaten angesetzt. Nach sechs Wochen und nur drei Sitzungen war das Problem gelöst.

**ⅠⅠ PRAXISBEISPIEL 2:**

In einem umgekehrten Fall sollte ein erfolgreicher deutscher Manager die Leitung der französischen Niederlassung übernehmen. Der Auftrag lautete, ihm in einer individuellen Coaching-Sitzung innerhalb eines halben Tages die „Spielregeln" für den Umgang mit französischen Mitarbeitern zu vermitteln. Trotz unserer Warnungen war der Kunde überzeugt, dass die vorgesehene Zeit ausreichend sei, denn „Herr Dr. Schulz hat bereits viele Termine wahrzunehmen". Während des Coachings wurde Herr Dr. Schulz zunehmend verwirrter: „Das erscheint mir doch sehr kompliziert. Ich habe bereits internationale Erfahrung gesammelt. Bei uns sind zudem die Verhältnisse ganz anders. Ich werde mir Ihr Buch noch durchlesen, das dürfte reichen." Drei Monate später rief er aufgeregt an. Drei seiner besten Führungskräfte hatten gekündigt und ein Millionenauftrag drohte verloren zu gehen. Nach einer ersten Notfall-Intervention mussten wir noch fünf Monate mit der Organisation arbeiten, um das verloren gegangene Vertrauen wieder herzustellen.

Manager müssen bestimmte Tatsachen der Arbeit mit der immateriellen Realität akzeptieren:

**Tatsache 1: Bei der Arbeit mit der immateriellen Realität ist die notwendige Zeit nicht planbar.**

Das gewohnte Vorgehen sieht wie folgt aus:

*Problem ⇨ Auseinandersetzung ⇨ Zielerreichung*

Konkret übertragen auf die immaterielle Realität heißt das:

*Beziehungsprobleme im Team ⇨ zwei Tage Teambuilding ⇨ harmonisches Team*

oder:

*Probleme in der internationalen Zusammenarbeit
⇨ Interkulturelles Seminar ⇨ optimierte Zusammenarbeit*

Die Praxis zeigt jedoch, dass dies Illusionen sind, die lediglich dazu dienen, der Außenwelt zu vermitteln, dass zumindest etwas unternommen wurde. In der immateriellen Realität geht es jedoch um Prozesse, die man zwar steuern, aber unmöglich zeitlich in den Griff bekommen kann (weitere Details siehe auch in „Hintegrund", am Ende des Kapitels).

**Tatsache 2: Weichen Faktoren ist mit harten Fakten nicht beizukommen**

Emotionale Ressourcen und Blockaden können oft nur erreicht und behandelt werden, wenn Mittel eingesetzt werden, die emotional ansprechen, das heißt das limbische System des Menschen erreichen. Kurz gesagt: Emotionen ist nur mit Emotionen beizukommen.

Hierzu einige Beispiele aus unterschiedlichen Bereichen:

- **Liebeskummer**: Wer an Liebeskummer oder Trennungsschmerz leidet, ist traurig, depressiv, verzweifelt. Wer versucht zu helfen, indem er rational erklärt, dass statistisch gesehen jede zweite Ehe scheitert, wird eher Zorn als Dank ernten. Es braucht Zeit, Selbsterkenntnis, begleitet von einem mehr oder weniger konkret erlebten emotionalen Drama, um Liebeskummer zu überwinden.

- **Umweltbewusstsein**: Seit dem Klimagipfel von Tokio wurden allen westlichen Gesellschaften die „Grenzen des Wachstums" konkret vor Augen geführt. Nennenswerte Verhaltensänderungen waren seither kaum festzustellen. Nur sehr emotionale Filme, wie zum Beispiel Al Gores preisgekrönte Dokumentation zur Klimaerwärmung *„Eine unbequeme Wahrheit"* und Naturfilme, die einsame Eisbärenjunge auf treibenden Eisschollen zeigen, erreichen und berühren nachhaltig das große Publikum. Die Mischung von bewegenden Bildern, untermauert mit harten Fakten, schuf den Durchbruch für ein besseres Umweltbewusstsein in der westlichen Welt.

- **Interkulturelles Seminar**: In einem interkulturellen Seminar wird den Teilnehmern vermittelt, dass ihr gewohntes Verhalten in der anderen Kultur zu Konflikten führen wird. Expatriates werden jedoch ihr Verhalten erst ändern, wenn sie diesen Konflikt konkret *erlebt* haben. Einige von ihnen brauchen mehrere Konflikte und einen langen Leidensprozess, bis sie zu einer Veränderung bereit sind.

- **Finanzkrise**: Die weltweite Finanzkrise führte in den meisten westlichen Ländern zu Grundsatzdiskussionen über die Auswüchse des Kapitalismus, verbunden mit dem Bewusstsein, dass wir unser Verhalten und Wirtschaften grundsätzlich ändern müssen. Es blieb jedoch die Frage offen, ob das internationale Finanzsystem so grundlegend geändert und reguliert werden kann, dass sich eine Krise dieser Art nicht wiederholt.
Das Problem liegt darin, dass die westlichen Gesellschaften noch nicht genügend negative emotionale Konsequenzen erlebt haben, um ihr wirtschaft-

liches Verhalten von Grund auf zu ändern. Dank der staatlichen Interventionen wurden die schlimmsten Auswirkungen verhindert mit dem Ergebnis, dass sich die große Mehrheit zurücklehnen und fortfahren kann wie bisher.

Für alle vier Beispiele gilt, dass die harten Fakten bekannt und rational vermittelbar sind, der Durchbruch für Verhaltensänderung jedoch ausschließlich über das konkrete, emotionale Ansprechen und Erleben geschieht.

**❗ *Zur Selbstreflexion***

*Lassen Sie einmal Stationen Ihres Lebens Revue passieren und schreiben Sie auf:*
- *Wann und warum haben Sie eine Angewohnheit geändert?*
- *Aus welchen Gründen haben Sie wichtige Entscheidungen in Ihrem Leben getroffen?*

*In der Regel werden Sie feststellen, dass eine Änderung oder eine Entscheidung fast nie auf einem sachlichen Grund basierte, sondern weil Sie emotional, durch Freude oder Leid, angesprochen und praktisch dazu gezwungen wurden.*

**➕ Fazit:**

Veränderung kann nur erfolgen, wenn sich Menschen betroffen und angesprochen fühlen. Betroffenheit ist jedoch nur über emotionale Einbeziehung zu erreichen. Man kann im Unternehmen negative Belastungen über Einzelmaßnahmen, wie zum Beispiel einen gemeinsamen Ausflug, teilweise mindern, aber nicht aus der Welt schaffen oder transformieren. Bei Vorurteilen greift das gleiche Schema: Wenn man sie sich nicht bewusst macht und durch konkretes Erleben widerlegt, tauchen sie bei der ersten Krise wieder auf.

## 3.6 Interne Hürde 3: Angst vor Kontrollverlust

Eine Definition für Kontrolle lautet „die Überzeugung einer Person, ihr stünde eine Reaktionsmöglichkeit zur Verfügung, durch die die Aversivität eines Ereignisses reduziert werden könne."[43] Die Gültigkeit dieser Definition lässt sich in der materiell-mechanistischen Welt abbilden. Kontrolle in der immateriellen Realität ist jedoch ein trügerisches Gefühl. Mit kollektiver Verunsicherung umzugehen ist eine komplexe Aufgabe, vor allem wenn die Erwartungen an das Management darin bestehen, rational definierte Ziele zu erreichen, Sicherheit zu geben und sich durchzusetzen.

Manager befürchten daher bei der Arbeit mit Emotionen, dass sie unkontrollierbares Unheil erwartet. Wir bezeichnenen diese Angst als „Büchse-der-Pandora"-Syndrom. In der griechischen Mythologie war die Büchse der Pandora ein Geschenk Zeus' an Pandora, verbunden mit der Auflage, die Büchse unter keinen Umständen zu öffnen. Übermannt von Neugier öffnete sie die Büchse, worauf alle Laster und Untugenden aus der Büchse entwichen und somit von nun an das Schlechte die Welt eroberte.

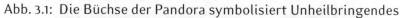

**Abb. 3.1:  Die Büchse der Pandora symbolisiert Unheilbringendes**

Unternehmen, denen bewusst ist, dass sie an ihrer Substanz arbeiten müssen, reagieren zunächst mit einem Gefühl der Bedrohung. Das Vertrauen darauf, die Gefühle der Mitarbeiter, wenn sie erst einmal angesprochen wurden, noch kontrollieren zu können, ist sehr gering. Dr. Walter Jochmann, Mitglied der Geschäftsführung von Kienbaum, ist folgender Ansicht: *„Als Partner der Geschäftsleitung und Katalysator für Change-Prozesse müsste das Personalmanagement den Personalkörper nicht nur in Sachen Kapazitäten, Besetzungen und Qualifikationen in Anlehnung an die Unternehmensstrategie gestalten, sondern auch Sorge dafür tragen, dass mit einem entsprechenden Projektdesign Ängste und Ungewissheiten aufgefangen werden.*[44] Genau dies geschieht nur allzu selten.

Was ist die Alternative? Ohne professionelle Begleitung werden die Mitarbeiter unvorbereitet ins kalte Wasser gestoßen und haben keine Möglichkeit, sich über Zweifel, Ängste und Hoffnungen auszutauschen oder mitzuteilen. Sie wehren sich dagegen auf klassische Weise: Widerstand gegen Veränderung, Gerüchte streuen, Dienst nach Vorschrift bis hin zu Sabotageakten.

Für die verantwortlichen Manager stellt genau dies den befürchteten Kontrollverlust dar, die Büchse der Pandora hat sich von selbst geöffnet ...

## 3.7    Äußere Hürde: Die Wahl der Qual

Bei der Begleitung von Veränderungsinitiativen müssen die Change-Verantwortlichen wählen zwischen den etablierten Unternehmensberatungen und zahlreichen, meist kleinen, innovativen Beratungen mit sehr unterschiedlichen Ansätzen.

Die etablierten Unternehmensberatungen entstammen der klassischen „Harte Faktoren"-Welt. Aufgrund der Nachfrage ihrer Kundschaft im Zuge zahlreicher Organisations- und Fusionsprojekte haben sie meist parallel dazu einen neuen Bereich für die Behandlung der immateriellen Realität aufgebaut. Die in der Regel erfahrenen und routinierten Berater arbeiten mit sehr technischen Ansätzen, die innerhalb ihres betont strukturierten Vorgehens darauf abzielen, dem Management die Gewissheit zu geben, den Change schnell und professionell begleitet durchgeführt zu haben, und die Mitarbeiter nehmen wahr, dass etwas unternommen wird.

Der große Umsatz wird in der Strategie- und Organisationsberatung gemacht

Dem steht meist ein beträchtlicher Honoraraufwand gegenüber, der jedoch eher unbedeutend ist im Vergleich zum Aufwand für die Begleitung und Neuausrichtung der materiellen Realität. Häufig beklagen sich die hausinternen Change-Experten dieser großen Unternehmensberatungen selbst über zu geringe Wertschätzung und Unterstützung innerhalb der eigenen Organisation. Das ist verständlich, denn die Begleitung der immateriellen Realität passt nicht zur Kultur der Strategie- und Organisationsberatung, wo der meiste Umsatz gemacht wird.

Erfahrungsgemäß bleibt daher selbst ambitionierten Change-Beratern wenig Handlungsspielraum und sie sind gezwungen, ständig Kompromisse durch die Einbeziehung rein rationaler Methoden zu machen. Aufgrund dürftiger oder ausbleibender Ansprache der Emotionen wird die immaterielle Realität der Organisation nur geringfügig, wenn überhaupt verändert. Als Beispiel dafür stehen die beiden damaligen Vorstandsvorsitzenden der DaimlerChrysler AG, die - entgegen der subjektiven Wahrnehmung der befragten Führungskräfte - in der Mitarbeiterzeitschrift DaimlerChrysler Times erklärten: _„Wir haben die Integration innerhalb von 16 Monaten erfolgreich abgeschlossen; inzwischen sind wir ein Unternehmen."_[45]

Innovative Change-Experten gibt es in großer Zahl

Auf der anderen Seite gibt es zahlreiche, innovative Change-Experten, welche die immaterielle Realität analysieren und behandeln können. Der Markt ist von vielen kleinen, spezialisierten Unternehmensberatungen, zum großen Teil Einzelpersonen, mit mehr oder weniger professionellem Hintergrund bevölkert. Meist besitzen die innovativen Beratungen nicht die notwendige Struktur, um eine Konzernorganisation oder nur die eines großen Mittelständlers über einen längeren Zeitraum zu begleiten, geschweige denn in einem internationalen Rahmen. Die wenigen guten, innovativen Beratungsfirmen, die über diese Voraussetzungen verfügen, sind bereits mit maximal zwei Projekten ausgelastet. Diese

Spezialisten arbeiten häufig für einen Bruchteil des Honorars der großen Unternehmensberatungen und bringen eine bunte Palette von Erfahrungen und innovativen Methoden ein. Fast immer bleibt es allerdings bei Einzelmaßnahmen, die stark oder sogar ausschließlich von der Persönlichkeit und Authentizität des Beraters beziehungsweise Moderators getragen werden.

In der Regel haben diese Berater einen guten Draht zu einer Schlüsselperson des auftraggebenden Unternehmens und können durch dessen Unterstützung erfolgreich wirken. Fehlt jedoch der Kontakt auf gleicher Wellenlänge, so ist erfahrungsgemäß auch die Methode unwirksam.

Matthias zur Bonsen ist seit Jahren Vorreiter in Deutschland mit innovativen Konzepten zum Thema Change und hat unter anderem die Open-Space-Technologie und viele andere Methoden bekannt gemacht. Er erklärt die Problematik der Wirksamkeit der Methoden folgendermaßen: *„Die Qualität des Ergebnisses hängt vom Kontext ab, in dem die Methoden eingesetzt werden. Wenn das Grundverständnis nicht stimmt, dann zeigen auch die besten Werkzeuge nicht die erwünschte Wirkung."*[46]

Diese Vielfalt an Beratungsunternehmen und Methoden führt zu einer großen Diversität der Ansätze und zu einem wenig strukturierten Angebot. Dadurch ist es äußerst schwierig, allgemeingültige Methoden zur Behandlung der immateriellen Realität zu finden.

Die Change-Verantwortlichen haben also die „Wahl der Qual". Mit der Entscheidung für eine etablierte Unternehmensberatung sind sie zwar auf der sicheren Seite: Renommee und offensichtliche Kompetenz der Berater leisten den Nachweis, dass man sich für Profis entschieden hat. Falls die Intervention kein Erfolg war, übernimmt man keine persönliche Haftung, riskiert jedoch im Gegenzug eine verunsicherte Organisation.

Bei der Entscheidung für eine kleine, innovative Beratung besteht einerseits eine größere Aussicht, die immaterielle Realität entscheidend gestalten zu können, jedoch beinhaltet sie zwei Gefahrenpunkte: Wenn etwas nicht wie erwartet verläuft, haben meistens weder Kunde noch Berater eine zweite Chance, Gegenmaßnahmen zu ergreifen. Die Hardliner im Unternehmen bereiten dem Projekt schnell ein Ende („Das war vorauszusehen!") und greifen auf die alten, „bewährten" Methoden zurück. Gleichzeitig sorgen sie auch für das Karriereende des Change-Verantwortlichen, für den es dann einen schwachen Trost darstellt, zwar das Richtige, jedoch am falschen Ort versucht zu haben.

Das Nachsehen haben in beiden Fällen die Mitarbeiter der Organisation: Sie können die Entscheidung nur zur Kenntnis nehmen, um dann umzuschalten auf „protektive Intelligenz", und sich schließlich in Grabenkämpfen aufreiben.

➕ Fazit:

Um diese Hürden zu überwinden, brauchen Manager sowohl Mut als auch eine Change-Begleitung, welche die subtile Balance zwischen Spielerei und Bedrohung meistert und eine professionelle Arbeit mit den Emotionen in der Organisation erlaubt.

Diesen Ansatz, das heißt ein Coaching, das die ganze Organisation umfasst, bezeichnen wir als „Organisationscoaching".

## 3.8 Hintergrund: Adaptive Herausforderungen

Wie kommt es, dass bei großen Veränderungsprozessen wie bei DaimlerChrysler und Lufthansa die Emotionen hochkochen, aber nicht (oder wesentlich weniger) bei der Entwicklung eines neuen Produkts? Was ist bei diesen Vorhaben anders und welche Bedeutung hat es für das Management? Dieser Frage ist der Mediziner und Harvard Professor für Leadership Ronald Heifetz nachgegangen.

*Technische und adaptive Herausforderungen*

Durch einen Blick in die medizinische Praxis veranschaulicht Heifetz die Unterscheidung zwischen technischen und adaptiven Herausforderungen sowie die Dynamik, die sich daraus entwickelt.

Wenn Patienten mit Anzeichen einer Krankheit zum Arzt kommen, hoffen sie, dass der Arzt ohne großen Einsatz ihrerseits das Problem „beseitigen" oder „reparieren" wird. Ein anschauliches Beispiel ist eine Blinddarmoperation: Sie ist zwar unangenehm, der Patient muss allerdings keine Umstellung seiner Lebensgewohnheiten in Kauf nehmen. Anders ist die Lage bei einem Herzinfarkt: Bypässe und Medikamente helfen zwar; wenn der Patient allerdings seine Lebensdauer verlängern will, ist er gezwungen, seine Lebensweise umzustellen: das Rauchen aufgeben, sich gesünder ernähren, mehr Sport und Zeit zur Entspannung planen. Die Krankheit ist für den Patienten zu einer adaptiven Herausforderung geworden, weil er nicht mehr so leben kann, wie er es gern möchte und es früher tun konnte.

Auch für den Mediziner sind adaptive Herausforderungen nicht einfach anzunehmen. Die Blinddarmoperation verlangt das professionelle technische Können eines Chirurgen. Bei einem Herzinfarktpatienten ist die ausschließlich technische Antwort nicht ausreichend. Wenn der Arzt seine Verantwortung ernst nimmt, hat er die Aufgabe, den Patienten zu den gebotenen Verhaltensänderungen anzuhalten.

## Bei adaptivem Wandel geht es um mehr als neues Wissen

Technischer und adaptiver Wandel unterscheiden sich stark voneinander. Bei technischen Herausforderungen geht es im Grunde nur darum, bestehende Methoden und Ansätze anzupassen. Das Problem (oder die Krankheit) lässt sich gut definieren und behandeln. Für die Betroffenen ist es meistens Weiterleben beziehungsweise „Business as usual". Technische Probleme können zwar anstrengend sein, aber sie lassen sich mit dem vorhandenen Know-how und den gängigen Vorgehensweisen bewältigen. Sie sind deswegen meist gut planbar.

Anders ist es bei einem adaptiven Wandel, bei dem es um etwas ganz Besonderes für die Betroffenen geht: ihre Identität. Der Herzinfarktpatient, der sich bisher als Genussmensch definierte und ein lebhaftes soziales Leben mit Freunden führte, die den gleichen Lastern frönen, muss nicht nur seine Gewohnheiten, sondern auch sein Selbstbild ändern. Werte, Einstellungen, Glaube, Zugehörigkeit und Identität müssen angepasst werden. Wie dieser Prozess vonstatten geht und wie lange er dauern wird, ist nicht vorhersehbar. Aus diesem Grund sind adaptive Wandel nicht vollständig planbar.

Laut Heifetz verlangen Unternehmen, die sich neuen wirtschaftlichen Umständen anpassen müssen, von ihren Mitarbeitern nicht nur diese Veränderung ihres bisherigen Vorgehens, sondern auch diesen Wandel ihrer Werte, Einstellungen und oftmals auch ihrer Identität.

## Es gibt keine Standardlösung für den adaptiven Wandel

Nicht nur Einzelpersonen oder Firmen werden mit adaptiven Herausforderungen konfrontiert, sondern auch unsere Gesellschaft. Der Klimawandel ist ein passendes Beispiel dafür, ebenso das Thema Rente bei überdurchschnittlich schneller Alterung der Bevölkerung oder der scheinbar unbegrenzte Anstieg der staatlichen Schulden. Leider existieren für solche komplexen Themen keine einfachen, technischen Lösungen. Die Rentenproblematik wird nicht (nur) durch die Mehrbelastung der Besserverdiener gelöst, der Schuldenberg wird nicht durch schnelleres Wirtschaftswachstum schmerzlos verschwinden, wie uns die Politiker seit Jahren Glauben machen wollen. Vielschichtige Themen wie diese verlangen von uns eine Anpassung unserer Einstellungen, Erwartungen und Verhaltensmuster.

Veränderungsinitiativen in einem Unternehmen sind in der Regel eine Mischung aus technischen (zum Beispiel die Definition der Soll-Organisation oder der Soll-Prozesse) und adaptiven Herausforderungen. Die adaptiven Aspekte sind dabei für das Change-Management von höchster Relevanz, werden jedoch oft ignoriert oder sogar negiert. Gemäß Heifetz scheitern jedoch letztlich Initiativen zur Restrukturierng und zur Umgestaltung von Geschäftsprozessen gerade an dieser einseitig fachlich-technischen Orientierung. In diesem Sinne ist der Begriff „Business-Reengineering" eine irreführende und gefährliche Metapher.

„Führung ohne einfache Antworten", der (ins Deutsche übersetzte) Titel eines Buches von Roland Heifetz, impliziert, warum die adaptiven Aspekte der Veränderungsinitiativen so wenig betrachtet werden. Es gibt keine einfache Lösung für adaptive Probleme, und Manager befürchten ein Entgleiten ihrer Kontrolle - wobei Inaktivität noch weniger Garantie für Kontrolle darstellt. Die zentrale Rolle der Führungsautorität im adaptiven Wandel ist nicht mehr angemessen. Zwar hilft sie immer noch, jedoch braucht das Management zusätzlich eine andere Form von Kompetenz: die Fähigkeit, den Mitarbeitern dabei zu helfen, das zu tun, was nur sie als Betroffene tun können.

Auf eine adaptive Herausforderung mit einem rein technischen Ansatz zu reagieren mag verlockend sein, bleibt jedoch ohne Wirkung. Heifetz nennt diese Neigung die „Flucht in die bequeme Lösung".

**Literatur**

Ronald Heifetz (1994): *Leadership without easy answers*, Harvard University Press

Ronald Heifetz und Donald Laurie (1997): *Den Wandel steuern - nicht vorschreiben*, Harvard Business Manager 4/1997

Ronald Heifetz und Donald Laurie (1997): *Wie Topmanager Krisen überleben*, Harvard Business Manager 6/2002

# 4.  Das vierte Element

> „Das Bewusste ist eine Nussschale auf dem Meer des Unbewussten."
> Sigmund Freud (1856 - 1939)

Nach dem Tarifabschluss der Lufthansa für das Boden- und Kabinenpersonal Ende 2000 spitzte sich der Tarifkonflikt mit „Cockpit" der Interessenvereinigung der Lufthansa-Piloten zu, die Forderungen nach einer „deutlichen Anhebung der Cockpitvergütungen im Bereich von 35 Prozent" erhoben hatte und dies unter anderem damit begründete, dass Piloten vergleichbarer Fluggesellschaften im Ausland deutlich mehr verdienten. Im Oktober 2000 beendete „Cockpit" jegliche Kooperation mit den Vertretern des Unternehmens, und drohte mit einer Beibehaltung dieser Situation, bis ihre Forderung nach einer drastischen Lohnerhöhung erfüllt wäre.[47]

Laut Heike Bruch,[48] Direktorin des Instituts für Führung und Personalmanagement an der Universität St. Gallen, lagen die Forderungen darin begründet, dass Planungen für weitere Veränderungsprozesse bestanden, die eine zunehmende Entkopplung dieser Mitarbeitergruppe vom Rest des Unternehmens zur Folge hätte. Die Gruppenmitglieder hatten aus ihrer Sicht in den vergangenen Jahren viele Opfer für die Änderungsprozesse gebracht, fühlten sich nicht von der Unternehmensführung wertgeschätzt, und empfanden Verbitterung und Aggressionen. Möglicherweise hatten die erneuten Forderungen nach Änderungen zu jenem „Missachtet-Fühlen" geführt, welche letztlich der Auslöser für die radikale Position dieser Gruppe war. Nach drei ergebnislosen Verhandlungsrunden legten am 28. März 2001 über zweihundert Piloten die Arbeit nieder und mehr als hundert Flüge fielen aus. Lufthansa bot Einkommenserhöhungen zwischen zehn und 16 Prozent an. „Cockpit" erklärte die Verhandlungen daraufhin für gescheitert und rief zur Urabstimmung auf. 96 Prozent der „Cockpit"-Mitglieder sprachen sich für einen unbefristeten Streik aus. Beim ersten ganztägigen Pilotenstreik waren mehr als neunhundert Flüge ausgefallen, von denen rund 114.000 Passagiere betroffen waren. Lufthansa entstand ein Schaden von 50 Millionen Mark.[49] Die Beziehungen zum Management von Lufthansa verschlechterten sich so sehr, dass Hans-Dietrich Genscher, der frühere Bundesaußenminister, als Schlichter bestellt wurde. Erst mit seiner Hilfe konnte schließlich eine Lösung herbeigeführt werden.

## 4.1  Vom Gefühlsstau zum Amoklauf

Wie wir gesehen haben, zeigt die moderne Hirnforschung eindeutig auf, dass eine Entscheidung immer ein meist unbewusstes, emotionales Fundament hat. Sigmund Freud hat bereits Anfang des 20. Jahrhunderts erklärt, dass wir Menschen nicht „Herr im eigenen Hause" sind.

Der größte Teil dessen, was uns ausmacht, liegt im Unterbewussten. Solange wir uns dieses unbewussten Antriebs nicht gewahr sind, wirkt er im Verborgenen. Oder anders gesagt: Unbewusste Muster und Werte, die in uns angelegt sind, hören nicht auf zu wirken, nur weil wir diese nicht wahrnehmen können. Wenn die daraus entstehenden Emotionen unterdrückt werden, können sie uns krank oder depressiv machen.

*Unbewusste Muster hören nicht auf zu wirken, nur weil wir diese nicht wahrnehmen können*

Zwar spürt der Mensch, jedoch meist unbewusst, dass er negative Gefühle in sich aufstaut, weiß jedoch selten, wie er sich dagegen wehren kann. Je nach persönlichem Temperament gelingt es einigen, den Druck über Sport, Meditation oder sonstige Aktivitäten abzubauen. Andere wiederum suchen sich ein Ventil in ihrem Umfeld und lassen ihrem Frust freien Lauf in Form von Zornausbrüchen, aggressivem Fahrstil oder autoritärem Führungsverhalten. Die meisten Menschen halten ihre Gefühle zurück. Im Extremfall kommt es zu einem regelrechten Gefühlsstau. Wie in einem Dampfkessel erhöhen die aufgestauten Gefühle den Druck, bis der berühmte Tropfen, oft ein belangloses Ereignis, das Fass zum Überlaufen bringt. Infolgedessen kann es dann zur emotionalen Überreaktion kommen: Amokläufe, die leider in der letzten Zeit immer wieder Schlagzeilen machen, sind hierfür der gewalttätigste Ausdruck.

*Im Extremfall kommt es zu einem Gefühlsstau bis zur emotionalen Überreaktion*

## 4.2    Die immaterielle Realität beherrscht die Organisation

Unternehmen sind emotionale Arenen. Häufig werden Emotionen und Stimmungen nicht nur von einzelnen Mitarbeitern empfunden, sondern mitunter erfahren ganze Teams oder Unternehmensbereiche die gleichen Emotionen. Dieses Phänomen ähnlicher oder identischer emotionaler Reaktionen in Gruppen oder Unternehmen wird als „kollektive Emotion" bezeichnet. Ähnlich wie beim Menschen das Unterbewusste, so beherrscht bei kollektiven Emotionen die immaterielle Realität die Organisation.

Auch hier können wir am Beispiel des Eisbergs vergleichen: Seine Richtung wird zu 20 Prozent vom Wind, aber zu 80 Prozent von der Strömung beeinflusst. Selbst ein Orkan kann daher die Richtung nur unwesentlich beeinflussen.

**Abb. 4.1:  Die Richtung des Eisbergs wird zu 20 Prozent vom Wind, aber zu 80 Prozent von der Strömung beeinflusst**

© he2be SA & JPB Consulting

Ähnlich vergeblich sind daher die Anstrengungen, nur die materielle Realität der Organisation zu beeinflussen.

*Die Unterdrückung des Unbewussten kann zu einem emotionalen Burnout des Unternehmens führen*

Denn auch für die Organisation gilt: Die unbewussten Werte, Antriebe, Hoffnungen und Ängste hören nicht auf zu wirken, weil sich das Management ihrer nicht bewusst ist oder sie einfach ignoriert. Denn je länger man sie ignoriert, umso mehr wird das limbische System der Organisation gestresst, bis sie schließlich zum Stillstand gezwungen wird, was einige Autoren als „emotionalen Burnout" des Unternehmens bezeichnen.[50] Es handelt sich hierbei nicht nur um eine theoretische Möglichkeit: Das Link-Institut hat bei einer Befragung von 1.000 Mitarbeitern festgestellt, dass es in einem durchschnittlichen Unternehmen neben zehn Prozent „konstruktiven Kritikern" 30 Prozent „Frustrierte" und 20 Prozent „Bremser" gibt.[51]

**⏭ PRAXISBEISPIEL:**

In einer deutsch-amerikanischen Fusion gab es die sachliche Weisung, dass Englisch zur Konzernsprache würde. Korrespondenz, Mails und Videokonferenzen waren in Englisch zu halten. Die immaterielle Realität war jedoch, dass sich der größte Teil der deutschen Ingenieure und Manager gegenüber den amerikanischen Muttersprachlern im Nachteil fühlte. Oft konnten sie sich ihren amerikanischen Kollegen gegenüber nicht durchsetzen, weil es ihnen an den erforderlichen sprachlichen Fertigkeiten mangelte. Der Frust, sich nicht durchsetzen zu können, obwohl man in der eigenen Wahrnehmung die besseren Argumente hatte, wirkte sich dahingehend aus, dass die deutschen Mitarbeiter in anderen Meetings systematisch blockierten, auch wenn die amerikanischen Kollegen über die besseren Argumente verfügten. Die Videokonferenzräume blieben auf deutscher Seite oft leer oder waren nur schwach besetzt, weil die deutschen Manager die amerikanischen Manager nur sehr schwer verstehen konnten und Angst hatten sich zu blamieren. Selbst Detailthemen mussten ständig an höherer Stelle entschieden werden, oder es mussten aufwändige und anstrengende Reisen angesetzt werden, um eine Entscheidung herbeizuführen.

Konsequenz dieses Verhaltens: Der Aufwand stieg immer mehr an, Kontakte wurden vermieden oder abgebrochen und jede Seite versuchte, die eigenen Interessen durchzusetzen, ohne die anderen einzubeziehen.

## 4.3    Emotionsstau führt zum Emotions-GAU

Wir sind an einem wesentlichen Punkt angelangt: Verdrängte Gefühle wirken im Unterbewussten weiter und übernehmen die Macht über unser Verhalten, wenn sie nicht auf die bewusste Ebene geholt werden.

Übertragen auf eine Unternehmensorganisation, in welcher das Management die emotionale Dimension ganz bewusst unterdrückt, bedeutet dies, dass hier nicht nur ein wesentlicher Teil der Unternehmensrealität ausgeschlossen wird, sondern dass der Emotionsstau im Unterbewussten der Organisation destruktiv weiterwirkt und zum Emotions-GAU führen kann. Die Emotionen werden im wahrsten Sinne des Wortes zu „harten Soft Facts", denn in der materiellen Realität manifestieren sich plötzlich klare Symptome, die dem Unternehmen gefährlich werden können: Projektverzögerungen, Innovationen werden nicht zu Ende gebracht, Qualitätsrückgang, Verluste von Marktanteilen. Die immense Bedeu-

*Emotionen werden zu harten Soft Facts*

tung der Emotionen für den direkten Kundenkontakt, für die strategische Positionierung und für die Verbesserung der Markenidentität wurde im Übrigen wissenschaftlich nachgewiesen.[52]

## Emotionsstau und hohe Anspannung führen zu Organisations-Burnout

Die Stress-Leistungskurve von Yerkes-Dodson[53] verdeutlicht den destruktiven Mechanismus bei Individuen, der bei zu hoher Anspannung zum Emotions-GAU führt.

Stress ist per se nichts Schlechtes. Er wirkt in seiner positiven Form antriebsfördernd und ist sogar nötig, um überhaupt existieren zu können. Die Wissenschaft unterscheidet deswegen zwischen Eustress („Eu" = schön, gut, wie in „Euphemismus") und Dis-stress („Dis" = schlecht, wie in „Disharmonie").

Stress wird erst dann negativ interpretiert, wenn er zu häufig auftritt und kein körperlicher Ausgleich erfolgt. Er führt zu einer stark erhöhten Anspannung des Körpers, auf Dauer nehmen Aufmerksamkeit und Leistungsfähigkeit ab. Diesem Dauerstress kann der Körper nicht auf längere Zeit standhalten. Fehlt ihm die Regeneration, schwindet die Widerstandskraft, seine Ressourcen sind aufgebraucht. Bei einer Langzeitwirkung von Dis-stress und notwendigen fehlenden Bewältigungsstrategien kommt es zu einem Burnout-Syndrom.

## Abb. 4.2: Die Stress-Leistungskurve von Yerkes-Dodson

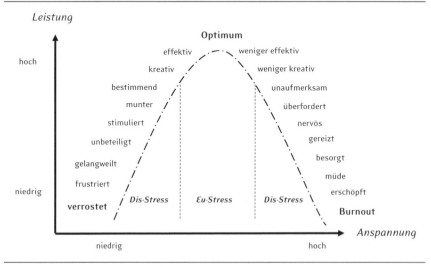

Der „Stau" von negativen Emotionen erhöht das Stressniveau bei Individuen und führt damit zu den klassischen negativen Symptomen der Stresskurve. Diese Kurve lässt sich als Metapher auf die Organisation übertragen: Zu hohe ständige Anspannung, verbunden mit hochgradigem Emotionsstau, macht die Organisation ineffizient bis zum Burnout.

## 4.4    Die negative Synergiespirale im Unternehmen

Bei Fusionen ist häufig die Rede von „Synergien". Wie wir wissen, werden diese allerdings selten erreicht. Im Gegenteil entstehen oft gewaltige Verluste, das heißt eine *negative* Synergie. Um dies zu illustrieren, arbeiten wir seit über 20 Jahren mit der „negativen Synergiespirale".

Diese Spirale war auch bei der Daimler-Chrysler-Fusion zu beobachten: Die Ängste, die bei jeder Veränderungsinitiative vorhanden sind, nehmen proportional mit dem Stress zu, den das Change-Projekt unvermeidlich verursacht. Wir haben schon erwähnt, dass jeder von uns unter Stress zu einer Karikatur seiner selbst wird. Ein Choleriker wird extrem cholerisch werden, ein Analytiker wird sich hinter immer mehr Details verschanzen.

Noch mehr Missverständnisse entstehen, wenn die Teilnehmer aus verschiedenen Unternehmens- oder Kulturkreisen kommen. Auf Grund unterschiedlicher Werte, Effizienzgefühle, Wortbedeutungen usw. steigt das Misstrauen zwischen den Teilnehmern. Folglich übt das Management mehr Druck und Kontrolle aus, um die Veränderungsinitiative (vermeintlich) „unter Kontrolle" zu halten.

Die Zusammenarbeit wird zur *Last*, die „gute alte Zeit" wird beschworen. Ab jetzt geht es nicht mehr darum, das Optimum zu erreichen, sondern lediglich die Minimalziele zu sichern. Dies geschieht oft durch so genanntes *„Management by Schadensbegrenzung"*: Man versucht den Partner auszubooten, indem die „störenden" Kollegen überhaupt nicht oder zu spät informiert werden, nach dem Motto: „Wie können wir *trotz* der Anderen unsere Ziele erreichen?" Durch dieses gegenseitige destruktive Verhalten *sinkt die Produktivität*. Ziele werden nicht erreicht, der Druck steigt und die *Angst zu scheitern* wächst. Der Geist der angestrebten Kooperation ist längst vergessen, der *Mächtigere*, zum Beispiel die Muttergesellschaft oder die Käuferfirma, verliert die Geduld und *setzt die Forderungen ohne Kompromisse durch*.

Aus der gewünschten Kooperation ist eine *K.O.-Operation* geworden.

## Abb. 4.3: Die negative Synergiespirale[54]

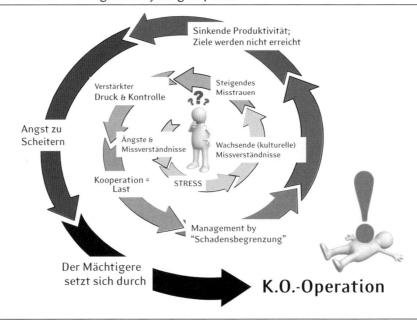

Sinkende Produktivität;
Ziele werden nicht erreicht

Verstärkter
Druck & Kontrolle

Steigendes
Misstrauen

Angst zu
Scheitern

Ängste &
Missverständnisse

Wachsende (kulturelle)
Missverständnisse

Kooperation =
Last

STRESS

Management by
"Schadensbegrenzung"

Der Mächtigere
setzt sich durch

K.O.-Operation

© he2be SA & JPB Consulting

Diese Spirale steht nicht spezifisch für Geschäftsbeziehungen, sondern kann in ähnlicher Form auch auf die Beziehungen zwischen Mann und Frau, Eltern und Kindern, Vertrieb und Produktion usw. übertragen werden.

Wenn wir diese Spirale in einer Organisation zeigen, beginnen die Teilnehmer augenblicklich darüber zu diskutieren, in welchem Stadium der Spirale sie sich bereits befinden. Das zeigt einerseits, wie stark der Zustand einer Kooperation sich durch die Gespräche und das Bewusstsein der Mitarbeiter zieht. Andererseits ist nur wenigen bewusst, wie man eine solche Spirale stoppen kann. Denn alle wissen, wie sie endet. Ein weiteres Beispiel dafür, dass wir nur gelernt haben, professionell auf der Ebene der materiellen Realität zu sein. Auf der Ebene der immateriellen Realität sind wir zu oft „kooperative Analphabeten".

In einer Veränderungsinitiative geht es vor allem darum, den Beteiligten solche Konfliktspiralen bewusst zu machen, und zu zeigen, wie sie diese stoppen und sogar umkehren können. Eine der wichtigsten Voraussetzungen dafür ist, dass die Emotionen nicht den Verstand beherrschen ...

## 4.5 Wenn die Pferde durchgehen ...

Im Folgenden wird viel von Metaphern die Rede sein. Eine bereits von Plato benutzte Metapher veanschaulicht eindrücklich die Bedeutung und die Rolle von
Emotionen, Verstand und Bewusstsein: ein Kutschgespann, bestehend aus mehreren Pferden, der Kutsche und dem Kutscher. In dieser Metapher stehen

■ die Pferde für die „Emotionen",

■ die Kutsche für den „Verstand",

■ der Kutscher für unser „Bewusstsein".

Im Normalfall steuert der Kutscher das Gespann, bestimmt Richtung, Geschwindigkeit und Rhythmus. Tritt ein außergewöhnliches Ereignis ein, wie beispielsweise ein plötzlicher Knall, der die Pferde erschreckt, kann es passieren, dass sie
das Kommando übernehmen und der Kutscher trotz seiner Zügel machtlos ist.
Die Pferde gehorchen nicht mehr, die Insassen der Kutsche können nur hoffen,
dass sie die chaotische Fahrt heil überstehen. Dem Kutscher wird es nur mit Erfahrung, Einfühlungsvermögen und Wagemut gelingen, die Pferde zu beruhigen
und wieder unter Kontrolle zu bekommen.

---

### Abb. 4.4: Die Emotionen gehen durch!

---

© DARGAUD ÉDITEUR PARIS 1968 by Goscinny and Morris
© LUCKY COMICS
Die Abenteuer von Lucky Luke sind in deutscher Sprache bei EGMONT EHAPA erschienen.

Wenn man diese Situation auf den „Emotions-GAU" überträgt, ergibt sich folgendes Bild: Die Emotionen *(Pferde)* ziehen den Verstand *(Kutsche)*, der ihnen hilflos ausgeliefert ist, weil das Bewusstsein *(Kutscher)* sie nicht im Zaum halten kann. Wenn die Kraft der Emotionen einmal entfesselt ist, können sie vom Bewusstsein nicht mehr gebremst werden. Der Volksmund bezeichnet eine Situation, in er sich jemand nicht mehr beherrschen kann, als *„die Pferde sind mit ihm durchgegangen"*.

Im positiven Sinn besagt diese Metapher jedoch auch, dass nur unser Bewusstsein den Verstand in die Lage versetzt, dorthin zu kommen, wo er hin möchte. Je bewusster ein Mensch agiert, umso besser kann er, ähnlich dem erfahrenen Kutscher, seine Emotionen auffangen und kanalisieren. Es geht darum, die Emotionen so zu lenken, dass sie mit dem Verstand kooperieren, anstatt ihn zu beherrschen.

Das gleiche Prinzip gilt für die Emotionen in einer Organisation. Wichtig ist, die Emotionen sichtbar (also bewusst) zu machen und mit ihnen arbeiten zu können. Aber wie sieht die Realität des Change-Managements aus?

## 4.6 Das erste Element des Veränderungsmanagements: Die Expertenlösung

In den 1970er und 1980er Jahren, als die Management-Beratung in Deutschland zunehmend an Bedeutung gewann, wurden Umorganisationen oft hinter verschlossenen Türen und nur im kleinen Kreis von Managern und Experten in der Firma diskutiert und beschlossen, bevor die Maßnahmen kommuniziert und eingeführt wurden. Die Berater besuchten das Unternehmen, führten Einzelgespräche mit Sachbearbeitern und erarbeiteten ein Konzept, das sie dann dem Management zur Abstimmung vorlegten. In der Regel wurden nur die materielle Realität des Unternehmens, also die Aufbau- und die Ablauforganisation sowie die Finanzen betrachtet. Alle Entscheidungen wurden selbstverständlich rein rational (!) getroffen, und man hoffte auf die Vernunft der Mitarbeiter bei der Umsetzung. Mit dieser Verfahrensweise wurde von vornherein jede inhaltliche Ambivalenz aus dem Prozess ausgeschlossen und das angestrebte Ziel als das allein richtige und rationale dargestellt.

*Experten gestalten die künftige Organisation*

Bildliche Darstellung des Ansatzumfangs:

---

### Abb. 4.5: Das erste Element des Veränderungsmanagements

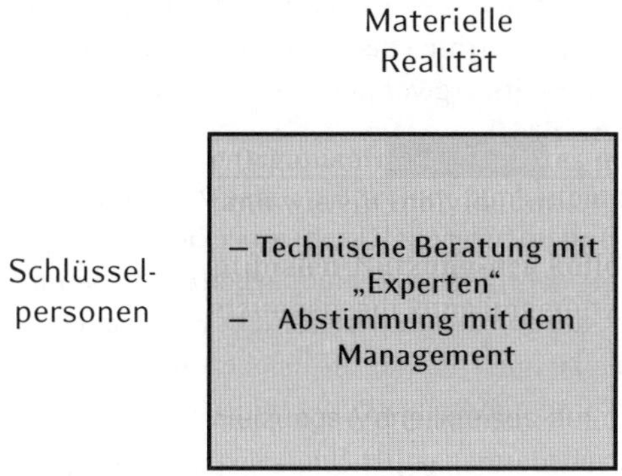

Materielle
Realität

Schlüssel-
personen

— Technische Beratung mit
„Experten"
— Abstimmung mit dem
Management

---

Typische Methoden, die bei diesem Ansatz benutzt werden, sind unter anderem Prozessanalyse, Prozess-Reengineering, Benchmarking, Stellenbeschreibungen, Balance Scorecard, Qualitätszirkel, klassische Interviews, Sachtrainings und Schulungen. Die Kommunikation, vorbereitet vom Projektbüro, erfolgt meistens in schriftlicher Form.


## 4.7    Die Illusion: „Bleiben Sie sachlich!"

Der rein technische Ansatz zum Veränderungsmanagement basiert auf der Abfolge: Problem ⇨ Auseinandersetzung ⇨ Zielerreichung. Diese Sequenz hat sowohl das Ausbildungssystem der aktuellen als auch der angehenden Managergeneration stark beeinflusst.

Das Problem der – übrigens typisch deutschen – Auseinandersetzung liegt darin, dass, solange sie auf der sachlichen Ebene bleibt, jeder Betroffene diejenigen Argumente vorschiebt, die ihn möglichst davor schützen sollen, sein Verhalten zu verändern. Hauptsächlich die Diskussion der konkreten Details wird häufig überlagert vom Phänomen des persönlichen Widerstands, der sich in endlosen Argumentationsketten widerspiegelt, und es kommt zu zähen und ermüdenden „ZDF-Meetings" (ZDF = Zahlen, Daten, Fakten). Unzählige Powerpoint-Charts mit Tabellen und Fakten sollen dazu dienen, die Gegenargumente quasi „totzuschlagen". Der Change-Experte Winfried Werner bringt es auf den Punkt: „Argumentationssiege sind Pyrrhus-Siege". Jede Seite führt selbstverständlich nur diejenigen „Sachargumente" an, die ihren eigenen Standpunkt untermauern. Wer

*Sachargumentation führt oft zu nichts*

kennt nicht die Antwort des PS-Liebhabers auf die Frage, warum er ausgerechnet ein 400 PS starkes Auto braucht? *„Damit ich genügend Sicherheitsreserven beim Überholen habe."*

In anderen Kulturen ist man bei Sachargumenten viel skeptischer. Wir haben zum Beispiel oft erlebt, wie französische Manager mit Sachargumenten bewusst manipulieren. Andererseits argwöhnen sie sofort Böses, wenn nur die sachliche Ebene angesprochen wird.

Ein zweites Problem des Ansatzes ist die Umsetzbarkeit der Lösung. Weil sie mit wenigen Abstimmungen entwickelt und „von oben" autoritär angeordnet wird, ist die Akzeptanz oft sehr gering. Die Mitarbeiter werden meist mit Schwierigkeiten konfrontiert, die von den Experten nicht vorgesehen waren und haben das Gefühl „auszubaden zu müssen, was die da oben eingebrockt haben".[55] Nachträgliche Anpassungen sind meistens unumgänglich.

Expertenlösungen ohne Berücksichtigung der Betroffenen belasten daher die Beziehungen und die Zusammenarbeit im Unternehmen. Das Management von Veränderungsinitiativen hat über lange Jahre hinweg diesen Ansatz benutzt (der übrigens noch verbreitet ist). Daher bleibt es machtlos und wirkt geradezu hilflos, wenn „die Pferde durchgehen".

## 4.8    Das zweite Element des Veränderungs-managements: Einbindung der Mitarbeiter

Im Laufe der Zeit wurde deutlich, dass ein rein technisches Vorgehen zwar notwendig, jedoch bei weitem nicht ausreichend war. Grundlegende Phänomene wie gruppendynamische Prozesse wurden nicht berücksichtigt. Häufig stoßen Veränderungsinitiativen auf starken Widerstand der Betroffenen, und nicht zuletzt die Manager, die an Macht verloren, stellten sich quer. Deshalb wurden mehrere Methoden eingeführt, welche die Betroffenen in die Gestaltung der Lösung mit einbeziehen. Jeder Change-Experte kennt die Aussage: „Vom Betroffenen zum Beteiligten." Das Ziel dabei ist, dass die Betroffenen den Veränderungsprozess *aktiv* mitgestalten. Auf diese Weise wurden Techniken wie Großgruppeninterventionen zu Standardwerkzeugen des Change-Managements. Die Teilnehmer an diesen Veranstaltungen sind alle in der Position von Experten und müssen sich organisieren, um eine effiziente und für alle vertretbare Lösung zu entwickeln. Sie werden von Beobachtern oder sogar Opfern (mindestens teilweise) zu Akteuren der Veränderung, wobei sich die Haltung von der Beurteilung hin zur Verantwortung bewegt. Willkommener Nebeneffekt: Es entsteht eine starke Vernetzung gekoppelt mit dem Austausch von Wissen.

*Großgruppeninterventionen werden zu Werkzeugen des Change-Managements*

Großgruppenveranstaltungen sollten allerdings nicht als basisdemokratischer Vorgang (miss-)verstanden werden: Die Vorgaben (zum Beispiel Ziele, organisatorische Rahmenbedingungen, usw.) werden von der Hierarchie bestimmt. Es geht mehr darum, partizipativ das „Wie" zu entwickeln, als das „Was" zu bestimmen.

> ⓘ BEISPIEL:
>
> Einer der ersten Topmanager, die das Potenzial, das in diesen Methoden lag, erkannten, war der legendäre CEO von General Electric, Jack Welch, der 1999 vom Wirtschaftsmagazin „Fortune" zum „Manager des Jahrhunderts" gekürt wurde. Als Welch im April 1981 die Führung des mittlerweile sehr bürokratisierten Mischkonzerns übernahm, war ihm klar, dass er die Strukturen und Prozesse gründlich ändern musste, und dies gegen den Widerstand der vielen Manager, die ihre Bereiche als eigene kleine Königreiche betrachteten. Welch machte sich darüber keine Illusionen: „Die Veränderung hat keine Anhänger. Die Menschen hängen am Status quo. Man muss auf massiven Widerstand vorbereitet sein", sagte er. Um zu vermeiden, dass die Manager die Veränderungsinitiativen torpedierten, führte er das „Work-out"-Programm ein. Ein „Work-out" besteht aus einem 1- bis 3-tägigen Workshop mit bereichs- und hierarchieübergreifenden Teams von ca. 30 bis 50 Mitarbeitern, die umsetzbare Lösungen für ein bestimmtes Thema gemeinsam entwickeln, zum Beispiel für die Reduzierung der Lagerkosten. Nach Ablauf der drei Tage präsentieren die Teilnehmer ihre Empfehlungen an das Management, das diese Maßnahmen entweder sofort genehmigt oder ablehnt (vor ca. 40 Mitarbeitern anstatt einem kleinen, ausgewählten Kreis, und mit guten Argumenten...) und die Mittel freigibt, um die Ideen innerhalb der nächsten 100 Tage zu realisieren. Innerhalb von fünf Jahren hatten etwa 200.000 der damals rund 240.000 GE-Mitarbeiter an Work-outs teilgenommen.

Zu den beliebten Werkzeugen dieses Ansatzes gehören unter anderem Open Space, World Café, Zukunftskonferenz, Fishbowl-Veranstaltungen, Change Readiness Assessment, Engagement Surveys, Information über Info-Markt und Roadshows, Assessment Centers, diverse Personalentwicklungsmaßnahmen ... . Aufgrund der raschen Verbreitung dieser Methoden wurden sogar neue, computergestütze Tools zur Unterstützung der Großveranstaltungen entwickelt. Das innovative Moderationstool „nextmoderator" von nextpractice erlaubt zum Beispiel die Moderation über PC-Vernetzung von Gruppen mit über 2.000 Teilnehmern.

Obgleich solche Maßnahmen nicht nur zur Lösungsentwicklung, sondern auch erheblich zu einer emotionalen Beteiligung der Mitarbeiter am Veränderungsprozess beitragen, bleibt der Fokus jedoch meist auf der materiellen Realität. Den Ansatz kann man folgendermaßen bildlich darstellen:

*Der Fokus bleibt auf der materiellen Realität*

Abb. 4.6: Das zweite Elemente des Veränderungsmanagements

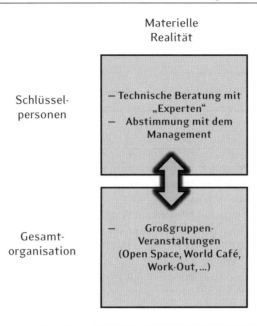

## 4.9 Die Illusion: „Kontrolle muss sein!"

Obwohl wesentlich mehr Mitarbeiter an der Entwicklung des Soll-Zustands beteiligt werden, betrachtet das Management den Veränderungsprozess nach wie vor als eine lineare Steuerungsaufgabe. Change-Management wird oft gleichgesetzt mit Projektmanagement, mit klar strukturierten Aufgaben- und Maßnahmenplänen. Die Grundidee dabei ist, dass Veränderungsmanagement von einem stabilen Zustand zum nächsten stabilen Zustand führt, wenn auch durch eine kurze Phase der Instabilität, die aber immer noch kontrollierbar bleibt. Diese Idee lässt sich in der Arbeits- und Wirtschaftswirklichkeit nicht aufrechterhalten,[56] zumal sie nicht hilft, konkret zu hinterfragen, *was* in der Organisation tatsächlich geschieht und vor allem *warum*.

Veränderungen in Organisationen sind in jedem Fall interdependente und meist hochkomplexe Vorgänge. Sie greifen in ein Netzwerk voneinander abhängiger, wenig durchschaubarer und eigendynamischer Variablen ein. Es zeugt von großer Selbstüberschätzung zu glauben, solche Veränderungen, ähnlich wie Maschinen, beherrschen und steuern[57] zu können. Komplexität und damit

Unsicherheit und teilweise Nichtsteuerbarkeit sind feste Elemente des Veränderungsmanagements, wobei insbesondere der enorme Einfluss der Emotionen nicht ausreichend in Betracht gezogen wird.

## 4.10    Das dritte Element des Veränderungsmanagements: Teambuilding und Coaching

Trotz allem können diese modernen, gruppenorientierten Methoden wesentlich zum Erfolg von Veränderungsinitiativen beitragen und sind teilweise auch hilfreich, um die Emotionen der Betroffenen zu kanalisieren. Wie im Fall von Lufthansa allerdings deutlich dargestellt, waren die Change-Verantwortlichen wieder hilflos, wenn die Emotionen trotz aller Mitarbeiter-Workshops „durchgingen" oder Manager den persönlichen Druck durch die komplexen Veränderungsprozesse nicht mehr aushielten. Um diese Phänomene zu erklären, verbreiteten sich bald Veränderungskurven (oder „Schockkurven"), die meistens auf den so genannten „fünf Phasen des Sterbens" von Elizabeth Kübler Ross basieren.[58] Sie bezog diese Phasen ursprünglich auf jede Art von persönlichem Verlust, zum Beispiel Arbeitsplatz oder auch Freiheit. Es sind unvermeidbare Phasen der geistigen Verarbeitung einer Veränderung, unbewusste Strategien zur Bewältigung schwieriger Situationen, die parallel zueinander vorhanden sind und verschieden lange andauern können. Durch diese Veränderungskurven sollte allen Managern erst klargemacht werden, dass Veränderungsmanagement ohne die Betrachtung und Einbeziehung der Emotionen der Beteiligten nicht möglich ist.

*Veränderungskurven verdeutlichen die Bedeutsamkeit der Emotionen*

Nur bleibt es leider bis heute meist beim „Aha-Effekt", denn insgeheim hoffen die Verantwortlichen, dass es doch nicht „so schlimm" kommen wird. Erst wenn der Leidensdruck zu groß wird, steigt auch die Bereitschaft, in die immaterielle Realität zu investieren. Eine Bereitschaft, die allerdings zum Zwang wird, denn sonst wird der Schaden irreparabel.

Um die Aussagekraft einer Veränderungskurve besser zu beschreiben, wenden wir sie auf das Beispiel einer freundlichen Fusion an:

## Abb. 4.7: Typische Veränderungskurve bei Fusionen

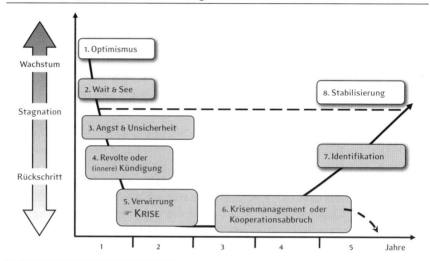

© he2be und JPB Consulting

- **Optimismus:** Obwohl eine freundliche Fusion häufig schmerzhaft sein kann, haben wir beobachtet, dass bei zahlreichen Firmen zumindest am Anfang ein Gefühl von Optimismus herrscht. Nach dem Motto „Wir sehen die Chance" oder „Es gibt immer etwas Gutes, wir schaffen es!".

- **Wait & See:** Gerüchte kursieren, sowohl Hoffnungen als auch Befürchtungen verbreiten sich. Nicht selten auch bedingt durch den gesetzlichen Rahmen, erhalten die Mitarbeiter nicht ausreichend Informationen, um sich ein klares Bild ihrer Zukunft machen zu können. Erste Fragen nach dem Sinn der Fusion tauchen auf. Der Optimismus verschwindet und es bleibt eine abwartende Haltung zurück. Meistens können sich die Mitarbeiter nicht auf die neue Situation einlassen.

- **Angst und Unsicherheit:** Die Ängste, die bisher eher unbewusst gewirkt haben, werden mit vertrauten Kollegen angesprochen, oft allerdings nicht öffentlich, da man damit womöglich Schwäche zeigen würde. Allmählich zeigen sich Anzeichen von Unruhe und Sorge. Ein dominierendes Gefühl, dass das bisher Geleistete nichts wert war, setzt ein. Die vertrauten Strukturen und Verfahrenweisen vermitteln vielen Mitarbeitern das Gefühl von Sicherheit.

- **Revolte oder (innere) Kündigung:** Abwehrreaktionen schließen sich an und die Suche nach Gegenargumenten beginnt, welche die angebliche Unsinnigkeit des Veränderungsvorhabens thematisieren. Manche Mitarbeiter beschleicht das Gefühl, ihr Gesicht zu verlieren oder als inkompetent zu erscheinen. Einflussnahmen und Machtspiele nehmen zu. Wut und Ärger auf die „Bösen, die uns das antun" oder Resignation und der Eindruck von innerer Kündigung verbreiten sich. Wichtige Schlüsselpersonen sehen sich nach einer neuen Arbeitsstelle um.

- **Verwirrung und Krise**: Skepsis herrscht vor, manchmal gekoppelt mit einer Art von Besserwisserei nach dem Motto „Das funktioniert nie". Bestimmte Gruppen arbeiten aktiv gegen die Veränderungsinitiative, sowohl offen als auch verdeckt. Viele Mitarbeiter leben emotional immer noch in der Vergangenheit.

- **Krisenmanagement oder Kooperationsabbruch**: Die mentale Verschmutzung erreicht ihren Höhepunkt. Oft werden erst in dieser Phase die echten Probleme der Fusion (Macht- und Verteilungskonflikte, Historie usw.) offen im Management angesprochen. Bisher herrschte in der Regel eine Verleugnung der Integrationsprobleme *(„Alle Integrationsteams im grünen oder gelben Bereich")* und die emotionalen Aspekte wurden tabuisiert. Oft setzt sich der Stärkere durch, eine Gewinner-Verlierer-Polarität entsteht (siehe Spirale in Kapitel 4.4). Nicht selten wird die Fusion rückgängig gemacht, wie im Fall von BMW und Rover oder Daimler-Benz und Chrysler.

- **Identifikation**: Das neue Management nimmt die Zügel in die Hand. Die Mitarbeiter erkennen, dass es kein Zurück mehr gibt und die Veränderung tatsächlich erfolgen wird. Es wird realisiert, dass Abwehr sinnlos ist und nur Energie raubt, und man beginnt, sich allmählich rational mit den Gegebenheiten auseinanderzusetzen. Die Veränderung wird (mehr oder weniger) akzeptiert und ein innerer Lösungsprozess, ein Loslassen von Vergangenem kann stattfinden.

- **Stabilisierung**: Eine emotionale Distanz zur Vergangenheit ist geschaffen, und gibt Raum für eine neue Identität. Die mentale Verschmutzung geht zurück. Chancen und Möglichkeiten werden nun wahrgenommen und die Mehrheit der Mitarbeiter beteiligt sich jetzt aktiv am Prozess der Veränderung. Die Organisation kann wieder wachsen.

Eine der wesentlichen Aufgaben eines Change-Beraters besteht darin, den Betroffenen zu verstehen zu geben, dass dieser Prozess unvermeidbar ist. Die Begleitung der immateriellen Realität und damit auch Emotionen im Unternehmen hat nicht zum Ziel, diese Kurve zu vermeiden, denn dies ist unmöglich. Eine professionelle Begleitung zielt darauf ab, die Kurve „flacher" zu halten und vor allem schneller aus dem Tief herauszuführen. Dadurch wird die Veränderungsinitiative erfolgreicher und vor allem als wertbringend empfunden.

Stress und Ängste der Mitarbeiter und der Manager werden zum ersten Mal berücksichtigt

Um mit diesen Emotionen zurechtzukommen, wurde Anfang der neunziger Jahre eine bunte Vielfalt von innovativen Methoden eingeführt, die Stress und die Ängste der Manager und Mitarbeiter thematisierten und größtenteils auf Team-Building- und Coachingmaßnahmen basierten: Erstmals wurde die immaterielle Realität zum festen Bestandteil in das Change-Management aufgenommen.

Bestimmte Tools konnten sich in einigen Firmen fest etablieren, wie zum Beispiel das Coaching von Einzelpersonen und Teams, Teambuilding-Maßnahmen, Tandem-Building, Belief-Audits, „Retreat-Klausuren", Dynamic Facilitation, 360-Grad-Feedback, interkulturelle Seminare, Konfliktmanagement, Mediation, Stakeholder-Management oder die Entwicklung von Change Agents.

## Abb. 4.8: Das dritte Element des Veränderungsmanagements

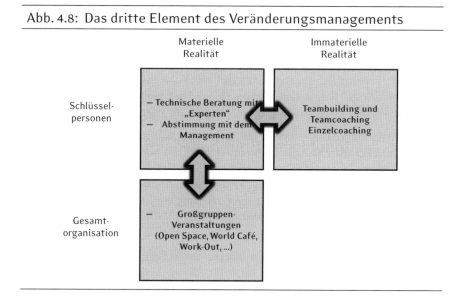

Dieses Spiel mag durchaus seinen Sinn haben und mit einigen Situationen und Unternehmen kompatibel sein, stellt jedoch nur eine weitere Methode dar, die sich nahtlos einreiht in Aktivitäten wie Feuerlaufen, Flöße bauen und Orientierungsmärsche. Wenn die Firma tatsächlich erfolgreich ist und ihre Ziele erreicht oder gar übertrifft, kann die Geschäftsleitung gefahrlos riskieren, eine Busfahrt zum Bungee Jumping von der höchsten Brücke der Region zu organisieren, Flugzeuge zu chartern für ein Überlebenstraining in der Wüste, gefolgt von besinnlichen Tagen in einem Kloster zwecks intensiver Meditationserfahrung.

Es liegt uns fern, mit dieser Aufzählung derartige Initiativen zu kritisieren, noch deren Anbieter, die, von Ausnahmen abgesehen, sehr professionelle Trainer sind. Viele dieser Aktionen sind durchaus sinnvoll, allerdings nur, wenn sie in einen Arbeitsprozess *mit* der materiellen Realität eingebunden werden. Als isolierte Aktionen bleiben sie lediglich eine „Nice-to-have"-Aktion, die man veranstalten kann, wenn das Unternehmen floriert. Geht es dem Unternehmen jedoch wieder schlechter, und ein Manager oder Berater schlägt eine solche innovative Veranstaltung vor, folgt sofort der Einwand der Hardliner: *„Das haben wir doch bereits alles gemacht. Nur Spielerei, die nichts bringt!"* Auch die Überlegung, bestimmte Soft-Fact-Themen mit ausgesuchten, einzelnen Maßnahmen zu bearbeiten, ist unzureichend. Es geht darum, den Veränderungsprozess ganzheitlich zu betrachten, eng verknüpft mit der materiellen Realität.

> Veränderung ist ein Prozess. Vereinzelte Maßnahmen sind unzureichend

## 4.12 Das vierte Element des Veränderungsmanagements: Organisationscoaching

Coaching-Ansätze, die eine Arbeit mit Emotionen ermöglichen, sind oft auf ausgewählte Personen und Teams begrenzt, weil sie meist eine aufwändige Betreuung voraussetzen. Die Entwicklung einer Unternehmensvision oder eines Leitbilds bleibt aus diesem Grund in der Regel der einzige Ansatz, der gezielt die ganze Organisation emotional einbindet. Die meisten Mitarbeiter haben bei Veränderungsinitiativen immer noch keine - oder kaum - Möglichkeiten, ihre Wahrnehmungen und Emotionen auszudrücken, zu thematisieren und zu bearbeiten.

Unsere Wahrnehmung einer Situation prägt  unser Entscheidungs- und Argumentationsverhalten wesentlich. Das Sichtbarmachen und die Ausrichtung der Wahrnehmungen stellt eine zentrale Voraussetzung dar, um ins Gespräch über den Veränderungsprozess zu kommen. Erst seit wenigen Jahren werden Ansätze benutzt, welche die Wahrnehmungen und Emotionen wesentlicher Gruppen des Unternehmens ansprechen, z. B. das „Unternehmenstheater", Lernlandkarten, Kulturforen oder das Storytelling. Diese Ansätze sind jedoch nur  partielle Antworten auf die Bearbeitung der immateriellen Realität, da ihr Einsatz in einem Veränderungsprozess begrenzt ist. Es fehlen die Werkzeuge, die ein echtes

Organisationscoaching ermöglichen; Werkzeuge, mit denen die Emotionen der gesamten Organisation oder der wesentlichen Untergruppen bewusst und ansprechbar gemacht und mit großen Gruppen bearbeitet werden können.

**Abb. 4.9: Das vierte Element des Veränderungsmanagements**

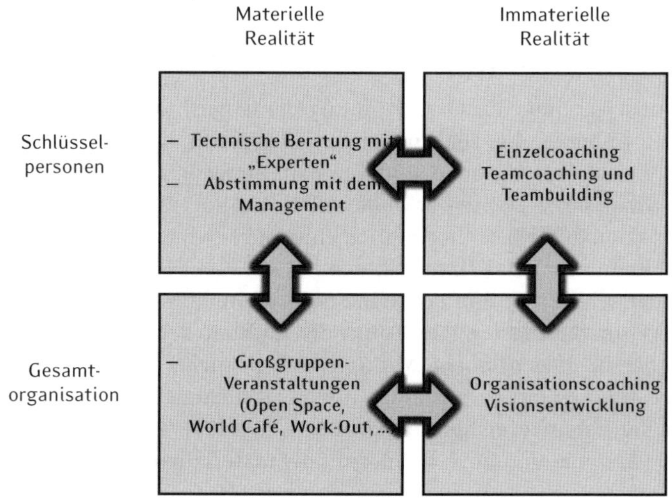

Wie wir gesehen haben, sind die Tools für die Arbeit mit Großgruppen weitgehend vorhanden: es sind die gleichen wie für die materielle Realität, also Großgruppenveranstaltungsansätze wie Open Space, World Café oder Computerwerkzeuge wie nextmoderator. Um echtes Organisationscoaching durchführen zu können, sollte man sich aber in diesen Veranstaltungen nicht nur mit der materiellen Realität, sondern auch mit der immateriellen Realität auseinandersetzen.

## 4.13  Das emotionale Unternehmen

Dass die Emotionen der betroffenen Mitarbeiter eng mit dem Erfolg einer Veränderungsinitiative verbunden sind, wurde von einer McKinsey-Studie[59] bestätigt, deren Fragestellung lautete: „Welche Emotionen können den Geist der Organisation während der Veränderungsinitiative am besten beschreiben?". Erfolgreiche Unternehmen hatten wesentlich weniger negative Emotionen wie „Angst", „Frustration" oder „Verwirrung" (die erwartungsgemäß exakt den Emotionen der Change-Kurve entsprechenden) als die weniger erfolgreichen, und wesentlich mehr positive Emotionen wie „Vertrauen" oder „Hoffnung".

Das „emotionale Unternehmen" ist eine Realität. Es gibt keinen Wandel ohne Emotionen, und diese Emotionen können Veränderungsprojekte blockieren, aber auch weiterbringen. Gut bewältigt, schaffen sie Vertrauen und proaktives Mitwirken.

Es handelt sich dabei weniger um ein kognitives Ausrichten, Erklären und intellektuelles Verstehen als vielmehr um ein ganzheitliches Verstehen und *emotionales Begreifen* dessen, was angestrebt wird. Es geht darum, dass die Organisation die Veränderung emotional erleben kann und Emotionen nicht tabuisiert werden. Dies setzt voraus, dass Gruppenemotionen bewusst gemacht und in einer Form dargestellt werden, die sie ansprechbar machen.

Es sind genau diese Aspekte, die wir mit der Strukturierung und der Behandlung der emotionalen Viren anpacken.

## 4.14   Hintergrund: Kleines Lexikon der Veränderungsmanagement-Tools

Wie in Kapitel 2 erwähnt, sind die Methoden des Change-Managements sehr unterschiedlich und teilweise unübersichtlich. Für ein besseres Verständnis werden einige Instrumente erklärt:

**Belief Audit:** Durch strukturierte Einzelinterviews mit (ca. 20) Mitarbeitern werden die Stimmungslage im Unternehmen und deren Ursachen und Hintergründe ermittelt. Herzstück der Diagnoseergebnisse ist die Darstellung der Motivatoren und Demotivatoren. Maßnahmen werden in der Regel in einem Workshop mit der Geschäftsleitung und der Belegschaft ausgearbeitet

**Dynamic Facilitation:** Moderationsansatz, von Jim Rough entwickelt. Dynamic Facilitation trägt dem Umstand Rechnung, dass unser Denken in aller Regel nicht linear geschieht, sondern eher sprunghaft, diesem und jenem Impuls folgend. Bei Dynamic Facilitation wird der Prozess des Gesprächsverlaufes, also die Abfolge und Inhalte der Beiträge, nicht vom Moderator gesteuert. Die Gruppenteilnehmer und -teilnehmerinnen sind frei, ihren Impulsen zu folgen und diese zu äußern. Danach schreibt der Moderator den Beitrag jeweils auf eine von vier Listen, die folgende Überschriften haben: *Probleme, Lösungen, Bedenken, Informationen.* Alle Befürchtungen und Bedenken, Ängste und Frustrationen der Beteiligten müssen auf Flipchartpapier festgehalten werden. Indem sich die Beteiligten auf diese Weise gehört fühlen, lösen sie sich von festgefahrenen Gedanken und Gefühlen. Bei der Anwendung der Methode wird zunächst eine Veränderung im Fühlen erreicht: Die Gefühle sind rausgelassen und nicht länger aufgestaut. Erst danach kommt eine Veränderung im Denken zustande, die zu neuen Lösungen in der Sache führt.

**Fishbowl-Veranstaltungen:** („Goldfischglas", frei übersetzt: Aquarium). Diskussionsmethode für große Gruppen bis zu ca. 80 Teilnehmern. Die Großgruppe wird in zwei Untergruppen geteilt, einen „inneren Kreis" (im „Goldfisch-Glas") von vier bis zehn Teilnehmern, die das Problem/die Frage diskutieren, und einen „äußeren Kreis" von zehn bis zu 70 Teilnehmern, welche die Diskussion beobachten. Häufig sitzen im Zentrum die Geschäftsführung und ein Mitarbeiterteam, das ein bestimmtes Veränderungsthema bearbeitet hat. Möchte ein Teilnehmer aus dem Außenkreis zur Diskussion beitragen, so kann er mit einem Mitglied des Innenkreises die Plätze tauschen.

**Genuine Contact:** Genuine Contact-Bewegung wurde von der Amerikanierin Birgitt Williams begründet. Genuine Contact hat zum Ziel, Erfolg durch gesunde und ausgeglichene Organisationsformen zu etablieren. Der Ansatz ist vergleichbar mit einer Art „Betriebssystem" für lebendige und kraftvolle Organisationen. Genuine Contact will Organisationen befähigen, ihr vorhandenes Potenzial selbst zu erkennen, zu entfalten und voll auszuschöpfen. Gearbeitet wird mit der Energie, die im jeweiligen Unternehmen vorhanden ist: Inspiration und Motivation sind ebenso bedeutsam wie Widersprüche und Konflikte. Genuine Contact ist ganzheitlich und partizipativ angelegt. Dabei wird sowohl mit den „harten" Faktoren wie Kapital, Bilanzen und Strukturen sowie mit den „weichen" Elementen wie den individuellen Ressourcen der Mitarbeiter, ihrem Wissen und Können, ihrem Bewusstsein und die ihnen eigenen Energien und Fähigkeiten gearbeitet.

**Info-Markt:** Durch einen Info-Markt kann ein umfangreiches, vielschichtiges Thema einem großen Publikum (bis 150 Personen) interaktiv vorgestellt werden. Das Thema wird in verschiedene Aspekte aufteilt und an Info-Ständen präsentiert. Die Teilnehmer teilen sich in kleine Gruppen auf, die von Stand zu Stand gehen und sich somit einen Gesamtüberblick verschaffen. Bei einem geführtem Info-Markt wechseln die Gruppen im Rhythmus von etwa 30 bis 45 Minuten dann von Stand zu Stand. Bei jeder Station steht ein Ansprechpartner, der die interaktive Kommunikation mit der kleinen Gruppe ermöglicht.

**Konfliktmanagement:** Maßnahmen zur Verhinderung einer Eskalation oder der Ausbreitung eines bestehenden Konfliktes. Konflikte sind nicht zu verhindern und auch nicht leicht zu lösen, aber sie führen zu Veränderungen und somit zu Weiterentwicklungen, wenn es gelingt, sich konstruktiv mit den Problemen auseinanderzusetzen. Um einen Konflikt erfolgreich lösen zu können, müssen zunächst gemeinsam mit allen Beteiligten die „Wurzeln" des Konflikts ausfindig gemacht, und die sachlichen und emotionalen Aspekte getrennt und sichtbar präsentiert werden. Der Erwerb von Konfliktfähigkeit ist auch das zentrale Thema beim Konfliktmanagement.

**Kulturforen:** Partizipation von Mitarbeitern am Veränderungsprozess durch Austausch und Diskussion in Kleingruppen zu vorgegebenen kulturellen Aspekten. Im Vordergrund stehen die Bewusstseinsschärfung für kulturelle Themen und die Förderung eines „Bottom-up"-Kulturwandels. Kulturforen müssen in der Regel auf eine Dauer von mindestens sechs Monaten angelegt werden, um einen mentalen Wandel zu fördern.

**Lernlandkarten:** Einfache visuelle Darstellung auf etwa flipchartgroßen Papierblättern, oft in Form eines Cartoons des Veränderungsprozesses (zum Beispiel Handlungsbedarf, Ziele, usw.). Das Besondere der Lernlandkarte besteht darin, dass mit wenigen Worten und treffenden Illustrationen direkt erfasst wird, worum es geht, und zwar in einer für jeden Mitarbeiter greifbaren Form. Einzelne Aspekte und ihre Vernetzung zu anderen Komponenten werden oft in Gruppen diskutiert.

**Nextexpertizer:** Computergestütztes Interview-Tool der Firma nextpractice, das eine Darstellung der unbewussten emotionalen Präferenzen größerer Menschengruppen ermöglicht. Nextexpertizer basiert auf der Theorie der persönlichen Konstrukte des Psychologie-Altmeisters George A. Kelly, um persönliche Bewertungen und Einschätzungen zu erfassen, und erlaubt somit, auch nicht bewusste Elemente zu sammeln. Diese individuellen und qualitativen Aussagen können mit Hilfe des Verfahrens mathematisch zusammengefasst und dadurch quantifizierbar gemacht werden. Interviews von bis zu 300 Personen können dabei miteinander in Beziehung gesetzt und ausgewertet werden. Nextexpertizer wird vorwiegend für Veränderungsprozesse und Markenimagepositionierung genutzt.

**Nextmoderator:** Die nextmoderator-Software ermöglicht die rechnergestützte, simultane Moderation großer Gruppen. Bis zu mehrere tausend Teilnehmer können gleichzeitig und strukturiert in einem speziell dafür installierten Computer-Netzwerk gemeinsam Fragestellungen bearbeiten. Jeder kann jederzeit Ideen eingeben und Vorschläge gewichten. Alle Teilnehmer sind involviert.

**Open Space Technology:** Großgruppenveranstaltungsmethode, von Harrison Owen entwickelt. Eignet sich für Gruppen von etwa zwölf bis 2.000 Teilnehmern. Charakteristisch ist die inhaltliche und formale Offenheit, wobei ausschließlich das Rahmenthema der Konferenz festgelegt wird. Die Teilnehmer geben eigene Themen ins Plenum und gestalten dazu je eine Arbeitsgruppe. Jeder Teilnehmer wählt die Themen, die ihn interessieren und kann jederzeit zwischen den Gruppen wechseln. Die Ergebnisse werden am Schluss gesammelt.

**Real Time Strategic Change (RSTC):** Großgruppenveranstaltungsmethode, von Kathleen Dannemiller entwickelt. Eignet sich für Gruppen von etwa 40 bis 300 Teilnehmern, mit einer Dauer von zwei bis drei Tagen. Ziel ist die Sensibilisierung auf bereits vorgegebene strategische Ziele und das Entwickeln von Maßnahmen, die dorthin führen. In einem dreistufigen Ablauf führt der Weg von der Sensibilisierung auf das anstehende strategische Ziel über die Zielidentifikation hin zur Erarbeitung der Maßnahmen.

**Roadshows:** Roadshows sind ursprünglich Events auf Straßen und Plätzen, vergleichbar einem Straßentheater. Auf Organisationen übertragen, handelt es sich um die Präsentation der Veränderungsinitiative an den verschiedenen Standorten eines Unternehmens, in der Regel durch die Geschäftsführung oder den Projektmanager.

**Storytelling:** („Geschichten erzählen") In dieser narrativen Methode werden Geschichten gezielt, bewusst und gekonnt eingesetzt, um wichtige Inhalte besser verständlich zu machen. In Unternehmen werden Geschichten dazu benutzt, um Traditionen, Werte und Unternehmenskultur zu vermitteln, um Ressourcen zu wecken, aber auch um Konflikte in einer Metapher bildhaft und „unter die Haut gehend" erfahrbar zu machen und Lösungswege aufzuzeigen. Nüchterne Inhalte werden so mit Leben gefüllt. Mitarbeitererzählungen werden dazu herangezogen, um Auskunft über die Unternehmenskultur zu erhalten und kostspielige Prozessschwächen aufzudecken.

**Unternehmenstheater:** Auftritte professioneller Schauspieler zwecks Motivation und Unterhaltung der Belegschaft. Qualifizierte Formen werden gemeinsam mit den Mitarbeitern der Unternehmen entwickelt, und sind möglichst genau auf deren Arbeitssituationen sowie die Entwicklung und aktuelle Veränderungen im Betrieb abgestimmt. Insbesondere während Veränderungsinitiativen ist das Unternehmenstheater in der Lage, Emotionen stellvertretend darzustellen und Handlungsalternativen anzubieten. Unternehmenstheater wird auch oft für die Entwicklung von Methoden-Kompetenz oder Sozial-Kompetenzen eingesetzt.

**World Café:** Großgruppenveranstaltungsmethode, von Juanita Brown und David Isaacs. World Café ist eine Dialog- und Workshop-Methode für 20 bis 1.000 Teilnehmer und kann von zwei Stunden bis zu einem Tag dauern. Das Setting eines World Cafés ist informell. Leitidee ist eine entspannte, kaffeehausähnliche Atmosphäre, in der sich Menschen zwanglos unterhalten. Die Teilnehmer sitzen an kleinen Tischen für jeweils vier bis fünf Personen. Die Tische sind mit weißen, beschreibbaren Papiertischdecken und Stiften beziehungsweise Markern belegt. Im Verlauf werden zwei oder drei unterschiedliche Fragen in aufeinander folgenden Gesprächsrunden von 15 bis 30 Minuten an allen Tischen bearbeitet und die Ideen auf die Papiertischdecken notiert. Zwischen den Gesprächsrunden mischen sich die Gruppen neu.

**Zukunftskonferenz:** Großgruppenveranstaltungsmethode, von Marvin R. Weisbord entwickelt. An einer Zukunftskonferenz können bis zu 64 Personen teilnehmen, die in der Regel 2,5 Tage gemeinsam arbeiten. Der Ablauf der Zukunftskonferenz ist gleichzeitig eine Zeitreise von der Vergangenheit des Unternehmens oder des Bereichs, auf welchen sich die Zukunftskonferenz beziehen soll, über die Gegenwart hin, und die Analyse der Trends und Entwicklungen zur Erfindung einer gemeinsamen Zukunft. Zurück in der Gegenwart wird wieder ein konkreter Maßnahmenplan erstellt.

# TEIL 2: Die emotionalen Viren

## 5.   Die Metapher der emotionalen Viren

> „If I can't picture it, I can't understand it."
> Albert Einstein (1879 - 1955)

1911 veröffentlichte der amerikanische Ingenieur Frederick Winslow Taylor sein Hauptwerk „Die Grundsätze wissenschaftlicher Betriebsführung", basierend auf seiner Erfahrung als beratender Ingenieur bei Bethlehem Steel, dem ehemals zweitgrößten Stahlproduzenten in den USA. Taylor wurde durch dieses Werk so berühmt, dass 69.000 Menschen seine Rede über wissenschaftliche Betriebsführung hören wollten, als er 1914 als Key Note Speaker an einer New Yorker Veranstaltung teilnahm.

In Taylors Ansatz werden alle Einzelbewegungen und -handlungen, die für den Produktionsprozess erforderlich sind, identifiziert und gemessen, gleich den Bewegungen einer Maschine. Heute funktionieren noch immer viele Schnellrestaurants und Dienstleistungsorganisationen wie internationale Hotelketten nach ähnlichen Prinzipien: Jede Handlung ist minutiös geplant, selbst das beiläufigste Lächeln, die Begrüßung, jedes Detail ist in der Firmenpolitik vorgeschrieben und eingeübt.

Die Metapher, die Taylor für Organisationen nutzte, war die Metapher der Maschine, welche die Arbeitswelt des 20. Jahrhunderts über einen großen Zeitraum hinweg maßgeblich geprägt hat. Wenn ein Ingenieur eine Maschine konzipiert, besteht seine Aufgabe darin, ein Netzwerk ineinander greifender Teile zu entwickeln, die in einer bestimmten Folge angeordnet sind. Die klassischen Managementtheoretiker haben bei ihren Überlegungen über Organisationen etwas Ähnliches zu entwickeln versucht.[1] Kritisch wurde es allerdings, wenn mechanistische Definitionen von Verantwortung Mitarbeiter dazu führte, gedankenlose Einstellungen zu entwickeln, wie zum Beispiel „Es ist nicht meine Aufgabe" oder „Dafür trage ich nicht die Verantwortung". Oft gelten diese Verhaltensweisen als typische Arbeitnehmermentalität, jedoch sie resultieren aus dem mechanistischen Organisationsansatz. In vieler Hinsicht ist die Metapher zur Realität geworden: Die Organisation wurde zur Maschine.

## 5.1    Der Mensch denkt nicht abstrakt, sondern metaphorisch

### Nicht Fakten, sondern Geschichten treiben den Menschen um

Durch eine Metapher (bildhafte Übertragung) können wir eine Sache oder einen Vorgang in Begriffen einer anderen Sache beziehungsweise eines anderen Vorgangs verstehen und erfahren.[2]

Metaphern sind Teil unseres Lebens und unserer Sprache, wie Michael Buchholz, Professor an Göttinger Institut für Soziologie, darstellt:[3] „Wer auch immer kommuniziert, verwendet Metaphern, meistens unbemerkt, stillschweigend und ohne ihnen besondere Aufmerksamkeit zu *schenken*. Wir bringen einem anderen etwas *nahe, stehen auf Standpunkten, ziehen uns zurück*, fühlen uns von Bemerkungen anderer tief *getroffen*. Manchmal *trifft* man *ins Schwarze*, manchmal geht es *daneben*. Manchmal sehen wir *klar* und *blicken durch*, dann aber *tappen* wir wieder *im Nebel*. Wer dabei etwas fühlt, wird manchmal von seinen Gefühlen *überschwemmt*, oder Gefühle werden in ihm *ausgelöst*. Viele Manager *kämpfen* mit ihren Gefühlen, *ringen* den Ärger *nieder* oder *besiegen* ihren Zorn. Selbst in den *harten* Wissenschaften spricht man mit Bildgebungen aus körperlicher und sinnlicher Erfahrung.“

Metaphern sind ständiger Teil unserer Sprache

**❗ *Zur Selbstreflexion***

*Erinnern Sie sich noch an unsere Metapher mit der Kutsche?*

■ *Wofür stand der Kutscher? Wofür die Kutsche und die Pferde?*

*Sicherlich haben Sie den Großteil des Sinns behalten, andere wesentliche Aussagen in den verschiedenen Kapiteln vergessen. Dies ist eine gute Demonstration der Wirkung und des Nutzens von Metaphern.*

■ *Wenn Sie sich nicht erinnern können: Haben Sie das Kapitel richtig gelesen oder nur überflogen? Vielleicht waren Sie gerade gedanklich ganz woanders?*

*In letzterem Fall blättern Sie noch mal zurück zum Kapitel 4.5. Es lohnt sich, diese Metapher zu kennen, zumal wir wieder darauf zurückkommen werden.*

Nicht Fakten, sondern Geschichten treiben uns um, und Metaphern sind die kürzesten Geschichten. Die darin enthaltenen Symbole und Bilder, Werte und Absichten sind für den Zuhörer intuitiv erfassbar. In Metaphern verdichten sich Erfahrungen, Inhalte und Emotionen, die anders nicht darstellbar sind. Wichtig dabei ist, dass wir den Zuhörer auf der imaginären Seite ansprechen. Erst dann aktivieren wir dessen eigene Bilderwelt.[4] Die neuere Gehirnforschung zeigt, dass ohne Metaphern keinerlei Vorstellungen entstehen können. Ohne Vorstellungen können in unserem Geist weder eine „Welt" noch ein Gefühl für uns selbst in dieser Welt entstehen. „Nackte Daten, Fakten, Informationen können von unserem Gehirn weder begriffen noch verarbeitet und genutzt werden. Erst wenn wir Wissen angeboten bekommen, das für uns „autobiographisch" sinnvoll ist, können wir die Info begreifen und merken".[5]

*Metaphern machen komplexe Themen intuitiv erfassbar*

In unserer langjährigen Arbeit in Change-Projekten haben wir immer wieder sehr erfolgreich mit Metaphern gearbeitet, um komplexe oder heikle Situationen in den Griff zu bekommen.

Metaphern haben vier wesentliche Eigenschaften:

1) Mithilfe einer Metapher kann man einen Sachverhalt *kurz und knapp darstellen.* Beispiel: „Eine schwer auffindbare, unauffällig unter sehr vielen ähnlichen Dingen versteckte Sache suchen".
   Metapher: „Die Nadel im Heuhaufen suchen".

2) Metaphern haben einen *hohen Erinnerungswert* und werden in unserem Langzeitgedächtnis gespeichert.[6] Daher werden Metaphern auch sehr häufig in Lernprogrammen eingesetzt und sind ein wesentlicher Teil der Techniken, die in Gedächtnistrainings angewandt werden. Eine der bekanntesten Metaphern der letzten Jahre ist das von SPD Politiker Franz Müntefering geprägte Bild der „Heuschrecken" als Sinnbild für den rücksichtslosen, zügellosen Kapitalismus und dem aus reinen Renditeaspekten heraus betriebenen Aufkauf von Unternehmen.

3) Mit einer Metapher kann man das *limbische System* erreichen, das heißt mehr oder weniger starke Emotionen auslösen und damit einen nachhaltigen Effekt erreichen. Die Aussage: „Meier beachtet das Gesetz nicht", ist bei weitem nicht so prägnant wie: „Meier tritt das Gesetz mit Füßen". Wenn Sie die beiden Sätze kurz auf sich wirken lassen, werden Sie spüren, dass die Metapher „mit Füßen treten" eine merklich stärkere und emotionalere Reaktion auslöst.

4) Durch humorvolle Metaphern kann man *schwierige (Tabu-)Themen vermitteln.* Ein unverbesserlicher Optimist, der auch Gefahren nicht wahrnehmen will, trägt eine „rosarote Brille". Eine Person, die viel redet ohne einen konstruktiven Beitrag zu leisten, „drischt leeres Stroh".

## Die Macht der Metaphern

Bevor wir auf unsere Metapher der emotionalen Viren eingehen, wollen wir kurz auf die fundamentalen Erkenntnisse von George Lakoff, Professor für Linguistik, und Mark Johnson, Professor für Geisteswissenschaften, eingehen. Sie konnten nämlich nachweisen, dass Metaphern unsere Wahrnehmung, unser Denken und Handeln bestimmen.[7] Mit anderen Worten: Unsere Wirklichkeit wird von Metaphern beherrscht!

Metaphern sind damit viel mehr als nur Elemente der Sprache oder bildhafte Darstellungen, die uns erlauben, schnell etwas zu verstehen. Lakoff und Johnson liefern zahlreiche Beispiele, die ihre These unterstützen, unter anderem die Metapher, die uns zur Überzeugung bringt, dass Argumentieren vergleichbar mit Krieg ist:

---

**Argumentieren ist Krieg:**

Ihre Behauptungen sind *unhaltbar.*
Er *griff* jeden Schwachpunkt in meiner Argumentation *an.*
Seine Kritik *traf ins Schwarze.*
Ich *schmetterte* sein Argument *ab.*
Ich habe noch nie eine Auseinandersetzung mit ihm *gewonnen.*
Sie sind anderer Meinung? Nun, *schießen Sie los!*
Wenn du nach dieser *Strategie* vorgehst, wird er dich *vernichten.*
Er *machte* alle meine Argumente *nieder.*
Wir *greifen* seine Position *an* und *verteidigen* die unsrige.

---

Laut Lakoff und Johnson bestimmt diese Metapher, wie wir in einer Argumentation handeln. Unbewusst betrachten wir die Person, mit der wir argumentieren, als Gegner. Daher wird das Bild des Argumentierens als Krieg nicht nur ein Bild, sondern Realität. „Die Metapher ist nicht nur in den Worten präsent, die wir benutzen, sie ruht in unserem gesamten Konzept von Argumentation. Wir sprechen über das Argumentieren in dieser Weise, weil wir es uns in dieser Weise vorstellen, und wir handeln gemäß der Weise, wie wir uns Dinge vorstellen. Die Tatsache, dass wir Argumentationsvorgänge partiell als Krieg konzeptualisieren, beeinflusst systematisch die Form der Argumentation und die Art, wie wir über unser Handeln während des Argumentierens sprechen." Dies erklärt auch, wieso argumentative Auseinandersetzungen bei Veränderungsinitiativen wie in Kapitel 3 dargestellt oft nur zu einer weiteren Konfrontation führen.

Lakoff und Johnson verdeutlichen, wie ausgeprägt kulturell bedingt diese Metaphern und die abgeleiteten Handlungen sind: „Stellen wir uns einmal eine Kultur vor, in der man den Argumentationsvorgang nicht in kriegerischen Worten

*Metaphern sind nicht nur bildliche Darstellungen der Realität, sie bestimmen die Realität*

sieht, bei dem niemand gewinnt oder verliert, bei dem niemand an Attacke oder Verteidigung denkt, bei dem man weder an Boden gewinnt noch verliert. Stellen wir uns einmal eine Kultur vor, in der man den Argumentationsvorgang als Tanz betrachtet, bei dem die Argumentierenden als Künstler auftreten und das Ziel haben, sich harmonisch ansprechend zu präsentieren. In einer solchen Kultur würden die Menschen die Argumentationshandlung in einem anderen Licht sehen, sie anders erleben, anders ausführen und anders darüber sprechen."

Diese konzeptuellen Metaphern sind überall in unserer Sprache zu finden, wie zum Beispiel das Konzept „Zeit ist Geld", das ein eigenes metaphorisches System bildet und sehr verbreitet ist in vielen industriellen Kulturen, nicht aber in größtenteils von Landwirtschaft geprägten Kulturen:

---

**Zeit ist Geld:**

Sie *vergeuden* meine Zeit.
Dieses Gerät wird Ihnen viel Zeit *ersparen*.
Ich habe keine Zeit zu *verschenken*.
Dieser platte Reifen *kostete* mich eine Stunde.
Ich habe viel Zeit in diesen Menschen *investiert*.
Ich habe keine Zeit zu *verlieren*.
*Lohnt* sich das zeitlich für dich?
*Haben* Sie noch Zeit?
Seine Tage sind *gezählt*.
Danke für die Zeit, die Sie sich für mich *genommen* haben.
Sie *stehlen* mir meine *kostbare* Zeit!

---

Metaphern beeinflussen unser Denken. Wie anders könnte sich das Dogma „Rationalität ist gut und Emotionen sind schlecht" seit über zwanzig Jahrhunderten halten? Laut Lakoff und Johnson liegt der Grund hierfür darin, dass diese Überzeugung über Metaphern in unserer Sprache tief verankert ist. Wir können es uns nicht anders vorstellen, weil wir Rationalität und Emotionen in einer Struktur, der so genannten „Orientierungsmetapher", betrachten. In solchen Metaphern gilt: Was oben steht, ist gut, was unten steht, ist schlecht. Beispiel: Kontrolle und Macht. Er hat Kontrolle *über* sie, er *stürzte* von seiner Machtposition, er ist mir *unterlegen*, er ist am *untersten* Ende der Gesellschaft ...

---

## Abb. 5.1: Die Struktur der Orientierungsmetapher

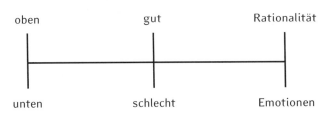

Deswegen „*rutschen*" Diskussionen *auf die Gefühlsebene ab*, aber manchmal schaffen wir es, sie wieder *auf das rationale Nive*au hoch zu bringen. Wir *lassen* unsere Emotionen *(„die Gefühlskiste") beiseite* und diskutieren Angelegenheiten *auf hohem intellektuellem Niveau*. Viele können aber leider nicht *über* ihre Gefühle *hinausgehen* ...

### Metaphern und Organisationen

Metaphern steuern unsere Wahrnehmung der Unternehmensrealität

Metaphern werden in der Betriebswirtschaft oft benutzt und prägen, wie alle metaphorischen Systeme, das Denken der Beteiligten, insbesondere der Manager. Der Organisationswissenschaftler und Professor Gareth Morgan von der York University hat die verschiedenen Metaphern untersucht, die für Organisationen häufig gebraucht werden,[8] wie die Metapher der Organisation als Maschine, die der klassischen Managementtheorie entspricht. Das mechanistische Denken, das aus diesen Metaphern entsteht, ist in Form von Leitsätzen wie „planen, organisieren und kontrollieren, kontrollieren, kontrollieren" immer noch weit verbreitet unter Managern. Dies ist die dunkle Seite der Metaphern: Sie können uns davon abhalten, die Realität aus einer anderen Sicht heraus zu betrachten, und genau dies geschah im Verlauf der Entwicklung mechanistischer Ansätze bei der Organisation: Sobald Organisation als rationaler, technischer Vorgang definiert wird, erfährt der menschliche Aspekt innerhalb der Organisation durch das mechanistische Bild eine Unterbewertung. Darüber hinaus wird übersehen, dass die Aufgaben, denen eine Organisation gegenübersteht, häufig viel komplexer, unklarer und schwieriger sind als Aufgaben, die von den meisten Maschinen ausgeführt werden können. Aus diesem Grund haben sich andere Metaphern für Organisationen entwickelt: die Organisation als offenes System oder Organismus, die Organisation als Gehirn, die Organisation als politisches System und seit einigen Jahren die Organisation als komplexes System nach der Chaostheorie.

Alle diese Metaphern steuern unsere Wahrnehmung der Unternehmensrealität, unsere Deutung von Situationen in Organisationen und die uns zur Verfügung stehenden Wahlmöglichkeiten. Viele Organisationsprobleme beruhen laut Morgan auf unserer Denkweise, die oft von Metaphern beeinflusst wird. Eine Metapher lenkt immer auch den Fluss der Gedanken, wie – Achtung, Metapher! – ein Flussbett das Wasser. [9]

Beispiel: Was bedeutet es für einen Manager, das Risiko einzugehen, mit Emotionen zu arbeiten und möglicherweise die Kontrolle zu verlieren? Welche Metaphern fallen ihm sofort ein?

- **Risikometaphern:**[10] ein heißes Eisen anfassen; sich gegen den Wind stellen; sich in die Nesseln setzen; aufs Ganze gehen; sich aufs Glatteis begeben; als Prügelknabe dienen; gegen den Strom schwimmen; sich einer Rosskur unterziehen; den Tiger reiten.

Wie empfinden umgekehrt die Mitarbeiter, die ihr Schicksal durch eine Veränderungsinitiative des Unternehmens nicht mehr beherrschen und sich unverstanden fühlen? Welche mentalen Bilder sind bei ihnen vorherrschend?

- **Einschränkende Metaphern:**[11] vom Schicksal gezeichnet sein; zur Mumie erstarrt; am Boden zerstört; jemandem ausgeliefert sein; auf Sand bauen; gegen eine Mauer sprechen; wie der Ochse vor dem Scheunentor stehen; etwas in den Wind (Kamin) schreiben; das Kind mit dem Bad ausschütten; Pech haben; sich zum Narren halten lassen.

Wenn beide Gruppen es jedoch schaffen, zusammenzuarbeiten und gemeinsam etwas zu erreichen, werden ganz andere Bilder aktiv:

- **Erweiternde Metaphern:**[12] sich frei wie ein Vogel fühlen; Bäume ausreißen können; etwas fest im Griff haben; jemandem das Wasser reichen können; sein eigener Herr sein; seinen Mann stehen; wie ein Fels in der Brandung stehen; sein Leben in die Hand nehmen; das Steuer (Ruder) fest in der Hand haben.

## 5.2 Die Metapher der emotionalen Viren

Gerade weil Metaphern so tief als zentraler Bestandteil unserer Selbst- und Welt(bild)konstruktion verankert sind, können sie auch wirksam in Change-Kontexten genutzt werden.

*Es gibt nichts Praktischeres als eine gute Metapher*

Wir haben den berühmten Spruch des Sozialpsychologen und Pioniers der Unternehmensentwicklung, Kurt Lewin, „Es gibt nichts Praktischeres als eine gute Theorie" umformuliert in: *„Es gibt nichts Praktischeres als eine gute Metapher"*, um den Umgang mit Emotionen im Unternehmen zu ändern und sie von einem anderen Gesichtspunkt heraus zu betrachten. Durch das metaphorische System der emotionalen Viren wird diese andere Sichtweise erreicht.

In diesem System betrachten wir:

- **Organisation als emotionaler Organismus.** In dieser Metapher vergleichen wir Unternehmen mit lebenden Organismen, einer gängigen Organisationsmetapher. In solchen Organisationen entscheidet die Summe des Handelns und Denkens der Menschen über Wachstum oder Niedergang eines Unternehmens. Karrieredruck, interner und externer Wettbewerb, Hierarchie, Interessenkonflikte verbunden mit zunehmendem Zeitdruck, erzeugen hochgradigen Stress. Dies ist der ideale Nährboden für emotionale Viren.

- **Emotionale Viren** sind negative Emotionen oder Irritationen (Angst, Frustration, Misstrauen, Eifersucht, usw.) mit Infizierungspotenzial. Sie greifen das psychische Immunsystem des Einzelnen an, und durch **emotionale Ansteckung** (mehr zu diesem Thema in Kapitel 5.3) verbreiten sie sich, übernehmen die Macht über das Handeln und lähmen dadurch die Organisation.

- Die kognitiven Bewertungen von Unternehmenssituationen, die bestimmte negative Emotionen auslösen, sind der **Nährboden** für die emotionalen Viren.

- Die Fähigkeit der Organisation, emotionalen Viren zu widerstehen, ist vergleichbar mit dem Immunsystem im menschlichen Körper. Wir bezeichnen es als **das emotionale Immunsystem der Organisation.** Ein starkes emotionales Immunsystem ist sehr belastbar, wenn die Organisation eine **mentale Stärke** entwickelt hat: Emotionen werden wahrgenommen und gewürdigt, Konflikte angesprochen, die Beziehungen werden professionell behandelt. Ein schwaches Immunsystem, das heißt eine Organisation, in der die Beziehungen schon beeinträchtigt sind, kann schnell von Viren verseucht werden. Es besteht zudem eine erhöhte **Anfälligkeit der Organisation** für Viren, wenn beispielsweise das Stressniveau sehr (zu) hoch ist (siehe „Dis-stress", Kapitel 4.3). Die Folge davon ist eine **mentale Verschmutzung.**

Abb. 5.2: „Emotionale Viren" greifen das Immunsystem der
Organisation an

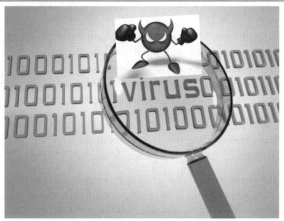

- Diese **mentale Verschmutzung** der Organisation lähmt die individuelle und kollektive Effektivität und somit das Unternehmen als Ganzes. Sie verursacht kontraproduktives Verhalten wie in Kapitel 2 beschrieben. Ähnlich einem PC, der immer langsamer wird aufgrund eines im Hintergrund arbeitenden Programms, lähmt die mentale Verschmutzung die Leistung der Mitarbeiter. Je mehr diese ihre Intelligenz zum Selbstschutz („protektive Intelligenz") einsetzen, umso weniger Ressourcen und Energien stehen für den Markt, die Kunden und Projekte zur Verfügung, denn die mentale Verschmutzung drängt die Unternehmensziele in den Hintergrund. Die Führungskräfte müssen verstärkt Zeit und Ressourcen auf das Regulieren der Beziehungsebene verwenden anstatt auf die Produktion der Waren und Dienstleistungen des Unternehmens.

- Wenn wir in einem Unternehmen an den emotionalen Viren arbeiten, beginnen wir mit der Identifikation und Benennung der Viren, worauf eine Reaktion in der Organisation stattfindet, vergleichbar mit einem Seufzer der Erleichterung. Sie reagiert wie ein kranker Patient, der sich bei seinem Arzt gut aufgehoben fühlt: *„Es wird etwas unternommen, eine kompetente Person wird mir helfen."* Die Reaktion entspricht zwar einem Placebo-Effekt, ist jedoch deutlich feststellbar: Die Viren sind vorübergehend weniger aktiv. Wir verhängen sozusagen eine **emotionale Quarantäne** über die Organisation.

- **Vitamine** sind intrinsische Abwehrmechanismen der Organisation, im Inneren vorhandene Wirkstoffe, die emotionale Viren einschränken oder bekämpfen. Sie rufen positive Emotionen hervor, vermitteln zum Beispiel Sicherheit und Geborgenheit, stützen sich auf Ressourcen wie Wahrnehmungs-Bewusstsein, positive Erfahrungen, Rituale oder geteilte Werte (Ethik, Vertrauen). Vitamine unterstützen die Entwicklung von mentaler Stärke der Organisation. Wenn ein emotionaler Virus auf das Immunsystem stärkende Vitamine trifft, kann er seine Parasitenfunktion weniger oder gar nicht entfalten.

Der Nährboden für die emotionalen Viren und auch für die Vitamine in Organisationen wird stark beeinflusst von positiven oder negativen Impulsen, die von außen kommen. Die damit verbundenen kognitiven Bewertungen „düngen" den Nährboden für Vitamine oder emotionale Viren. Andersherum gesprochen könnte man auch sagen, dass sie sich gegenseitig den Nährboden „austrocknen".

Um die Mitarbeiter in einer Organisation dafür zu sensibilisieren, wenden wir die „Energie"-Metapher an. Wir trainieren mit ihnen Achtsamkeit, ob die von außen kommenden Impulse „Energizer" oder „Vampirizer" sind:

- **Energizer** sind externe Impulse, die Energie geben oder verstärken. Das kann ein aufmunterndes Lächeln sein, eine gute Nachricht, ein gelungener Witz, der uns zum Lachen bringt, oder ein effizientes Meeting. Diese externen Impulse rufen positive Emotionen hervor.

- **Vampirizer** sind externe Impulse, die Energie entziehen oder wie „Vampire" absaugen. Ein missmutiger Kollege, eine Beleidigung, fehlende Anerkennung, ein Streit oder ein Misserfolg, all dies kann negative Emotionen hervorrufen oder verstärken. In der Virenmetapher können Vampirizer mit *Gift* verglichen werden, das dem Körper Energie entzieht.

Sowohl die Vitamine – als intrinsische Abwehrmechanismen – als auch die von außen kommenden Energizer kann man auch als „Anti-Viren" bezeichnen.

*Die Metapher der emotionalen Viren ist ein konkretes Werkzeug für die Arbeit mit Emotionen im Unternehmen*

An dieser Stelle möchten wir betonen, dass „emotionale Viren" sich nicht *analog* zu reellen Krankheitserregern im Körper verhalten. Wir setzen die Metapher lediglich als *Sinnbild* ein, da sich erwiesen hat, dass auf diese Weise die komplexe Funktionsweise von Emotionen und deren Auswirkungen wesentlich deutlicher transportiert wird. Das Konzept der emotionalen Viren stellt ein konkretes Werkzeug dar, das relativ einfach zu vermitteln ist und innerhalb kurzer Zeit konkrete Ergebnisse bringt.

## Das Thema „kollektive Emotionen" ansprechbar machen

Wir bedienten uns nicht der Theorie von Lakoff und Johnson oder der Analyse von Morgan über die Macht der Metapher im Unternehmen, um daraus ein metaphorisches System zu entwickeln. Wir haben eingangs beschrieben, weshalb wir mit der Bezeichnung „emotionale Viren" arbeiten. Die konzeptuelle Metapher der emotionalen Viren ist empirisch entstanden, wobei die Theorie verdeutlichen sollte, warum diese Metapher der „emotionalen Viren" ein hervorragendes Mittel ist, die „Erlaubnis" (siehe Kapitel 10.3) der Mitarbeiter für Change-Projekte aller Art zu erhalten.

Der Grund hierfür liegt darin, dass jeder von uns den Verlauf einer Viruserkrankung kennt und sich vorstellen kann, welche Auswirkungen beispielsweise der Befall eines Computervirus auf seinen PC haben kann. Unsere Aussage, im Rahmen eines Projekts die „emotionalen Viren" im Unternehmen behandeln zu wollen, spricht alle Teilnehmer gleichermaßen an. In der Regel laufen folgende Reaktionen ab:

- Skepsis und Erstaunen: „Habe ich richtig verstanden?"

- Vorsichtiges Nachfragen: „Aha, richtig verstanden, aber üblicherweise treten Unternehmensberater doch sehr ernst auf, mit viel Powerpoint-Folien, Strukturen und Prozessen ..."

- Erstes, noch verlegenes Lachen: „Origineller Ansatz. Viren gibt es hier zuhauf, da werden Sie eine Menge zu tun haben."

Damit sind wir bereits beim Thema, haben als Unternehmensberater und Begleiter des Prozesses Neugierde geweckt und die Erlaubnis erhalten, uns eingehender mit der Materie zu befassen.

Auf der Managementseite ergibt sich ein ähnliches Bild: „Emotionale Viren" klingen fassbar. Die Metapher vermittelt den Eindruck einer zwar tückischen, jedoch gleichzeitig beherrschbaren Herausforderung. Sie ist ein gutes Beispiel dafür, wie das Unbewusste angesprochen wird, und ermöglicht, sich auf Neues, Unbekanntes einzulassen.

*Die Erlaubnis von den Mitarbeitern und den Managern bekommen, mit Emotionen zu arbeiten*

## 5.3 Hintergrund: Emotionale Ansteckung – Von individuellen zu kollektiven Emotionen

Emotionale Viren sind nach unserer Definition negative Emotionen mit Infizierungspotenzial. Aber ist die Metapher wirklich so mächtig? Können sich Emotionen tatsächlich wie Viren verbreiten? Sind Emotionen „ansteckend"?

Eine uns allen bekannte Erfahrung ist, dass, wenn wir auf Menschen treffen, die sich in einer bestimmten Gemütsverfassung befinden, ob heiter oder niedergeschlagen, wir dazu neigen, in eine ähnliche Stimmung zu geraten. Ein trauriger Mensch lässt uns ebenfalls traurig werden, eine fröhliche Person kann unsere Stimmung heben. Wer schon einmal zumindest gelächelt hat beim Anblick eines schallend lachenden Menschen, kennt die Wahrheit im Sprichwort „Lachen ist ansteckend".

Gustave Le Bon behauptete bereits in seinem 1895 geschriebenen und viel zitierten Werk „Psychologie der Massen", dass bei Emotionen eine psychische Ansteckung stattfindet, also Verhalten ähnlich einer Virusinfektion auf andere Menschen übertragbar ist. Dieses Phänomen der „emotionalen Ansteckung" wurde inzwischen wissenschaftlich bewiesen und wird von der amerikanischen Professorin für Psychologie, Elaine Hatfield, in ihrem Buch „Emotional Contagion" beschrieben. Emotionale Ansteckung – oder Gefühlsansteckung – bezieht sich hierbei darauf, dass eine Person die Stimmung einer anderen Person auffängt und diese unbewusst übernimmt.

*Der Prozess der emotionalen Ansteckung*

Der Prozess der emotionalen Ansteckung beginnt laut Hatfield mit der bewussten oder unbewussten Wahrnehmung von Bewegungen, Mimik, Körperhaltungen und Vokalisationen anderer Personen. Diese wahrgenommenen Signale lösen dann deren Nachahmung aus, wenn auch meist in geringerer Ausprägung als beim „Original" und zum Teil nicht sichtbar, sondern nur aufgrund einer Messung der veränderten Muskelspannung nachweisbar. Die Imitation des Emotionsausdrucks bewirkt eine spezifische Rückmeldung an das Gehirn, wodurch eine entsprechende Stimmung bei der beobachtenden Person ausgelöst wird. Dieser Vorgang läuft sehr schnell und automatisch ab, die Emotionen springen also regelrecht über.

Die Tendenz, Wahrgenommenes zu imitieren, ist überall vorhanden, auch Tiere ahmen Verhalten ihrer Artgenossen nach. Die Imitation anderer gibt einen Hinweis auf deren Gefühle und kann dadurch eine Orientierung für das in bestimmten Situationen adäquate Verhalten darstellen. Soziale Kontakte werden erleichtert und verbessert, wenn man in der Lage ist, sich in andere hineinzuversetzen sowie uns selbst und unser Verhalten mit anderen zu synchronisieren und schafft ein Gefühl der Zusammengehörigkeit, das heißt dass emotionale Resonanz verbindet.

*Ein Experiment zur emotionalen Ansteckung*

Zahlreiche psychologische Experimente beweisen die Existenz von emotionaler Ansteckung. Neumann und Stark (2000) ließen einen philosophischen Text nacheinander mit fröhlicher, neutraler oder trauriger Stimme lesen. Anschließend gestellte Fragen an die Testpersonen zeigten, dass die Teilnehmer, die der fröhlichen Stimme gelauscht hatten, besser gestimmt waren als die Zuhörer der Person mit trauriger Stimme. Wenn die Teilnehmer aufgefordert wurden, den Text selbst zu lesen, wurden die gehörten Stimmungen spontan imitiert, ohne dass dies den Teilnehmern bewusst war.

*Spiegelneurone: Die neurologische Ursache der emotionalen Ansteckung?*

Wir kennen alle das Phänomen des spontanen Gähnens, ausgelöst durch den Anblick eines gähnenden Menschen. Giacomo Rizzolatti und sein Team von der Universität Parma machten eine zufällige Entdeckung während der Untersuchung, welche Neuronen eines Rhesusaffen bei bestimmten Handlungen aktiv sind. Eine der zahlreichen, von ihm mit feinsten Messfühlern versehenen Nervenzellen, „feuerte" zum Beispiel nur dann, wenn der Affe mit seiner Hand nach einer auf einem Tablett liegenden Nuss griff. Im Jahr 1996 entdeckte Rizzolatti an einer solchen Zelle, dass das handlungssteuernde Neuron nicht nur dann feuerte, wenn das Tier die Handlung selbst ausführte, sondern auch dann, wenn der Affe lediglich zusah, wenn einer der Untersucher nach der Nuss griff!

Anhand von Kontrollexperimenten konnte sich Rizzolatti versichern, dass er eine Nervenzelle entdeckt hatte, die nicht nur ein spezifisches eigenes Verhalten steuerte, sondern auch dann aktiv wurde, wenn das gleiche Verhalten bei einem anderen Individuum beobachtet wurde. Nervenzellen dieser Art wurden von Rizzolatti als (Achtung, Metapher!) Spiegelneurone bezeichnet.

Spiegelneurone wurden mittlerweile in allen Zentren des Gehirns gefunden, in denen das Erleben und Verhalten gesteuert wird. Wenn Menschen dabei zuschauen, wie jemand eine zielgerichtete Aktion ausführt, kommt es im Beobachter zu einer stillen Mitaktivierung prämotorischer Nervenzellen, jener Neurone, die in der Lage wären, die beobachtete Handlung selbst zu veranlassen. Die Beteiligung des menschlichen Spiegelneuronensystems an Imitationshandlungen wird belegt durch die Aktivierung entsprechender Hirnareale.

*Emotionale Ansteckung in Organisationen*

Emotionale Ansteckung ist in Organisationen von großer Bedeutung, da dort intensiv mit anderen zusammengearbeitet wird und Situationen entstehen, in denen positive oder negative Gefühle übertragen werden. Durch emotionale Ansteckung bilden sich zum Beispiel in Teams Gruppenemotionen, das heißt, die Gruppenmitglieder beeinflussen sich wechselseitig und stimmen sich emotional aufeinander ein. Je mehr die Gruppenmitglieder aufeinander angewiesen sind, umso stärker gleichen sich auch deren Stimmungen im Verlauf der Zusammenarbeit an. Gruppenleiter, dominante und ausdrucksstarke Personen beeinflussen diesen Prozess stärker als andere Teammitglieder. Es wurde im Kontext von Organisationen (zum Beispiel Krankenschwesternteams) gezeigt, dass Stimmungen Einzelner die Stimmungen der Gruppenmitglieder sowie deren Urteil und Verhalten beeinflussen.

Es konnte auch bewiesen werden, dass so genannte Leader „ansteckender" sind als andere Mitarbeiter. Laut dem britischen Psychologen Richard Wiseman von der Universität Hertfordshire sind sogar Charisma und die charismatische Austrahlung nichts anderes als die Fähigkeit, andere Menschen emotional anzustecken!

**Literatur**

Elaine Hatfield, John Cacioppo und Richard Rapson (1993): *Emotional Contagion*, Cambridge University Press

Giacomo Rizzolatti und Corrado Sinigaglia (2009): *Empathie und Spiegelneurone - Die biologische Basis des Mitgefühls*, Suhrkamp

Lioba Werth (2004): *Psychologie für die Wirtschaft - Grundlagen und Anwendungen*, Spektrum

# 6. Klassifizierung und Umgang mit emotionalen Viren

> „Es kommt nicht darauf an, mit dem Kopf durch die Wand zu gehen, sondern mit den Augen die Tür zu finden."
> Ernst Werner von Siemens (1816 - 1892)

Das Lob kam von Frankreichs damaliger höchster Stelle. Der neue Super-Airbus A380 des europäischen Gemeinschaftsunternehmens EADS sei der Beleg dafür, „wozu Europa fähig ist, wenn man die in den einzelnen Ländern vorhandenen Kräfte bündelt", sagte Staatspräsident Jacques Chirac kurz nach dem ersten erfolgreichen Testflug im April 2005.[13] In der Produktionsphase des Flugzeugs war es jedoch zu eklatanten Schwierigkeiten gekommen. Keine der Parteien wollte der anderen Glanz und Triumph der Auslieferung überlassen. Daher wurde ein kompliziertes Produktionspuzzle entworfen, das sowohl Deutsche als auch Franzosen und die anderen Partner zufriedenstellte. Das Ergebnis dieses Kompromisses waren erhebliche Abstimmungsprobleme: Die in Hamburg verkabelten Rümpfe mussten in Toulouse nachgebessert werden. Den Kunden waren spezielle Varianten der Bordelektrik versprochen worden, deren fristgerechter Einbau jedoch unmöglich war.[14] Um die Lieferungssituation zu verbessern, wurden zweitausend deutsche Arbeitskräfte nach Toulouse entsandt, um die Verkabelung des A380 zu fertigen. Bis dahin war die Abwicklung im Grunde eine eindeutige „Win-Win-Situation" gewesen: Dank guter Zusammenarbeit in Toulouse werden die Kunden schneller beliefert, die Firma behält ihre Aufträge und die Arbeitsplätze der Mitarbeiter sind gesichert. Nur das Auftauchen von emotionalen Viren war nicht Teil des ausgeklügelten Plans ...

Der Titel des Artikels, den die „Financial Times" am 22. Februar 2007 veröffentlichte, lässt erahnen, was sich hinter den Kulissen wirklich abspielte: „Französisch-deutscher Nahkampf".

„Die Verkabelung des Flugzeugs ist nach wie vor schwierig, und jetzt kommen auch noch nationale Rivalitäten hinzu", stöhnte ein Insider. „Die Franzosen fühlen sich von den Deutschen dominiert, es gibt sogar Gerüchte über Schlägereien. Im Frühjahr sorgten Berichte über Hakenkreuz-Schmierereien in den Umkleideräumen für Aufregung."

Dass kulturelle Unterschiede die stockenden Abläufe noch verschlimmerten, war für alle Beteiligten ein offenes Geheimnis. „Wir schreien viel. Anfangs waren die Deutschen sehr überrascht über unsere Arbeitsweise. Es ist Rugby-Management", sagte der Leiter einer französischen Gruppe, der ein rosafarbenes T-Shirt und Ohrring trug. Der deutsche Gruppenleiter dagegen trug ein ordentliches Hemd. Die Franzosen konnten sich ihrerseits nur schwer an die deutschen Gepflogenheiten gewöhnen: „Denen muss man alles aufschreiben. Wir legen erst einmal los."[15]

„Das Arbeitsklima ist nicht gut", sagte auch Tom Enders, der deutsche Airbus-Chef. Die zweitausend nach Toulouse entsandten deutschen Mitarbeiter seien jedoch keine „Invasionsarmee". In einigen Bereichen gebe es zudem eine antideutsche Paranoia, kritisierte er. „Unser größtes Problem sind nicht kulturelle Differenzen, sondern Ansichten und Lügen bestimmter Leute, die ganz klar einen Konflikt zwischen Deutschen und Franzosen anheizen wollen", sagte er der Wirtschaftszeitung „La Tribune". Enders reagierte damit auf Vorwürfe aus Frankreich, die Deutschen rissen Stück um Stück die Macht im Airbus-Hauptquartier in Toulouse an sich. Zum besseren Verständnis empfahl Enders damals die Abkehr von den Sprachen Deutsch und Französisch im Unternehmen. „Wir brauchen Englisch als Arbeitssprache, nicht nur im Management, sondern auch bei den Arbeitern und Angestellten", sagte er dem französischen Handelsblatt.[16]

Gut sichtbar verbreiteten sich in Toulouse die emotionalen Viren: Ärger, Stress und Aggressivität zwischen deutschen und französischen Teams waren an der Tagesordnung. Kollektive Emotionen, welche die Mitarbeiter stark belasteten, führten zu kontraproduktivem Arbeitsverhalten, es war die Rede von Lügen und Schlägereien. Das Management „löste" das Problem, indem es einerseits die adaptiven Aspekte des Konflikts negierte und andererseits mit einem simplen technischen Ansatz: der Einführung von Englisch als zukünftiger Firmensprache.

## 6.1    Die fünf Kategorien der emotionalen Viren

Charakteristisch für das Vorhandensein von emotionalen Viren ist eine Vielfalt von Symptomen. Dies war auch in Toulouse zu beobachten: Die verspätete Auslieferung und der daraus resultierende Zeitdruck verursachten *Aufregung* und *Ungeduld* sowohl bei den deutschen als auch den französischen Mitarbeitern und führten zu Stress. Interkulturelle Missverständnisse und unterschiedliche Werte bei der Arbeit verursachten *Irritation* und *Gereiztheit* zwischen den beiden Gruppen und führten zu Aggressivität. Die im Hintergrund laufende Diskussion über die Verteilung der Aktivitäten in den verschiedenen Werken zwischen Frankreich und Deutschland löste *Besorgnis* und *Angst* um die Arbeitsplätze aus, was eine gelassene, entspannte Atmosphäre der Zusammenarbeit unmöglich machte. Einmal mehr bewahrheitete sich der Mechanismus der negativen Synergiespirale.

*Viren können in fünf „Familien" zusammengefasst werden*

Die Auslöser für emotionale Viren und deren Auswirkungen können sehr unterschiedlich sein. In den letzten fünfzehn Jahren unserer Arbeit haben wir über hundert Viren definiert und bearbeitet. Vereinfacht gesehen können diese Viren in fünf Gruppen zusammengefasst werden:

1. Machtkonflikte.

2. Werte- oder kulturelle Konflikte.

3. Unsicherheit, Befürchtungen und Ängste.

4. Vorgehensweise und Rahmenbedingungen der Veränderungsinitiative.

5. Zerplatzte Gewissheiten und Träume.

Diese Klassifikation dient nur der Orientierung. Fast alle Viren sind eine Mischung aus den verschiedenen Kategorien, und bestimmte Viren können nicht kategorisiert werden. Beziehungskonflikte zwischen zwei Führungskräften zum Beispiel können zu emotionalen Viren im ganzen Unternehmen führen.

**▶ BEISPIEL:**

Der Merger zwischen der Deutschen Bank und der Dresdner Bank, der die Schaffung der seinerzeit weltweit größten Bank zum Ziel hatte, scheiterte im Wesentlichen daran, dass der damalige Vorstandssprecher der Deutschen Bank, Rolf Breuer, den Widerstand im eigenen Haus, namentlich seines Vorstandskollegen Josef Ackermann und dessen Londoner Statthalters, Edson Mitchell, völlig unterschätzt hatte.[17] „Die Börsenzeitung" bezeichnete den Fusionsversuch als ein „Disaster of Equals".[18]

---

Abb. 6.1: Die fünf Kategorien der emotionalen Viren

| Machtkonflikte | Werte- oder kulturelle Konflikte | Unsicherheit, Befürchtungen, Ängste | Vorgehensweise und Rahmenbedingungen der Veränderungsinitiative | Zerplatzte Gewissheiten und Träume |

---

## 6.2 Viren der Kategorie „Machtkonflikte"

Machtviren sind zweifelsohne die zähesten und widerstandsfähigsten Viren mit dem durchschlagendsten Ansteckungspotenzial. Ihr Nährboden sind unterschiedliche Interessen und vor allem Einfluss.

Das Problem ist bekannt: Zwei Gruppen sollen miteinander arbeiten, um die Firma voranzutreiben. Oft aber herrscht, wie im Beispiel Airbus, bestenfalls ein Klima des Misstrauens, im schlimmsten Fall offene Feindschaft.

Machtviren sind immer latent vorhanden, aber besonders aktiv sind sie während Fusionen. Dabei muss es sich nicht zwangsläufig um Gruppen aus zwei verschiedenen Kulturen oder Firmen handeln. Starke emotionale Viren entstehen häufig schon durch organisationsimmanente Konflikte zwischen Vertrieb und Produkt-Support, Vertrieb und Produktion, Entwicklung und Produktion, EDV und Anwender.

*Die typischen Viren*

- „Friendly Avoidance" bezeichnet die „mildere" Version eines Gruppenkonflikts und gleichzeitig kalte Form eines Konflikts. Kalte Konflikte werden eher innerlich erlebt und ausgetragen, wobei Kontakt vermieden und überversachlicht wird. Vordergründig scheinen alle miteinander arbeiten zu können und zu wollen. Im Hintergrund jedoch herrscht teils nur mühsam unterdrückte Aggressivität, es finden Versuche statt, die andere Partei zu übergehen (siehe „negative Synergiespirale – Management by Schadensvermeidung") nach dem Motto: *„Wir arbeiten effizienter, wenn die Kollegen aus dem Produktionsbereich nicht dabei sind".*

- „Bleib mir von Leib!" – so lautet die aggressivere Variante und gleichzeitig heiße Form der Konflikte: spürbar, engagiert, kämpferisch. Eine Partei vermeidet die Zusammenarbeit oder die Einsicht in das eigene Geschäft. Oft fühlt sich diese Partei bedroht oder ist gereizt aufgrund der eingeschränkten Autonomie. Es ist das typische Virus zwischen zwei fusionierenden Unternehmen, aber auch zwischen Tochtergesellschaft und Holding. Das resultierende Misstrauen verhindert eine fruchtbare Zusammenarbeit. „Do it my way!" ist der umgekehrte Virus, wenn die Muttergesellschaft den Filialen ihre Argumentation und Prozesse aufzwingt.

- „Die anderen machen's falsch!" ist die typische Variante des funktionalen Macht-Virus: Die Fertigung beschwert sich darüber, dass der Vertrieb unfähig ist, korrekte Planungen zu liefern, oder dass die Ingenieure nicht in der Lage sind, ein produzierbares Produkt zu entwickeln. Diese Konflikte sind prinzipiell systemimmanent, werden jedoch häufig personifiziert, ein klassisches Phänomen, das zu Misstrauen führt. Der Virus macht sich dadurch bemerkbar, dass sich beide Parteien nicht zuhören, sondern vielmehr ihre Energien darauf verwenden, sich gegenseitig schlechtzumachen. Solche Viren verhindern eine erfolgreiche Durchführung von funktionsübergreifenden Prozessen.

> **▶ PRAXISBEISPIEL:**
>
> Auf dem Höhepunkt der Deregulierung der Stromindustrie lebte die Abrechnungsabteilung eines großen Energieversorgungsunternehmens in erbitterter Feindschaft mit der Vertriebsabteilung. Der Vertrieb wurde beschuldigt, Produkte zu verkaufen, die nicht abrechenbar seien. Die Vertriebsleute ihrerseits – fast ausschließlich neue Mitarbeiter im Konzern, die aus anderen Branchen eingestellt wurden – betrachteten die Abrechnungsmannschaft als unwillige Bürokraten, die nicht bereit waren, sich der neuen wirtschaftlichen Situation anzupassen. Ein Virus, der mehrere hunderte Millionen nicht abgerechnete Rechnungen verursachte ...

- „Prima Donna" – eine Variante des „Not invented here"-Syndroms – zeigt sich sehr häufig bei Fusionen. In der Praxis geht es darum, die künftige gemeinsame Produktplattform (zum Beispiel bei einem Maschinenbauunternehmen) oder das künftige EDV-System (zum Beispiel bei der Fusion zweier Krankenkassen) auszuwählen. Der Prima-Donna-Virus hat zur Folge, dass jeder den anderen zu übertrumpfen versucht, um bei den Entscheidungsträgern besser dazustehen. Wie zwei Primadonnen, die sich versuchen, gegenseitig auszustechen, greifen die Protagonisten manchmal sogar zu Täuschungsmanövern, um bei der Bewertung der Lösungen in besserem Licht zu stehen. Die Enttäuschung, Verbitterung und manchmal der verletzte Stolz der „Verlierer" sind über Monate hinweg spürbar und die Akzeptanz der gewählten Lösung zwangsläufig gering. Als Konsequenz leidet die Zusammenarbeit zwischen den beiden Gruppen sehr stark. Dieses Symptom kann aktiv behandelt und abgemildert werden, wirkt aber trotz allem noch eine Zeitlang nach. Wie in jedem Veränderungsprozess bedarf es zunächst eines Moments der Trauer um den Verlust, um für eine neue Entwicklung offen zu sein.

**⏸ PRAXISBEISPIEL:**

Bei der Fusion zweier Maschinenbauunternehmen sollte entschieden werden, welche Technologie die Plattform für die künftige Produktpalette der neu gegründeten Firma bilden sollte. Jede der beiden Gruppen war davon überzeugt, dass ihre Technologie die beste sei, die Diskussionen waren hitzig. Es ging nicht nur um Prestige: Wer die Basis für die künftige Technologie des Konzerns legen würde, hatte natürlich in der Folge wesentlich mehr Macht und Einfluss.

*Umgang mit der Virenkategorie „Machtkonflikte"*

Es gibt kein Patentrezept für die Behandlung von emotionalen Viren, jeder Fall stellt eine einmalige Situation dar. Daher gibt es lediglich Grundprinzipien, um die Viren einzugrenzen und zu behandeln. Einige führen wir nachfolgend auf. Wir werden in den Kapiteln 11 und 12 die Behandlung der Viren – auch anhand eines konkreten Fallbeispiels – detailliert beschreiben.

In Gruppenkonflikten, die nicht auf verschiedenen Werten basieren, bewirkt häufig eine Mischung aus Anerkennung der ausgelösten Emotionen, Perspektivenwechsel, Maßnahmen der persönlichen Vernetzung und Anpassungen des Incentive-Systems Überraschendes.

> Anerkennung der Emotionen, Perspektivenwechsel und persönliche Vernetzung wirken Wunder

Das Beispiel der Produktionslinie A380 in Toulouse illustriert dies. Die beiden Gruppen sollten eigentlich kein Problem miteinander haben. Der Nährboden für den Virus war vor allem durch den hohen Stressfaktor fruchtbar geworden (siehe zu diesem Thema „Hintergrund", Kapitel 6.8). Erst dann verursachten auch die interkulturellen Unterschiede zusätzliche Viren. Der Konflikt stand systemisch gesehen stellvertretend für politische Konflikte, die sich auf einer völlig anderen Ebene abspielten. Ob die Mitarbeiter in Toulouse gut oder schlecht zusammenarbeiten, beeinflusst diese Entscheidungen nicht. Eigentlich ist die Kooperation für die Mitarbeiter die einzige vernünftige Strategie. Die ursprüngliche Win-Win-Strategie, dass beide Seiten alles daransetzten, um so viele Flugzeuge wie möglich auszuliefern, hat sich leider durch die zerstörerischen Machtviren zu einer Lose-Lose-Strategie entwickelt.

**⏵ PRAXISBEISPIEL:**

Wenn zu große Interessenkonflikte systemimmanent im Hintergrund wirken, sind die oben beschriebenen Macht-Viren erstaunlich leicht zu behandeln. Im Fall der Vertriebs- und Abrechungsabteilungen des Energieversorgungsunternehmens waren vier Maßnahmen entscheidend:

- Die emotionalen Viren wurden erfasst in einer Form, die sie ansprechbar machten (siehe Kapitel 9 „Aufspüren, Analyse und Visualisierung von Viren"). Dies verlangt geeignete Werkzeuge und viel Einfühlungsvermögen. Im Falle des Energieversorgungs-Unternehmens waren die Gemüter bereits stark erhitzt. Bei Airbus wäre es sicher auch nicht einfach gewesen, „sachlich" über die Hakenkreuzschmierereien zu sprechen.

- Nach Einzelgesprächen mit Schlüsselpersonen wurde eine Großgruppenveranstaltung mit circa vierzig Vertretern der zwei Gruppen durchführt. Die Veranstaltung beinhaltete die folgenden Elemente:

  - Übungen zum besseren gegenseitigen Kennenlernen, so dass die Einzelpersonen als solche und nicht nur als „Vertriebler" oder „Abrechner" wahrgenommen werden.

  - Arbeit an den Reizpunkten, zum Beispiel dem Verkauf von Stromprodukten an Handelsketten, die viele Probleme verursacht hatten. Eine Diskussion über die ausgelösten Emotionen bei den Abrechnern sowie bei den Vertrieblern erlaubte die Entwicklung einer gesunden Basis für eine künftige Zusammenarbeit. Es ging darum, die emotionale Bedeutung des Anliegens in einem sicheren Kontext offen zu besprechen, um den aufgestauten Druck zu verringern.

  - Entwicklung von Vorschlägen für die weitere Zusammenarbeit, sowohl für die materielle Realität (zum Beispiel die Prozesse) als auch für die immaterielle Realität.

- Die Nachhaltigkeit einer guten Basis für die Zusammenarbeit wurde durch Tandem-Building sichergestellt, dem gezielten Aufbau von persönlichen Beziehungen zwischen Vertretern beider Gruppen in kleineren Workshops. Dies verbesserte entscheidend die Vernetzung zwischen den zwei Abteilungen.

- Ein laufendes Monitoring der Zusammenarbeit (in unserer Viren-Metapher **„Temperatur messen"** genannt) durch regelmäßige Reviews erlaubte die frühzeitige Identifikation und schnelle Behandlung von neuen Viren und trug zu einer intensiveren Verdichtung der Vernetzung der zwei Abteilungen bei.

## 6.3 Viren der Kategorie „Werte- und kulturelle Konflikte"

Werte sind „ein internalisiertes Konzept, das mitbestimmt, wie wir die Welt sehen und uns in ihr verhalten".[19] Werte sind allgemeine und grundlegende Orientierungsmaßstäbe für menschliches Handeln. Aus Werten leiten sich Normen und Rollen ab, die unser Alltagshandeln bestimmen. Sie sind die Maßstäbe, auf Grund derer wir uns für „richtig" oder „falsch" entscheiden, das heißt unsere eigenen Handlungen und die unserer Mitmenschen bewerten.

Werte können Menschen als Gruppen zusammenhalten, aber gleichzeitig auch Anlass für Konflikte zwischen Gruppen werden, die von unterschiedlichen Wertvorstellungen geprägt sind. Werteviren drücken sich meist über Debatten aus, zum Beispiel was „normal" und was „anormal" ist und wer im Recht ist. Nährboden für den Wertevirus sind oft das Selbstbild und das Selbstverständnis der Betroffenen. Es steht regelmäßig im Mittelpunkt der Auseinandersetzung. Diese Werteviren können zwischen zwei Menschen, zwei Gruppen innerhalb eines Unternehmens, zwei Unternehmen (Konflikte zwischen Unternehmenskulturen) und auch zwischen zwei Businesskulturen auftreten. In unserer Arbeit mit internationalen Konzernen sind wir immer häufiger mit der Behandlung von Werteviren befasst, da unsere Kunden aufgrund der fortschreitenden Globalisierung verstärkt mit Partnern in Ländern zusammenarbeiten müssen, die andere kulturelle Rahmenbedingungen als Referenz haben.

Werteviren führen oft zu Handlungs- und Normkonflikten, verursachen wechselseitige Enttäuschung und ziehen nicht selten den Aufbau von starken emotionalen Fronten mit gegenseitigen Schuldzuweisungen nach sich. Auch zwischen Kulturen, die sich eigentlich aufgrund ihrer gemeinsamen Geschichte und geographischen Nähe ähnlich sein sollten, wie zum Beispiel Deutsche und Franzosen, kommt es zu für Außenstehende unverständlichen Konflikten aufgrund von Werte- und Kulturviren.[20]

*Wertekonflikte führen zum Aufbau von starken emotionalen Fronten*

Für internationale Unternehmen ist es heute wettbewerbsentscheidend, dass es ihnen gelingt, Mitarbeitergruppen mit verschiedenen Wertvorstellungen zusammenzuführen. Denn in der transkulturellen Zusammenarbeit sind den Beteiligten, wie schon erwähnt, ihre eigenen zugrunde liegenden Werte und Handlungsmuster meist nicht bewusst. Interkulturelle Missverständnisse sind daher an der Tagesordnung und haben immer wieder die gleiche Konsequenzen: Im besten Fall verzögern sie nur, meist jedoch verhindern sie den Aufbau einer Vertrauensbasis.

*Zwei typische Viren*

- **„Beamte gegen ROI (Return on investment)"**: Dieser Wertevirus ist sehr verbreitet in Industrien, die eine Deregulierung erleben, wie zum Beispiel die Telekommunikations- und die Energieversorgungs-Unternehmen Ende der neunziger Jahre oder die Krankenkassen in den vergangenen Jahren. Ein Teil der Belegschaft ist noch „verbeamtet" und reagiert träge auf die Marktveränderungen, während der andere Teil die Marktregeln längst verinnerlicht hat und die Umstrukturierungen nicht selten zur eigenen Profilierung nutzt. Abneigung, teilweise Neid und fehlender Respekt zwischen den zwei Fraktionen sowie spürbar taktierendes Verhalten sind an der Tagesordnung.

- **„Die deutsche Dampfwalze"**: ein Kulturvirus, auf den wir immer wieder stoßen. Der Nährboden für diesen Virus liegt hauptsächlich in der unterschiedlichen Vorgehensweise bei Entscheidungsfindungen zwischen Deutschen und insbesondere südlichen Kulturen. Die Deutschen bereiten ein Konzept vor, das heißt einen relativ detaillierten Plan, über den in einer folgenden Auseinandersetzung fachlich diskutiert wird, um einen Konsens zu finden. Bereits die Bezeichnung „Konzept" sorgt in diesem Zusammenhang für Missverständnisse. Andere Kulturen verstehen unter „Concept" (mit zwei „C") allenfalls eine grobe Idee, aber noch keinen Plan. In Frankreich und Italien beispielsweise wird zunächst völlig informell über ein „Concept" diskutiert, eine „sachliche" Auseinandersetzung existiert in dieser Form nicht, da Kritik wesentlich schneller als persönliche Attacke aufgefasst wird als in Deutschland. Wenn Deutsche detaillierte, „sachliche" Folien präsentieren, wird dies von der Gegenseite als Versuch interpretiert, dass sie mit ihrem Konzept versuchen, ihre Partner zu überfahren und nicht offen zu sein für andere Ideen.

*Umgang mit der Virenkategorie „Werte und kulturelle Konflikte"*

Echte Wertekonflikte können nicht gelöst, sondern nur durchlebt werden, denn jeder Einzelne hat, für sich betrachtet in seiner Welt, völlig Recht! Sie gehören zu den unvermeidlichen Themen, da Werte sich, wenn überhaupt, nur sehr langsam anpassen. Wir arbeiten allerdings viel auf der Ebene des Wahrnehmungs-Bewusstseins. Damit erreichen wir oft zumindest einen Perspektivenwechsel: Sobald Respekt für die Intelligenz des Systems des Anderen da ist, wird ist der Andere nicht mehr nur eine potenzielle Bedrohung, sondern auch eine potenzielle Bereicherung durch komplementäre Fähigkeiten.

*Werte kann man nur sehr langsam anpassen. Der Umgang mit Werteviren ist entscheidend*

Eine weitere Möglichkeit, den Ausbruch von Werteviren zu vermeiden, ist die Minimierung von Handlungskonflikten. Werteviren sind allerdings nur dann in den Griff zu bekommen, wenn die unbewussten Werte und Handlungsaxiome in einem offenen Dialog angesprochen werden. Dabei besteht die Herausforderung darin, die Protagonisten vom bewertenden Zuhören, das nur der Bestätigung bereits vorhandener Urteile dient, zu einem qualitativen Zuhören zu bringen, bei dem ohne Bewertung (!) versucht wird, die Intelligenz und den Sinn des anderen Wertesystems zu verstehen.

**⏵ PRAXISBEISPIEL**

für die grundsätzliche Bedeutung kultureller Unterschiede: In der Zusammenarbeit zwischen einem Deutschen und einem Franzosen fällt der Begriff „Effizienz". Beide gehen davon aus, dass der Partner dieselben Inhalte mit diesem Begriff assoziiert, das heißt er impliziert, dass das eigene Verständnis vom Gegenüber geteilt wird. Im Laufe der weiteren Zusammenarbeit stellen beide zur ihrer großen Verblüffung fest, dass der Partner völlig andere Inhalte, Vorstellungen, Bedeutungen oder Bewertungen mit dem gleichen Begriff verbunden hat.

Ein Problem in einem Produktionsprozess verdeutlicht dies: Ein Franzose verbindet „Effizienz" mit der raschen Beseitigung des Problems, um so schnell wie möglich weiterarbeiten zu können. Es geht ihm um Reaktivität und Flexibilität. Wenn er Glück hat, tritt das Problem auch gar nicht wieder auf, oder es wird von einem anderen Mitarbeiter geregelt.

Der Deutsche hingegen will sicherstellen, dass das Problem nie wieder auftreten wird. Folglich wird er versuchen, nicht nur das Problem, sondern auch die Gründe dafür zu beseitigen. Es geht ihm um „Gründlichkeit", das Problem an der Wurzel auszumerzen, selbst wenn Zeit und Reaktivität darunter leiden. Denn aus seinem Effizienzverständnis holt er die Zeit dadurch wieder herein, dass er im weiteren Verlauf keine Zeit mehr mit diesem Problem verliert. Wenn sich die Partner dann treffen, um eine gemeinsame Aufgabe zu erledigen, kommen beide mit ihren unterschiedlichen Erwartungen, und jeder fühlt sich in seiner Welt im Recht.

Der gleiche Begriff „Effizienz" ist also ein „falscher Freund": Man glaubt, sich zu verstehen, aber der Begriff ist mit vollkommen unterschiedlichen Vorstellungen und Bewertungen belegt. Ohne sich über diese Unterschiede auszutauschen, wird zwar miteinander, aber eigentlich aneinander vorbei kommuniziert. Der Kulturvirus hat damit ideale Bedingungen, um sich weiter zu verbreiten.

Oft werden Unterschiede oberflächlich erkannt, selten jedoch die konkreten inhaltlichen Unterschiede eruiert. Und noch seltener wird darüber verhandelt, wie „Effizienz" in der Gemeinsamkeit verstanden und gehandhabt werden soll.

Die Arbeit bei interkulturellen Konflikten besteht unter anderem darin, diese unbewussten Annahmen zu verdeutlichen. Es geht zunächst darum, eine kooperative Grundhaltung zu schaffen, in der das Bemühen im Vordergrund steht, die Beziehungen derart zu gestalten, dass alle Beteiligten davon profitieren können.

## 6.4 Viren der Kategorie „Unsicherheit, Befürchtungen und Ängste"

Veränderungs-
prozesse sind
immer mit Ängsten
verbunden

Der Prozess von Veränderung im Unternehmen oder von Übernahme und Fusion ist immer mit Ängsten verbunden, wie zum Beispiel zu den Verlierern in der neuen Organisation zu gehören, vor dem persönlichen Machtverlust, vor dem Verlust der Kontrolle. Angstviren sind eng mit den Machtviren verknüpft. Dies wurde eindeutig belegt in einer Change-Studie von Capgemini, an der 116 Manager aus großen Unternehmen im deutschsprachigen Raum teilnahmen:[21]

- „Angst vor schwierigen Entscheidungen"

- „Angst vor Verlust an Einfluss"

- „Angst vor Statusverlust"

wurden als drei der vier hauptsächlichen Gründe (nach „mangelnder Einsicht in notwendige Veränderung") für die Skepsis der Manager gegenüber Change-Management-Projekten angegeben.

Zu diesen Zukunfts- und Statusängsten addieren sich noch Minderwertigkeitsgefühle, wie zum Beispiel Kompetenzunsicherheit, die Fähigkeit, eine Sprache oder eine Software zu beherrschen oder noch erlernen zu können. Kompetenzunsicherheiten werden in der Regel in Veränderungsprozessen nicht offen angesprochen, da sie subjektiv als Schwächung der eigenen Position und somit als zusätzliche Gefährdung erlebt werden.[22]

Mitarbeiter
haben ein hohes
Bedürfnis nach
Vorhersehbarkeit
und Sicherheit

Der Psychologe und Organisationsberater Mathias Lohmer erläutert,[23] „da die Ängste meistens nicht konkret adressiert werden, sind psychosoziale Abwehrmechanismen die Regel. Menschen haben in ihrem privaten wie auch beruflichen Leben in Organisationen ein hohes Bedürfnis nach Vorhersehbarkeit und Sicherheit. Diese Sicherheit wird auch in der Klarheit der eigenen Rolle und Funktion innerhalb der Organisation gesucht. Die eigene Abteilung und Aufgabe bildet dabei eine wichtige Grenze, die Ordnung und Übersicht schafft und zumindest die Illusion von Kontrolle über die eigene Lebensgestaltung innerhalb der Organisation ermöglicht. Die Pläne über eine Umorganisation oder eine Fusion lösen deshalb in aller Regel bei Mitarbeitern und Führungskräften zunächst eher Ängste und Befürchtungen aus, als dass sie als Eröffnung neuer Entwicklungschancen und Betätigungsfelder erlebt würden".

*Die typischen Viren*

- **„Wir wissen, was wir verlieren, jedoch nicht, was wir gewinnen!"** Dieser Angstvirus ist Ausdruck der typischen Unsicherheit, die am Anfang eines Veränderungsprozesses steht. Das Problem liegt darin, dass die Führungskräfte über die Details der künftigen Organisation ebenfalls noch nicht im Bilde sind, da sie erst noch auszuarbeiten sind. Selbst wenn sie sich bemühen, ausführlich die Vorgehensweise des Vorhabens zu kommunizieren, wird die gegebene Information von den Mitarbeitern als unzureichend bewertet werden.

- **„Wir gehen dabei drauf!"** Hierbei handelt es sich um einen klassischen emotionalen Virus, der bei jeder Fusion auftaucht: lähmende Angst um den Arbeitsplatz, um die Aufrechterhaltung der sozialen Leistungen, etc. Bei einer Übernahme stellt sich zumeist bei der Zielfirma rasch das Gefühl ein, zu den „Verlierern" zu gehören. Mitarbeiter und Führungskräfte sehen sich als Opfer der Veränderung. Aber auch die Mitarbeiter des akquirierenden Unternehmens empfinden Ängste. Jede Seite hat Angst, das zu verlieren, was sie erreicht hat. Dieses Gefühl ist gekoppelt an große Vorbehalte bis hin zu massiven Aggressionen gegenüber der neuen Leitung und den neuen Kollegen.

- **„Das Gespenst des Outsourcings"** steht stellvertretend für viele existenzielle Ängste von Mitarbeitern, deren Organisationseinheiten ständig „auf der Kippe" stehen. Es trifft vor allem die so genannten „Support-Bereiche" wie IT, Service Desk, Lager, Logistik, Betriebsrestaurant. Das Gespenst wird gern und häufig von Top-Managern benutzt, um die Produktivität in den betroffenen Bereich zu erhöhen. Angst, aber auch Verbitterung und Entsetzen sind zu spüren. Oft geht der Schuss nach hinten los: Auf Kosteneinsparungen reagieren die betroffenen Mitarbeiter, die bisher flexibel handelten, stur: „Wir reduzieren unsere Mehrstunden, um Kosten zu reduzieren, dann wird um 16 Uhr pünktlich Schluss gemacht."

- **„Die Zigeuner"** ist der Virus, der sich verbreitet, wenn ein Standort geschlossen wird oder ein Umzug zu einem weiter entfernten Standort geplant ist. Dies war zum Beispiel der Fall, als die deutsche Regierung von Bonn nach Berlin umzog. In der Wirtschaft kommt dieser Virus immer öfter vor, insbesondere nach Fusionen. Der Zigeunervirus verbreitet sich durch die Befürchtung, die Heimat, die sozialen Netzwerke und sogar die Familie zu verlieren. Er kann zwar durch Anerkennung der Befürchtung gemildert werden, muss aber durch begleitende Maßnahmen - soziale Maßnahmen bei einer Schließung, Möglichkeiten des Home office, Umzugshilfe, Busverkehr zwischen altem und neuem Standort, usw. im Fall eines notwendig gewordenen Umzugs, konkret auch materiell behandelt werden.

- **„Der Turm zu Babel"** beschreibt einen vielfach unterschätzten Unsicherheitsvirus bei internationalen Fusionen. Wie soll man sich mit den neuen, fremdsprachigen Kollegen verständigen? Eine Variante dieses Virus, **„Speak my English, please"**, taucht häufig auf, wenn sich englische Muttersprachler in der Gruppe befinden. Der größte Teil der deutschen Mitarbeiter und Manager fühlt sich gegenüber den englischen oder amerikanischen Muttersprachlern im Nachteil. Oft können sie sich nur deshalb gegenüber ihren Kollegen fachlich nicht durchsetzen, weil es ihnen an den erforderlichen sprachlichen

Fertigkeiten mangelt. Die Frustration, sich nicht durchsetzen zu können, obwohl man in der eigenen Wahrnehmung die besseren Argumente hat, wirkt tief (siehe Beispiel in Kapitel 4.2).

*Umgang mit der Virenkategorie „Unsicherheit, Befürchtungen und Ängste"*

Ängste als „unbegründet" oder „irrational" zu erklären ist kontraproduktiv

Die Angst vor Veränderungen kann man niemandem nehmen, weil in der Veränderung keine absolute Sicherheit existiert. Ängste zu ignorieren, zu verleugnen oder bagatellisieren, ist daher immer ein schlechter Ansatz. Der Change-Experte Winfried Berner fasst diesen Grundsatz zusammen: „Für den Umgang mit Ängsten ist es völlig irrelevant, ob sie ‚berechtigt' sind oder nicht. Gleich, was sie auslöst und wie realistisch oder unrealistisch sie sein mögen, so sind Ängste eine subjektive Realität, die eine objektive Realität schafft. Ein Mensch, der Angst hat, nimmt anders wahr und handelt anders als jemand, der sich sicher fühlt. Es ist daher kontraproduktiv, Ängste für ‚unbegründet'" oder ‚irrational' zu erklären - was die Situation nur noch verschlimmert, weil es die Ängste, anstatt sie aufzulösen, lediglich für ungültig erklärt und sie damit natürlich nicht beseitigt, sondern nur in den Untergrund verdrängt."[24] Um die Ängste einzugrenzen, ist es zunächst notwendig, einen emotionalen Halt zu gewährleisten. Die in allen Veränderungen häufig und heftig geäußerten Wünsche nach mehr Information, die auch durch ständig neuen Informationsfluss nicht wirklich befriedigt werden können, sind im Grunde genommen nur der Ausdruck des Bedürfnisses nach Sicherheit. Es geht darum, diese individuellen Existenzängste zu verstehen, zu benennen und wenn möglich in einen Sicherheit gebenden größeren Kontext der Unternehmensentwicklung einordnen zu können. Erst durch das Zusammenwirken von sinnvollen Aufgaben, Rollen, Strukturen und einem Raum für die Auseinandersetzung mit emotionalen Spannungen entsteht die Möglichkeit, die Ängste einzugrenzen.

Einen „emotionalen Nebenraum" für die Auseinandersetzung mit der immateriellen Realität öffnen

In Veränderungsprozessen muss daher der große „sachliche" Raum für die materielle Realität zumindest durch einen „emotionalen Nebenraum" ergänzt werden, in dem sich immaterielle Realität ausdrücken kann.

## 6.5 Viren der Kategorie „Vorgehensweise und Rahmenbedingungen der Veränderungsinitiative"

Veränderungsinitiativen verlangen von den Betroffenen nicht nur, dass sie ihre Komfortzonen verlassen. Sie sind auch mit einer erheblichen physischen und psychischen Mehrbelastung verbunden, welche die Nerven der Beteiligten zusätzlich strapaziert. Aus einer operativen wird so zusätzlich eine emotionale Mehrbelastung.

Es ist daher unentbehrlich, die Rahmenbedingungen der Veränderungsinitiative so zu gestalten, dass die Mehrbelastung möglichst gut organisiert wird. Oft aber sorgen diese Rahmenbedingungen für operative Hektik und Überforderung. Informationen werden in einer Menge und Häufigkeit verlangt, die mit den verfügbaren Ressourcen nicht zu schaffen ist, vergleichbare Daten werden mehrmals in leicht geänderter Form angefordert, usw. Manager werden ungeduldig, Mitarbeiter sind verärgert. Die Konsequenz daraus sind Verlust der Motivation und mangelnde Effektivität.

*Die typischen Viren*

- **„Permanenter Notstand"** ist ein Virus-„Stammgast" bei Veränderungsprojekten. Die Routinearbeit muss weiterhin erledigt werden, dazu kommen die vielen zusätzlichen Aufgaben der Veränderung: Teilnahme an Gruppenarbeit und Schulungen, zähe Abstimmungsdiskussionen mit anderen Abteilungen über die neuen Schnittstellen, Arbeit mit fehlerhaften und benutzerfeindlichen neuen Softwarelösungen, usw.

- Der Virus **„Miles&More"** tritt immer bei Fusionen auf, wenn die Führungskräfte zwischen den verschiedenen Standorten pendeln müssen. Alleine schon innerhalb der eigenen Landesgrenzen ist das bereits anstrengend. Wenn aber internationale Reisen praktisch im Wochenrhythmus anstehen, verbunden mit Timelag, Verspätungen, engen Flugzeugsitzen mit Zufallsnachbarn, die man mehr oder weniger ertragen muss, dann wird die rein physische Belastung schon zur Qual. Hinzu kommen, aufgrund der häufigen Abwesenheit, oft familiäre Probleme, die auch an die psychische Substanz gehen. Von Regenerierung keine Spur, die persönliche Vitalität nimmt immer mehr ab. Der „Miles&More"-Virus provoziert Überreizung, Aggressivität und Resignation. Auswirkungen davon sind, dass Fehler gemacht und Sündenbocke gesucht werden, die Kundenorientierung verloren geht und der Veränderungsprozess an Schwung verliert.

- **„Ihr sollt kooperieren!"** ist ein Virus, der Ratlosigkeit und viel Frust verursacht. Er wird aktiviert durch die typische Aufforderung des Top-Managements an zwei oder mehr Abteilungen oder Standorte, verstärkt zusammenzuarbeiten. Da häufig jedoch die Mittel dazu nicht bereitgestellt werden und des Weiteren Angst- und Machtviren die aufgezwungenen Kooperationsversuche sabotieren, werden Scheinkooperationen eingegangen oder die protektive Intelligenz aktiviert, um Argumente zu finden, warum das gerade jetzt nicht geht.

**◫ PRAXISBEISPIEL 1:**

Ein deutscher und ein Schweizer Standort sollten „kooperieren". Als wir dort wegen ausbleibender Ergebnisse im Auftrag der Holding eine Bestandsaufnahme der Wahrnehmungen machten, sagten die Deutschen: „Wir wollen ja mehr kooperieren, aber das ist gerade jetzt nicht der richtige Moment, wir haben viel zu wenige Aufträge und all unsere Ressourcen sind in der Akquisition gebunden." Als wir in die Schweiz kamen, sagten uns die Verantwortlichen: „Wir wollen ja mehr kooperieren, aber das ist gerade jetzt nicht der richtige Moment, wir haben viel zu viele Aufträge und all unsere Ressourcen sind in der Produktion gebunden ...."

**◫ PRAXISBEISPIEL 2:**

Der Vorstand der Holding eines EDV-Unternehmens beauftragte uns, herauszufinden, weshalb die Kooperation zwischen den französischen, deutschen und englischen Tochtergesellschaften so schlecht war.

Das Projekt war sehr kritisch, da der Hauptkunde der Firma, ein Luft- und Raumfahrtkonzern, seine Einkaufsstrategie geändert hatte und nun alle Dienstleistungen auf europäischer Ebene einkaufte. Wir fanden heraus, dass eine der Hauptursachen für die katastrophale Zusammenarbeit die vom Management entwickelten Finanzregeln waren, die jegliche Kooperation unattraktiv für die Tochtergesellschaften machten: Die internen Transferkosten für Mitarbeiterstunden waren so hoch, dass es sich für keine der Tochtergesellschaften lohnte, die Experten aus den anderen Ländern auf die eigenen Projekte zu holen. Andererseits waren die Regelungen für die Vertriebsprovisionen der Verkäufer fast ausschließlich an die nationalen Kunden gebunden

**Konsequenz:** Der Druck des Vorstands erhöhte die Animosität zwischen den Mitarbeitern der Ländergesellschaften, und durch die falschen Kooperationsregeln gingen viele Kundenaufträge verloren.

*Umgang mit der Virenkategorie „Vorgehensweise und Rahmenbedingungen der Veränderungsinitiative"*

Viele der erwähnten Probleme wie Mehrbelastung, Reisetätigkeiten, usw. sind unvermeidbar, müssen aber nicht unbedingt zu größerer Frustration führen. Da allerdings etliche Manager damit nicht umgehen können, greifen sie zu einem alten, aber nicht gerade bewährten Mittel. Nach einer Capgemini-Studie von 2005 „motivieren" 40 Prozent aller Manager ihre Belegschaft über den Leidensdruck.[25]

Im einfachsten Fall reicht es bereits, die Mehrbelastung anzuerkennen, indem Ressourcenknappheit durch temporäre Ressourcen entschärft wird. Auch angepasste Projekttermine oder ausschließlicher Fokus auf A- und B-Maßnahmen un-

*Manchmal muss die Veränderungsinitiative angepasst werden*

ter Verzicht auf C-Maßnahmen helfen. Problematischer, aber manchmal unvermeidlich ist für das Management die Anpassung der Rahmenbedingungen des Veränderungsprozesses. Dabei muss:

- die Breite, also wie viele Bereiche betroffen sind,

- die Tiefe, das heißt der Unterschied zwischen dem „Ist"- und dem „Soll"-Zustand

- die Geschwindigkeit der Veränderungsinitiative

angepasst werden, ohne in Stillstand zu geraten oder auf wichtige Ziele verzichten zu müssen.

## 6.6 Viren der Kategorie „Zerplatzte Gewissheiten und Träume"

Träume sind (noch) keine Viren per se. Der Virus bricht erst bei einem Misserfolg aus, wenn Gewissheiten und Träume wie Seifenblasen zerplatzen. Die Viren provozieren Enttäuschung, oft Wut und manchmal auch Niedergeschlagenheit.

*Die typischen Gewissheiten und Träume*

- **„Noch einmal die Ärmel hochkrempeln, dann weiter wie bisher"** – das kommt bei Übernahme kleiner Unternehmen durch Konzerne oft vor. Die Mitarbeiter der übernommenen Firma sind zunächst total überfordert angesichts der Masse an Informationen, die von der Muttergesellschaft angefordert wird. Die Hoffnung ist, dass diese Mehrarbeit nur während der Integrationsphase notwendig ist (siehe Virus „Permanenter Notstand") und diese Annahme ist auch teilweise richtig.
  Große Konzerne haben jedoch einen enormen Bedarf an Informationen, zudem meist noch in einer Form, die eine konsolidierte Sicht aller Einheiten ermöglicht. Dieser Informationsfluss ist immer erheblich größer als das, was in der kleinen Firma üblich war, da ein großer Konzern nur über Zahlen geführt werden kann. Konsequenz: Wenn die geeigneten Prozesse, Werkzeuge oder die notwendigen Ressourcen nicht freigegeben werden, erhält der „Bleib mir von Leib!"-Virus Nahrung für seine Verbreitung.

- **„Wir schaffen das schon unter Profis"** ist die weit verbreitete Gewissheit, vor allem unter Hardlinern, dass die Zusammenarbeit rein rational laufen könnte. Diese Illusion ist sehr verbreitet in Task-Force-Teams oder bei Fusionen von Abteilungen, die aus dem gleichen Fach kommen. Wir haben schon viel über diesen alten Irrglauben gesprochen, wonach der Mensch rein rational handeln könnte. Selbstverständlich hilft eine gemeinsame Kenntnis der Fachthemen. Macht-, kulturelle und Persönlichkeitsthemen sind aber immer präsent.

> **⏸ PRAXISBEISPIEL:**
>
> Auch simple Fachausdrücke können Viren freisetzen. Bei der Fusion zweier Großanlagenbauer dauerte es ein ganzes Jahr, bis beide Ingenieurgruppen merkten, dass sie technische Begriffe manchmal ganz unterschiedlich benutzten, was viel Unmut verursachte. Daraufhin wurde ein Lexikon mit mehr als 800 Einträgen entwickelt, um weitere Missverständnisse zu vermeiden.

- **„Mit der Firma X sind wir strukturiert / innovativ / ...“** ist der Traum, dass nach der Akquisition einer Firma die positiven Eigenschaften dieser Firma auf magische Weise, quasi durch „Infusion“, kurz und schmerzlos auf die Käuferorganisation übergehen werden. Dies ist häufig der Fall, wenn südländische Unternehmen, zum Beispiel aus Italien, deutsche oder Schweizer Unternehmen aufkaufen. Die Italiener bewundern deren Organisationstalent und hoffen, dass jetzt in ihre eigene Organisation Strukturen und Prozesse einziehen können, ohne dass sie dabei natürlich ihre individuelle Reaktivität und Flexibilität verlieren.

Dass Organisation nicht nur eine Konsequenz der Strukturen und Prozesse, sondern auch der in der Kultur verankerten Disziplin ist, wird in der Euphorie der Akquisition ausgeblendet. Da nach unserer Erfahrung kulturell bedingt nur wenige Italiener, Spanier und auch Franzosen bereit sind, die notwendige Disziplin für die Umsetzung zu entwickeln, bleibt dies ein zerplatzender Traum. Der Virus äußert sich dann meist dergestalt, dass die Manager jede Menge Beispiele finden, dass „die Deutschen gar nicht mehr so gut organisiert sind wie früher!“

Der gleiche Virus kann durchaus auch in einer rein nationalen Fusion ausbrechen, wenn zum Beispiel ein gut strukturierter Technologiekonzern hofft, durch den Kauf eines innovativen Start-ups quasi über Nacht wieder zur Innovationskraft seiner Gründerzeit zurückzufinden.

⏸ BEISPIEL:

Insbesondere in der High-Tech-Branche versuchen viele Konzerne, durch die Akquisition von kleinen, innovativen Start-ups, bestimmte Mankos in ihren Technologie-Portfolios zu beheben. Dies war zum Beispiel in den 1990er Jahre der Fall bei Pharma-Konzernen, die reihenweise junge Biotech-Firmen aufkauften.

Viele Konzerne begingen den Fehler, diese kleinen Firmen zu integrieren in der Hoffnung, dass deren Kreativität und Innovationsfähigkeiten auf die alten, manchmal verkrusteten Forschungsabteilungen des Konzerns „abfärben" würden. Oft war genau das Gegenteil der Fall: Enttäuscht und frustriert von der Unbeweglichkeit der Strukturen und Prozesse eines großen Unternehmens, und häufig auch nicht gerüstet für die dort üblichen Machtspiele, verließen die besten Mitarbeiter die akquirierte Firma. Die meisten Konzerne haben inzwischen aus dieser Erfahrung gelernt und lassen den neu akquirierten Firmen mehr Autonomie.

*Umgang mit der Virenkategorie „Zerplatzte Gewissheiten und Träume"*

Wichtig ist, diese Gewissheiten sehr früh zu thematisieren, um noch entgegenwirken und spätere Enttäuschungen vermeiden zu können. Wenn die Gewissheit ein explizites Ziel der Akquisition ist, so ist es notwendig, mit den Verantwortlichen die Motivationen für den Kauf gründlich und realistisch zu überarbeiten.

*Die Gewissheiten und Träume thematisieren*

Wenn es zu spät ist und die zerplatzte Gewissheit zu einem Virus „mutiert" ist, werden häufig Sündenböcke gesucht. Es geht dann zunächst darum, das Gefühl des „Versagens" zu behandeln, die Normalität des Problems zu betonen und den Virus wie andere Viren zu behandeln.

## 6.7 Aktivität und Virulenz der Viren

Viren sind unterschiedlich aktiv. Bei unseren Projekten unterscheiden wir oft zwischen Viren, die noch nicht aktiv sind, sich aber sehr wahrscheinlich verbreiten werden („**Inkubationsphase**"), und bereits ausgebrochenen Viren. Aktive Viren können in milder oder sehr virulenter Form auftreten. Der Hauptfaktor für die Virulenz eines Virus ist das Stressniveau im Unternehmen. Wenn alles gut läuft, herrscht „Friede, Freude, Eierkuchen", und niemand muss dem anderen „auf die Füße treten". Wenn jedoch eine Krise im Anmarsch ist, liegen die Nerven blank und die Aggressivität steigt (siehe „Hintergrund" am Ende des Kapitels). Jeder von uns wird zur Karikatur seiner selbst, die Viren werden virulent und verbreiten sich.

**⏵ PRAXISBEISPIEL:**

Die Beziehungen zwischen zwei Ländergesellschaften eines Industriegüter-konzerns waren bislang ausgezeichnet, da es vor allem darum ging, die Pro-duktionsaufträge zwischen den Werken der jeweiligen Gesellschaften zu verteilen. Das Geschäft lief jahrelang vorzüglich, alle Werke waren ausgela-stet. Mit der Finanzkrise 2009 kamen die Auftragseingänge zum Stillstand. Sehr rasch tauchten die ersten Viren auf: Es gab immer wieder Streit über die Verteilung der Produktionsaufträge. Innerhalb weniger Monate entwi-ckelten sich die bisher so guten Beziehungen zwischen den zwei Führungs-mannschaften derart, dass eine starke Intervention der Holding und eine professionelle Mediation notwendig wurden.

## 6.8 Hintergrund: Aggressivität im Unternehmen

Der Fall Airbus zeigt klar, dass zwei Mitarbeitergruppen, die vordergründig kei-nen Grund für Konflikte haben, sehr aggressiv gegeneinander werden können. Wie kann es so weit kommen? Die psychologische Forschung hilft, dieses über-raschende Phänomen besser zu verstehen.

*Wie Ratten mit Stress umgehen ...*

Schon seit vielen Jahren wird im Tierreich beobachtet, dass aus Angst und Aus-weglosigkeit Aggressivität entstehen kann. Der französische Verhaltensfor-scher Henri Laborit führte ein Experiment durch, in dem eine Ratte ohne jegli-che Fluchtmöglichkeit in einem mit Gitterboden ausgestatteten Käfig saß. Von Zeit zu Zeit schickte der Wissenschaftler Stromschläge durch den Gitterboden. Das Tier war völlig der Willkür des Forschers ausgesetzt. Die Schocks waren gänzlich unabhängig vom Verhalten der Ratte. Am achten Tag ergaben die bio-logischen Untersuchungen, dass die Ratte an beachtlichem Gewichtsverlust, an-dauerndem Bluthochdruck sowie zahlreichen Geschwüren im Magen litt. Hatte die Ratte jedoch die Möglichkeit zur Flucht durch eine Tür, so blieb sie gesund. Interessant war das Ergebnis des gleichen Experiments, allerdings mit zwei Rat-ten in einem Käfig. Wenn man den Ratten die Möglichkeit gab, ihre Aggressi-onen auf einen ebenso unschuldigen Käfiggenossen abzulenken, hielten sich beide Ratten durch intensives und sinnloses miteinander Balgen und Kämpfen gesund!

Aus den Erkenntnissen der Verhaltensforscher lässt sich schließen, dass Tiere, die mit Flucht oder Kampf reagieren können, keine organischen Störungen ent-wickeln. Tiere, die weder flüchten noch kämpfen können, weisen jedoch krank-hafte Störungen auf.

Diese Erkenntnis trifft auch auf den Menschen zu. Wenn er eingesperrt wird, gefangen in einer aus seiner Sicht ausweglosen Lage, wird er oft aggressiv. Dies, obwohl Frustrationen zu einer Anzahl möglicher weiterer Reaktionen führen können - wie zum Beispiel eine Depression - von denen eine die Aggression darstellt.

*Gruppenkonflikte ohne Ursache? Die Theorie der sozialen Identität*

Bis Ende der 1960er Jahre wurden Konflikte zwischen Menschengruppen entweder durch einen evolutionären Trieb nach Gewalt oder durch externe und objektive Ursachen wie zum Beispiel den Kampf um Ressourcen aufgelöst („Theorie des realistischen Gruppenkonflikts" von M. Sherif). Für Henri Tajfel, ein Überlebender der Konzentrationslager, konnten jedoch diese Theorien die Ursachen für den Gruppenhass im Zweiten Weltkrieg nicht erklären.

Tajfel entwickelte ein Experiment, das „als Minimalgruppen-Experiment" zu einem Meilenstein in der Geschichte der Sozialpsychologie wurde. Hierbei wurden Versuchspersonen zunächst in zwei willkürliche Gruppen eingeteilt. Dann wurden die Versuchspersonen gebeten, bestimmte Geldbeträge unter zwei anderen Versuchspersonen aufzuteilen. Diese Experimente brachten sehr erstaunliche Ergebnisse, zeigte es sich doch recht deutlich, dass Personen der eigenen (doch an sich irrelevanten) Gruppe bevorzugt wurden. Noch erstaunlicher war, dass die Versuchspersonen, wenn sie schon die eigene Gruppe bevorzugten, das Geld nicht so aufteilten, dass die Mitglieder der eigenen Gruppe den größtmöglichen Vorteil daraus zogen, sondern so, dass der Unterschied zwischen den Beträgen maximal war.

Schlussfolgernd zu diesen Experimenten lässt sich feststellen, dass die einfache und beliebige Einteilung in zwei Gruppen scheinbar ausreichend ist, um diskriminierendes Verhalten gegenüber der Fremdgruppe hervorzurufen. Realistischer Wettbewerb und explizite Konflikte zwischen den Gruppen scheinen nur indirekt zu wirken, indem sie die Kategorisierung deutlicher beziehungsweise bedeutsamer machen und somit das Ausmaß der Diskriminierung noch verstärken.

Vereinfacht dargestellt erklärt die Theorie der sozialen Identität diese Ergebnisse mit folgender Argumentation:

- Individuen streben danach, ein positives Selbstwertgefühl zu erhalten beziehungsweise zu verbessern.

- Ein Teil dieses Selbstwertgefühls ist an die soziale Identität gebunden, die sich zusammensetzt aus der Mitgliedschaft in verschiedenen sozialen Gruppen und der Bewertung dieser Mitgliedschaft.

- Die eigene Gruppe erhält den Großteil ihrer Bedeutung erst in Relation zu wahrgenommenen Unterschieden zu anderen relevanten Gruppen und zu den Wertkonnotationen dieser Unterschiede. Je nachdem wie dieser Vergleich ausfällt, sinkt oder steigt das eigene Prestige.

Deswegen versuchen Mitglieder einer Gruppe, ihre Eigengruppe zu favorisieren und die Fremdgruppe zu diskriminieren, was das eigene Selbstwertgefühl steigert. In Phasen, in denen das Ansehen der Eigengruppe niedrig ist – was eine eher negative soziale Identität mitbringt – zum Beispiel für die Fans einer erfolglosen Fußballmannschaft oder für die Produktionsmitarbeiter während der Auslieferungsprobleme bei Airbus – wird häufig die Strategie der Diskriminierung von Mitgliedern der Fremdgruppen angewandt. Anders ausgedrückt, wenn die Deutschen für die Lieferprobleme verantwortlich gemacht werden können, steigt das Selbstwertgefühl der Franzosen und umgekehrt. Auf diese Art und Weise entwickeln sich Konflikte, die auf den ersten Blick irrational erscheinen.

### Literatur

Henri Tajfel (1982): *Social Identity and Intergroup Relations*, Cambridge University Press

Andreas Zick (2003): *Verhalten zwischen sozialen Gruppen – Die Theorie der sozialen Identität*, BUGH Wuppertal

## 7. Das limbische System der Organisation ansprechen

„Der Anfang aller Erkenntnisse ist Staunen."
Aristoteles (384 – 322 v. Chr.)

Ein hervorragendes Beispiel dafür, wie wichtig das Ansprechen des limbischen Systems der Organisation für die Behandlung von Viren ist, beschreibt der Veränderungsmanagement-Experte Mattias zur Bonsen in seinem Buch „Leading with Life"[26]:

„Als Tex Gunning Mitte der 1990er Jahre in den Niederlanden die Leitung der Unox-Sparte von Unilever übernahm, stieß er auf ein Unternehmen, dessen Produktqualität den Ansprüchen der Kunden nicht genügte, und auf eine Belegschaft, der die Qualität ihrer Erzeugnisse gleichgültig war. Der Marktanteil von Unox ging kontinuierlich zurück, die gesetzten Ziele wurden nicht erreicht. Eines Morgens erlebte die Belegschaft eine große Überraschung: Alle 1.400 Mitarbeiter wurden gebeten, in vor dem Werksgelände wartende Busse einzusteigen. Während der Fahrt glaubten sie an einen spontanen Besuch eines Vergnügungsparks, waren jedoch kurze Zeit später überrascht, als die Busse vor einer großen, schmucklosen Lagerhalle anhielten. Das Geheimnis wurde rasch gelüftet: Die Halle war bis unter das Dach gefüllt mit 3.700 Paletten, beladen mit Unox-Produkten, die der Handel wegen Qualitätsmängeln zurückgegeben hatte. Der Gestank in der Halle war penetrant, da zahlreiche Dosen und sonstige Verpackungen schadhaft waren. Dann wurden die Mitarbeiter in kleine Gruppen eingeteilt und aufgefordert, die Produkte zu zählen und den Marktwert zu bestimmen, der zu diesem Zeitpunkt in der Halle vergammelte. Er belief sich auf 4,3 Millionen Euro. Es handelte sich hierbei um eine simple Großgruppenaktion, die jedoch einen großen und nachhaltigen Eindruck hinterließ und bewirkte, dass sich der Mitarbeiterschaft eine neue Sichtweise der Dinge erschloss.

Nachdem den Mitarbeitern der Handlungsbedarf so drastisch vor Augen geführt worden war, fuhr Gunning mit über hundert Fuhrungskräften zu einer alten Klosterruine in den belgischen Ardennen, wo sie ihm über eine enge Stiege in die unterirdischen Katakomben folgten. Dort hielt Gunning im Schein von Fackeln und Kerzen ein Plakat hoch, auf dem eine einzelne kurvige Linie, ähnlich einer Fieberkurve, eingezeichnet war. Er erklärte den Führungskräften, dass diese Kurve seine Lebenslinie darstellte, mit all den Höhepunkten und Tiefpunkten, die er in seinem Leben erlebt hatte. Daraufhin erzählte er ausführlich aus seinem Leben: vom Tod seines Vaters, als er zwei Jahre alt war, von seinem schwierigen Stiefvater, von den Problemen, die er als Jugendlicher gehabt hatte, seiner Militärzeit und der Arbeit bei Unilever. Mit dieser Aktion wurde

Gunning von über hundert Führungskräften als Mensch erlebt, der Mut zur Offenheit hatte und sich verletzbar macht, und mehr noch, als jemand, der ohne Maske auskommen kann. Danach wurden an die anwesenden Führungskräfte große weiße Blätter und Stifte verteilt, jeder zog sich in einen Winkel der von Fackeln beleuchteten Katakomben zurück, reflektierte über sein Leben und zeichnete seine persönliche Linie. Anschließend erzählten sich Zweier- und Dreiergruppen ihre Lebensgeschichten. Zum Schluss bildeten die teilnehmenden Führungskräfte ihre üblichen Teams, um sich selbst authentischer und offener als sonst ihren Kollegen zu zeigen. Dadurch entstanden neue Nähe und Vertrautheit, und ein Klima, in dem man derjenige sein durfte, der man tatsächlich war. Das Erlebnis in den unterirdischen Gewölben wurde als sehr beeindruckend und wirkungsvoll empfunden. Kurze Zeit später wurde die Aktion mit mehr als tausend Mitarbeitern an einem anderen Ort wiederholt, wobei vier andere Mitglieder der Geschäftsleitung damit begannen, vor großem Auditorium ihre Geschichte zu erzählen."

## 7.1 Das limbische System als Entscheider für eine Veränderung

Der Virus der Gleichgültigkeit hatte sich bei Unox verbreitet, der erhebliche Konsequenzen auf die materielle Realität der Firma hatte. Selbstverständlich hätte Tex Gunning auch anhand von Powerpoint-Folien den versammelten Mitarbeitern den Umfang des Problems sowie die möglichen Hebel zeigen können. Diese Methode hatten allerdings schon seine Vorgänger in der Vergangenheit erfolglos angewandt. Die Situation ist allseits bekannt während Veränderungsinitiativen: Obwohl rationale Argumente vorhanden und kommuniziert werden, bleiben bestimmte Verhaltensweisen aus erster Sicht „irrational". Das Problem liegt, wie der Neurowissenschaftler António Damásio gezeigt hat, darin, dass die handlungssteuernden Entscheidungen vor allem im limbischen System auf der Basis gelernter und angeborener emotionaler Bewertungen getroffen werden. Nur Argumente können rational dargestellt werden, die Bewertungen und die daraus resultierenden Entscheidungen sind jedoch immer emotional. Wenn es sich um ein wirklich bedeutendes Thema für die Betroffenen handelt, ist es daher fast unmöglich, diese emotionalen Bewertungen nur durch rationale Fakten zu verändern, weil dafür die emotionale Distanz zum Geschehen fehlt, und somit die emotionale Bereitschaft, das Geschehen anders wahrzunehmen. Mit anderen Worten: Es gibt kein Veränderungsmanagement ohne Emotionen. Mitarbeiter zum Mitmachen zu animieren heißt, sie emotional anzusprechen; die alleinige Kommunikation von Information und Wissen – das heißt die kognitive Dimension – reicht nicht aus. Die expliziten, sachlichen Argumente sind wichtig, um die

*Es gibt kein Veränderungsmanagement ohne Emotionen*

rationelle Seite einer Entscheidung zu „bedienen". So können auch bestimmte Mitarbeiter ihr Selbstbild als rational Handelnde und Entscheidende bewahren, die wahren Treiber bleiben aber meistens emotional. Die ausgewählten Interventionen im Fall Unox waren unüblich, und manchem Mitarbeiter fiel es sicher nicht leicht, offen aus seinem Leben zu erzählen. Es soll jedoch nicht darum gehen, für einen bestimmten Ansatz zu plädieren, sondern aufzuzeigen, in welch hohem Maße das Ansprechen des limbischen Systems der Organisation das Adressieren von Viren unterstützt.

## 7.2    Die Kraft der Symbole

Viele Mittel, das limbische System der Organisation anzusprechen, sind bekannt. Sie unterscheiden sich nicht von den Werkzeugen, die beispielsweise die Werbung und die Medien anwenden, um unser (Kauf-)Interesse zu wecken und sie verfolgen ein einfaches Ziel: unsere Emotionen ansprechen und dadurch ein Bedürfnis erwecken, welches möglichst so stark wird, dass es einen Kaufreiz auslöst.

*Die Werkzeuge der Werbung und der Medien benutzen*

Vereinfacht ausgedrückt wird in der Werbung versucht, einen potenziellen Kunden aus dem Zustand „Ich brauche nichts" in den Zustand „Das will ich besitzen" zu bringen. Zeitungen und Illustrierten wollen durch emotionale Schlagzeilen unsere Neugier auf eine Information wecken, die nur gestillt werden kann, indem wir die Zeitung kaufen. Marketingstrategen und Werbefachleute machen sich schon bei der Namensgebung eines Produktes, ob für ein Buch oder ein Fitnessgetränk, Gedanken über dessen verkaufsfördernde Wirkung.

Das Ziel der Geschäftsleitung eines Unternehmens ist, ihre Mitarbeiter von einem Zustand, zum Beispiel der Bequemlichkeit („Uns geht es gut, warum sollen wir etwas verändern?") hin zu einem Zustand der Akzeptanz einer notwendigen Veränderung zu bringen (siehe auch die Stress-Leistungskurve).

Häufiger jedoch befindet sich die Organisation in einem Zustand der Unruhe und soll wieder in einen Zustand der Harmonie gebracht werden. Dies wird allerdings nur gelingen, wenn auch das limbische System angesprochen wird. Im Folgenden beschreiben wir anhand konkreter Beispiele einige Mittel, mit denen das limbische System erreicht werden kann.

Die Wirkung von Symbolen, sei es durch Gesten, Bilder oder gut platzierte Worte, ist frappierend. Dies wird am besten verdeutlicht durch bestimmte Bilder aus der Vergangenheit, die vielen von uns unauslöschlich im Gedächtnis geblieben sind. Warum sind es ausgerechnet Bilder dieser oder jener Begebenheiten, an die wir uns erinnern, während andere verschollen scheinen? Würden wir uns an diese Bilder auch noch erinnern, wenn die damaligen Akteure rein *sachlich und argumentativ* gehandelt und/oder gesprochen hätten?

*Was wäre, wenn die Akteure der Geschichte rein sachlich und argumentativ gehandelt hätten?*

## 7.3 Gesten, Worte und Bilder, die Geschichte machten

Hier einige Beispiele, die zeigen, wie Gesten, Bilder und Worte Geschichte machten:

- Olympischer Protest 1968: Viele von uns kennen das Foto der beiden schwarzen US-Athleten Tommie Smith und John Carlos, die im 200-Meter-Finale in Mexico City Platz eins und drei belegten und ihre Fäuste bei der Siegerehrung in den Himmel reckten. Diese Geste hat die Weltöffentlichkeit aufgerüttelt, und Amerika konkret dazu gezwungen, sich ernsthaft mit seinen Problemen der Rassendiskriminierung zu befassen.

---

**Abb. 7.1: Black-Power-Zeichen bei den Olympischen Spielen 1968**

---

Eine deplatzierte Geste in einem Moment, in dem Patriotismus vorherrschen sollte

Warum war die Wirkung so durchdringend? Millionen Menschen sahen das Erkennungszeichen der Black-Power-Bewegung, einem gewaltbereiten Teil der Bürgerrechtsbewegung, das vollkommen deplatziert schien in einem Moment, in dem Freude und Patriotismus vorherrschen sollten. Obwohl beide Athleten keine Black-Power-Mitglieder waren, wies die Geste unmissverständlich auf die ungerechte Behandlung der Schwarzen in den USA hin. Ihre erhobenen Fäuste gingen als die berühmteste politische Demonstration in die Annalen der Olympischen Spiele ein.

Die rein sachliche (Text-)Alternative wäre folgende Äußerung der beiden Sportler auf einer Pressekonferenz gewesen: „Wir Schwarzen werden immer noch sehr stark unterdrückt in den USA. Wir protestieren dagegen auf das Schärfste."

Wer würde sich heute noch daran erinnern?

- Die schlimmste Regimekritik, welche die chinesische Regierung bisher zu verkraften hatte, war das Bild eines mutigen Chinesen, der sich im Jahr 1989, während des Massakers auf dem Platz des Himmlischen Friedens, ganz in der Nähe vor einen Konvoi von Panzern stellte und ihr Vorrücken blockierte. Dieses Bild, das auch heute noch weltweit zirkuliert, würden die Chinesen am liebsten von allen Datenspeichern entfernen. Die sachliche, aber sicherlich unbekannt gebliebene Alternative dazu wäre ein schriftlicher Protest gewesen, in dem die gewaltsame Unterdrückung des chinesischen Studentenaufstandes verurteilt wird.

  *Panzer auf dem Tian'anmen-Platz*

- Eine der bekanntesten Aussagen, die je gemacht wurden, stammt von Neil Armstrong, als er seinen Fuß auf den Mond setzte: *„Ein kleiner Schritt für mich, ein großer Schritt für die Menschheit!"* Was wäre uns in Erinnerung geblieben, wenn er stattdessen eine der vielen sachlichen Alternativen gewählt hätte: *„Hey Leute, ich bin auf dem Mond!"* oder *„Endlich haben wir es geschafft!"*

  *„Ein großer Schritt für die Menschheit"*

- Jungfernfahrt und Untergang der Titanic: Tausende Schiffe sind im Laufe der Jahrhunderte untergegangen, aber das Bild der als unsinkbar geltenden Titanic, die mit ihren vier rauchenden Schornsteinen bugüber in die Tiefe fährt, ist universelles Gemeingut. Sie steht heute symbolisch unter anderem für menschlichen Größenwahn, die größte Katastrophe in der Schifffahrt und die Unbeherrschbarkeit der Technik.

  *Der Untergang der Titanic*

Auch in der Wirtschaft gibt es zahlreiche Beispiele für Begebenheiten, die durch die Kraft der Worte und der Symbole in Erinnerung geblieben sind. Oft ging es dabei um Millionen, die verloren gingen oder gewonnen wurden.

- An Hilmar Kopper, dem ehemaligen Chef der Deutschen Bank, wird wohl der Spitzname „Mr. Peanuts" haften bleiben. Im Jahr 1994 bezeichnete er auf einer Pressekonferenz eine Schadenssumme in Höhe von ca. 50 Millionen DM als „Peanuts". Handwerkern, die Immobilienpleitier Jürgen Schneider engagiert hatte, war dieser Schaden entstanden. Die Aussage hat das Ansehen der Deutschen Bank, der ein Mitverschulden an der Milliardenpleite vorgeworfen wurde, stark beschädigt. „Peanuts" wurde später zum „Unwort des Jahres 1994" gekürt. Interessant ist in diesem Fall, dass das beste Gegenmittel nicht Entschuldigungen oder Erklärungen waren, sondern auch hier ein Bild, das auf humorvolle Weise mit dem Vorfall kokettierte: Für die Werbekampagne „Dahinter steckt immer ein kluger Kopf" der *„Frankfurter Allgemeine Zeitung"* ließ sich Hilmar Kopper auf einem Berg Erdnüsse ablichten.

  *„Mr. Peanuts"*

- Der „Elchtest": seit Oktober 1997 das Synonym für Blamage und ein unsicheres Fahrzeug. Damals kippte ein Mercedes der A-Klasse bei einem Test in Schweden um. Die Bilder gingen um die Welt, und der Ruf der A-Klasse, aber

  *Der Metapher des „Elchtests"*

auch von Mercedes-Benz war stark angeschlagen. Noch peinlicher wurde es, als eine ostdeutsche Tageszeitung den „Elchtest" (übrigens eine *Metapher!*) mit dem Trabant 601 durchführte, der diesen Test mühelos bestand. Hätte sich das Testergebnis unter dem sachlichen Namen *VDA-Spurwechseltest, Norm ISO 3888-2* genauso schnell verbreiten können, mit allen negativen Konsequenzen für das Image von Mercedes?

Weniger bekannt ist allerdings, dass diese Blamage zu einer beispiellosen Erfolgsstory führte. Denn Mercedes rüstet seither alle Autos mit dem elektronischen Stabilitätsprogramm ESP aus. Dies setzte die Mitbewerber unter Druck, die ebenfalls nachziehen mussten. Seriöse Untersuchungen haben einen großen Sicherheitsgewinn nachgewiesen. Hochrechnungen gehen von einer möglichen Senkung der Zahl der im Straßenverkehr Getöteten von etwa 20 bis 25 Prozent aus, wenn ESP in allen Fahrzeugen eingebaut wäre. So verdanken dieser Technik mittlerweile mehrere tausend Menschen ihr Leben.[27]

Gerade dieses Beispiel ist ein beeindruckender Beweis dafür, wie aufgrund der emotionalen Aufladung durch ein Symbol ein solcher Druck entstehen konnte, dass sogar ein so selbstsicherer, damals fast als arrogant empfundener Konzern wie Daimler-Benz zum Umdenken gezwungen wurde. Die Blamage und der dadurch entstandene Imageverlust waren so groß, dass das Management neue Wege gehen musste. Letztendlich profitierten davon alle: die Autofahrer und der Konzern.

## 7.4 Das limbische System der Organisation ansprechen: Ansätze und Methoden

*Das Emotionale lässt sich nicht mit rationalen Mitteln behandeln*

Die Grundproblematik im Umgang mit der immateriellen Realität reduziert sich auf eine einfache Feststellung: Das Emotionale lässt sich nicht mit rationalen Mitteln erfassen und behandeln. Das limbische System muss angesprochen werden. Die daraus resultierende Frage ist, wie sich das limbische System einer Organisation erreichen lässt. Es gibt verschiedene Instrumente mit unterschiedlichen Wirkungen, die es ermöglichen, das limbische System der Organisation zu erreichen und die immaterielle Realität zu verändern. Unsere bevorzugten Hilfsmittel sind

- Malen,

- Humor,

- Wortspiele und Schlagzeilen,

- Symbole,

- Musik und Rhythmus,

- Storytelling,

- Theater.

Die nachfolgend beschriebenen Mittel stellen nur einen kleinen Ausschnitt der zahlreichen Möglichkeiten dar, die in diesem Bereich existieren (siehe auch „Hintergrund" in Kapitel 9).

## 7.5　Malen

Der Autor und Unternehmensberater Klaus Doppler verdeutlicht die Wirkung des Malens im Veränderungsmanagement: „Die gewohnten Verfahren, über Sprache Inhalte zu codieren, zu verschleiern, aufzubauschen oder zu verharmlosen, zu verallgemeinern oder gänzlich verschwinden zu lassen, werden durch das andere Medium unterlaufen."[28]

Die gewohnten Verfahren werden durch das Malen unterlaufen

Im Malen liegt nicht nur eine kreative, sondern auch therapeutische Kraft. Wir setzen Malen bereits seit 1990, meist zu Beginn eines Workshops, ein. Die Möglichkeiten sind vielfältig: Man kann eine Gruppe in kohärente Untergruppen unterteilen, mit der Aufgabe, zu einem vorgegebenen Thema ein Bild zu malen, wie zum Beispiel:

- So erleben wir die Zusammenarbeit.

- So nehmen wir die andere Kultur im Geschäftsleben wahr.

- Unsere Wahrnehmung des Projektablaufes.

- Unsere Vision.

- Da kommen wir her - dort wollen wir hin.

**▶ PRAXISBEISPIEL:**

Tabu „Interkulturelle Unterschiede" sichtbar machen

In einem internationalen Konzern führten wir vor einigen Jahren einen fünf-
tägigen Workshop zum Thema „Effiziente Leadership" mit Deutschen, Franzosen, Engländern und Spaniern durch. Das Thema „Interkulturelle Unterschiede im Konzern" wurde von den 35 Managern boykottiert: *„Wir sind ein
integrierter Konzern, interkulturelle Unterschiede haben wir überwunden."*
Anstatt das Tabu „frontal anzugehen", teilten wir die Gruppe nach den vier
Nationalitäten auf und ließen sie ihre Warnehmung zum Thema: *„Our leadership reality inside our company"* malen. Hier sind drei der vier Bilder (das
englische ging leider verloren):

## Abb. 7.2: Leadership in Spanien

**Leadership in Spanien:** Der spanische Chef träumt davon, ganz oben in der Hierarchie zu stehen. Er steuert den Bus und seine Mitarbeiter müssen ohne Wenn
und Aber einsteigen. Wer den Bus stoppen will, wird überfahren: An den Reifen
und an der Vorderfront klebt Blut. Kommentar eines spanischen Managers: „Wer
gegen mich ist, ist erledigt!"

Abb. 7.3: Leadership in Frankreich

**Leadership in Frankreich:** Der französische Manager vollbringt einen wahren Drahtseilakt: Während er tausend Dinge gleichzeitig managen muss und über das Drahtseil balanciert, warten unten die Haie und Krokodile auf ihre Beute. Ein Konkurrent steht am Ende des Drahtseils mit Pfeil und Bogen und schießt auf ihn. Seine Mitarbeiter müssen wohl oder übel folgen. Wer es nicht schafft, fällt eben den Haien zum Opfer ...

Abb. 7.4: Leadership in Deutschland

**Leadership in Deutschland:** Die Deutschen managen Prozesse und Strukturen. Ziel ist das Euro-Zeichen. Alles wird diesem Ziel untergeordnet. Kein Mensch ist sichtbar, jedoch eine Weltkugel und eine (vage) Vision, die in der Euro-Sonne verbrennt. Sie würde die schöne Ordnung „aus der Balance" bringen.

Man kann sich gut vorstellen, dass nach der Vorstellung dieser aussagekräftigen Bilder das Thema „Interkulturelle Unterschiede" nicht mehr tabu war. Es bestand vielmehr die Gefahr, dass dem Thema zu viel Aufmerksamkeit geschenkt würde und die anderen Themen zu kurz kämen. Allen Teilnehmern war – und zwar durch sie selbst – vor Augen geführt worden, dass der Begriff „Leadership", je nach kulturellem Hintergrund, vollkommen anders interpretiert wird. „Effizientes Leadership" kann folglich nicht mit den gleichen Methoden erreicht werden.

Das Malen bringt die Teilnehmer auf die emotionale Ebene

Der Grund, weshalb „interkulturelles Management" zum Tabu erklärt worden war, lag übrigens in einer Entscheidung des Konzernvorstands: „Nach zwei Jahren Seminare über interkulturelle Unterschiede dürften diese kein Thema mehr für eine aufstrebende Führungskraft in einem integrierten Konzern sein."

Die Tätigkeit des Malens hat zunächst einen Eisbrecher-Effekt, der die Gruppen durch diese gemeinsame Tätigkeit entspannt und zueinander finden lässt. Darüber hinaus bringt es die Teilnehmer auf die emotionale Ebene: Sie scherzen, lachen, schlagen sich bei guten Ideen auf die Schulter, und stellen sich vor, wie dieses oder jenes Bild wohl auf die andere Gruppe wirken wird. In ihrer Beschäftigung vergessen diese dabei häufig, dass sie gerade zu einem sehr wichtigen Business-Thema Stellung nehmen. Gleichzeitig wird über die Bilder auch sehr viel Unbewusstes transportiert, das über Worte hinausgeht. Erfahrene Moderatoren können diese unbewusste Komponente ansprechen und im weiteren Verlauf des Workshops damit arbeiten.

## 7.6 Humor

Die deutsche Wissenschaftlerin Helga Kotthoff befasst sich an der Universität in Freiburg beruflich mit Humor und sagt: *„Humor ist ein aggressiver Übergriff."*[29] Laut Professor Kotthoff ist jeder gute Witz niemals nur „nett", denn wer scherzt, beherrscht auch die Situation. Daher sollte sich ein Angestellter in Gegenwart des Chefs mit Witzen besser zurückhalten. Denn, so Professor Kotthoff: *„Humor ist Macht!"*

Humor macht Tabuthemen ansprechbar

Gerhard Schwarz hat zum Thema Humor im Management festgestellt: *„Bei Konfliktinterventionen habe ich schon oft erlebt, dass das (lustige) Ansprechen eines Fehlers, den alle kennen, der aber bisher tabu war, diesen besprechbar macht, und damit eine Integration des Außenseiters in die Gruppe ermöglicht. Der Fehler wird* *zwar nicht beseitigt, aber er ist im sozialen Sinne nicht mehr diskriminierend. Oft ist es erst über die ‚komische' Schiene möglich, den belastenden und daher tabuisierenden Mangel oder Fehler bei jemandem ‚ernsthaft' zu besprechen".*[30]

In diesem Sinne ist der Einsatz von Humor ein gutes Mittel, wenn es darum geht eine kritische Situation zu entschärfen, ein Tabuthema anzusprechen oder Fehler zu behandeln. In der Mediatorfunktion ist allerdings darauf zu achten, dass Humor zwar machtvoll, aber sehr empathisch eingesetzt wird, um die Beteiligten nicht zu „entmachten". Ein Mediator kann Humor wirksam einsetzen, aber nicht mit dem Ziel, „Macht-Einheiten" zu gewinnen, indem er zum Beispiel eine Person oder eine Gruppe lächerlich macht.

Auch im Gesundheitswesen wird Humor immer mehr eingesetzt, um die Gesundung von Patienten zu beschleunigen. Der Psychiater William Fry begann in den 60er Jahren die physiologischen Auswirkungen des Lachens zu untersuchen. Er gilt als Gründer der „Gelotologie" (Wissenschaft des Lachens), die heute an verschiedenen amerikanischen Universitäten systematisch betrieben wird. Der französische Wissenschaftler und Arzt Henri Rubinstein führte zu Beginn der 90er gelotologische Behandlungsmethoden in mehreren Krankenhäusern im Großraum Paris ein. Er konnte in seiner Praxis, in der er Lachtherapien anbot, bei unterschiedlichen Krankheiten wie Herzkranzgefäßverengung, Muskelverspannung und Depression verblüffende Resultate erzielen.[31] Der sehenswerte Filme mit Robin Williams, „Dr. Patch" veranschaulicht dies. Er schildert das Leben des Arztes und Begründers der Humortherapie Patch Adams und basiert auf seinem Buch „Good Health Is a Laughing Matter". Insbesondere bei Kindern sind die Heilungseffekte beziehungsweise Schmerzlinderungen durch therapeutische Clowns beachtlich. Basierend auf diesem Hintergrund rief der bekannte Arzt, Kabarettist und Buchautor Dr. Eckhart von Hirschhausen die Stiftung „Humor hilft heilen"[32] ins Leben.

*Humor wirkt auch in der Therapie*

Die alte Volksweisheit „Nimm's mit Humor!" ist aktueller denn je. In unserer jahrelangen Arbeit im Veränderungsmanagement haben wir den Einsatz von Humor in vielfältigen Situationen als sehr wertvoll schätzen gelernt.

## 7.7 Wortspiele und Schlagzeilen

Wortspiele sind Teil eines humorvollen Ansatzes und beruhen meist auf Mehrdeutigkeiten und Verdrehungen. Sie werden gerne in altbekannten und beliebten Komödien benutzt, und bevorzugt in den Medien von Journalisten kreiert, um die Schlagzeile möglichst einprägsam und verkaufsfördernd zu gestalten.

**⑪ PRAXISBEISPIEL:**

Die englische Filiale eines französischen Konzerns litt stark unter den strengen Vorgaben des Headquarters aus Paris. Bei der Bestandsaufnahme der Wahrnehmungen gab es hierzu eine Vielzahl von Äußerungen.

Als wir die Manager in einer Gruppenarbeit aufforderten, hierfür einen schlagkräftigen Überbegriff in Form einer Schlagzeile zu finden, lautete der Vorschlag: *„Das ist wie ‚Think global - act local!' allerdings à la française ...“* Fragende Gesichter bei den Kollegen. Der Manager machte eine kurze Pause, bevor er hinzufügte: *„Na ja, es ist eher ‚Think French - act French!'“* Schallendes Gelächter der ganzen Gruppe bewies, wie exakt er die Grundstimmung getroffen hatte.

Die Wirkung dieser vier Worte war durchschlagend: Das französische Management reagierte betroffen, und befasste sich zum ersten Mal eingehend mit dem Thema. Den Top-Managern wurde bewusst, dass sämtliche ihrer Auslandsniederlassungen, - nicht nur die englische, - über praktisch keinen Freiraum verfügten. Das Thema wurde zur Chefsache erklärt und in der Mitarbeiterzeitschrift heftig diskutiert. Als Konsequenz setzte der Konzern Prozesse in Gang, die den Filialen ein weitaus größeres Mitspracherecht einräumten.

Der Unterschied in der Wirkungsweise wird deutlich, wenn man sich vorstellt, der Vorschlag hätte - sachlich korrekt - gelautet: *„Das Headquarter lässt uns nicht genügend Eigenverantwortung“.*

## 7.8  Symbole

Symbole kommunizieren Botschaften besonders schnell

Verschiedene Beispiele zur Bedeutung von Symbolen haben wir schon angeführt. Symbole schöpfen ihre Kraft vor allem aus der Visualisierung und haben daher eine noch größere Durchschlagskraft. Symbole haben zwei wesentliche Vorteile: Sie kommunizieren Botschaften besonders schnell, und die Reaktion der Menschen auf Symbole erfolgt automatisch. Virenbilder wirken in einer Organisation genau wie Symbole. Das Bild eines bekannten Virus zu sehen, ermöglicht den Betroffenen häufig, „automatisch" auf eine andere, positivere Ebene der Zusammenarbeit zurückzukommen.

Symbolische Akte, die das emotionale Gedächtnis einer Organisation oder Gemeinschaft prägen können, kennen wir insbesondere im politischen Bereich: Willy Brandts historischer Kniefall in Warschau 1970, Helmut Kohl und der französische Präsident François Mitterrand 1984 Hand in Hand vor den Gräbern deutscher und französischer Kriegsgefangener. Beide Akte haben wesentlich zur Verbesserung der Beziehungen dieser beiden Länder mit Deutschland beigetragen.

▶ Praxisbeispiel:

In einem Geschäftsleitungskreis von circa 15 Personen bestanden starke Spannungen, insbesondere zwischen dem Bereichsleiter, der sehr autoritär führte, und seinem Stellvertreter. Das Thema kam fortwährend in der Bestandsaufnahme der Wahrnehmungen in den Einzelgesprächen zur Sprache. Der Workshop verlief zäh und es war offensichtlich, dass die emotionalen Spannungen zwischen Chef und Stellvertreter die ganze Gruppe belasteten.

Nach einer Pause sollten alle Gruppenmitglieder innerhalb und außerhalb des Seminarhauses - eines Reiterhofs - nach einem Symbol suchen, das eine Antwort geben könnte auf die Frage „Wie fühle ich mich in diesem Leitungskreis?". Nachdem jeder Teilnehmer schweigend sein Symbol in die Mitte eines gezogenen Kreises gelegt hatte, baten wir die Gruppe, jedes der Symbole auf sich wirken zu lassen.

Innerhalb des Kreises lagen unter anderem ein schwerer Stein, eine Sonnenblume, Pferdesporen, ein schmutziger Schuh, eine Peitsche, ein Fußabtreter und ... Pferdeäpfel. Der Bereichsleiter ergriff als Erster das Wort: *„Komisch, außer mir scheint sich hier ja keiner besonders wohl zu fühlen."* Tatsächlich stammte von ihm ausgerechnet die Sonnenblume. Da platzte es aus seinem Stellvertreter heraus: *„Jetzt haben Sie es endlich einmal sozusagen Schwarz auf Weiß. Ich bin selbst erstaunt, ich hatte gedacht, dass ich der Einzige bin, der sich besch... fühlt. Aber den anderen scheint es ja ähnlich zu gehen."* Er war derjenige, der die Pferdeäpfel in den Kreis gelegt hatte.

Im weiteren Verlauf gab jedes Mitglied der Geschäftsleitung eine Erklärung für sein Symbol: *„Ich fühle mich ständig gepeitscht", „Wie mit Sporen gepiesackt", „Ich bin die dauernden Tritte in den Hintern leid", „Ich fühle mich wie der Fußabtreter dieser Gruppe."*

Dies waren tatsächlich starke Emotionen, die jedoch auf die Gruppe wie ein Befreiungsschlag wirkten. Die Tatsache, dass die Worte mit den Symbolen untermauert und somit verstärkt wurden, ermöglichte es, das limbische System des Chefs zu erreichen, der bisher in fast autistischer Weise alle Anzeichen von Unzufriedenheit in seinem Team ignoriert hatte.

Anschließend konnte das Tabuthema „Autoritäre Führung" nicht nur diskutiert, sondern auch konkret behandelt werden. Der Durchbruch kam, als auch der Chef nach langem Zögern Einblick in sein Gefühlsleben gewährte. Er war vor Jahren von einem Kollegen übervorteilt worden, dem er zu sehr vertraute, und hatte die Schuld daran seinem zu kooperativen Führungsstil gegeben. Seine Verbitterung war auch mehr als 15 Jahre danach für alle spürbar.

## 7.9    Musik und Rhythmus

Musik und Rhythmus sind im Unternehmen nur anlässlich von Betriebsfeiern, Jubiläen und zum Jahresende erwünscht. Dabei wird außer Acht gelassen, dass der Einsatz von Musik nicht nur zur Entspannung, sondern auch zur Anregung eingesetzt wird, wie es aufmerksame Kunden vom Einkauf im Supermarkt kennen. Supermärkte und Warenhäuser arbeiten daran, dass die Kunden dort nicht nur ihre notwendigen Einkäufe erledigen, sondern sich darüber hinaus in den Verkaufsräumen so wohl fühlen, dass sie sich auch noch andere Waren anschauen und diese möglichst kaufen. Dazu setzen sie oft Musik ein, um den Kunden in eine entspannte Stimmung zu versetzen. Der Einkauf soll zum (Wohlfühl-)Erlebnis werden.

Musik und Rhythmus gehören zu den menschlichen Grundbedürfnissen und Kenntnissen. Jeder Mensch kann mehr oder weniger gut trommeln, pfeifen oder singen, viele spielen auch Instrumente. Daher lassen sich Musik und Rhythmus sehr erfolgreich bei Veränderungsworkshops einsetzen. In vielen Unternehmens-Veranstaltungen wird heute bereits gemeinsam getrommelt, oder es werden Lieder zum Unternehmen getextet und als Rap dargeboten.

Rhythmen spiegeln die Stimmungslage der Gruppe wider

Wir nutzen insbesondere Rhythmen, um Stimmungen wiederzugeben. In den Gruppen stellen wir verschiedene Gefühlszustände dar wie „traurig", „begeistert", „verwirrt", usw. Durch diese Übungen wird das Gefühl ansprech- und behandelbar. Es kommt immer wieder zu faszinierenden Situationen, wenn man die Teilnehmer auffordert, verschiedene Gruppen zu bilden und einen eigenen Rhythmus zu kreieren. Dieser Rhythmus kann auf unnachahmliche Weise die derzeitige Stimmungslage der Gruppe, die gefühlte Energie oder den Unternehmens-Rhythmus widerspiegeln.

Im fusionierenden Unternehmen kommt es einer Heilung gleich, wenn Gruppen beider Unternehmen ihren Unternehmens-Rhythmus komponieren und dann mit dem jeweiligen Rhythmus aufeinander zu gehen. Wenn sich die Gruppen vermischen, kommt automatisch ein neuer Rhythmus zustande, der symbolisch auch für das neue Unternehmen stehen kann.

**ⅠⅠ** PRAXISBEISPIEL:

„Another one bites the dust" vs. „We will rock you!"

Selbstverständlich ist es schwierig, in einem Buch und für den Leser nachvollziehbar zu versuchen, einen „Rhythmus" wiederzugeben. In nachhaltiger Erinnerung bleiben uns jedoch die Rhythmen zweier Gruppen, die zu einer Abteilung fusionieren mussten.

Der Rhythmus der zur Gruppe des Käuferunternehmens gehörenden Mitarbeiter war: *„Another one bites the dust"* der Popgruppe *Queen*. Die Mitarbeiter des aufgekauften Unternehmens hatten den Rhythmus von *„We will rock you"*, ebenfalls von *Queen*, gewählt. Die beiden Gruppen hatten, völlig unabhängig und örtlich voneinander getrennt, die Songs ausgewählt.

Danach stellten beide Gruppen ihre Rhythmen vor, wobei zunächst gute Stimmung und Heiterkeit aufgrund der Wahl der gleichen Popgruppe herrschten. Wir als Moderatoren übernahmen dann jedoch die Rolle der Spielverderber, indem wir beiden Parteien die Bedeutung der Titel der beiden Songs vor Augen führten: *„Noch einer, der ins Gras beißt"* beziehungsweise *„Wir werden Euch durchschütteln"*. Zunächst kamen verlegene Ausrufe aus den Gruppen wie: „Das ist doch Zufall" und „Weit hergeholt!". Damit hatte sich das Thema quasi von selbst herauskristallisiert, und wir konnten danach die Interessenkonflikte und die dazu gehörenden Ängste herausarbeiten und auflösen.

Am Ende des Workshops baten wir beide Teams, sich am jeweils anderen Ende des Raumes zu versammeln und gleichzeitig ihren jeweiligen Rhythmus zu klatschen und zu stampfen. Dann sollten sie aufeinander zugehen, bis sie sich in der Mitte des Raumes vermischten. Nach einer kurzen Zeit des Chaos wurde ein neuer Rhythmus geboren, der für das frisch geformte Team für lange Zeit zu einem gemeinsamen starken Anker wurde.

## 7.10   Storytelling

Geschichten erzählen gehört zu den uralten Ritualen der Menschheit. Geschichten hatten schon immer die Aufgabe, Bedeutungen und Kulturwissen verschlüsselt von Generation zu Generation zu übertragen. Viele Eltern lesen ihren Kindern noch Geschichten vor, und die Kinder hören gebannt zu. Dabei ist es nicht nur der Inhalt der Geschichte, der ausschlaggebend ist, sondern auch die Art und Weise, wie sie erzählt wird.

Neurologisch gesehen werden Geschichten sehr effizient verarbeitet. Das so genannte episodische Gedächtnis ist ein historisches beziehungsweise autobiographisches Gedächtnis und gilt als das am höchsten entwickelte Gedächtnis-

Das episodische Gedächtnis: das am höchsten entwickelte Gedächnissystem des Menschen

system des Menschen. In ihm werden konkrete individuelle Erinnerungen daran gespeichert, was wann geschah, wie es aussah und welche Folgen es hatte. Das episodische Gedächnis ist stark an Emotionen gekoppelt, unter anderem durch die enge anatomische Verknüpfung zwischen dem Hippocampus und der Amygdala. Der für solche oft gestalthaften und mit affektiven Bewertungen „angereicherten" Erinnerungen bevorzugte Speicherort ist die rechte Hirnhälfte.

In Veränderungsprozessen können Geschichten eingesetzt werden, die auf unterschiedliche Art und Weise berühren. Dabei kann es sich um Parabeln handeln, um Geschichten des Unternehmens oder um persönliche Berichte eines Mitarbeiters oder Mitglieds der Geschäftsleitung. Es ist faszinierend zu beobachten, wie sich Stille über den Raum legt, und die Aufmerksamkeit aller sich auf den Erzähler konzentriert. Der Eindruck wird noch verstärkt mit einem entsprechenden Setting, wie zum Beispiel ein Feuer in der Mitte des Kreises oder Musikeinsatz an passenden Stellen. Es ist wichtig, dass den Zuhörern danach Raum gegeben wird, das Gehörte zu verarbeiten und sich darüber auszutauschen. Oft führt dies dazu, dass auch andere beginnen, Geschichten zu erzählen. Diese ineinander greifenden Geschichten berühren, sie erreichen das limbische System des Einzelnen, und damit auch das limbische System der Organisation, die durch die einzelnen Mitarbeiter repräsentiert wird.

Geschichten erreichen das limbische System des Einzelnen und der Organisation

**▶ PRAXISBEISPIEL:**

„Die verdorbene Hochzeit"

In einem Automobilkonzern hatten sich zwei Geschäftsbereiche, die kooperieren mussten, miteinander überworfen. Alle Besprechungen waren von starkem Misstrauen überschattet, und die schlechten Erfahrungen in der Vergangenheit hatten die Beziehungen vergiftet.

In einem Workshop entschieden wir uns dafür, die Geschichte der „verdorbenen Hochzeit" zu erzählen, die von einem Brautpaar auf dem Lande handelt, das zwar alle Freunde und Bekannte zur Hochzeit einladen wollte, dafür aber nicht genügend Geld zur Verfügung hatte. Daher baten sie die eingeladenen Gäste, jeweils eine Flasche Rotwein beizusteuern und diese in ein großes Fass am Eingang des Festsaals zu gießen. Als alle versammelt waren, wurde jedem Gast ein Becher Wein aus dem Fass gegeben, um auf das Brautpaar anzustoßen. Als alle getrunken hatten, gab es betroffene Gesichter: Statt Wein tranken sie Wasser, denn jeder Gast hatte Geld sparen wollen und war davon ausgegangen, die anderen würden genügend Wein mitbringen, so dass seine Flasche Wasser in der Masse nicht auffallen würde.

Während wir die Geschichte erzählten, füllte ein anderer Moderator vorbereitete Weinflaschen in ein großes Gefäß und gab jedem Anwesenden an der entsprechenden Stelle der Geschichte einen Becher „Wein". Auf diese Weise erlebten die Teilnehmer die Geschichte am eigenen Leibe mit. Die Verblüffung war entsprechend groß.

Danach baten wir die Teilnehmer, sich in kleinen Gruppen zusammenzusetzen und unter anderem folgende Fragen zu diskutieren: *„Was hat diese Geschichte mit unserer Situation zu tun?" „Wofür stehen das Fass Wein, der Wein, die Einladung, die Hochzeit?"*

Die Geschichte hatte einen durchschlagenden Erfolg und führte dazu, dass die Historie aufgearbeitet werden konnte. Erst danach war es möglich, mit der Gruppe konkret anstehende und zukünftige Projekte und die daraus entstehenden Interessen- und Machtkonflikte anzusprechen.

## 7.11    Theater

Theater spielen gehört bereits seit Jahren zum festen Repertoire in Veränderungsprozessen. Viele professionelle Schauspieler haben Firmen gegründet, die Unternehmen anbieten, aktuelle Themen der Organisation als Theaterstück im Rahmen einer Veranstaltung aufzuführen. Sie übernehmen hier die Rolle des Hofnarr, der es sich erlauben kann, bestimmte Wahrheiten mittels einer Verkleidung und einem Schauspiel zu transportieren. Diese Darbietungen lockern nicht nur sonst eher trockene Unternehmensveranstaltungen auf, sie können auch Veränderungsprozesse und Umdenken in Gang setzen, da sie direkt die Emotionen der Zuschauer ansprechen.

*Der Hofnarr konnte es sich erlauben, unbequeme Wahrheiten zu vermitteln*

Wir haben in den vergangenen Jahren Theater oft so eingesetzt, dass wir die Beteiligten selbst involvierten. Diese Methode ist hervorragend geeignet, interkulturelle Unterschiede erlebbar und nachvollziehbar zu machen. Der Moderator kann beispielsweise selbst eine Rolle aus der fremden Kultur verkörpern, und die Teilnehmer müssen versuchen, sich in einer Spielsituation dieser fremden Kultur zu nähern. Die schönsten Erfahrungen machten wir, wenn sich die Teilnehmer aus zwei Kulturen gegenseitig spielten: Sich im Spiegel der anderen Kultur zu erleben hat eine einerseits befreiende, andererseits jedoch auch „schockierende" Funktion.

**ⅠⅠ** Praxisbeispiel:

Deutsche spielen Franzosen und umgekehrt

In einem Joint-Venture in der Energiewirtschaft steckten beide Parteien in Verhandlungen fest und wollten die Probleme mit uns als Mediatoren in einem gemeinsamen Workshop lösen. Am Abend des zweiten Tages baten wir beide Seiten, in einem Theaterspiel die Rollen zu tauschen: Die Deutschen spielen die Franzosen und umgekehrt. Das Spiel war nicht fiktiv, sondern Gegenstand waren die konkret laufenden Verhandlungen.

Während der Vorbereitung kam nach anfänglichem Unbehagen gute Stimmung auf: Zu schön war die Gelegenheit, dem anderen endlich sein wenig partnerschaftliches Verhalten vor Augen führen zu können. Zu Spielbeginn empfangen die (von Franzosen dargestellen) „Deutschen" die „Franzosen", die von den Deutschen gespielt wurden. Letztere hatten sich viel vorgenommen, reagieren jedoch sofort geschockt: Sie wurden in einem Raum empfangen, in dem die Tische wie in einem Gerichtssaal angeordnet sind. Die deutschen „Partner" sitzen erhöht und in ungefähr drei Meter Abstand. Die „Franzosen" versuchen sofort gegenzusteuern, indem sie die Tagesordnung ändern wollen, einmal kurz den Raum verlassen und ständig der deutschen Seite ins Wort fallen. Dieses Spiel ging über fast zwanzig Minuten.

Die Emotionen kochten hoch, aber wir untersagten der Gruppe, über das Geschehene noch an diesem Abend zu sprechen. Nach einem letzten kurzen Austausch über das Tagesgeschehen entließen wir die Gruppe mit der Anweisung, die Interpretation des Geschehenen an ihr Unterbewusstsein zu delegieren.

Am nächsten Morgen fand ein Nachgespräch (Debriefing) statt. Die Stimmung war angespannt, eine erste Analyse per Kartenabfrage zeigte, dass beide Seiten über das Verhalten der Gegenpartei im Theaterspiel schockiert waren. Hier war die Gelegenheit für uns, einen Transfer in die Realität zu wagen, denn selbst wenn die einzelnen Verhaltensweisen zum Teil stark überzeichnet wurden, so reflektierten sie doch die jeweilige Wahrnehmung in der realen Situation. So empfanden die Franzosen die Deutschen als zu distanziert und im wahrsten Sinne des Wortes überheblich während der Verhandlungen. Die Deutschen ihrerseits waren stark gestresst durch die ständigen Änderungen der französischen Seite, die zusammen mit häufigen Telefonaten die Tagesordnung ständig durcheinanderbrachten.

Besser als durch Worte konnten die Teilnehmer aufgrund ihres eigenen Erlebens den Stress nachvollziehen, den sie sich durch ihr Verhalten gegenseitig machten, und sahen ein, dass dies keine die Basis für ein besseres Verständnis sein konnte. Ab diesem Zeitpunkt an war es einfacher, die Interessenkonflikte anzusprechen und einen Konsens zu finden.

## 7.12   Spielerei mit ernstem Hintergrund

Es gibt noch zahlreiche weitere Methoden, um das limbische System einer Organisation zu erreichen. Die meisten der oben beschriebenen Praxisbeispiele handeln von Teambuilding-Prozessen oder Mediationen. Wie man diese Methoden so einsetzen kann, dass sie auf das limbische System der gesamten Organisation einwirken, wird im vierten Teil des Buches beschrieben.

Bei den vorgestellten Methoden haben Sie sich vielleicht die Frage gestellt, ob diese oder jene in Ihrem Unternehmen erwünscht und durchführbar wäre oder ob diese Art eines Ansatzes als „Spielerei" betrachtet würde. Die Frage könnte auch lauten: *„Wie kann man vermeiden, dass die Instrumente als ,Spielerei' wahrgenommen werden?"*. Aus unserer Erfahrung gibt es drei Hilfsmittel, um diese Schwierigkeit zu vermeiden:

- **So wenig wie möglich über die Methoden sprechen**: Die Berater sollten über ihre Workshopmethoden im Vorfeld so wenig wie möglich sprechen. Denn diese „Spielereien" stoßen, wie bereits erwähnt, bei vielen Entscheidungsträgern auf große Skepsis.

- **Die richtige Atmosphäre schaffen**: Die Berater müssen die Kunst beherrschen, während des Workshops die bestmögliche Atmosphäre zu schaffen, damit sich die Teilnehmer gern und neugierig auf diese noch ungewohnten Methoden einlassen und den größtmöglichen Nutzen für die Aufgabenstellung als solche und auch sich persönlich daraus ziehen können.

- **Ständiger Bezug zur Kernproblematik**: Während der Teamarbeit ist es wichtig, ständig den konkreten Bezug zur Kernproblematik und dem Business herzustellen, denn je intensiver die Teilnehmer spüren, dass sie diese Methoden in ihrem unmittelbaren Geschäftsanliegen weiter bringen, umso engagierter werden sie „mitspielen". Aus diesem Grund sind alle unsere Workshops eine Mischung aus emotionaler und inhaltlicher Arbeit. Nur wenn die „echten" Themen adressiert werden - wie bei der Diskussion der Viren -, ist die Spannung groß genug, um wirksam emotionale Interventionen einzusetzen.

Im weiteren Verlauf des Prozesses spüren wir immer die Dankbarkeit der Mitarbeiter des Unternehmens, dass ihnen ein Forum gegeben wurde, welches ihnen erlaubt hat, an ihrer immateriellen Realität zu arbeiten, und sie auch auf der persönlichen Ebene weiter voranbringt. Wenn sie spüren, dass ihre Wahrnehmungen und Emotionen respektiert und ernst genommen werden, verhalten sich die Mitarbeiter wesentlich konstruktiver: Es gelingt ihnen, sich selbst besser zu motivieren, und sie brauchen weniger Motivation von außen. Wenn die Problematik der immateriellen Realität, die verschiedenen Wahrnehmungen und Gefühle in Offenheit und Ehrlichkeit angesprochen und damit gearbeitet werden kann, ist ein großer Schritt für die Organisation getan.

## 7.13    Hintergrund: Die Gesichter des „kognitiven Unbewussten"

Die Kognitionswissenschaft betrachtet den Geist als ein Instrument der Informationsbearbeitung. Oft aber sind nur die Ergebnisse eines mentalen Prozesses bewusst. Zahlreiche Studien belegen zum Beispiel, dass die Gründe unseres Handelns für das bewußte Selbst nicht unbedingt erkennbar sind. Daher prägen die unbewussten Prozesse gegenüber dem bewußten Inhalt die Forschung der Kognitionswissenschaft. Der Psychologe John Kihlstrom prägte den Begriff des „kognitiven Unbewussten", um diese verborgenen Prozesse zu bezeichnen.[33] Was viele Forscher am Anfang nicht ahnten (oder nicht wahrnehmen wollten...), ist die enge Verzahnung der kognitiven und der emotionalen Prozesse. Der Neurowissenschaftler António Damásio konnte unter anderem auch mit dem Fall Elliot beweisen, dass der Entscheidungsfindungsprozess sehr eng mit emotionalen Prozessen verbunden ist.

### Ein Leben mit Doppelgängern?

Es gibt viele weitere Beispiele für die unbewusste Verflechtung von Emotionen und kognitiven Prozessen. Einen besonders beeindruckenden Fall stellt das das so genannte Capgras-Syndrom dar: Was wäre, wenn plötzlich all Ihre Bekannten und Verwandten von Doppelgängern ersetzt würden? Eine schreckliche Vorstellung, doch für Menschen mit Capgras-Syndrom ist sie alltägliche Realität. Der Glaube, nahe Verwandte seien durch Doppelgänger ausgetauscht worden, ist das einzige Symptom dieser Erkrankung, die erstmals von dem französischen Psychiater Joseph Capgras 1923 beschrieben wurde. Von Betroffenen wird eine nahestehende Person, meistens der Ehepartner, als Doppelgänger vertauscht oder durch einen Betrüger ersetzt erlebt und angesehen. Manche Menschen empfinden ihre Angehörigen als Roboter oder Aliens. Die wahnhafte Missidentifikation kann die Betroffenen sogar zu aggressiven Handlungen gegen ihre Angehörigen motivieren.[34] Lange Zeit nahm man an, das Capgras-Syndrom sei mit der Prosopagnosie, der generellen Unfähigkeit Gesichter zu erkennen, verwandt. Neuere Forschungsarbeiten zeigen jedoch, dass die Gesichtserkennung ungestört ist, wohingegen die Verknüpfung zu emotionalen Körperreaktionen fehlt. Diese fehlende emotionale Reaktion kann durch ein Gerät gemessen werden, das den Hautwiderstand misst, der sich angesichts emotionaler Empfindungen beim Anblick vertrauter Personen ändert.[35] Ein Capgras-Patient spürt keine Vertrautheit, wenn er einem bekannten oder geliebten Menschen gegenübersteht. Deren Gesichter wecken zwar Erinnerungen, jedoch keinerlei Gefühle. Der Betroffene kann diese Abwesenheit von Gefühlen gegenüber bekannten Personen nicht akzeptieren: Die „Vertauschung" der Person scheint es dann einfacher zu machen, es zu akzeptieren und zu äußern.

*Wie unbewusste Vertrautheit unsere Entscheidungen lenkt*

Das Capgras-Syndrom belegt auch, das jedes bekannte Gesicht Emotionen ins uns aufruft, auch wenn wir diese nicht wahrnehmen! Manchmal reicht ein vages Gefühl von Vertrautheit und Familiarität aus, um unsere Einstellungen und Entscheidungen zu lenken, wie es der Professor der Psychiatrie, Robert Bornstein, mit seinen Experimenten über das Phänomen der „bloßen Darbietung" belegt hat. In einem Versuch wurde Versuchsteilnehmern ganz kurz das Bild einer Person A oder B gezeigt. Dieser Moment war so kurz, dass die Teilnehmer die Bilder nicht bewusst registrieren konnten. Anschließend wurden die Teilnehmer in Anwesenheit der Personen A und B gebeten, an einer Diskussion teilzunehmen. Die Diskussion kreiste um ein neutrales Thema, das Geschlecht von Gedichtschreibern. Die drei Diskussionsteilnehmer lasen zunächst zehn Gedichte von unbekannten Autoren, deren Geschlecht sie anschließend in einer zehnminütigen Diskussion erraten sollten.

Die Meinungen der beiden eingeweihten Diskutanten gingen dabei in sieben der zehn Gedichte auseinander, womit die Versuchsperson gezwungen wurde, für einen der beiden Diskutanten Partei zu ergreifen. Nach der Diskussion füllten die Versuchsteilnehmer noch einen Fragebogen aus, der vor allem Fragen nach der Sympathie für die Diskussionsteilnehmer enthielt. Darüber hinaus wurden Aufzeichnungen der Diskussion auf die Interaktionsqualität hin ausgewertet. Wider Erwarten zeigten die Resultate in den abschließenden Bewertungen weder eine signifikant erhöhte Sympathie für die Zielperson, noch positive Auffälligkeiten in der Interaktionsqualität zwischen den Versuchsteilnehmern und dem „vertrauten" Diskussionsteilnehmer. Allerdings stimmten die Versuchsteilnehmer in ihren Meinungen signifikant häufiger mit denen der Zielperson überein als die Teilnehmer einer Kontrollgruppe. Anders gesagt: Die Versuchspersonen neigten dazu, für jene Person Partei zu ergreifen, deren Gesicht ihnen unbewusst dargeboten worden war.[36] Die positive Einstellung zur Zielperson wurde durch die bloße Darbietung der Gesichter der Personen aktiviert, ohne dass eine bewusste und intentionale Bewertung erforderlich war.

Das Gleiche funktioniert selbstverständlich auch mit anderen Sinnen. So kauften amerikanische Konsumenten dreimal häufiger französischen Wein, wenn in der Weinhandlung französische Hintergrundmusik lief. Keiner der Teilnehmer hätte jedoch den wahren Grund für seine Kaufentscheidung angeben können.[37]

Ob wir es wollen oder nicht, emotionale Prozesse sind immer am Werk bei unseren Einstellungen und Bewertungen zu einer Person, einer (Veränderungs-)Situation sowie bei unseren Entscheidungen. Zu versuchen, diese Einstellungen und Bewertungen nur mit rationalen Argumente zu benennen, mag kulturell gesehen zwar lobenswert sein („Rationalität ist hoch zu schätzen"), jedoch ziemlich aussichtslos …

# 8. Visualisierung der Viren

„Alles Urdenken geschieht in Bildern."
Arthur Schopenhauer (1788 – 1860)

Im Jahr 1992 verzeichnete Sears, der größte amerikanische Einzelhändler, einen Nettoverlust von 3,9 Milliarden US-Dollar, während andere Einzelhändler, darunter vor allem Wal-Mart, in beträchtlicher Geschwindigkeit an Marktanteilen zulegten. Eine tiefgreifende Veränderung war unausweichlich, und der CEO, Arthur Martinez, wollte den Akzent auf die Unternehmenskultur setzen. Er sah „Sears' grundsätzliches Problem in der Arroganz, basierend auf vergangene Erfolge. Das machte sie blind gegenüber dem, was bei den Mittbewerbern und Kunden vor sich ging". Sein Rezept lautete: „Wir müssen daran etwas ändern, wie wir über uns denken und wofür wir stehen wollen."[38]

Unter der Führung von Martinez verbrachte eine Gruppe von über 100 Top-Führungskräften den größten Teil von drei Jahren damit, die Firma um die Kunden herum zu strukturieren. Die „Werte"-Arbeitsgruppe sammelte Umfragen von 80.000 Mitarbeitern, die „Kunden"-Arbeitsgruppe durchkämmte Kundenbefragungen und führte Kunden- und Mitarbeiter-Fokusgruppen im ganzen Land durch.[39]

Schließlich kristallisierte sich ein ausschlaggebender Faktor für positives Verhalten heraus: das Verständnis der Mitarbeiter für die Verbindung zwischen ihren Aufgaben an einem bestimmten Tag X und den strategischen Zielen der Firma. Untersuchungen bestätigten, dass die Einstellung der Mitarbeiter ihrem Job und der Firma gegenüber einen größeren Effekt dem Kunden gegenüber hatte als alle anderen Parameter zusammen: Für jeweils fünf Prozent Besserung im Kundenverhalten steigerte sich der Kundenerhalt um 1,3 Prozent, die Einkommen um 1,04 Prozent und der Gewinn um 0,4 Prozent. Dies bedeutet, wenn es Sears gelänge, das Mitarbeiterverhalten um fünf Prozent zu bessern, sich die Einnahmen um 300 Millionen US-Dollar erhöhten. Um die Haltung der Mitarbeiter zu verändern, war jedoch Überzeugungsarbeit von wesentlicher Bedeutung.[40]

Dies mag wie eine einfache Herausforderung an die Kommunikation erscheinen, impliziert jedoch wesentlich mehr Anstrengungen. Wenn die Angestellten nicht den Zweck des Systems erfassen, die wirtschaftlichen Zusammenhänge ihrer Firma und ihrer Industrie verstehen und eine klare Vorstellung davon haben, wie ihre eigene Arbeitsleistung in das System passt, werden sie es nie schaffen, dass das Ganze funktioniert.

Es gab zahlreiche Missverständnisse. Auf die Frage, was den Hauptanteil dessen ausmachte, wofür sie bezahlt wurden, erwiderte mehr als die Hälfte der Angestellten: „Ich werde dafür bezahlt, das Vermögen der Firma zu schützen." Sears stellte Mitarbeiter ein, um Kunden zufriedenzustellen, und dies musste kommuniziert werden. Auf die Frage: „Wie hoch schätzen Sie Sears' Gewinn von jedem Dollar Umsatz, der in der Kasse landet?", lag der von den Angestellten angegebene mittlere Wert bei 45 Cent. Die richtige Antwort lautete zwei Cent.

Sears entschloss sich, beide Missverständnisse in einem „Rathaustreffen" genannten Programm anzusprechen, das Learning Maps[41], Dialog und Aktionspläne umfasste. Eine Learning Map ist ein „Lernmetapher" und zeigt zum Beispiel das Bild einer Stadt oder eines Ladens oder, in einem Fall, eines Flusses, der kleine Teilnehmergruppen durch einen Geschäfts- oder einen historischen Prozess führen soll.

Anthony Rucci, der damalige kaufmännische Vorstand von Sears, erinnerte sich daran,[42] dass die erste Learning Map mit dem Titel „Ein neuer Tag auf der Shoppingmall" darstellte, wie sich der Wettbewerb seit den fünfziger Jahren verändert hatte, dass zum Beispiel die Häufigkeit von Kundenausflügen zu den Shoppingmalls zwischen 1985 und 1995 um zwei Drittel zurückgegangen war. „In Detroit hatten wir einen Gabelstaplerfahrer, der sich diese Zahlen anschaute und bemerkte: ‚Moment mal! Wenn die Leute nur ein Drittel so oft in die Shoppingmalls gehen und alle unsere Geschäfte in den Malls sind, warum geben wir dann so viel Geld aus, um diese Geschäfte zu renovieren?'

Ich sitze hinten im Raum und denke ‚Halleluja!' Man will, dass die Leute genug vom Geschäft verstehen, damit sie solche Fragen stellen.

Die zweite Learning Map hieß: ‚Die Stimme unseres Kunden'. Sie zeigte, wie wir in der Kundenzufriedenheit im Verhältnis zu unseren Hauptkonkurrenten abschnitten, und das Ergebnis war sehr schlecht. Viele unserer Kollegen waren schockiert. Und ihnen wurde bewusst, dass sich etwas ändern musste. Es war genauso wichtig wie die Tatsache, dass jeder verstand, dass Sears eben nicht 45 Cent nach Steuern aus einem Dollar machte, sondern nur zwei."

Die „Rathaustreffen" ermöglichten es den Angestellten, welche die Learning Maps vervollständigt hatten, jede ihrer Ideen zu diskutieren, die auf der örtlichen Ebene realisierbar war. Sears hat dann unverzüglich so viele dieser Ideen wie möglich umgesetzt.

Der Wechsel in der Kultur machte sich bezahlt: Nationale Studien zeigten, dass die Zufriedenheit der Angestellten um vier Prozent höher lag und die Kundenzufriedenheit bei fast vier Prozent. Übersetzt in Sears' Marktwert bedeutete dies eine Erhöhung um fast 250 Millionen US-Dollar.[43]

## 8.1    Die Kraft der Visualisierung

Worauf achteten Sie, als Sie dieses Buch zum ersten Mal in die Hand genommen und durchgeblättert haben? Mit an Sicherheit grenzender Wahrscheinlichkeit hielten Sie inne bei den Illustrationen ...

Wenn wir Viren behandeln, arbeiten wir primär mit Bildern. Uns ist bewusst, dass wir mit der Verwendung von solch oft humoristischen Bildern riskieren, zunächst vielleicht nicht ernst genommen zu werden. Andererseits stellt sich die Frage: Würde *Sie* Werbung in einer Zeitschrift ansprechen und zum Kauf animieren, wenn nicht eine einzige Abbildung zu sehen wäre, sondern ausschließlich ein langer Text mit Kaufargumenten. In der ähnlich strukturierten Kommunikation im Veränderungsmanagement greift das gleiche Prinzip. Den Mythos des rein rationalen Mitarbeiters haben wir schon als falsch entlarvt. Bildliche und emotionale Kommunikation wird in der Werbung stark genutzt, weil sie viele Vorteile hat, die uns veranlasst haben, solche emotionalen Bilder zu verwenden: Vieldeutigkeit, Konkretheit, Unmittelbarkeit und Nachhaltigkeit der emotionalen Wirkung.

*Bildliche Kommunikation ist schriftlicher Kommunikation überlegen*

Die bildliche Kommunikation ist der rein schriftlichen Kommunikation überlegen. Das Gehirn visualisiert ständig; wir denken in Bildern, wir fühlen in Bildern, wir erinnern Bilder und wir malen uns die Zukunft in Bildern aus. Wenn wir uns etwas „vorstellen", läuft ein innerer Film in unserem Kopf ab. Wir verarbeiten die Fülle an komplexen und abstrakten Informationen zu einem anschaulichen Ganzen. Wenn man etwas sprachlich beschreibt, geschieht dies häufig in Bildern. Aus den Wörtern entstehen Szenen vor unserem inneren Auge. Das menschliche Denken ist von dem bildlichen Vorstellen nicht zu trennen. Denken *ist* Visualisieren.

Bilder lassen sich schneller begreifen als andere Methoden der Kommunikation, da sie vom Gehirn besonders effizient verarbeitet werden: So dauert es nur den Bruchteil einer Sekunde, um den Inhalt und die Aussage eines Bildes zu erfassen.[44] Dies hat zur Folge, dass Bilder fast automatisch und ohne größere gedankliche Anstrengung aufgenommen werden, denn im Gegensatz zu sprachlichen oder schriftlichen Mitteilungen werden sie als eine Einheit verstanden und können gedanklich einfacher analysiert und verarbeitet werden. Neurologische Studien deuten darauf hin, dass Bilder den direkten Weg zum Langzeitgedächtnis gehen, wo jedes Bild mitsamt den jeweiligen relevanten Informationen gespeichert wird. Aus diesem Grunde bleiben sie besser im Gedächtnis haften als einfache Sätze.[45] Darüber hinaus können Bilder die Gefühle des Betrachters auf verschiedene Art und Weise beeinflussen.

Es ist daher nicht überraschend, dass bildliche Kommunikation wesentlich effektiver ist als andere Formen der Kommunikation. Eine Studie der US-Regierung zeigt zum Beispiel, dass 83 Prozent des menschlichen Lernens visuell erfolgt und dass visuell aufgenommene Informationen darüber hinaus sechsmal besser behalten werden.[46] Laut Robert Horn, vom „Center for the Study of Language and Information" der Universität von Stanford[47] hat eine visuelle Präsentation folgende Vorteile: Sie

- unterstützt den Entscheidungsfindungsprozess,

- verkürzt Meetings (um 24 Prozent in einem kontrollierten Experiment),

- fördert Konsens (Konsenserreichung in 79 Prozent der Fälle vs. 58 Prozent der Fälle in einem kontrollierten Experiment),

- fördert die Glaubwürdigkeit des Inhalts: Sprecher, die visuelle Kommunikation nutzen, werden als klarer, professioneller, interessanter und glaubwürdiger bewertet,

- verbessert das Verständnis der Inhalte (20 Prozent bis 50 Prozent weniger Fehler bei der Wiedergabe).

Der Erfolg der visualisierten emotionalen Viren beweist noch einen weiteren wichtigen Vorteil: Visualisierung spricht das limbische System an.

## 8.2    Visualisierung und Organisation

Wir arbeiten seit 1990 intensiv mit Visualisierung, insbesondere durch die Teilnehmer selbst. JPB Consulting ist im Besitz von über 200 Gemälden zum Thema *„So nehmen wir die andere Kultur im Arbeitsleben wahr"*, erstellt von Managern und Ingenieuren aus deutsch-französischen Projekten und Seminaren.

Die Bilder, jeweils in 20 bis 30 Minuten entstanden, illustrieren sehr plastisch die jeweiligen Wahrnehmungen. Sie sind bereits mehrfach ausgestellt und auch im Fernsehen gezeigt worden.[48]

Zu Beginn eines Workshops mit Teilnehmern beider Kulturen eingesetzt, zeigen sie eindeutig auf, in welchem Maße kulturell unterschiedliche Wahrnehmungen zu Klischees werden und die Zusammenarbeit sehr negativ beeinflussen. Selbst Teilnehmer, die der festen Meinung waren, *„keine Vorurteile zu haben"*, wurden eines Besseren belehrt – nicht durch die Moderatoren, sondern durch die Teilnehmer selbst (siehe Fallbeispiel in Kapitel 7.5 „Malen").

Visualisierung ist vielseitig einzusetzen

Visualisierung wird mittlerweile verstärkt im Change-Management eingesetzt, da der Nutzen unzweifelhaft ist. Der Change-Experte Michael Kucht hat ihre Einsatzmöglichkeiten in folgende Rubriken zusammengefasst:[49]

- Orientierung,

- Appell,

- Auflockerung,

- Reflexion/Spiegelung.

- einfacher Zugang zu Emotionen, nicht-rationale Ansprache,

- Formulierung schwieriger oder tabuisierter Themen,

- in Kombination mit Humor, spielerisch-kindliche Ansätze zur Erzeugung von Leichtigkeit in schwierigen Themen.

Neben dem einfachen Zugang zum limbischen System schafft Visualisierung vor allem eine Reduzierung der Komplexität. In einer Welt der Überinformation und der Verzettelung vermitteln visualisierte Zusammenhänge und Botschaften Klarheit und geben Struktur. Das alte Sprichwort *„Ein Bild sagt mehr als 1000 Worte"* ist aktueller denn je.

Ein Bild, das wir bereits seit über 20 Jahren benutzen, um die immaterielle Realität zu illustrieren, ist der Eisberg (siehe Kapitel 1: *„Das Grundproblem des Unternehmens: Umgang mit Emotionen"*). Wie viele Worte sind notwendig, um die gleiche Botschaft ohne Bild zu transportieren? Und selbst dann gibt es immer noch großen Spielraum für Missverständnisse, insbesondere wenn Fremdsprachen gebraucht werden.

## 8.3 Die „immaterielle Realität" greifbar machen

Grundsätzlich kann man alles visualisieren, selbst Hoffnungen, Wünsche, Erfolgsfaktoren, Visionen, Historie, kulturelle Unterschiede und ... emotionale Viren. Die Visualisierung eignet sich hervorragend dafür, die immaterielle Realität sicht- und greifbar zu machen.

Wir haben gelernt, dass emotionale Themen nicht rational erfasst werden können. Ein gutes Beispiel ist das Wort *„Liebe"*. Dieses Wort gibt es in allen Sprachen der Welt. Als solches kann es jedoch sehr unterschiedlich interpretiert werden: zum Beispiel universelle Liebe oder Sex.

Wenn man jedoch ein Symbol für dieses Wort sucht, so wird dieses, quer durch alle Kulturen, gleich verstanden:

Abb. 8.1: Das Symbol für Liebe

Wir machen immer wieder die Erfahrung, dass Bilder zur immateriellen Realität auch in unterschiedlichen Kulturen auf gleich gute Resonanz trafen. Natürlich müssen Form und Inhalt manchmal kulturell angepasst werden. Bilder dienen dazu, Informationen in einer prägnanten, ausdrucksstarken und kompakten Form zum Betrachter zu transportieren.

## Der Unterschied zwischen Sagen und Zeigen: Vier emotionale Viren in der Visualisierung

Es gibt also triftige Gründe, bestimmte Botschaften besser zu zeigen, als sie verbal auszudrücken. Dies gilt insbesondere für schlechte Nachrichten, Tabuthemen und emotionale Viren, wobei hinzu kommt, dass der Überbringer der schlechten Botschaften automatisch als „Buhmann" betrachtet wird, auch wenn er selbst nicht der Verursacher ist.

*Tabuthemen sind einfacher mit Bildern anzusprechen*

Ein Beispiel aus der Praxis zur Erläuterung: Nachstehend lesen Sie zunächst vier *in Worten ausgedrückte* emotionale Viren:

- In der Organisation herrscht starkes Misstrauen zwischen Abteilung A und B. Die Meetings verlaufen zwar oberflächlich in freundlicher Atmosphäre, aber alle Beteiligten sind ständig auf der Hut und sprechen die schwierigen Themen nicht an.

- Die Mitarbeiter des Unternehmens sind sehr verunsichert und stehen unter starkem Druck. Das Management versucht, die Emotionen durch straffe Organisation im Zaum zu halten. Die neuen Prozesse greifen jedoch nicht, da sie von den Mitarbeitern abgelehnt werden. Wenn die emotionalen Faktoren nicht in den Change-Prozess mit einbezogen werden, wird das Management bald mit wilden Streiks konfrontiert werden.

- Die Mitarbeiter der fusionierten Forschungs- und Entwicklungsabteilung kommen aus vollkommen unterschiedlichen Welten. Anstatt aufeinander zuzugehen, verteidigt jedes Team seinen Standpunkt, ein Austausch von Know-how findet nicht statt. Sachlich betrachtet hat dabei jedes Team recht, denn die Akzeptanz des Standpunktes des anderen würde eine Infragestellung der eigenen Lösung bedeuten. Wenn keine Einigung gefunden wird, kann der Prototyp nicht pünktlich geliefert werden.

- Starke interkulturelle Probleme behindern den Ablauf der Projekte. Die französische doppeldeutige, implizite Kommunikation und das ständige Reagieren, anstatt „richtig" zu planen, gehen den deutschen Partnern auf die Nerven. Sie werden noch direkter und „hauen auf den Tisch", um feste Zusagen der Franzosen zu erhalten. Die „deutsche Direktheit", das genaue Festlegen und die detaillierte Planung des Operativen empfinden die Franzosen als Einengung und lehnen sich dagegen auf: Sie machen es dann einfach anders ...

Die vorgestellten Szenarien sind komplex, vor allem, wenn sich die Situationen derart prägnant darstellen. Darüber hinaus sind diese Aussagen auch durchaus anfechtbar.

Der Berater, als Überbringer der schlechten Botschaften, kennt aus Erfahrung zwangsläufig die folgenden Kommentare der verantwortlichen Vorstände:

- *„Jetzt übertreiben Sie aber!"*

- *„Woher nehmen Sie denn eine solche Behauptung?!"*

- *„Na ja, nichts wird so heiß gegessen, wie es gekocht wird!"*

- *„Sie wollen ja nur Folgeaufträge!"*

- *„Haben Sie überhaupt eine Ahnung von unserer Branche?"*

Das Grundproblem: Jeder Verantwortliche weiß, dass diese emotionalen Viren real existieren, jedoch niemand will einen Gesichtsverlust riskieren, zumal keine Lösung in Sicht ist, die Probleme anzugehen - schließlich handelt es sich in deren Augen um „weiche" Themen, die nicht rational behandelt werden können.

Nachfolgend sehen Sie nun die gleichen Sachverhalte, allerdings mit einer *Visualisierung* der emotionalen Viren:

> **Ⅱ▷ BEISPIEL 1**
>
> In der Organisation herrscht starkes Misstrauen zwischen Abteilung A und B. Die Meetings verlaufen zwar oberflächlich in freundlicher Atmosphäre, aber alle Beteiligten sind ständig auf der Hut und sprechen die schwierigen Themen nicht an.

Abb. 8.2: „Friendly Avoidance"

Lassen Sie das Bild auf sich wirken: Selbst ein Hardliner wird - vielleicht auch nur widerwillig - lächeln. Denn diesen Virus kennt jeder - es handelt sich um den „Friendly-Avoidance"-Virus der Kategorie „Machtviren".

Die Kraft der Visualisierung liegt genau darin, dass die über das Bild transportierte Botschaft den kritischen, rationalen Verstand „kurzschließt". Sie erreicht das Gehirn zunächst über das limbische System, und löst so eine Emotion aus. Diese Emotion muss nicht unbedingt ein Lachen sein, sie kann auch Ausdruck anderer Gefühle sein, wie zum Beispiel Betroffenheit.

*Den kritischen, rationalen Verstand kurzschließen*

> ⏸ BEISPIEL 2
>
> Die Mitarbeiter des Unternehmens sind sehr verunsichert und stehen unter starkem Druck, insbesondere in der Produktion. Das Management versucht, die Emotionen durch eine straffe Organisation im Zaum zu halten. Die neuen Prozesse greifen jedoch nicht, da die Mitarbeiter sie ablehnen. Wenn die emotionalen Faktoren nicht in den Change-Prozess mit einbezogen werden, wird das Management bald mit wilden Streiks konfrontiert werden.

---

Abb. 8.3: „Wir brauchen nur neue Strukturen und Prozesse"

© he2be SA & JPB Consulting

---

Die Visualisierung wirkt umso stärker, je mehr der Betrachter selbst emotional involviert ist

Ein Problem bei der Visualisierung der Viren lässt sich allerdings an dieser Stelle nicht lösen: Die Visualisierung wirkt umso stärker, je mehr der Betrachter selbst emotional involviert ist. Der Leser jedoch, der dieses Bild aus der Distanz betrachtet, kann darüber ungehindert schmunzeln. Bei der Präsentation der in der Organisation festgestellten Viren vor der Geschäftsleitung herrschte im Raum beklemmende Stille, gefolgt von Betroffenheit. Der verantwortliche Produktionschef flüchtete in seiner ersten Reaktion in abwiegelnde Aggression: *„Was wollen Sie eigentlich damit sagen, das ist doch lächerlich!"* Noch bevor wir etwas entgegnen konnten, wurde er vom Vorsitzenden der Geschäftsleitung abgekanzelt: *„Wenn Sie das nicht verstehen, Herr Müller, dann sind Sie augenscheinlich am falschen Platz."* In einer solchen Situation muss der Moderator eingreifen, bevor die (bereits vorhandenen) emotionalen Viren der Geschäftsleitung zu aktiv werden.

Nach dieser Präsentation und dem folgenden Gefühlsausbruch waren die „Soft Facts" kein Tabuthema mehr, und wir konnten mit konkreten Ansätzen konstruktiv innerhalb der Organisation arbeiten und zu für alle Beteiligten erfolgreichen Lösungen gelangen.

> **BEISPIEL 3**
> Die Mitarbeiter der fusionierten Forschungs- und Entwicklungsabteilung kommen aus vollkommen unterschiedlichen Welten. Anstatt aufeinander zuzugehen, verteidigt jedes Team seinen Standpunkt, ein Austausch von Know-how findet nicht statt. Sachlich betrachtet hat dabei jedes Team recht, denn die Akzeptanz des Standpunkts des anderen würde eine Infragestellung der eigenen Lösung bedeuten. Wenn keine Einigung gefunden wird, kann der Prototyp nicht pünktlich geliefert werden.

## Abb. 8.4: Eine Frage der Perspektive ...

© he2be SA & JPB Consulting

Ein starkes Symbol, das wir schon seit langer Zeit einsetzen. Anhand dieser Visualisierung des vorliegenden emotionalen Virus erreichten wir fast augenblicklich, dass sich die Chefs beider Seiten spontan bereit erklärten, ihre Perspektiven zu wechseln. Ausgehend davon, dass keine der beiden Parteien recht oder unrecht hatte, sondern dass jede Seite gute Argumente vorbrachte, kam es erstmals zu einem konstruktivem Austausch. Bis zur „mentalen Fusion" der beiden Teams war es zwar noch ein längerer Prozess, jedoch erreichten sie in dieser ersten Annäherung, dass der Prototyp rechtzeitig ausgeliefert werden konnte.

**▶ BEISPIEL 4**

Starke interkulturelle Probleme behindern den Ablauf der Projekte. Die französische doppeldeutige, implizite Kommunikation und das ständige Reagieren – anstatt „richtig" zu planen – gehen den deutschen Partnern auf die Nerven. Sie werden noch direkter und „hauen auf den Tisch", um feste Zusagen der Franzosen zu bekommen. Die „deutsche Direktheit", das genaue Festlegen und die detaillierte Planung des Operativen empfinden Franzosen als Einengung und lehnen sich dagegen auf: Sie machen es dann eben einfach anders ...

---

Abb. 8.5: „Die Deutschen" vs. „Die Franzosen":
Strukturfetischisten vs. künstlerisches Wischiwaschi

---

Wie dieses vierte Beispiel zeigt, kann man in diesem Bild in die Sprechblasen auch anders lautende Sätze schreiben. Wir sind im Besitz vieler Zeichnungen des in Frankreich sehr bekannten Zeichners „Gabs" zum Thema interkulturelles Management. So sind zum Beispiel die Flaggen auf den Koffern austauschbar, die Baskenmütze kann man entfernen, ...

**Der Bezug zum täglichen Erleben fördert die Bereitschaft, ein Thema anzusprechen**

Da diese Zeichnungen einen starken Bezug zum täglichen Erleben der Beteiligten haben, fördern sie die Bereitschaft, das Thema schließlich professionell anzusprechen und zu behandeln.

## 8.4 Visualisierung heilt

Die Bildersprache ist eine Sprache, die weit über unseren logischen Verstand hinausreicht und dadurch viel mehr Aussagekraft besitzt. Wenn wir etwas konstruieren oder aufbauen wollen, ist eine bebilderte Anleitung wesentlich hilfreicher als ein trockener Text. Oft fehlt uns die Fähigkeit, etwas, das wir erlebt haben, in die richtigen Worte zu fassen („Mir fehlen buchstäblich die Worte!"). Mit Bildern kommen wir dem näher, was sich in uns abspielt, sie eignen sich oft besser, Dinge, die uns beschäftigen, kurz und prägnant „auf den Punkt zu bringen".

**Emotionale Viren, die angesprochen werden, verlieren an Kraft**

Die bildhafte Darstellung ist ein wichtiges Werkzeug, um auch heikle und komplexe Themen auf ihre wesentliche Botschaft zu reduzieren. Wenn die Visualisierung den Kern des Empfindens der Beteiligten trifft, setzt nach der ersten emotionalen Reaktion (Lachen, Betroffenheit, Verlegenheit, Heiterkeit) ein Gefühl der Erleichterung ein. Dies ist der erste Schritt zum Heilungsprozess: Ein emotionaler Virus, der angesprochen und ausgedrückt wird, verliert an Kraft.

Es ist allerdings Vorsicht geboten bei der Auswahl der Bilder: Für die emotionalen Viren müssen diese emotional „aufgeladen" werden, damit sie bei den Betroffenen genau ankommen. Man sollte also in keinem Fall das erstbeste Bild nehmen, das einigermaßen „passt".

Zusammenfassend bleibt aus unserer Erfahrung festzustellen: Je intensiver die Diagnose in Form der Vitamine und der emotionalen Viren die Betroffenen innerlich berührt, das heißt das limbische System erreicht, umso größer sind die Gefühle von Erleichterung und Dankbarkeit.

*Je intensiver die Bilder das limbische System der Organisation erreichen, umso größer die Erleichterung*

Die Verblüffung und Dankbarkeit der Teilnehmer, dass auf spielerisch-leichtem Wege konstruktive und nachhaltige Lösungen für sehr heikle Themen gefunden werden können, machen diese Herangehensweise auch für uns als Berater zu etwas sehr Besonderem und Bereicherndem.

## 8.5    Hintergrund: Emotionale Kommunikation

*Die „Entdeckung" der emotionalen Kommunikation*

Die Grundlage unseres Erlebens sind Gefühle. Gefühle sind der „Klebstoff", der Menschen miteinander verbindet. Sie sind der Grundstein für unsere Fähigkeit, uns selbst zu verstehen, zu anderen eine Beziehung zu finden und Glauben, Empathie und Vertrauen zu empfinden. Ohne Gefühle und das Bewusstsein und das Verständnis für sie ist es unmöglich, starke, gesunde Beziehungen aufzubauen und zu erhalten.

Selbst die kognitive Psychologie, die auf einer Ontologie des informationsbearbeitenden Menschen basiert, akzeptiert inzwischen, dass es in Kommunikationssituationen zu einer wechselseitigen Beeinflussung von Emotionen zwischen den Kommunikationspartnern kommt. Die Grundidee hierbei ist, dass Menschen kommunizieren, nicht nur um Informationen auszutauschen, sondern auch Emotionen, und lässt sich am einfachsten mit der Metapher des „Gefühlsaustauschs" umschreiben. Emotionale Kommunikation ermöglicht implizite und subtile zwischenmenschliche Kommunikation.

*Emotionale Kommunikation ist der Grundstein der menschlichen Kommunikation*

Emotionen werden kommuniziert in verschiedenen Gesichtsausdrücken, Körperbewegungen, Körpersprache, dem Klang der Stimme, der Sprechgeschwindigkeit und ihrer Intensität. Unser Erleben eines Menschen entsteht auf der Grundlage der unbewussten Wahrnehmung unserer Körperzustände, die immer emotional bewegt sind. Wir nehmen einen anderen Menschen wahr, indem wir seine Bewegungen innerlich nachvollziehen. Diese emotionalen Ausdrücke signalisieren unsere Gefühle für andere und deren Gefühle für uns. Scheitert der innere Nachvollzug des Anderen, führt dies zu Verunsicherung. Das Unvermögen, präzise und treffend Gefühle zu kommunizieren, wurde in der Psychologie lange Zeit als kritischer Punkt in unglücklichen Beziehungen betrachtet. Wie wichtig emotionale Kommunikation für die menschliche Verständigung ist, wird deutlich, wenn sie gestört ist.

Es kommt zum Beispiel vor, dass eine Person sich als unfähig erweist, die emotionalen Ausdrücke anderer Personen zu verstehen. Manchmal passen die von einer Person ausgesprochenen Worte zu den ausgedrückten Gefühlen, aber zuweilen ist dies nicht der Fall. Die gesprochenen Wörter können das genaue Gegenteil mitteilen. Wenn eine ärgerliche Stimme sagt „Ich bin ruhig", dann wird diese Aussage von den meisten Zuhörern eher ungläubig aufgenommen. Normale Zuhörer werden nach der Wahrheit suchen: Ärger oder ein anderes, stimmiges Gefühl. Eine Person, die jedoch an einer Störung ihrer emotionalen Kommunikation leidet, wird zuhören und ausschließlich die verbale Botschaft „Ich bin ruhig" verstehen. Der Ärger oder sogar die Drohung in der Stimme bleiben ungehört. Die Botschaft im gesprochenen Wort ist die einzige, die sie erreicht, während die gefühlte Botschaft völlig untergeht und in keiner Weise verstanden wird. Die daraus resultierenden Interaktionen können zu Verwirrung, Frust oder einem schweren Konflikt führen, was in der interkulturellen Kommunikation oft geschieht. Es ist übrigens nicht überraschend, dass herausgefunden wurde, dass Frauen genauer als Männer sind, wenn es darum geht, die Gefühlsausdrücke ihrer Partner zu erspüren.[50]

Wenn Gefühle nicht gut ausgedrückt werden können, beeinträchtigt dies die Kommunikation ebenfalls. Jemand, der nur schlecht Gefühle zeigen kann, läuft Gefahr, unbeteiligt und gefühlskalt zu wirken ...

Gestörte emotionale Kommunikation tritt oft im Zusammenhang mit kollektiven Emotionen in einer Organisation auf. Sehr häufig ist es extrem schwierig für die Manager, diese Emotionen richtig zu deuten, was die Kommunikation stark behindert.

*Die Theorien der emotionalen Kommunikation*

Anne Bartsch von der Universität Halle-Wittenberg hat vier Definitionen der emotionalen Kommunikation entwickelt, basierend auf verschiedenen Emotionstheorien aus der Psychologie. Zwei solcher Theorien können teilweise erklären, was bei der Arbeit mit Virenbildern passiert.[51]

**Die Bewertungstheorie:** Wir haben in Kapitel zwei, „Emotionen, die harten Soft Facts", diese Theorie der Emotionen mit den Beispielen des bellenden Hundes und von Jürgen, den am Flughafen festsitzenden Manager, kurz dargestellt. Aus Sicht der Bewertungstheorie entstehen Emotionen als Reaktion auf kognitive

Bewertungen einer Situation. Die Kommunikation unserer Emotionen mit einer anderen Person bringt daher ganz eigene Bewertungsinformationen. Anders gesagt: Der Ausdruck von Emotion vermittelt zwangsläufig Informationen, welche die persönliche Situationsbewertung für Andere nachvollziehbar machen. Diese Bewertungsinformationen sind in der Lage, die eigene Bewertung des Kommunikationspartners zu beeinflussen. Beispiel: Wenn jemand ganz ruhig über eine emotionale Situation spricht, weil er die Situation als nicht kritisch einschätzt, hat dies zunächst eine beruhigende Wirkung auf den Kommunikationspartner. Basierend auf der Bewertungstheorie, ist emotionale Kommunikation der Prozess des Informationsaustauschs über kognitive Bewertungen.

**Die Prototypentheorie:** Dieser Ansatz geht davon aus, dass Wissen über Emotionen in nonverbale, emotionale „Skripts" kodiert ist. Diese Skripts beinhalten das Erfahrungswissen über angeborene und erlernte Auslösesituationen für Emotionen sowie die respektiven emotionalen Reaktionen. Skripts geben uns vor, welche Art von Verhalten und Selbstkontrolleprozeduren anzuwenden sind. Sie strukturieren damit unsere persönliche emotionale Erfahrung und ermöglichen uns, die Emotionen der anderen zu verstehen. Basierend auf der Prototypentheorie, ist emotionale Kommunikation der Prozess wechselseitiger Aktivierung der emotionalen Skripts.

Wenn wir ein Virusbild vorstellen, anstatt die Situation nur mit Sätzen in einer Powerpoint-Präsentation zu beschreiben, bewirken wir emotionale Kommunikation: Wir geben meistens alternative Bewertungskriterien für die kognitive Bewertung des Virus und versuchen damit, emotionale Skripts zu ändern. Es geht uns darum, in emotionalen Austausch mit den Betroffenen zu treten, um eine neue Ebene der Kommunikation über Emotionen zu ermöglichen.

# TEIL 3: Immaterielle Realität aufdecken, strukturieren und behandeln

## 9. Aufspüren, Analyse und visuelle Aufbereitung von Viren

> „Dinge wahrzunehmen ist der Keim der Intelligenz."
> Laotse (6. Jahrhundert v. Chr.)

Rosa Beth Moss Kanter, Professorin für Business Administration in Harvard, beschreibt am Beispiel der Übernahme der Chohung Bank durch die Shinhan Financial Group auf beeindruckende Weise, wie stark emotionale Viren wirken können.[1, 2]

Durch die Übernahme würde die zweitgrößte Bank Südkoreas entstehen. Die 108 Jahre alte Chohung Bank war seit der Asienkrise von 1998 zu 80 Prozent in Staatseigentum. Von Anfang an war klar, dass die Kulturen sehr unterschiedlich waren. „Chohung ist grundsätzlich sehr konservativ in der Denkweise", erklärte Shinhan-CEO Choi Young-Hwi, „wogegen Shinhan eher zukunftsgerichtet und dynamisch ist, weil sie weiterhin wachsen muss".[3] Entsprechend schlecht war die Situation zum Zeitpunkt der Übernahme: 7.000 von insgesamt etwa 8.000 Beschäftigten der Chohung Bank traten in Streik, weil sie den Verkauf der Bank verhindern wollten. Die Gewerkschaft beharrte darauf, dass es ein Versprechen der Regierung gäbe, dass Chohung eigenständig bliebe, und hatte den Streik um eine Woche vorgezogen, weil die Verhandlungen offenbar kurz vor ihrem Abschluß standen. Die Regierung wollte den Streik mit allen Mitteln niederschlagen: Starke Polizeieinheiten schützten tagelang das Computerzentrum der Bank.[4] Die Gewerkschaft hatte ihre Mitglieder aufgefordert, nicht mit Shinhan in Kontakt zu treten und von dort keinerlei Anweisungen entgegenzunehmen. Gewerkschaftlich organisierte Beschäftigte der Chohung Bank stürmten sogar eine Vorstandssitzung, in deren Verlauf der neue Bankpräsident ernannt werden sollte. Die Sitzung musste um zwei Tage verschoben werden.[5]

Im Juni 2003 rasierten sich 3.500 männliche Angestellte der Chohung Bank die Köpfe und legten ihre abgeschnittenen Haare vor dem Wolkenkratzer ab, in dem die Geschäftsleitung von Shinhan ihren Sitz hatte. Diese völlig unerwartete und peinliche Aktion von Bankangestellten wurde als starkes Signal dafür gedeutet, was noch alles passieren könnte, wenn die Übernahme wie geplant stattfände.

Nach diesem Eklat legten die Verantwortlichen ihre Pläne kurzzeitig auf Eis, um diese zu überdenken. Um die Gewerkschaft ruhig zu halten und eine Flut von Vertragskündigungen von Seiten der Kunden einzudämmen, erklärte sich Shinhan bereit, die formale Integration für drei Jahre auszusetzen. Trotzdem stimmten nur 59 Prozent der gewerkschaftlich organisierten Streikenden dem Abkommen und damit dem Ende des Streiks zu.

Die Dinge entwickelten sich jedoch anders als erwartet: Schon vor Ablauf der Frist gelang den beiden Banken eine De-facto-Integration mit Hilfe von Fusions-Einsatzteams und in Form von hohen Investitionen in von Shinhan so genannten „emotionalen Integrations"-Maßnahmen. Diese wurden geschaffen, um Beziehungen zu knüpfen, soziale Netzwerke zu formen und gleichzeitig die Löhne der Chohung-Angestellten zu erhöhen.

Die erste und radikalste Idee dieser emotionalen Integration bestand in einer riesigen Klausurtagung, dem „Serabol"-Gipfel. Shinhan versammelte 1.500 Top-Manager der beiden Banken für einige Tage für symbolträchtige Besprechungen. Eine Arbeitsgruppe von jungen Fachleuten präsentierte und führte die Veranstaltung durch. Sie untersuchten die Gründe für das Scheitern der meisten Übernahmen, und sie kamen zu dem Schluss, dass es am menschlichen Faktor lag. Sie wollten die tiefen Gefühle sichtbar machen, die dazu führen, dass sich Menschen geeint als Teil eines großen und wichtigen Ganzen fühlen. Sie realisierten auch, dass das Stillhalteabkommen mit der Chohung-Gewerkschaft, das die formelle Integration der Bank verbot, nicht ausschloss, gemeinsame Erfahrungen zu machen. Die Shinhan-Arbeitsgruppe stellte sicher, dass sich die emotionale Integration nicht anfühlen würde wie eine Gehirnwäsche, sondern wie ein Gedankenaustausch. Es ging darum, den Angestellten einen förderlichen Rahmen zu geben, der sie ermutigen würde, das Wort zu ergreifen und Ideen auszutauschen, Freunde zu finden unter ehemaligen Konkurrenten, und partnerschaftlich zusammenzuarbeiten. Gestärkt durch den Erfolg der Tagung, startete Shinhan eine lange Reihe von Konferenzen und Events für Trainings, Verständnis der Strategie, Aufbau von gemeinsamen Werten und „emotionaler Integration", – Shinhans Bezeichnung für menschlichen Zusammenhalt (human bonding). Diese Veranstaltungen waren sowohl informativ als auch unterhaltsam, und lieferte den Teilnehmern positiven Gesprächsstoff. Shinhan führte auch informelle „happy hours" ein und sponserte Klausurtagungen der Angestellten.

Die Ausgaben für große Vorhaben, die zahlreichen Reisen und andere Wege, um Menschen zusammenzubringen, die sich zum eigentlichen Preis der Fusion dazu addieren, mögen sehr hoch erscheinen. Diese Maßnahmen helfen jedoch entscheidend beim Aufbau einer emotional geeinten Kultur, und selbst wenn die Arbeitsvorgänge als solche noch getrennt ablaufen, motivieren sie die Angestellten dazu, sich zusammenzufinden und trennende Faktoren zu überwinden.

Die interne Investition in die Einbindung der Mitarbeiter zahlte sich aus. Die Beziehungen untereinander wurden so gefestigt, dass die Chohung-Gewerkschaft mit den geschorenen Köpfen so gut wie neutralisiert wurde und eine kooperativere Führerschaft einsetzte. Im April 2006 verkündete der Präsident und CEO der Shinhan Bank eine friedvolle Zusammenarbeit mit den Arbeitervertretungen beider Banken, ein Akt, der klar demonstrierte, dass zwischen den Arbeitnehmern der neuen Bank Harmonie herrschte.[6] Nach Ablauf der Dreijahresfrist, als die offizielle Integration stattfand, verschwand der Name der Chohung Bank. Innerhalb von drei Jahren wurde die Shinhan Financial Group die größte Finanzgruppe Koreas und eine der 25 asiatischen „Leithammel"-Aktiengesellschaften des „Wall Street Journal". Der Markt bewertete die Fusion mit der 108 Jahre bestehenden Chohung Bank „als unüblich ruhig durchgeführt und erfolgreich."[7]

## 9.1    Die Arbeit an der immateriellen Realität

Wie der Fall von Shinhan und Chohung deutlich zeigt, liegt der Schlüssel zum Erfolg einer Integration bereits in der Anfangsphase. In dieser stellt es sich heraus, ob verfeindete Gruppen zu Mitspielern der Integration werden oder nicht. Deshalb lautet für uns die wichtigste Frage zu Beginn eines neuen Projekts: Wie bekommen wir die Erlaubnis der Betroffenen, die mit Existenzängsten, Machtfragen und Interessenkonflikten beschäftigt sind, uns Einblick in die immaterielle Realität ihrer Organisation zu geben?

Existenzängste, Machtfragen und Interessenkonflikte

Bei einer Integration besteht unsere erste Herausforderung darin, die Manager und Mitarbeiter beider Unternehmen zu überzeugen, dass wir als Mediatoren eine allparteiliche und nützliche Arbeit leisten werden. Parallel dazu müssen uns auch der Vorstand und die Top-Manager der akquirierenden Muttergesellschaft vertrauen. Diese stehen oft unter starkem Druck, da Akquisitionen in der Regel sehr kostspielig sind und die Börsen eher skeptisch, ob die angepeilten Synergien erreicht werden können.

Im Folgenden beschreiben wir, wie man durch eine erfolgreiche Bestandsaufnahme der Wahrnehmung Vitamine und emotionale Viren aufdeckt und bereits in dieser ersten heiklen Phase Vertrauen in die Berater als Mediatoren aufbaut.

## 9.2 Wie kann man kollektive Emotionen aufspüren?

Der erste Schritt in der Behandlung von emotionalen Viren besteht darin, sie aufzuspüren und zu analysieren, was nicht so einfach ist, da die hierfür vorhandenen Werkzeuge sehr begrenzt sind. Quy Huy, Profesor für strategisches Management an der renommierten Business School Insead, verdeutlicht das Problem:[8]

*Bisher war das Wissen über Wahrnehmungen von Emotionen auf individuelle Emotionen begrenzt*

„Neueste empirische Studien in der Organisationspsychologie haben die Existenz von kollektiven Emotionen, die Mechanismen, die zu ihrer Entwicklungen beitragen, und ihre Auswirkung auf den Erfolg für die Organisation festgestellt (...). Bisher jedoch waren das Wissen und Verständnis über die Wahrnehmung von Emotion begrenzt auf das Gebiet der individuellen Emotionen (...). Das Vorhandensein von kollektiven Emotionen und ihre Bedeutung für die Dynamik in Organisationen eröffnet neue Perspektiven über Emotionen am Arbeitsplatz, aber es lässt auch wichtige, neue Fragen aufkommen darüber, wie die Wahrnehmmung und Interpretation dieser kollektiven Emotionen zu verstehen sind."

Wie viele andere Forscher, so ist auch Huy der Ansicht, dass die Fähigkeit, kollektive Emotionen genau zu erkennen, beiträgt zur Qualifikation eines Managers, emotional unruhige Situationen wie Veränderungsinitiativen zu bewältigen. Sie hilft dabei, auf die emotionalen Realitäten in einer Organisation zu reagieren und den Grad von Unterstützung, Widerstand oder Unschlüssigkeit für Veränderung einschätzen zu können. Des Weiteren veranlasst sie, sich darüber Gedanken zu machen, wie Mitarbeiter mobilisiert werden können und wie deren Handlungen effektiv zu koordinieren sind. Huy ist der Ansicht, dass der Erfolg von Veränderungsmanagern teilweise abhängt von deren Fähigkeit, ihre emotionale Aufmerksamkeit weg von einer Fokussierung auf Einzelpersonen hin zu einem erweiterten Bild richten zu können. Auf dieser Makroebene wird die größere Dimension von geteilten Gefühlen innerhalb einer Organisation deutlich und kann entschlüsselt werden. Damit ein Manager diese Fähigkeit, die dynamische emotionale Zusammensetzung einer Organisation erkennen zu können, wirklich nutzen kann muss er nach Huy drei große Hürden nehmen. Er nennt die Fähigkeit eines Managers, die dynamische emotionale Zusammensetzung einer Organisation zu erkennen, „Emotionale Aperture" („Emotionale Öffnung")[9]:

*Drei Hürden, um kollektive Emotionen wahrzunehmen*

- **Professionell sein bedeutet, sich auf Aufgaben zu fokussieren**: Die Forschung kennt eine weit verbreitete Angewohnheit unter Menschen aus dem westlichen Kulturkreis: Diese filtern viel von dem aus, was sich auf dem sozialen und emotionalen Feld in der Arbeitswelt ergibt. Um professionell zu sein, muss man daher de facto seine Aufmerksamkeit ausschließlich auf Aufgaben konzentrieren und nicht auf sozial-emotionale Belange.[10] Daher ist es für viele Manager sehr schwierig, die kulturellen Normen von „Professionalität" zu überwinden. Sie haben sozusagen einen „emotionalen blinden Fleck".

- **Informationen über den großen Kontext werden ausgefiltert**: Forschungsergebnisse legen nahe, dass von der Fähigkeit einer Person, einzelperson-orientierte Information zu verarbeiten, nicht automatisch auf deren Fähigkeit, gruppen- oder organisationsorientierte Information verarbeiten zu können schließen lässt. Experimente haben zum Beispiel gezeigt, dass Personen nicht die Gruppe als Ganzes wahrnehmen, sondern vielmehr ihre Aufmerksamkeit auf eine oder zwei Einzelpersonen eingrenzen.[11] Folglich filtern Menschen automatisch diejenigen Informationen aus, die in einen größeren sozialen Kontext eingebunden sind, so wie die emotionale Zusammensetzung einer Organisation. Das Ziel der Personalentwicklung sollte daher sein, die Manager zu schulen, ihre Wahrnehmung von der Einzelperson auf die Organisation auszuweiten.

- **Negative Emotionen werden mit geringerer Genauigkeit wahrgenommen**: Empirische Aussagen belegen eine glaubwürdige Asymmetrie in der Wahrnehmung von Emotionen, die negativen Emotionen eine geringere Genauigkeit beimisst als positiven Emotionen.[12] Laut Huy kann das Ausmaß der Falschinterpretation von negativen Emotionen innerhalb der Organisation als Ganzes, aber auch in einzelnen Abteilungen eine strategische Veränderung unterminieren. Beispiel: Manager unterschätzen oft die Verbreitung von Zynismus unter den Mitarbeitern, die sich nicht wertgeschätzt fühlen. So bemerken sie meist nicht, wie sehr diese Handlungen und Aussagen den Erfolg ihrer Veränderungsinitiative sabotieren.

Das Aufspüren und die spätere Analyse von kollektiven Emotionen sind noch ein relativ neues Arbeitsfeld, und die vorhandenen Beratungsmethoden in diesem Bereich sind auch ziemlich begrenzt. Grund genug, diese Methoden nachfolgend etwas genauer zu betrachten.

## Die verbreitetste Methode: Mitarbeiterbefragungen

Oft werden Mitarbeiterumfragen benutzt, um die Stimmung oder die Meinung der Mitarbeiter zu erfragen. In den letzten Jahren haben sich so genannte „Employee Engagement Surveys" sehr verbreitet: Nokia, EADS, Credit Suisse, ABN Amro sind einige der Firmen, die solche Befragungen durchgeführt haben.[13]

Diese Befragungen haben klare Vorteile:

- Da sie elektronisch durchgeführt werden, kann eine große Anzahl von Mitarbeitern befragt werden (bis zu mehreren Zehntausend).

- Die Auswertung im Bereich, Abteilung, Land, usw. ist beliebig.

- Die Ergebnisse können „gebenchmarkt" werden, das heißt, sie sind mit den Ergebnissen anderer Firmen vergleichbar (dies ist zumindest die Hoffnung).

- Bei regelmäßiger Durchführung können diese Befragungen Trends darstellen.

Klassische Umfragemethoden haben jedoch entscheidende Handikaps, wenn es darum geht, die Emotionen in einer Organisation zu untersuchen:

- **Mehrheitlich quantitative Informationen:** Die Fragen sind geschlossen und erlauben nur eine Antwort innerhalb einer Skala (stimme total zu / überhaupt nicht zu). Das Ergebnis sind quantitative Zuordnungen, meist in Prozentzahlen, jedoch nur wenige nutzbare qualitative Informationen.

- **Häufig kein gemeinsames Verständnis der Fragen:** Es besteht oft kein gemeinsames Grundverständnis bei allen Befragten hinsichtlich der Begriffe (zum Beispiel Leadership, Wertschöpfung, Vertrauen, Effizienz). Je nach kulturellem Hintergrund wird ein Begriff ganz anders definiert als von der befragenden Institution beabsichtigt. Wir haben bei mehreren Firmen stundenlange Sitzungen moderiert, in deren es darum ging, die Ergebnisse solcher Studien zu analysieren (genauer gesagt: als relevant zu akzeptieren).

- **Nur die rationale Seite der Organisation wird ermittelt:** Es werden nur die rationalen Aspekte der Organisation untersucht. Wichtige emotionale und kulturelle Kriterien werden nicht hinterfragt beziehungsweise berücksichtigt. Rational gegebene Antworten sind jedoch kein verlässlicher Schlüssel für das Verständnis emotionalen Handelns. Spontane Analogien und frei assoziierte Bilder können wesentlich mehr und detaillierter aussagen.

- **Meinungen, nicht Emotionen:** Letztlich geht es in Mitarbeiterbefragungen um *Meinungen*, und nicht um *Emotionen* und deren Ursachen.

> **⏵ PRAXISBEISPIEL:**
>
> Insgesamt gesehen sind die Ergebnisse solcher Studien schwer interpretierbar. Bei einem unserer Kunden, einer Firma mit ca. 12.000 Mitarbeitern, sollte in einer solchen Umfrage unter anderem folgende Aussage kommentiert werden:
>
> - „Ich vertraue dem Senior Management, weil es tut, was es sagt".
>   Ergebnis: 36 Prozent der Befragten waren mit dieser Aussage einverstanden, 30 Prozent nicht einverstanden und 34 Prozent konnten sich nicht entscheiden. Bei der Auswertung kam eine heftige Diskussion auf:
>
> - Betrachtet ein „einfacher" Mitarbeiter seinen Bereichsleiter, der drei Ebenen über ihm steht, als „Senior Management"? Oder ab der Ebene der Geschäftsführung der Division oder nur den Vorstand ab der Konzernebene?
>
> - Wieso konnten über 30 Prozent der Mitarbeiter mit der Aussage nichts anfangen?
>
> - Welche Emotionen sind dabei im Spiel?
>
> - Was bedeutet dies letztlich für die immaterielle Realität im Konzern?

Wenn es darum geht, das limbische System, das heißt die immaterielle Realität einer Organisation zu analysieren, sind daher quantitative Befragungen eher ungeeignet.

### Die einfachste Methode: Das „Belief Audit"

Die einfachste Methode zur Erfassung der immateriellen Realität besteht darin, Schlüsselpersonen der Organisation persönlich zu befragen, um zu erfahren, was im Unternehmen verbreitet wird. Wenige Tiefeninterviews (zwischen zehn und fünfzig, je nach Unternehmensgröße und -struktur) reichen oft aus, sofern man sich konsequent an interne „Meinungsführer" hält.

*Die Meinungsführer des Unternehmens befragen*

Ein Belief Audit liefert Klarheit zu folgenden Themen:[14]

- Stimmungslage im Unternehmen, ihre Ursachen und Hintergründe,

- Motivatoren,

- Demotivatoren/Motivationsblocker,

- Unternehmenskultur,

- Innerbetriebliche Reibungsverluste,

- Feedback, Umgang mit guten und schlechten Leistungen,

- Qualität der Führung,

- Einschätzung der eigenen Einflussmöglichkeiten.

Dieses Vorgehen hat den Nachteil, sehr persönlich und intuitiv zu sein. Erfahrene Manager und Unternehmensberater erhalten allerdings auf diese Weise sehr schnell ein realistisches Bild der immateriellen Realität der Organisation. Will man mit diesem Bild im Unternehmen arbeiten, stößt man jedoch schnell an Grenzen: Die Betroffenen ziehen sich, wenn es kritisch wird, auf die Aussage zurück, dass dies „lediglich die Interpretation des Beraters sei."

## 9.3   WAHR-Nehmung: Eine emotionale Wahrheit

*„Wir sehen die Dinge nicht, wie sie sind, sondern wie wir sind"*, erklärt Friedrich Glasl, ein berühmter Konfliktforscher. In unserer Definition ist eine Wahrnehmung ein individueller Eindruck, der für diese Person zur emotionalen Wahrheit wird. Für unsere Arbeit ist dies ein unstrittiger Fakt, den wir zu respektieren haben.

> **◍ BEISPIEL:**
>
> In der Debatte um die Aufhebung des Bankgeheimnisses nahmen die Deutschen die Schweizer als rückständig wahr und ausschließlich auf die Haltung ihres Status quo sowie ihres Wohlstandes bedacht. Viele Schweizer wiederum teilten eine Wahrnehmung der „lauten, wenig einfühlsamen und arroganten" Deutschen, die eine so „fürchterliche Regierung haben, dass so viele Deutsche vor ihr fliehen müssen".[15]

*WAHR-Nehmungen sind aus Sicht der Betroffenen immer emotional wahr*

Jede Seite konnte etliche Beweise dafür anführen, dass ihre Wahrnehmung „stimmte", denn vor dem individuellen kulturellen Hintergrund war das emotionale Erleben der Handlungen des anderen eine Bedrohung der eigenen, diametral entgegengesetzten Interessen. Daher sind diese ‚bedrohlichen' Handlungen und Aussagen emotional „wahr" und werden zur emotionalen Wahrheit. In unserer Beratungsarbeit verdeutlichen wir das, indem wir das Wort daher folgendermaßen schreiben: „WAHR-Nehmung".

> **◍ BEISPIEL:**
>
> Hasso Plattner, Mitgründer und Aufsichtsratschef von SAP, sah dies ebenso, als er im Februar 2010 den von der Belegschaft ungeliebten CEO Leo Apotheker entließ. Seine Begründung lautete: „Ein Drittel der Belegschaft hat Vertrauen in den Kurs der SAP-Führung. Im Jahr 2006 waren es 76 Prozent. Dabei sind Emotionen wichtiger als rational Messbares. Das mag bei einer IT-Firma überraschend klingen, aber entscheidend ist die Wahrnehmung. Ob das objektiv berechtigt ist, spielt am Ende keine Rolle mehr."[16]

In Organisationen summieren sich die individuellen WAHR-Nehmungen zu kollektiven „WAHR-Heiten" durch ständigen Austausch der Mitarbeiter untereinander. Der Grund dafür liegt auf der Hand: Im Modus der protektiven Intelligenz versucht jeder Einzelne Leidensgenossen zu finden, die seine Wahrnehmungen teilen. So entstehen Geschichten *(„Hast du auch bemerkt, wie hämisch der neue Chef gerade gegrinst hat?")*, die zur kollektiven Überzeugung werden.

Diese kollektiven „WAHR-Heiten" bestätigen und potenzieren sich gegenseitig. Sie werden somit zu einem bedeutenden Teil der immateriellen Realität der Organisation. Die Formel könnte also heißen:

$$\text{WAHR-Nehmung}^x = \text{kollektive Überzeugung}$$

Es ist äußerst wichtig, diese Wahrnehmungen nicht zu kritisieren, sondern zu akzeptieren, wobei es nicht um die inhaltliche, sondern um die *emotionale* Akzeptanz geht. Trotzdem wird zunächst immer versucht, Wahrnehmungen durch sachliche und emotionale Gegenargumente zu entkräften beziehungsweise zu ändern.

Wahrnehmungen akzeptieren

> ⏸ PRAXISBEISPIEL:
>
> Bei Fusionen entsteht oft die WAHR-Nehmung:
>
> - „Wir werden die Verlierer bei der Integration sein. Allein der Auftritt des neuen Chefs beim Kick-off-Meeting spricht Bände!"
>
> Die typischen Gegenargumente des Managements:
>
> - „Uns sind Gerüchte zu Ohren gekommen, dass sich die Mitarbeiter der ehemaligen Firma Beta als Verlierer sehen. Dafür gibt es absolut keinen Grund, und wir möchten Sie bitten, weiterhin gemeinsam an unseren ehrgeizigen Zielen zu arbeiten!"
>
> - „Wir appellieren an alle Mitarbeiter, die Situation sachlich zu sehen. Natürlich müssen einige Entscheidungen getroffen werden, die einschneidend sind. Aber wir versichern Ihnen, dass diese fair und möglichst im Einklang mit allen Beteiligten getroffen werden."
>
> - „Die Situation ist sehr ernst. Wir können uns Gerüchte und Emotionen nicht leisten. Die Fokussierung auf die Arbeit und die Kunden ist der einzige Weg, gut voran zu kommen."

Selbst als Unbeteiligter kann man nachvollziehen, wie hohl, ja teilweise verletzend solche Äußerungen klingen für jemanden, der Angst um seinen Arbeitsplatz hat.

In unserer Arbeit konnten wir zwei Faustregeln des Veränderungsmanagements beobachten, die sich bisher immer bestätigten:

- **Faustregel 1**

  Je weniger eine Wahrnehmung akzeptiert wird, umso mehr provoziert sie eine mentale Verschmutzung in der Organisation.

- **Faustregel 2**

  Für die Nicht-Akzeptanz ihrer Wahrnehmungen revanchieren sich die Mitarbeiter mit einer Nicht-Akzeptanz der vom Management gewünschten Veränderung.

Wenn die emotionalen Wahrheiten der Mitarbeiter nicht respektiert und akzeptiert werden, sind alle Kommunikations- und Teambuilding-Maßnahmen nutzlos. Die Menschen machen mit, weil sie müssen, halten sich aber emotional bedeckt.

## 9.4 Bestandsaufnahme der WAHR-Nehmungen

Die von uns in über fünfzehn Jahren entwickelte Methode der Bestandsaufnahme der Wahrnehmungen lehnt sich stark an das Belief Audit an. Dabei bleibt unser erstes Ziel weiterhin, Erlaubnis zu erhalten, eine Organisation als Mediatoren begleiten zu dürfen. Die Bestandsaufnahme der Wahrnehmungen ist ein erster unerlässlicher Bestandteil in jedem unserer mentalmerger-Prozesse, sei es eine Post-Merger-Integration oder ein Veränderungsmanagement. Die Methode umfasst folgende Ziele:

- die Erlaubnis erhalten, den Prozess zu moderieren,

- den Raum schaffen, damit die Wahrnehmungen ausgedrückt werden können,

- die Wahrnehmungen zunächst vom Bauchgefühl her bestimmen lassen,

- dieses Bauchgefühl in Worte fassen und strukturieren,

- eine packende Schlagzeile oder Metapher für die Wahrnehmungen finden.

Als externe Berater, die zunächst immer sehr misstrauisch betrachtet werden, geht es uns darum, das „Warum" der kollektiven Wahrnehmung zu verstehen und nicht deren „Richtigkeit" zu beurteilen. Dadurch fühlen sich die Beteiligten ernst genommen und vor allem nicht kritisiert! Sie fassen Vertrauen zu uns, öffnen sich und helfen auf diese Weise mit, die immaterielle Realität des Unternehmens zu erfassen: Hoffnungen, Ängste, Historie, Unternehmenskulturen, Führungsstile, aber insbesondere Interessenkonflikte, also Macht- und Geldinteressen. Die ermöglichte Thematisierung von Tabus macht die Rolle der Berater als Mediatoren gesamtheitlich glaubhaft.

*Das „Warum" der kollektiven Wahrnehmung zu verstehen, nicht zu beurteilen*

Die Summe der positiven und negativen Wahrnehmungen ergibt ein Bild über die immaterielle Realität und folglich über das Ausmaß der mentalen Verschmutzung im Unternehmen.

## 9.5    Gruppenarbeit mit dem mentalmerger-Barometer

Gruppenarbeiten mit acht bis 15 Schlüsselpersonen auf der Basis unseres mentalmerger-Barometers[17] führen in nur 1½ bis 2 Stunden zu sehr aufschlussreichen Aussagen über die immaterielle Realität des Unternehmens. Diese Gruppenarbeiten sind nach Unternehmen und oft nach Standorten oder Bereichen getrennt.

Die Gruppenarbeit stellt in der Regel den ersten Kontakt zu den Managern und Mitarbeitern des Unternehmens dar und ist in vier Schritte unterteilt:

**1. Schritt: Die Vorstellung der Berater.** Diese Phase ist besonders wichtig, denn hier entscheidet sich, ob die Teilnehmer sich für die Gruppenarbeit öffnen und mitwirken, oder ob sie diese einfach nur skeptisch „absitzen". Wir stellen uns zunächst immer sehr persönlich vor, und achten darauf, dass wir eher unsere Lebens- als unsere Berufserfahrung in den Vordergrund stellen. Darauf folgt eine kurze und ausgefeilte PowerPoint-Präsentation, die zum Ziel hat, unsere Vorgehensweise und Philosophie möglichst humorvoll, aber gleichzeitig konkret und praxisbezogen vorzustellen. Die ersten Lacher zeigen uns, dass wir auf dem richtigen Weg sind. Am Ende der Präsentation besteht die Möglichkeit, Fragen zu beantworten und auf Einwände einzugehen.

*Rapport schaffen*

**2. Schritt: Das mentalmerger-Barometer.** Anlehnend an die Methode der gewaltfreien Kommunikation von Rosenberg[18] geht es bei der Bestandsaufnahme der Wahrnehmungen insbesondere darum, sich auf die Klärung von Gefühlen und Bedürfnissen zu konzentrieren, diese zu beobachten und zum Ausdruck zu bringen. Das mentalmerger-Barometer symbolisiert auf zwei Achsen die – aus unserer Sicht – beiden wichtigsten Fragen in einer Zusammenarbeit:

*Die zwei wichtigen Fragen der Zusammenarbeit*

- **Die Frage der Motivation:**
  *„Ist die Kooperation ein Müssen oder ein Wollen?"*
  Die Frage erscheint simpel, ist aber höchst brisant: Wie werden die (neuen) Kollegen und Vorgesetzten wahrgenommen? Sympathisch? Bedrohlich? Arrogant? Einfühlsam und rücksichtsvoll? Oder eher rüde und rücksichtslos? Diese und viele andere Aspekte bedingen, ob rein gefühlsmäßig positive Bereitschaft zur Zusammenarbeit besteht oder ob eher Vorsicht bis hin zu Ablehnung vorherrschen. Dies gilt es herauszufinden.

- **Die Frage der Effizienz:**
  *„Zieht die Kooperation Mittel und Ressourcen ab, oder führt sie solche zu?"*
  Hier geht es darum zu erfahren, ob die Zusammenarbeit auch Ergebnisse bringt oder als fruchtlos empfunden wird. Muss ich mehr Energie einbringen, als ich zurückbekomme? Sind die Kontakte, Besprechungen, Workshops zielführend oder werden sie als zeitaufreibend, unproduktiv oder gar intrigant empfunden?

Nach diesen Erläuterungen fordern wir die Teilnehmer auf, ihr rein subjektives Gefühl als Antwort dieser Frage durch einen Punkt auf dem mentalmerger-Barometer anzugeben.

## Abb. 9.1: Das mentalmerger-Barometer

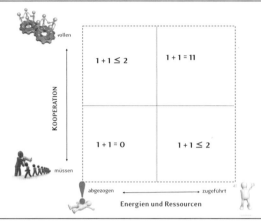

© he2be SA & JPB Consulting

- **Die „K.O.-Operation"**: Wird der Punkt innerhalb des Quadrates 1+1= 0 gesetzt, so sagt dies aus, dass die Kooperation in einem sehr schlechten Zustand ist. Da weder eine Motivation zu kooperieren noch ein Effizienzgefühl vorhanden ist, kann das Ergebnis nur Null lauten. (Siehe negative Synergiespirale in Kapitel 4)

- **Die „Liebesheirat"**: Liegt der Punkt innerhalb des Quadrates links oben, sprechen wir von „Liebesheirat": Der Wille zur Kooperation besteht zwar, aber der Aufwand dafür ist sehr hoch und damit die Effizienz unzureichend. Das hat meistens Kompetenz- oder strukturelle Gründe. Diese drücken sich in Viren der Kategorie vier, „Vorgehensweise" und Rahmenbedingungen der Veränderungsinitiative" aus. Durch die Motivation zur Zusammenarbeit werden viele dieser Viren im Zaum gehalten und strukturelle Hindernisse zeitweise überbrückt. Auf Dauer siegen jedoch die emotionalen Viren über die Motivation. Das Ergebnis ist, wenn überhaupt, bestenfalls „2".

- **Die „Vernunftehe"**: Wenn ein Teilnehmer innerhalb des Quadrates rechts unten „punktet", befindet er sich im Bereich der Vernunftehe: Es gibt zwar Ergebnisse, aber die Motivation besteht nur darin, dieses Ergebnis zu erreichen oder zu halten. Jeder wird nicht mehr für den anderen tun, als er für die eigene Zielerreichung braucht. Hier sind meistens Macht- und Werteviren in Aktion. Da es wenig Motivation zur Zusammenarbeit gibt, endet die Kooperation sofort, wenn der Partner nicht mehr für die eigene Zielerreichung nötig ist. Auch hier lautet das Ergebnis bestenfalls „2".

- **Die Synergie:** Das Quadrat rechts oben ist die Synergiezone: 1+1 = mehr als 2, ja warum nicht sogar 11. Dies ist das optimale Feld, denn es macht Spaß zu kooperieren, da auch Energien und Ressourcen zugeführt werden. Das vorherrschende Gefühl ist: Spaß, zusammenzuwirken und effektive Zielerreichung. Hier wird der Andere auch über die eigenen Interessen hinaus gefördert. Dies ist der Nährboden für die kollektive Intelligenz.

Die Teilnehmer können direkt am Flipchart punkten, oder sie erhalten vorbereitete Blätter mit dem Barometer. Auf diesen kann jeder Einzelne anonym seinen Punkt setzen. Dabei stellen wir zwei verschiedene Eingangsfragen:

Direkte Frage: „Was läuft in *Ihren* Köpfen ab?"

Indirekte Frage: „Was läuft in den Köpfen Ihrer *Kollegen und Mitarbeiter* ab?" Diese indirekte Frage ist insbesondere dann nützlich, wenn man glaubt, dass die Teilnehmer zurückhaltend reagieren werden, wenn sie um ihre eigene Meinung gebeten werden.

**⑪ PRAXISBEISPIEL:**

Die drei Barometer eines Projekts, in dem wir die Bestandsaufnahme der Wahrnehmungen an drei verschiedenen Standorten durchführten:

## Abb. 9.2: Die mentalmerger-Barometer eines Projekts

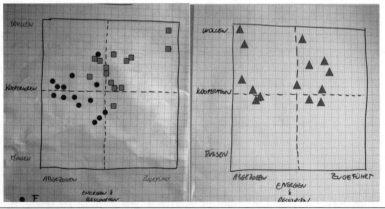

Wie unschwer zu erkennen, fielen die Ergebnisse sehr unterschiedlich aus. Der Standort mit den Punkten empfand die größten Schwierigkeiten, 2/3 der Punkte liegen innerhalb des negativsten Quadrates. Der Standort mit den Quadraten hatte die wenigsten Probleme und war sehr positiv. Der Grund hierfür lag auf der Hand: Dieser Standort bestand erst seit drei Jahren und war noch im Aufbau begriffen, es gab noch keinen Machtkonflikt. Der dritte Standort mit den Dreiecken zeigt ein eher zerrissenes Bild: Ein Teil der Mitarbeiter verspürt zwar Motivation, aber einen sehr hohen Aufwand, der andere Teil ist äußerst positiv.

Nachdem die Teilnehmer ihre Punkte gesetzt haben, ist es sehr wichtig, dieses Ergebnis nicht zu kommentieren, denn diese Punkte stellen ein reines Bauchgefühl dar, und sollen jetzt näher definiert werden.

**3. Schritt: Die schriftliche Strukturierung auf Karten.** Wir fügen kommentarlos dem Barometer eine kleine Wolke hinzu, auf der die Frage steht: „Warum?" Dann bitten wir die Teilnehmer, auf drei bis fünf Karten die Gründe aufzuschreiben, weshalb sie ihren Punkt dort im Barometer gemacht haben. Anschließend werden die Karten von den Moderatoren eingesammelt, vorgelesen und von der Gruppe in Familien strukturiert.

*Warum haben Sie ihren Punkt dort gemacht?*

**4. Schritt: Schlagzeilen erfinden.** In diesem nächsten Schritt wollen wir die Kreativität der Teilnehmer stimulieren und freisetzen. Jeder Mensch strebt natürlicherweise danach, sich einzubringen und seine Ideen zu teilen, und dies umso mehr, wenn dies mit Spaß verbunden ist. Gerade Managern und ihren Mitarbeitern in Organisationen wird dies viel zu selten ermöglicht. Vor dem ernsten Hintergrund der Bestandsaufnahme der Wahrnehmungen in einer mental verschmutzten Organisation wirkt es geradezu befreiend, wenn die Teilnehmer durch die Moderatoren die Erlaubnis erhalten, sich kreativ gehen zu lassen, um ihre emotionalen Viren auszudrücken.

*Wie würde die „Bild"-Zeitung dieses Problem „verkaufen"?*

Wir versuchen daher, die Gruppe zu motivieren, ihre in Familien unterteilten Wahrnehmungen in inspirierende, das limbische System erreichende Wörter oder Metaphern umzusetzen. Daher bitten wir sie nicht nur, eine simple Überschrift für die verschiedenen Familien zu finden, sondern fragen: *„Wie würde die Bild-Zeitung dieses Problem verkaufen?"* oder: *„Wie würde die Schlagzeile in der Bild-Zeitung für diesen Themenkomplex lauten?"*

In den zahlreichen Bestandsaufnahmen der letzten Jahre machten wir immer die Erfahrung, dass in dieser Phase etwas ganz Entscheidendes stattfindet: Die Gruppe, bereits bei der Strukturierung der Themen sehr involviert und aktiv, wird nun kreativ. Es kommen gewagte, komische, innovative Vorschläge, die ersten Lacher sind zu hören. Sind die ersten Vorstöße noch zaghaft, so kommen immer weitere, im wahrsten Sinne „bildhafte" Überschriften zustande. Dies können sowohl kreative Wortschöpfungen sein, Anleihen an bekannte Film- und Buchtitel, geflügelte Worte oder Sprichwörter. Jede Schlagzeile symbolisiert ein Vitamin oder einen emotionalen Virus.

Hier eine kleine Auswahl von Schlagzeilen aus unserer Praxis:

| Thema | Schlagzeile |
|---|---|
| Die Mitglieder der Geschäftsführung sind untereinander zerstritten | Der Fisch stinkt vom Kopf her |
| Schöne Reden über Synergie, aber der denkt ja doch nur an sich selbst | 1 + 1 = ICH |
| Viel zu komplizierte Prozedere und Richtlinien | Einfach ist blöd! |
| Keine Perspektiven mehr | No future ! |
| Wenig Hoffnung, den Prototypen noch fristgerecht fertigzustellen | Lasset uns beten ... |
| Der Chef zieht alles an sich | Der Sonnenkönig |
| Der neue Chef geht über Leichen | Terminator |
| SAM, das neue IT-Program, verschlimmert alles nur | Who the f... is SAM? |
| Vitale Entscheidungen werden nicht getroffen | As time goes by.... |
| Die neue Muttergesellschaft drückt uns alles auf | Dampfwalze |
| Die Kunden gehen zur Konkurrenz | Wenn zwei sich streiten ... |
| Die französische Muttergesellschaft lässt uns in England überhaupt keine Freiheit | Think French - act French |

Auch hier gilt: Als außenstehender Leser werden Sie vielleicht über diese Schlagzeilen schmunzeln. Aber versetzen Sie sich einmal in die Haut eines betroffenen Mitarbeiters oder Managers. Es bedeutet einen riskanten Schritt, den Chef als *„Sonnenkönig"* oder gar als *„Terminator"* zu bezeichnen. Oft schreckt die Gruppe angesichts solch prägnanter Titel zurück. Es ist dann Aufgabe der Moderatoren, sie zu beruhigen und anzuspornen, das Wagnis einzugehen. Wir stehen als Mediatoren dafür, dass diese Wahrnehmung nicht auf die Gruppe oder gar auf Einzelne zurückfallen wird.

*Den Chef als „Sonnenkönig" oder gar „Terminator" zu bezeichnen, ist riskant*

An dieser Stelle entscheidet sich, ob es den Beratern in nur knapp 90 Minuten gelungen ist, eine so starke Vertrauensbasis aufzubauen, dass die Gruppe es wagt, ihre Wahrnehmungen in derartige Schlagzeilen zu verpacken und diese auch so stehen zu lassen. In diesem Fall können die Berater davon ausgehen, dass sie nunmehr die Erlaubnis haben, die Gruppe zu begleiten und auch gegenüber den anderen Parteien zu vertreten.

Der Einsatz der Methode des mentalmerger-Barometers erleichert es den Beteiligten, vor allem in der Anfangsphase, ihre Gefühle auszudrücken und in einem öffentlichen Raum zu teilen.

## 9.6    Einzelinterviews: Die fünf wichtigsten Fragen

Anschließende Einzelinterviews von ca. 45-minütiger Dauer dienen der Vertiefung, Nuancierung und dem besseren Kennenlernen der Schlüsselpersonen. Wir haben dazu zwar immer einen Fragebogen vorbereitet, ziehen es aber vor, die Fragen in Gesprächsform zu stellen, da viele Menschen lieber erzählen als Fragen zu beantworten.

Zunächst sichern wir jedem Gesprächspartner Vertraulichkeit zu. Manche Mitarbeiter können sehr nervös sein, da sie im Hinterkopf vielleicht doch noch die leise Befürchtung haben, die Aussagen könnten verfälscht werden oder gar in der Personalakte landen. In diesem Falle sollte versucht werden, die Person über einfache Fragen, zum Beispiel nach der bisherigen Karriere, zu beruhigen. Oft ist es auch sinnvoll, den Mitarbeiter selbst Fragen stellen zu lassen, wobei es vorkommt, dass dem Berater einige persönliche Fragen gestellt werden, die er dann bereitwillig und authentisch beantworten sollte. Je mehr die Antworten mit dem Eindruck aus der vorangegangenen Gruppenarbeit in Einklang sind, umso mehr wird sich der Interviewpartner entspannen und Vertrauen aufbauen.

Bevor wir zu den eigentlichen Fragen kommen, möchten wir wissen, wie der Mitarbeiter die Gruppenarbeit sowohl von der Form als auch vom Inhalt her empfunden hat. Dies gibt Gelegenheit, die Gruppenarbeit zu bewerten, eventuell eigene Meinungen hinzuzufügen, oder hingegen verschiedene Gruppenaussagen ganz anders zu beurteilen, was allerdings selten der Fall ist. In der Regel erhalten wir als Feedback, dass die Gruppenarbeit sehr umfassend und komplett war. *„Ich hätte nie gedacht, dass alle diese Tabuthemen in so kurzer Zeit auf den Tisch kommen und von uns sogar strukturiert werden können!"* ist eine sehr häufige Aussage.

*„Ich hätte nie gedacht, dass diese Tabuthemen auf den Tisch kommen!"*

Dies ist die ideale Ausgangsposition, um die eigentlichen Fragen anzusprechen, die sich, zum Beispiel in einer Fusion, um fünf wesentliche Aussagen drehen sollten:

- **Was macht ihr gut? Wer sind eure Helden, Energizer, Erfolgsgeschichten?**
  Hierbei geht es darum, den Mitarbeitern der Organisation zu vermitteln, dass unsere Rolle nicht darin besteht, Negatives aufzunehmen und zu beurteilen, sondern auch um positive Aspekte (Know-how, funktionierende Kooperationen, Erfolgsgeschichten, aufbauende Wahrnehmungen) herauszufiltern und damit zu arbeiten. Oft blühen Menschen förmlich auf, wenn sie, anstatt

zu jammern, die Gelegenheit bekommen, sich über positive Dinge zu äußern, weil ihnen dann auch bewusst wird, dass es durchaus positive Anzeichen in der neuen Situation gibt oder geben kann.

- **Wie werden die anderen wahrgenommen, sowohl positiv als auch negativ?**
  Welches sind die Stärken und die Schwächen der jeweils anderen Firma, die integriert beziehungsweise gekauft wird? Gibt es eine Historie? Gibt es Schlüsselpersonen in beiden Unternehmen, die befreundet sind oder sich bekämpfen?

- **Was sollte aufhören oder was wird befürchtet?**
  Hier möchten wir wissen, welche Vampirizer-Geschichten und Gerüchte erzählt werden, wobei es sich dabei auch nur um einzelne Worte handeln kann, die für bestimmte Situationen oder Kollegen benutzt werden. Beispiel: In einem Unternehmen war ein wichtiges Projekt mit dem Codenamen „Daisy" gescheitert. Seither wurden als riskant empfundene Vorschläge mit dem Hinweis abgelehnt: *„Das wird mit Sicherheit ein neues ‚Daisy'".*

- **Was sollte in die Wege geleitet werden?**
  Die Mitarbeiter einer Organisation haben bekanntlich selbst sehr oft gute Lösungsvorschläge, die allerdings ungehört verhallen. Daher ist es wichtig, in den einzelnen Interviews dieses Thema anzusprechen. Oft ähneln sich die Vorschläge, was beweist, dass in diesem Bereich wirklich etwas unternommen werden muss, manchmal kommen sehr innovative Vorschläge, welche die Geschäftsführung durchaus inspirieren könnten. In diesem Zusammenhang ist es wichtig, dass die Moderatoren dem Einzelnen vermitteln, dass seine Meinung gefragt ist und er tatsächlich auch Einfluss nehmen kann.

- **Welches sind Ihre Erfolgskriterien für unsere Arbeit?**
  Diese Frage stellen wir systematisch zum Abschluss des Interviews. An dieser Stelle bekommen wir von den Betroffenen konkrete Hinweise, an welchen Kriterien sie uns messen werden. Gleichzeitig ist es auch die Frage aus einer anderen Perspektive, um zu erfahren, welche konkreten Aktionen denn jetzt unternommen werden sollten.

## 9.7 Strukturierung und visuelle Aufbereitung emotionaler Viren

Die gewonnenen Erkenntnisse und Daten werden in einer internen Analyse von allen involvierten Beratern strukturiert und in einzelne Themenbereiche gegliedert. Der Aufwand kann, je nach Umfang des Projekts, beträchtlich sein. Wenn mehrere Standorte involviert sind, müssen zu jedem Standort sowohl die mentalmerger-Barometer, die Gruppenarbeiten als auch alle Interviews be- und verarbeitet werden. Diese Auswertung führt zunächst jeder Berater allein durch, danach folgt ein meist mehrtägiges gemeinsames Brainstorming.

Die Informationen auf wenige Grundaussagen reduzieren

Wie Journalisten, die viele Informationen kompakt strukturieren und auf wenige Grundaussagen reduzieren müssen, so versuchen die Berater, die erhaltenen Informationen und ihre eigenen Wahrnehmungen auf einen Nenner zu bringen. Das Ziel ist, sowohl für die positiven Aspekte, auch „Vitamine" genannt, als auch die emotionalen Viren griffige Bezeichnungen zu finden und, so weit möglich, mit einer Prise Humor zu verbinden.

Oft lassen sich dazu Schlagzeilen aus den Gruppenarbeiten verwenden, meistens müssen jedoch neue gefunden werden, da die Schlagzeilen aus verschiedenen Standorten oder Bereichen stammen und integriert werden müssen. In der Regel kreieren und strukturieren wir zehn bis zwanzig Vitamine und emotionale Viren in einem Projekt.

Synergien zwischen Schlagzeilen und Bildern finden

Für diese Vitamine und Viren muss ein passendes Bild gefunden werden. Die Synergie von Schlagzeile und Bild soll das allgemeine Empfinden exakt wiedergeben und eine tiefgründige, emotionale Reaktion bei den Betroffenen auslösen.

So wie die Benennung der emotionalen Viren eine kreative Arbeit darstellt, erfordert auch deren Visualisierung eine ausführliche Recherche in Bilderdatenbanken, Büchern und Zeitschriften. Hierbei sind natürlich auch die Nutzungsrechte zu beachten. Es gibt eine Vielzahl von Bilddatenbanken, in denen man preisgünstig Bilder nach Stichworten suchen und herunterladen kann.

Ein Bild, das einen Virus illustriert, muss emotional aufgeladen werden

Wir möchten an dieser Stelle nochmals betonen, dass die Bezeichnung der Viren und die Auswahl der Bilder einerseits eine Arbeit darstellt, die mit viel Spaß verbunden sein kann, auf der anderen Seite jedoch sehr aufwändig ist, da es nicht darum geht, irgendein Bild zu finden, sondern eine Visualisierung, die zu dem Unternehmen, der Situation und den involvierten Personen passt. Wenn das nicht der Fall ist, wird die Visualisierung nicht den erhofften Erfolg haben. Oder positiv formuliert: Das Bild muss sozusagen emotional aufgeladen werden. Je mehr Energie und Anspruch in die Visualisierung gesteckt wird, umso besser fällt das Ergebnis aus.

Um ein treffsicheres Ergebnis zu erreichen, muss das gewählte Bild eine gelungene Mischung reflektieren aus

- sehr viel Einfühlungsvermögen,

- einer Prise Phantasie,

- einer ausgeprägten Synthesefähigkeit,

- viel Erfahrung,

- einem Hauch von Impertinenz.

Gerade dieser letzte Punkt „Impertinenz" mag erstaunen, sie macht jedoch den entscheidenden Unterschied aus, denn das Beraterteam muss auch ein gewisses Risiko eingehen, indem es provoziert und den Finger in die Wunde legt. Nur dann erfüllt es seine Aufgabe.

## 9.8 Eine Software zur Erfassung des limbischen Systems der Organisation

Der hier beschriebene Ansatz hat sich als sehr effizient erwiesen. Manchmal wünscht der Kunde jedoch eine umfassendere, komplexere und wissenschaftliche Bewertung der Wahrnehmungen der Organisation. Der Organisations- und Psychologieprofessor Peter Kruse hat in den vergangenen Jahren eine Befragungsmethodik entwickelt und verfeinert, die es erstmals ermöglichte, Aussagen zu Werten und Bewertungen sowohl emotional – qualitativ als auch rational – quantitativ zu erfassen und zu strukturieren.[19] Auf diese Befragungs-Software greifen insbesondere Großunternehmen inzwischen zunehmend zurück, sowohl für Marktforschungen als auch für Mitarbeiterbefragungen. Das Programm nextexpertizer ermöglicht einen Zugang zu den kollektiven Emotionen der Menschen in einer Organisation. Die dahinter stehende Idee ist, dass emotionale Bewertungen in einem Teil des Gehirns entstehen, der dem Bewusstsein nur sehr eingeschränkt zugänglich ist. So kommt es nicht selten vor, dass Menschen etwas ganz anderes sagen, als sie tatsächlich fühlen. Im Interview-Verfahren von nextexpertizer wird Sprache zum Werkzeug der Offenlegung intuitiver Präferenzen. Beliebig viele Interviews können mathematisch miteinander in Beziehung gesetzt, ausgewertet und in dreidimensionalen Grafiken anschaulich dargestellt werden. Damit ist es möglich, die unbewussten Bewertungen vieler hundert Menschen zu verstehen und zu vergleichen.

*Beliebig viele Interviews mathematisch miteinander in Beziehung setzen, auswerten und anschaulich darstellen*

Wir selbst nutzen diese Software komplementär zu unserer Methodik, wenn der Kunde eine umfassendere Bewertung der Wahrnehmungen der Organisation wünscht.

## 9.9 Hintergrund: Verzerrte Wahrnehmungen und emotionale Interventionen

Wieso ist es oft notwendig, mit dem „limbischen System" der Organisation zu arbeiten? Wieso sind rationale, objektive Argumente nicht mehr wirkungsvoll?

*Die Verzerrung der Wahrnehmungen*

„Wahrheit ist die Erfindung eines Lügners" – so lautet der Titel eines Buches des Kybernetikers Heinz von Foerster und des Journalisten Bernhard Pörksen. Und in der Tat wurde in der philosophischen wie auch in der neurowissenschaftlichen Diskussion viel darüber gestritten, ob der Begriff der „Wahrheit" zur objektiven Beschreibung unserer Welt dienlich sein kann.

Ein Problem liegt genau in dieser vermeintlichen Objektivität: Unsere sozialen Wahrnehmungen sind nicht objektiv, sondern von mehreren Filtern systematisch verzerrt. Wir sind nicht in der Lage, all die Millionen Informationen, die ständig auf uns niedergehen, gleichzeitig aufzunehmen und bewusst zu verarbeiten. Die „Kognitiver-Geizhals"-Theorie der Sozialpsychologie besagt – und dies wurde mehrfach bewiesen –, dass bei Vorliegen vollständiger Information Personen nicht auf das ganze Wissen zugreifen, sondern Heuristiken (Faustregeln) verwenden. Daher schafft sich jeder seine eigene Repräsentation der Welt, in der wir leben.

Harald Gärtner, Fachautor im Kommunikationsbereich, beschreibt einen der häufigsten Filter[20]: „Die Genauigkeit, mit der wir andere Menschen beurteilen, hängt sehr stark von unserer eigenen Befindlichkeit ab. Fühlen wir uns selbst wohl, dann sind wir auch bereit, anderen Menschen positive Charaktereigenschaften zuzuschreiben. Auch sprechen Untersuchungen eindeutig dafür, dass der erste Eindruck die Beurteilung einer Person unverhältnismäßig stark beeinflusst. Dieser Zusammenhang wird in der wissenschaftlichen Literatur als „Primacy"-Effekt bezeichnet. Hinzu kommt, dass, wenn wir einmal einem Menschen gute oder auch schlechte Eigenschaften zugesprochen haben, wir dazu neigen, auch andere Eigenschaften aus ganz anderen Bereichen diesem Menschen zuzuschreiben. Dies wird als „Halo"-Effekt bezeichnet."

Ein zweiter, wichtiger Einflussfaktor sind Stereotype. Wir neigen schnell dazu, Menschen in Typen einzuteilen, das heißt sie in eine bestimmte Schublade zu stecken wie: „Das ist ein typischer Besserwisser", etc. Diese Typisierung wird von jedem von uns, meistens unbewusst, vorgenommen und muss auch nicht immer negativ sein: Indem wir so vorgehen, können wir rasche Entscheidungen treffen, die im täglichen Leben oft notwendig sind, zum Beispiel sind nicht alle Punks gefährlich, aber es ist trotzdem ratsam, ein Stereotyp anzuwenden und

Streit zu vermeiden. Es kann vorkommen, dass wir einen Fehler machen, vor allem dann, wenn wir annehmen, dass die Merkmale einer Gruppe auf jedes einzelne Mitglied dieser Gruppe gleichermaßen zutreffen.

*Konflikteskalation: Aus Wahrnehmungen werden Überzeugungen*

Bei Stress und Konflikten tritt eine zunehmende Beeinträchtigung der Wahrnehmungsfähigkeit ein, wodurch die am Konflikt beteiligten Personen oder Gruppen zu unterschiedlichen Bildern der Wirklichkeit und Überzeugungen kommen. Die Aufmerksamkeit wird selektiv, das heißt, manche Dinge werden schärfer und andere gar nicht wahrgenommen:

- Bedrohliches wird deutlicher gesehen, anderes wird übersehen,

- Ärgerliche und störende Eigenschaften des Gegners fallen auf, gute Eigenschaften werden übersehen oder bagatellisiert,

- Ereignisse werden verzerrt und oft verdreht wahrgenommen,

- Vielseitige und komplexe Situationen werden nur noch simplifiziert wahrgenommen,

- Es wird nur noch das gesehen, was der eigenen Meinung und dem eingeschliffenen Denkmuster entspricht, das heißt, bestehende Vorurteile scheinen bestätigt zu werden und verfestigen sich.

„Kurz gefasst: Wir sehen die Dinge nicht, wie die sind, sondern wie wir sind", erklärt der bereits zitierte Konfliktforscher Friedrich Glasl, der ein sehr verbreitetes Modell der Konflikteskalation entwickelt hat.[21]

Das Schlimme daran ist, dass wir an unseren Überzeugungen festhalten, weil wir glauben, dass es sich um die WAHR-Heit handelt, dass diese Überzeugungen auf objektiven Daten basieren und dass die Daten, die wir auswählen, die objektiv relevanten Daten sind. Alle diese Punkte sind aber nur Illusionen ...

*Die Wirkung emotionaler Interventionen*

Daraus entsteht eine die negative Synergiespirale, aus der auszubrechen zunehmend schwieriger wird. Die Wahrnehmungen der Betroffenen gehen immer weiter auseinander, die Überzeugungen verfestigen sich immer mehr. Je früher also eine solche negative Synergiespirale durchbrochen wird, desto eher wird sich die Wahrnehmung wieder mehr von den „unverzerrten" Informationen leiten lassen. Die wichtigste Voraussetzung dafür ist in erster Linie, dass man die eigene Wahrnehmung in Frage stellt, sich die Kreislaufprozesse, Verzerrungen und deren Konsequenzen bewusst macht und aktiv entgegenwirkt. Aber wie kann es funktionieren, wenn rationale Argumente nicht mehr wirken? Wie der „Storytelling"-Experte Michael Loebbert es erklärt, können rationale Argumente sogar eine negative Wirkung haben.[22] „Wenn eine Virusgeschichte erst einmal in eine Organisation eingedrungen ist, besteht keine Möglichkeit mehr, sie durch Fakten zu widerlegen. Jeder Versuch in diese Richtung bewirkt das Gegenteil, entweder eine weitere Eskalation von Behauptungen und Gegenbehauptungen, oder eine weitere Minderung der Glaubwürdigkeit."

Der Psychologe und Harvard-Professor Jerome Bruner zeigt einen Weg für eine Lösung: „Eine gute Geschichte und ein gutes Argument sind völlig unterschiedliche Dinge. Beide können gebraucht werden, um uns von etwas zu überzeugen. Allerdings überzeugen sie uns von völlig unterschiedlichen Dingen: Argumente überzeugen uns von ihrem Wahrheitsgehalt, Geschichten von ihrer Lebensähnlichkeit."[23] Logische Argumente werden hauptsächlich im Neokortex bearbeitet und können nur begrenzt emotionale Auffassungen, die eher als Bilder im limbischen System verankert sind, beeinflussen. Verkäufer und Politiker nutzen diese Kenntnisse und sprechen deswegen unsere Emotionen anstatt unseren Verstand an. Anders ausgedrückt: Unmittelbares Erleben ist narrativ, Reflektion verlangt Distanz. Das Problem ist, dass falls Viren vorhanden sind, eine emotionale Distanz zum Thema oft nicht mehr möglich ist.

Emotionale Interventionen wie Virusbilder, Malübungen, Unternehmenstheater, Metapher, der Nutzen von Humor usw. adressieren durch ihre symbolische Natur unsere Emotionen. Es wurde beispielsweise bewiesen, dass Humor unser limbisches Belohnungssystem aktiviert.[24] Diese Interventionen rufen Assoziationen hervor und wecken Erinnerungen. Sie verdichten Erfahrungen, psychische Inhalte und Emotionen, die anders nicht darstellbar sind. In ihnen sind Probleme ausgedrückt, die den Einzelnen beschäftigen und den Gesamtkontext des Unternehmens berühren. Spielerische Aspekte entlasten dazu von festgefahrenen Rollenerwartungen und sozialen Regeln. Vor allem sprechen sie das Unterbewusste an und entfalten dadurch eine besondere Wirkung.

Solche Interventionen sind Experimentierbühnen für neue Wahrnehmungen. Sie geben der Organisation neuen Sichtweisen und ermöglichen es, gegebene Verhärtungen aufzuweichen.

## 10. Vermittlung der Viren: Wie wird die Botschaft aufgenommen?

> „Lasse nie zu, dass du jemandem begegnest,
> der nicht nach der Begegnung mit dir glücklicher ist."
> Mutter Teresa (1910 – 1997)

Im Januar 2004 gab Air Liquide, der Weltmarktführer für technische Gase, bekannt, dass eine Vertragsvereinbarung zur Übernahme der Aktivitäten im Bereich „Technische Gase" von Messer Griesheim, ehemals dem Hoechst-Konzern zugehörig, in Deutschland, Großbritannien und den USA unterzeichnet wurde. Das Transaktionsvolumen belief sich auf ca. 2,7 Milliarden Euro für einen akquirierten Umsatz von einer Milliarde Euro. Ab dem dritten Jahr sollte die Integration der Messer Griesheim-Aktivitäten zu jährlichen Synergien von ca. 100 Millionen Euro vor Steuern führen.[25]

Damit bahnte sich auf dem Sektor der industriellen Gase eine massive Veränderung mit weltweiten Konsequenzen an. „Die Welt" berichtete über die Akquisition des Krefelder Gasspezialisten unter dem Titel „Marktführer Air Liquide bringt Linde in Zugzwang"[26]: „Die Akquisition von Messer Griesheim wird den Wettbewerb zwischen den beiden ärgsten Konkurrenten Air Liquide (Frankreich) und Linde (Deutschland) verschärfen. Der Weltmarktführer aus Frankreich stärkt durch den milliardenschweren Zukauf seine Position in Europa und greift in Deutschland den Wiesbadener Dax-Wert direkt auf seinem Heimatmarkt an. Zudem machen sich die Franzosen durch den Messer Griesheim-Zukauf unabhängiger vom starken Euro, da sie in den USA ihre Präsenz ausbauen und dort weitere Produktionskapazitäten erhalten. Für Air Liquide ist daher die Übernahme der Messer Griesheim-Gesellschaften ein strategisch sehr wichtiger Schachzug, für Linde hingegen ein Rückschlag bei der konzeptionellen Neuausrichtung seines Geschäfts." (Linde erwarb kurz darauf den englischen Konkurrenten BOC und verschob somit das Kräfteverhältnis etwas mehr zu seinen Gunsten.)

Die Integration zweier Firmen birgt erfahrungsgemäß viele Risiken, und zwar umso mehr, wenn die Businesskulturen sehr unterschiedlich sind. Die Merger- und Akquisitionsspezialisten Sieghart Scheiter und Mirja Wehmeyer verdeutlichen dies folgendermaßen: „Das Überschreiten von nationalen Grenzen bei Akquisitionen hält aber zusätzliche Herausforderungen bereit. Dies zeigt sich beispielsweise bei der Übernahme von Messer Griesheim durch Air Liquide. Bei der Übernahme des deutschen Konkurrenten führten konträre Arbeitsweisen und viele nationale Eigenheiten zu großen Problemen."[27]

Bei der Integration zeigte sich bald eine Vielzahl von Problemen: Neben großen interkulterellen Unterschieden sowohl in den Business- als auch in den Unternehmenskulturen, musste die in Deutschland wesentlich kleinere Air Liquide (700 Mitarbeiter) den dreimal größeren ehemaligen Konkurrenten integrieren.

Aus diesem Grund wurden wir[28] von Markus Sieverding, dem Geschäftsführer von Air Liquide Deutschland, beauftragt, die Integration zu begleiten. Wir konnten den Integrationsprozess über eine Dauer von 18 Monaten auf der Grundlage unseres mentalmerger-Prozesses begleiten.

Die Vorgehensweise und Ergebnisse unserer Arbeit wurden in der „Financial Times London"[29] unter dem Titel „Warum erfolgreiche Fusionen sich im Kopf abspielen" wie folgt dargestellt:

„Das neu kombinierte Geschäft von Air Liquide und Messer Griesheim war ein Nährboden für interkulturelle Missverständnisse und Ressentiments. Direkt unter der Oberfläche drohten sich widersprechende Arbeitsstile, nationale Stereotypen und die Unsicherheit über die Zukunft die neue Einheit zu untergraben. Eine Betrachtung vergangener grenzüberschreitender Abschlüsse lässt erkennen, dass etwa die Hälfte des aktuellen Ertrags nicht erzielt werden kann, wobei kulturelle Zusammenstöße die häufigste Ursache darstellen. ‚Die größte Herausforderung war, wie man Menschen zur Zusammenarbeit bringt und Kunden beizubehalten, um keine Aufträge zu verlieren', sagt Markus Sieverding, Chef von Air Liquide Deutschland. ‚Das ‚mental merger'-Projekt lief parallel zur Integration von Geschäftsprozessen wie Finanzen, Verwaltung, IT und Logistik.'"

Auf der Basis einer Bestandsaufnahme der Wahrnehmungen an den drei Standorten Paris (Air Liquide-Zentrale), Düsseldorf (Air Liquide Deutschland-Zentrale) und Krefeld (Messer Griesheim-Zentrale) definierten wir insgesamt zwölf emotionale Viren, die in der Lage waren, eine erfolgreiche Zusammenführung der beiden deutschen Strukturen zu kompromittieren. Die gefährlichsten emotionalen Viren der Integration waren somit entdeckt und beschrieben. Aber wie konnte man solche emotionalen Viren einer Organisation auf eine Art und Weise vermitteln, dass sie angenommen werden und nicht noch zu den schon vorhandenen Spannungen beitragen?

Wir werden in den folgenden Kapiteln, mit freundlicher Genehmigung von Markus Sieverding, Geschäftsführer von Air Liquide, auf einige spezifische Themen dieses Projekts eingehen.

## 10.1 Feedback, Coaching und Mediation sind effizient, aber nicht immer erwünscht

Im Organisationscoaching gibt es zahlreiche gemeinsame Nenner mit Einzel-
und Gruppencoachings, allerdings mit einem entscheidenden Unterschied: Einige Betroffene sehen sich auf einmal ungewollt mit einem Feedback, einem Coaching oder einer Mediation konfrontiert. Zum Beispiel der Landes-Bereichsleiter,
der im Rahmen einer Bestandsaufnahme der Wahrnehmungen an verschiedenen Standorten sowohl von seinen eigenen Mitarbeitern, als auch denen anderer
Landesgesellschaften, wie bereits erwähnt, als *„Terminator"* bezeichnet wurde.
Da er das Projekt nicht persönlich initiiert hatte, war er nicht erfreut über unge-
wolltes, zumal negatives Feedback. Andererseits wussten alle Teilnehmer der Bestandsaufnahme, dass das Thema angesprochen worden war, und erwarteten
nun mit Recht seine Behandlung, ansonsten wäre die Glaubwürdigkeit des Vorstands gefährdet.

> Viele direkt Betrof-
> fene wurden vorher
> nicht gefragt und
> müssen erst für
> den Prozess gewon-
> nen werden

In der Regel zeigt sich die Mehrheit der Mitarbeiter erfreut, wenn die „heißen
Kartoffeln", also die wirklich brisanten und heiklen Themen endlich angesprochen werden. Allerdings gibt es auch immer Einzelpersonen oder Gruppen, die
sich attackiert fühlen und daraus eine defensive Haltung entwickeln. Die Arbeit
an emotionalen Viren ist allerdings kaum möglich, wenn ausgerechnet diese
Mitarbeiter oder Gruppen nicht einbezogen werden können.

Die Gewinnung einer reflexiven Selbstdistanz ist eine wichtige Voraussetzung
für die Arbeit an den emotionalen Viren der Organisation. Im Wesentlichen geschieht dies durch einen Perspektivenwechsel und ein damit verbundenes, ver-
ändertes Bewusstsein. Die bildhafte Darstellung der Viren und die Verwendung
von Metaphern sind Versuche, diese Perspektivenwechsel zu unterstützen oder
sogar zu provozieren. Dies kann jedoch auf autoritäre Art und Weise geschehen,
und die Berater müssen hier mit viel Fingerspitzengefühl vorgehen.

## 10.2 Die vier Säulen einer professionellen Vermittlung der emotionalen Viren

Um die Veränderungsinitiative erfolgreich zu begleiten, müssen die Berater gewisse Eigenschaften mitbringen und Voraussetzungen schaffen:

- **Allparteilichkeit**: Die Berater agieren wie Mediatoren. Mehr als nur neutral, sollten sie sich „allparteilich" zeigen. Mit Neutralität verbindet sich Distanz, wobei „Allparteilichkeit" impliziert, dass die Berater den Parteien empathisch zugewandt sind. Sie erscheinen nicht unbeteiligt und innerlich
  gleichgültig, sondern als Vermittler, welche die Standpunkte und Interessen

der Parteien aufnehmen, ohne sich dabei instrumentalisieren zu lassen, sie be- oder verurteilen nicht, sondern akzeptieren und wertschätzen alle Parteien gleichermaßen.

- **Sicherheit**: Die Schaffung einer vertrauensvollen Atmosphäre steht im Vordergrund, damit sich die betroffenen Akteure öffnen und einlassen können. Die Einzelgespräche mit Meinungsbildern in der Bestandsaufnahmephase tragen entscheidend dazu dabei, dass sich die Berater den Ruf der Vertrauenswürdigkeit erarbeiten, was zu einer positiven Einstellung bei einer Feedback-Veranstaltung führt.

- **Empathie**: Die Ergebnisse der Bestandsaufnahme sollten so einfühlsam übermittelt werden, dass keiner der Anwesenden das Gesicht verliert. Empathie impliziert, Gedanken und Gefühle des anderen so weit wie möglich zu erkennen, dessen Sichtweise und Perspektive zu verstehen. Das Gefühl, verstanden zu werden, hat auf Menschen, besonders in Stresssituationen, eine erstaunlich positive Wirkung: Es wirkt entlastend und befreiend. Andererseits müssen die Berater auch in der Lage sein, als eine Art „Botschafter" den jeweiligen Parteien ihre Wahrnehmungen auf empathische Weise zu vermitteln.

- **Bescheidenheit**: Die Berater müssen sich bewusst sein, nicht unbedingt im Besitz der Wahrheit zu sein, denn auch die Erstellung der Vitamine und emotionalen Viren basiert auf einer Wahrnehmung: die der Berater, und diese muss nicht in jedem Fall zutreffend sein.

**Abb. 10.1:** Die vier Säulen einer professionellen Vermittlung der emotionalen Viren

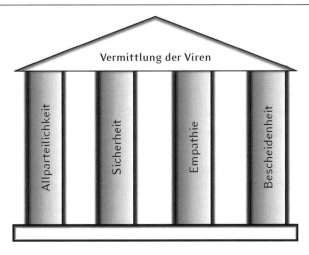

## 10.3 Erlaubnis erhalten

Die schwierigste Hürde in einem Veränderungsprozess besteht darin, die „Erlaubnis" für die Begleitung der Veränderung zu erhalten. Alle Feedback- oder Coaching-Prozesse verlangen diese Erlaubnis der Betroffen. Ohne ihre Erlaubnis laufen die besten Prozesse und Workshops ins Leere, wenn die Mitarbeiter nicht aus eigenem Antrieb teilnehmen, sondern weil sie dazu gezwungen wurden. Selbst gut moderierte, innovative Workshops werden dann nur „ab"- oder „ausgesessen", und die Teilnehmer nehmen sämtliche Bemühungen durch die Brille der „protektiven Intelligenz" wahr, das heißt, die Maßnahmen, Botschaften und Prozedere durchlaufen zuerst den mentalen Filter des *„Was nützt MIR das?"*, beziehungsweise: *„Inwiefern könnte MIR das schaden?"* Die daraus entstehende mentale Verschmutzung lähmt die Organisation und löst eine negative Synergiespirale aus (zur Beschreibung der Spirale siehe Kapitel 4).

Daraus folgt:

- Wenn das Management zunächst seine Energie dazu einsetzt, die Erlaubnis für die Begleitung der Veränderung zu bekommen, werden auch alle nachfolgenden Aktionen in der materiellen Realität effektiver sein.

- Es ist wesentlich konstruktiver, Mitarbeiter zu überzeugen, dass es in ihrem eigenen Interesse liegt, eine Veränderung zu fördern, als sie zu zwingen, diese Veränderung zu akzeptieren, womöglich um Nachteile oder gar eine Bestrafung zu vermeiden.

- Die Erlaubnis zu erhalten ist eine permanente Herausforderung, sowohl für das Management als auch für die von ihm beauftragten Berater. Die Erlaubnis ist nie definitiv erworben, sondern muss immer wieder neu getestet beziehungsweise hinterfragt werden.

Nach unserer Erfahrung ist die wirksamste Vorgehensweise, die Erlaubnis zu erhalten und zu hinterfragen, die Wahrnehmungen der Manager und ihrer Mitarbeiter kontinuierlich abzurufen, um ihnen einen offiziellen Raum zu geben.

## 10.4 Die Behandlung fängt bereits bei der Bestandaufnahme an

Der offene Raum wird zunächst mit der Bestandsaufnahme der Wahrnehmungen geschaffen. Die Glaubwürdigkeit der Berater wird unter anderem dadurch unterstrichen, dass sie den befragten Managern und Mitarbeitern offizielle

Feedback-Veranstaltungen zusichern, was mit dem Management vorab geklärt wurde. Liegt ein solches Einverständnis des Managements im Vorfeld nicht vor, lehnen wir es ab, eine Bestandsaufnahme durchzuführen.

Durch die Bestandsaufnahme der Wahrnehmungen erreichen wir in der Regel zwei wichtige Ziele:

- Wir erhalten die Erlaubnis, das Veränderungsprojekt als Mediatoren zu begleiten.

- Wir beginnen mit der Behandlung der emotionalen Viren, denn, wie bereits erwähnt, verliert ein emotionaler Virus an Wirkung, wenn man ihm den Raum gibt, um benannt zu werden.

*Die Aussicht, emotionale Viren überparteilich zu behandeln, bringt Ruhe in die Organisation*

In diesem Stadium ist jedoch ein emotionaler Virus noch weit davon entfernt, behandelt geschweige denn unschädlich zu sein, sondern befindet sich, bildlich gesprochen, in Quarantäne. Die Möglichkeit, die Viren zu benennen, verbunden mit der Aussicht auf professionelle, überparteiliche Hilfestellung von außen, bringt zunächst ein Element der Ruhe in die Organisation. Diese Quarantänezeit soll jedoch nicht von zu langer Dauer sein, da sich die Mitarbeiter düpiert fühlen, wenn zu viel zeitlicher Abstand zwischen Bestandsaufnahme und Feedback liegt. Daher ist es von Vorteil, wenn die Feedback-Veranstaltungen zwischen zwei und vier Wochen nach der Bestandsaufnahme durchgeführt werden.

## 10.5 Feedback-Veranstaltungen: Die Stunde der Wahrheit

Eine wichtige Etappe für den Kunden und die Berater stellt die Präsentation der Vitamine und vor allem der emotionalen Viren dar. Sie kann zunächst im kleinen Kreis, zum Beispiel nur mit dem Auftraggeber beziehungsweise den Hauptverantwortlichen, stattfinden. Normalerweise beginnen wir jedoch mit der Präsentation vor dem Vorstand oder den Schlüsselpersonen, das heißt vor sechs bis fünfzehn Teilnehmern. In sehr heiklen Situationen finden *vor* der Präsentation noch persönliche Gespräche statt.

**⏵ PRAXISBEISPIEL:**

Bei einem europäischen IT-Konzern wurde Helmut Rausch, der Geschäftsführer der deutschen Landesgesellschaft, sowohl von seinen eigenen Mitarbeitern als auch von den Führungskräften anderer Gesellschaften als „Terminator" bezeichnet. Der „Terminator"-Virus wurde in fast allen Standorten während den Bestandaufnahmen der Wahrnehmungen identifiziert. Es war auffallend, dass sich die negative Wahrnehmung seiner Person erst in den vergangenen achtzehn Monaten entwickelt hatte. In den vier Jahren zuvor war er als kompetenter und engagierter Geschäftsführer von allen sehr geschätzt worden.

Vor der Feedback-Veranstaltung mit dem Top-Management-Gremium der Firma war uns bewusst, dass eine simple Präsentation der „Fakten" vor diesem Gremium keine Option war, zumal Rausch diesem angehörte. Wir teilten ihm daher vorab in einem Einzelgespräch die Ergebnisse der Bestandsaufnahme mit und verständigten uns darauf, am Vorabend der Feedbackveranstaltung ein gemeinsames Gespräch mit ihm und dem Vorstandsvorsitzenden zu führen. Das Ziel dieses Treffens war, Entscheidungen über die Präsentation des Virus und die möglichen Konsequenzen zu treffen.

Das Gespräch dauerte mehr als drei Stunden und entwickelte sich zu einem Tandem-Coaching, in dem sich herausstellte, dass der Vorstandsvorsitzende den Manager zwei Jahre zuvor gebeten hatte, eine pan-europäische Struktur für den Vertrieb des Konzerns zu entwickeln, allerdings ohne ihm die dafür nötigen Kompetenzen zu übertragen. Folglich musste er gegen den Widerstand seiner europäischen Kollegen arbeiten und fühlte sich von seinem Chef im Stich gelassen.

Mit der Zeit verbitterte er zunehmend, igelte sich ein und sah sich von Feinden umgeben. Seinen Frust und seine Unsicherheit reagierte er über autoritäres Verhalten ab. Für den Vorstandsvorsitzenden kam diese Erkenntnis sehr überraschend. Es stellte sich auch heraus, dass die beiden seither – entgegen ihrer Angewohnheit, sich informell alle 14 Tage zu treffen – kein wirklich persönliches Gespräch mehr miteinander geführt hatten.

Die beiden trafen sich und sprachen sich aus. Am Ende des Gesprächs vereinbarten sie, dass der „Terminator"-Virus am nächsten Tag vorgestellt werden konnte.

In der Veranstaltung machten die beiden Protagonisten deutlich, dass ein klärendes Gespräch stattgefunden hatte und dass sie bereits an einer Lösung arbeiteten. Helmut Rausch stellte dar, wie es aus seiner Sicht zu dem „Terminator"-Virus gekommen war, und gab dabei auch eigenes Verschulden zu. Dies steigerte das Ansehen des Managers in den Augen seiner Kollegen erheblich. Sie gaben ebenfalls ein Feedback, womit die Vergangenheit aufgearbeitet werden konnte.

Im Nachhinein zeigte sich jedoch, dass schon zu viel Porzellan zerschlagen worden war und Rausch in seiner bisherigen Position als Geschäftsführer für Deutschland nicht mehr zu halten war. Er akzeptierte daher ein Angebot des Vorstandsvorsitzenden, mit dem ihn mittlerweile wieder ein sehr gutes Verhältnis verband, und wurde zum Strategieleiter des Konzerns berufen.

## 10.6 Arten, Ziele und Ablauf der Präsentation

Die Feedback-Veranstaltungen haben folgende Ziele:

- die Metapher der Vitamine und emotionalen Viren in der Organisation zu implementieren,

- die von den Beratern aufgedeckten Viren anzuerkennen beziehungsweise diese umzubenennen oder gegebenenfalls neue hinzuzufügen,

- eine konstruktive Diskussion über die immaterielle Realität der Organisation in Gang zu bringen,

- erste Aktionspläne durch die Betroffenen selbst erstellen zu lassen,

- die Glaubwürdigkeit des Managements zu stärken,

- Kompetenz und Unparteilichkeit der Berater zu unterstreichen.

Zu Beginn der Veranstaltung stellen die Berater die Ziele und den vorgesehenen Ablauf vor. Danach erläutern sie unmissverständlich, dass es sich bei der Präsentation der Vitamine und emotionalen Viren in der Organisation nicht um eine unumstößliche Wahrheit handelt, sondern dass die Aussagen und Visualisierungen auf Wahrnehmungen und Interpretationen der Berater basieren, selbst wenn diese sich auf Barometer sowie konkrete Zitate der Mitarbeiter der Organisation stützen. Wir haben bisher zwei unterschiedliche Arten der Präsentation erfolgreich erprobt:

**Die direkte, beweisgeführte Präsentation:** Die Berater sind die Hauptakteure und untermauern auf der Grundlage einer strukturierten Powerpoint-Präsentation ihre Wahrnehmungen. Jedes Vitamin und jeder emotionale Virus wird auf drei unterschiedlichen Folien gezeigt und belegt.

- Die erste Folie ist die Visualisierung, das heißt, die bildhafte Darstellung des Vitamins oder des Virus.

- Die zweite Folie zeigt eine stichwortartige Zusammenfassung der Gründe für diesen Virus.

- Die dritte Folie zeigt beispielhaft Geschichten und Aussagen (in anonymisierter Form), die repräsentativ für diesen Virus stehen können.

Diese Form der Präsentation hat den Vorteil, dass die Wahrnehmungen der Berater in präziser und strukturierter Form wiedergegeben können, wodurch sich meistens ein genauer Zeitplan einhalten lässt. Ihr Nachteil liegt darin, dass sich die Teilnehmer eher passiv verhalten müssen, selbst wenn sie oft sehr lebhaft auf die Visualisierungen reagieren. Die Kreativität der Teilnehmer wird weniger eingefordert, allerdings ist eine hohe Aufmerksamkeit in der Regel gewährleistet.

Wenn genügend Zeit vorhanden ist, kann im Anschluss an die Präsentation, vor der abschließenden Bewertung der Viren, eine Art „Infomarkt" veranstaltet werden, wobei alle Folien als Poster auf Pinnwänden gezeigt werden. Die Teilnehmer gehen in gemischten Gruppen von Station zu Station und tauschen untereinander ihre Eindrücke und Erfahrungen aus.

**Die indirekte, teilnehmergesteuerte Präsentation**: Die Anwesenden werden aufgefordert, sich in Untergruppen aufzuteilen. Dabei müssten die Moderatoren im vorhinein entscheiden, ob sich die Untergruppen willkürlich oder nach Gruppenzugehörigkeit, zum Beispiel Organisation A und Organisation B, formieren sollen.

Die Moderatoren beschränken sich darauf, ein visualisiertes Vitamin oder einen emotionalen Virus zu zeigen. Danach fordern sie die einzelnen Untergruppen zu einer Debatte darüber auf, welche Art von Reaktion die gezeigte Visualisierung bei ihnen auslöst. Dafür stehen je nach Gruppengröße ca. drei bis acht Minuten Zeit zur Verfügung. Dann werden die Gruppen nacheinander aufgefordert, den Inhalt ihrer Diskussion und ihre Schlussfolgerung vorzutragen. Bei größeren Veranstaltungen, mit zum Beispiel 120 Teilnehmern, können bis zu zwanzig Gruppen mit je sechs bis sieben Teilnehmern gebildet werden, wobei nur einige Gruppen vortragen und die restlichen lediglich Ergänzungen oder besondere Bemerkungen hinzufügen.

Diese Vorgehensweise besitzt folgende Vorteile:

- Die Teilnehmer sind aktiv in das Feedback involviert und dadurch wesentlich aufmerksamer und präsenter.

- Wenn in den Untergruppen gleichlautende Wahrnehmungen vorhanden sind, unterstreicht dies die Glaubwürdigkeit der Wahrnehmung der Berater.

- Die Berater erhalten in der Regel sehr aufschlussreiche, tiefer gehende Aussagen über die immaterielle Realität in der Organisation, denn meistens sehen die Teilnehmer wesentlich mehr in den einzelnen Bildern als die Berater dort hinein interpretiert hatten. Durch die Intimität der Untergruppen sind auch heikle Themen sehr viel besser zu bearbeiten. Die Teilnehmer öffnen sich innerhalb der Untergruppen leichter und vertrauen sich einander schneller an. Kommt das „heiße" Thema in der einen Untergruppe nicht zur Sprache, so wird dies sicherlich in einer der anderen Gruppen geschehen.

**Nach der Präsentation der Viren erfolgt eine Bewertung** der Wichtigkeit für die Teilnehmer. Hierfür können verschiedene Fragen gestellt werden, wie zum Beispiel:

- Welche emotionalen Viren sollten prioritär bearbeitet werden?

- Welche Viren haben den größten Einfluss auf die Effizienz in der Zusammenarbeit?

- Welche Viren haben den größten Einfluss auf die Motivation für die Zusammenarbeit?

- Welche Viren behindern die Lösung der momentanen Probleme am meisten?

Auf diese Weise kristallisiert sich eine Liste der wichtigsten emotionalen Viren heraus, deren Bedeutung nicht hoch genug eingeschätzt werden kann, denn in dem Moment, in dem die Mitarbeiter die emotionalen Viren ihrer Bedeutung nach strukturieren, haben die Berater ein sehr wichtiges Ziel erreicht: Die Betroffenen haben eine gemeinsame Wahrnehmung der immateriellen Realität der Organisation entwickelt. Der so genannte „Buy-in" ist erfolgt, die Virensprache bahnt sich den Weg in die Organisation. Von nun an können sie offiziell mit dem Werkzeug der emotionalen Viren und der Vitamine arbeiten.

*Ziel erreicht: Die Organisation hat eine gemeinsame Wahrnehmung der immateriellen Realität entwickelt*

Dies bewahrheitet sich dann auch in der anschließend angesetzten Gruppenarbeit, in der wir die Teilnehmer nochmals bitten, sich in Untergruppen aufzuteilen, wobei sie sich entweder wieder auf der Grundlage gemeinsamer Interessen beziehungsweise Abteilungen zusammenfinden oder gemischte Gruppen bilden. Die Aufgabe besteht nun darin, die „Anti-Viren" zu erarbeiten, zum Beispiel mit der Frage:

*Welche Maßnahmen wären sinnvoll, um die Viren zu behandeln?*

Häufig geschieht in dieser Phase etwas Faszinierendes: Je intensiver eines oder mehrere Tabuthemen an die Oberfläche gekommen sind, umso mehr „brodelt" es in den Untergruppen. Diese sind hoch motiviert, weil wir als Berater keine Lösungen vorgeben, sondern die Betroffenen auffordern, eigene Lösungsvorschläge zu machen. Selbst wenn dabei oft ganz klassische Maßnahmen vorgeschlagen werden, ist es in einer späteren Phase wesentlich einfacher, diese auch umzusetzen, da sie selbständig erarbeitet wurden.

Darüber hinaus fordern wir die Teilnehmer auf, nicht nur an den emotionalen Viren zu arbeiten, sondern auch an den Vitaminen, wobei es im Prinzip um die gleiche Frage geht:

*Wie können wir die in der Organisation bereits vorhandenen Vitamine oder Antiviren besser nutzen?*

Auch hier werden oft klassische Lösungsvorschläge genannt, allerdings unter anderen Vorzeichen, denn meistens haben sich innerhalb der Gruppen bereits diejenigen Personen gefunden, welche die Arbeit an den Lösungen aktiv vorantreiben wollen.

Ein Gefühl der Wertschätzung wird spürbar, denn die Teilnehmer erkennen an, dass wir die schwierigen Themen nicht ausgeblendet haben, sondern vielmehr ein erhebliches Risiko eingegangen sind, indem wir die Tabus und „heißen" Themen konkret zur Sprache gebracht haben. Unsere Glaubwürdigkeit ist damit gestiegen, zumal wir die versprochene Feedback-Veranstaltung wirklich durchführten. Somit haben wir nun nicht nur die Erlaubnis, das Projekt weiterzuführen, sondern auch das notwendige Vertrauen erworben, innovative „Spielereien" in die nun folgende Behandlung der Viren einzubauen.

**⏩ PRAXISBEISPIEL:**

Bei der Integration von Messer Griesheim in den Air Liquide-Konzern herrschte bei der Präsentation der Viren eine spannungsgeladene Atmosphäre, die jedoch schnell in ein konstruktives und fast joviales Miteinander überging. Für uns als Berater ist dies immer ein Zeichen, dass wir die vier Säulen der professionellen Vermittlung der emotionalen Viren erfolgreich angewandt haben.

Im Rahmen des Vorstellungsworkshops wählten wir aus Zeitgründen die direkte, beweisgeführte Präsentation. Nach der Auflistung aller zwölf emotionalen Viren beantworteten wir zunächst Fragen aus dem Teilnehmerkreis. Wir baten danach um eventuell weitere Vorschläge für Viren. In keinem der fünf Workshops wurde moniert, dass einer oder mehrere Viren fehlten. Danach baten wir die Teilnehmer, die zwölf identifizierten Viren nach ihrem Risikopotenzial einzustufen:

*„Welche Viren gefährden am meisten den Integrationsprozess?"*

Hierbei gaben wir den Teilnehmern unterschiedliche Klebepunkte, je nach Organisationszugehörigkeit. Bis zu drei Punkte konnten auf die vorbereiteten Ausdrucke der emotionalen Viren geklebt werden. Danach ließen wir die Teilnehmer in Untergruppen daran arbeiten, wie sich die Viren aus ihrem Erleben in der Organisation manifestierten. Nach Abschluss des Workshops hatten wir folgende „Hitparade" der fünf wichtigsten Viren:

**1. „Wir gehen dabei drauf!"**

▪ Angst um den Arbeitsplatz und um die Postenbesetzung in beiden Alt-Organisationen

▪ Wahrnehmung von Messer Griesheim: Der Organisationsstil von Air Liquide basiert auf Improvisation. Das ist unprofessionell und eine Gefährdung für unsere erfolgreiche Arbeitsweise!

▪ Wahrnehmung von Air Liquide: Schwerfällige Messer Griesheim-Struktur – keine Flexibilität. Wir verlieren unsere größte Stärke!

**2. „Die anderen machen es falsch!**

„Falsche Freunde", also unterschiedliches Verständnis von Begriffen, erweisen sich als starke emotionale Auslöser. Worte und Begriffe wie zum Beispiel:

▪ „Flexibilität"

▪ „Flache Hierarchie" – „kurze Entscheidungswege"

- „Eigenverantwortung"/„Autonomie"

- „Innovation"

hatten in den jeweiligen Unternehmenskulturen ganz unterschiedliche Bedeutungen. Sowohl Air Liquide als auch Messer Griesheim hatten großen Stolz auf ihre Unternehmenskulturen entwickelt, der jedoch auf völlig verschiedenen Grundlagen basierte.

### 3. „Wir sind die Besten, warum sollen wir uns ändern?"

Widersprüche in den Arbeitsansätzen:

- Bei Messer Griesheim: Aufwendige Prozeduren, deren Einhaltungsnotwendigkeit unklar definiert ist (zum Beispiel Projektkarten)

- Bei Air Liquide: Mittelknappheit trotz anspruchsvoller Ziele (Budget, Umsatzentwicklung, ...)

- „Bottom-up" (Air Liquide) versus „Top-down" (Messer Griesheim), zum Beispiel Erarbeitung des Synergiepotenzials: „Festlegen, dann schauen wie ..." (Air Liquide) vs. „Ableiten von einem Prozess" (Messer Griesheim)

### 4. „Undurchdringlicher Netzwerk-Dschungel"

Die „Old-boys-Netzwerke" liefen auf Hochtouren, und waren selbstverständlich dem „gegnerischen" Manager nicht zugänglich; insbesondere die Messer Griesheim-Manager litten darunter, da sie noch keinen Zugang zu den Managern der neuen französischen Muttergesellschaft in Paris hatten.

### 5. „Pubertätskrise: Erwachsen werden, aber cool bleiben"

Die Air Liquide-Manager fühlten sich ständig in eine Verteidigungsposition gedrängt, da sie zwar schneller handelten und umsetzten, dies aber nicht in einem standardisierten und strukturierten Prozess verdeutlichen konnten.

### ⊞ Fazit:

Mit der Erstellung dieser „Hitparade" waren die emotionalen Viren und die damit verbundene Sprache bei den Schlüsselpersonen beider Organisationen etabliert. Ab diesem Zeitpunkt konnten wir zur Behandlung übergehen.

## 10.7 Schwäche zeigen macht stark

Sehr wichtig bei Feedback-Veranstaltungen ist der Perspektivenwechsel der Mitarbeiter gegenüber dem Top-Management. Nur wenige Mitarbeiter glauben, dass ihre Vorgesetzten tatsächlich zulassen, heikle Themen und eventuell auch Fehlentscheidungen und nachteilige Verhaltensweisen zur Sprache zu bringen. In der Praxis haben wir jedoch oft erlebt, dass gerade Schwäche zeigen stark macht!

Schwäche zeigen heißt nicht, im Büßerhemd den Gang nach Canossa anzutreten, sondern zu demonstrieren, dass man nicht unfehlbar ist, Gefühle hat und eingestehen kann, dass man dieses oder jenes hätte besser oder anders machen können. Dadurch entsteht eine Nähe, die den Respekt vor der Führungskraft eher noch steigert, gerade weil sie als menschlich und authentisch wahrgenommen wird.

*Durch das Zeigen von Emotionen und Fehlern entstehen Nähe und Respekt*

Gefühle zeigen und ausdrücken ist von entscheidender Bedeutung in einer Veränderungs-Initiative: Der Manager sollte sowohl die Gefühle seiner Mitarbeiter wahrnehmen und ansprechen als auch seine eigenen Gefühle mitteilen. Seine Stärke beruht darin, dass er zwar Gefühle zeigt, sich von diesen aber nicht überwältigen lässt. Er ruht in sich, bewusst, als der Kutscher (= Bewusstsein), der die Pferde (= Emotionen) so steuert, dass die Kutsche (= Verstand) sicher ihr Ziel erreicht.

Wir haben bisher in fast jedem mentalmerger-Prozess erlebt, dass die Achtung der Mitarbeiter vor ihren Chefs stieg, wobei sich diese (neu entdeckte) Achtung zusammensetzt aus Dankbarkeit, ein derart innovatives Projekt initiiert zu haben, und der Überraschung, die vordergründig möglicherweise sogar negativen Konsequenzen für sein eigenes Image anzunehmen.

## 10.8 Erwartungen steigen

Erfahrungsgemäß treten zwei Phänomene auf:

**1 - Die Erwartungen in der Belegschaft steigen**

Alle Betroffenen erwarten nun, dass sich tatsächlich etwas tut, eine spürbare Veränderung eintritt. Die Mitarbeiter wollen, dass die Behandlung der emotionalen Viren ganz konkret in Angriff genommen wird, das heißt, es muss schnell und schlüssig gehandelt werden, denn selbst wenn wir sagen, dass die Behandlung der emotionalen Viren bereits mit der Bestandsaufnahme der Wahrnehmungen beginnt, so sind diese lediglich in „Quarantäne" und reaktivieren sich sehr schnell wieder.

Wenn der Organisation, wie bedauerlicherweise schon geschehen, in diesem Stadium mitgeteilt wird, dass *„die Bestandsaufnahme der Wahrnehmungen zwar sehr interessant war, wir jetzt wissen, wo wir stehen, aber Sie Verständnis dafür haben werden, dass wir uns jetzt zunächst dem Markt und dem Kunden zuwenden müssen ..."*, so kann dies fatale Folgen für die Organisation haben.

Ein solches Vorgehen ist vergleichbar mit einem Arzt, der seinem Patienten eine tödliche Krankheit eröffnet und ihm gleichzeitig mitteilt, sich zunächst um die Reaktion der Angehörigen und deren seelische Belastung kümmern zu müssen.

Tritt dieser Fall ein, so wächst verständlicherweise die Enttäuschung der Mitarbeiter proportional zu ihren Erwartungen, und da die emotionalen Viren nichts von ihrer Wirkung verloren haben, erhalten sie durch die Enttäuschung neuen Nährboden. Als unausweichliche Konsequenz stellt sich dann ein gegenteiliger Effekt ein, und die Organisation wendet sich von den Kunden und vom Markt ab, die mentale Verschmutzung nimmt zu.

**2 – Jeder will auf einmal dabei sein**

Dieses Phänomen tritt auf, sobald sich erste Inhalte und Ergebnisse des Projekts herumsprechen: Wenn bisher die Bereitwilligkeit der Mitarbeiter, solche Veranstaltungen zu besuchen, eher gering war und man meist auf Anordnung teilnahm, so ist das Interesse nun sehr groß und möglichst viele Mitarbeiter möchten mit einbezogen werden. Das neue Problem lautet folglich: „Wieso er und nicht ich?" Aus der verordneten „Beraterveranstaltung" wird ein Prozess, der nicht nur aktiv mitgestaltet werden kann, sondern der darüber hinaus einen interessanten Informationsvorsprung bietet. Außerdem bilden sich neue Netzwerke, welche die alten Netzwerke überflüssig machen.

Dies ist eines der wesentlichen Ziele des mentalmerger-Prozesses, auf das wir im folgenden Kapitel detailliert eingehen.

## 10.9 Hintergrund: Mythos „Sender-Empfänger-Kommunikation"

*Die Sender-Empfänger-Metapher*

Wir haben gesehen, wie kompliziert es mitunter sein kann, emotionale Viren so zu vermitteln, dass sie eine positive Veränderungsspirale auslösen. Unbestritten gilt die Kommunikation in Change-Prozessen als zentraler Erfolgsfaktor. Doch unsere herkömmliche Vorstellung von Kommunikation – von jeglicher Art von Kommunikation und ganz besonders von Change-Kommunikation – ist geprägt von der „Sender-Empfänger-Metapher", die von Michael Reddy von der Columbia University als „Röhrenmetapher" bezeichnet wurde.[30] In dieser Metapher geht es um folgende Zusammenhänge:

**Ideen oder Bedeutungen sind Objekte** („Die Idee hast du von mir *bekommen*", „Er *fand* das Wissen in einem Buch", „Eine Aussage *voller* Bedeutung",...), was uns glauben lässt, dass Bedeutungen unabhängig von Menschen und Kontexten existieren.

**Worte sind wie Gefäße** für Bedeutungen („Es ist schwerig, meine Vorstellungen in Worte *zu fassen*", „Du solltest mehr Inhalt in weniger Worte *packen*", „*Hohle* Worte, *leeres* Geschwätz", ...). Davon lässt sich wiederum ableiten, dass Sätze inhärente und objektive Bedeutungen haben, die von Kontexten und Sprechern unabhängig sind.

**Kommunizieren heißt Senden** („Es ist schwierig, ihm diesen Gedanken *rüberzubringen*", „ein guten *Draht* zu jemandem zu haben" ...).

Diese Metapher entspricht dem konventionellen Denken über Kommunikation so sehr, dass man sich nur schwer vorstellen kann, dass sie nicht mit der Realität übereinstimmen könnte. Sie dient auch als Basis für Kommunikationsklassiker wie „Miteinander reden", von Friedemann Schultz von Thun,[31] dessen Buch folgendermaßen beginnt: „Der Grundvorgang der zwischenmenschlichen Kommunikation ist schnell beschrieben: Da ist ein *Sender*, der etwas mitteilen möchte. Er verschlüsselt sein Anliegen in erkennbare Zeichen. [...] Dem *Empfänger* obliegt es, diese wahrnehmbaren Gebilde zu entschlüsseln."

*Die verdeckten Annahmen der Sender-Empfänger-Theorie*

Diese Sender-Empfänger-Sicht beinhaltet jedoch zwei Kernannahmen, die selten reflektiert werden:

- Der Sender weiß genau, was er senden möchte. Wenn die Botschaft nicht richtig ankommt, kann es nur ein Problem der Verständlichkeit sein. Schulz von Thun empfiehlt bei solchen Problemen, die Botschaften „einfach, gut gegliedert, kurz und prägnant sowie stimulant" zu gestalten.

- Alle Gesprächsteilnehmer - wenn alle es wirklich wollen - verstehen die Botschaft in gleicher Weise. Der Einfluss unterschiedlichen Situations- und Weltwissens, unterschiedlicher Erfahrungen, Sprecherintentionen und Hörererwartungen wird nicht berücksichtigt oder als lösbar betrachtet.

Diese Annahmen mögen teilweise in einem technischen Kontext stimmen, sind aber selten treffend in einem adaptiven Kontext (nach Heitzfeld, siehe „Hintergrund" in Kapitel 3). Vielmehr treffen diese Annahmen in einem Veränderungsprojekt so gut wie nie zu:

Der Kontext und selbst die Soll-Organisation sind nie so klar und eindeutig, dass daraus eine unmissverständliche Botschaft abzuleiten wäre: Veränderungskontexte sind oft sehr politisch und weisen viele Unbekannte auf; alle Organisationen sind teilweise von Ambiguitäten, Widersprüchlichkeiten und „grauen" Zonen gekennzeichnet, und dies umso ausgeprägter, wenn sie noch in der Entwicklung sind.

Sehr oft, zumal wenn unterschiedliche Kulturen beteiligt sind, haben „Sender" und „Empfänger" verschiedene Weltsichten, Werte und Effizienzverständnisse (siehe auch „Hintergrund" über die Verzerrung von Wahrnehmungen in Kapitel neun). Dies gilt gerade bei internationalen Veränderungen, Fusionen oder Konflikten.

*Kommunikation im adaptiven Wandel: Formen und geformt werden*

Dass die klassische Kommunikation in Veränderungsinitiativen selten funktioniert, wurde seit langem bemerkt. Das Zauberwort hieß zunächst „interaktive Kommunikation". Ziel ist, die sonst übliche Ein-Weg-Kommunikation vom Management zu den Mitarbeitern um wesentliche Interaktions-Formen zu ergänzen. Durch die Mitwirkungsmöglichkeit können die Betroffenen ihre Bedürfnisse und Interessen artikulieren, und für ihre Vorstellungen eintreten. Diese Interaktionen werden aber immer noch als ein Austausch von Botschaften in einem Sender-Empfänger-Modell verstanden.

Laut Ralph Stacey, Professor für Management und Direktor am Institut für Komplexitätsforschung in Hertfordshire, ist ein interaktiver Ansatz nicht ausreichend. Unser Verständnis des Kommunikationsprozesses – basierend auf der Sender-Empfänger-Metapher – muss auch angepasst werden. Für Stacey sind Organisationen weder Sachen noch lebendige Dinge, sondern vielmehr Prozesse,[32] und zwar Prozesse der Kommunikation und der gemeinsamen Handlung. Eine Organisation kann sich daher verstehen als ein Netzwerk von Konversationen. Laut einer Analogie aus der Komplexitätsforschung haben diese Konversationen die Fähigkeit, Muster zu bilden, die neu sind. Das Neue ist aber unvorhersehbar. Wir sind alle bezüglich der Zukunft einer Veränderungsinitiative grundsätzlich nicht wissend: Niemand kann das Neue vollständig kennen, und dies gilt auch für die Führungskräfte, die es kommunizieren sollten. Die Kommunikation kann deswegen nicht in Form eines kontrollierten *Ereignisses* verstanden werden, als das Senden einer festen Botschaft, die klar und unmissverständlich ist. Vielmehr ist sie ein *Prozess* von wechselseitigem „Formen und Geformtwerden", gezeichnet von Ambiguität, potenziellen Missverständnissen und Konflikten. Was Menschen darüber wissen, wie man am besten organisiert, wird nicht bestimmt von irgendeiner externen „Botschaft" des Managements, sondern ist vielmehr ein Produkt ihrer kollektiven Gespräche, die als zwischenmenschliche Verhandlungen und gemeinsame Konstruktion der Wirklichkeit gesehen werden können. Führungskräfte treten deswegen bei Veränderungsinitiativen zwischen Menschen im Akt des Formens und Geformtwerdens hervor.

## 11. Behandlung der Viren: Prinzipien und Vorgehensweise

> „Fortschritt ist ein hübsches Wort. Aber sein Motor ist Veränderung,
> und die hat viele Feinde."
> John F. Kennedy (1917 - 1963)

Tropicana, ein Tochterunternehmen von PepsiCo, produziert Orangensaft, ein schnell verderbliches Produkt, das rasch von den Produktionsstätten zu seinen Auslieferungsorten transportiert werden muss. In den USA ist der „Saft-Zug" der geläufige Name für die bekannten Zugwaggons von frischem Tropicana Orangensaft, die von der Transportfirma CSX Inc. gemanagt werden. CSX und Tropicana hatten über Jahre hinweg ein gestörtes Kunden-Lieferanten-Verhältnis.[33] Obwohl beide Firmen schon über dreißig Jahre lang in diesem Bereich zusammenarbeiteten, war ihr Verhältnis geprägt von Spannungen, Misstrauen und Missverständnissen, und die daraus resultierenden Ergebnisse waren dementsprechend schlecht. Im Jahr 1998 betrug der Anteil an pünktlich erfolgten Lieferungen nur durchschnittlich 53 Prozent. Tropicana sah sich dadurch gezwungen, riesige Mengen Saft mit Lastwagen und zu einem wesentlich höheren Preis zu transportieren, CSX wiederum musste demzufolge erhebliche Umsatzeinbußen hinnehmen. Beide Partner befanden sich somit in einer klassischen Lose-Lose-Situation.

Gene Zvolensky, der Vizepräsident für den Vertrieb von Tropicana, musste sich eingestehen, dass die Situation mittlerweile sowohl für Tropicana als auch für CSX untragbar geworden war und sich das Geschäftsverhältnis grundlegend ändern musste. Ihm war auch bewusst, dass ein wichtiger Schritt in diese Richtung darin bestand, sein persönliches Verhältnis zu Leonard Baker, dem National Account Manager von CSX und verantwortlich für den Kunden Tropicana, in andere, förderliche Bahnen zu lenken. Baker wiederum, der permanenten Differenzen auch überdrüssig und der die Beziehungen ebenfalls wieder erfolgreich für beide Parteien gestalten wollte, freute sich darauf, Zvolenskys „Partner" in diesem Streben zu werden. Folglich konzentrierten sie sich darauf, im Hinblick auf eine Erfolgsgeschichte beider Firmen gemeinschaftlich Vertrauen zueinander aufzubauen.[34]

Auf der Ebene von zwei Top-Managern blieb das Unterfangen in einem überschaubaren Rahmen und stellte kein Problem dar, das Ziel war jedoch, den zerstrittenen Mitarbeitern aller involvierten Ebenen beider Firmen eine neue, auf Vertrauen basierende Zusammenarbeit zu bieten. Um diesen Wechsel im Verhalten zu erreichen, mussten Tropicana und CSX zunächst die Emotionen der betroffenen Mitarbeiter ansprechen. Sie nutzten hierfür einen unüblichen Weg, von zwei Beratern, Jonathan Rosen und Bob Foxworth, der sich stützte auf eine Kombination von Improvisationstheater, um reale Geschichten am Arbeitsplatz zu spiegeln, und kollektiven Workshops, um schnell ein gemeinsames Verständnis über das momentane betriebliche Umfeld zu finden. Ganz bewusst wurde nicht nur die kognitive, sondern auch die emotionale Ebene angesprochen.

Zwei Gründe waren ausschlaggebend dafür, dass der Ansatz positiv von den beiden Parteien aufgenommen und nicht als „Spielerei" abgetan wurde:

- Er wurde eng verbunden mit den realen Unternehmensproblemen.

- Er führte zu schnellen und vor allem sichtbaren Erfolgen.

Die zweite Initiative bestand in der Gründung der „CSX-Tropicana Kulturelle Partnerschaft". Das Wesentliche daran war, dass Grenzen abgeschafft und Beziehungen aufgebaut wurden. Noch heute funktioniert diese Partnerschaft in Form eines Ausschusses von 20 bis 30 Mitgliedern aus beiden Firmen; die Mitglieder wechseln von Zeit zu Zeit, alle Ebenen und die meisten Funktionen sind darin vertreten. Die Treffen finden monatlich statt, um neue Ideen zu präsentieren und zu entwickeln mit dem Ziel, den Umsatz von CSX steigern und Tropicanas Kosten zu reduzieren. Gene Zvolensky und Leonard Baker sind der Ansicht, dass die kritischsten Elemente, die zu Innovation führen, im Aufbau und Erhalt von Vertrauen liegen. Daher werden den Mitgliedern der Partnerschaft Trainings in Prinzipien und Übungen zum Aufbau von Vertrauen angeboten.

In ihrem ersten Jahr konnten sie 0,8 Millionen Dollar (jährlich) an Einkommenssteigerung für CSX und Kosteneinsparungen für Tropicana erzielen. Im Jahr 2000 gelang es ihnen, die Anzahl der Schienenfahrzeuge, die die Fabrik von Tropicana in Florida zu den Auslieferungszentren verließen, um 50 Prozent zu steigern. Im Jahr 2002 wurde ein Hochgeschwindigkeits- und kreuz und quer durch das Land führendes Liefersystem eingesetzt sowie der erste und einzige Hochgeschwindigkeits-Eisenbahn-„Tanker" der die Lieferzeit von bisher zwölf bis 14 Tagen auf nur sieben Tage reduzierte.

Paul Sandler, General Manager der Florida Business Unit von CSX Transportation, bemerkte[35] später, dass der Einsatz von Improtheater, Gruppenschlagzeugspielen, Gesang, Mediations-/Visualisierungsübungen und anderen Lerntechniken für seine eher traditionelle Firma zu Beginn sehr ungewohnt war. Im Nachhinein hatten die Methoden jedoch großen Anteil daran, dass die Mitarbeiter bereit waren, sich einzubringen, sodass die Firmenkultur innerhalb kürzester Zeit verändert werden konnte. Für ihn war das Ergebnis ein noch nie dagewesener Erfolg, der, zusätzlich zu den beiden oben bereits aufgeführten Gründen, auf folgenden drei Punkten beruhte:

- dem Einsatz ungewöhnlicher Mittel,

- der folgenden, rigorosen Umsetzung der entschiedenen Maßnahmen,

- der Einbeziehung der neu aufgenommenen, partnerschaftlichen Verhaltensregeln.

## 11.1 Komplexe Vorhaben verlangen strukturierte Ansätze und klare Prinzipien

In Kapitel 6 haben wir die fünf Kategorien von Viren dargestellt und die jeweiligen theoretischen Ansätze zur Behandlung dieser Viren skizziert. Diese fünf Kategorien lauten:

- Machtkonflikte

- Werte- oder kulturelle Konflikte

- Unsicherheit, Befürchtungen und Ängste

- Vorgehensweise und Rahmenbedingungen der Veränderungsinitiative

- Zerplatzte Gewissheiten und Träume

Zwischen Tropicana und CSX herrschte ein emotionaler Virus aus der Kategorie „Machtkonflikte". Die erreichte Wende in der Qualität der Beziehungen zeigt eindeutig, dass es durchaus möglich ist, solche Viren sehr erfolgreich zu behandeln. Metaphorisch gesprochen existieren Medikamente („Anti-Viren") im Überfluss.

Bei der Fusion zwischen Air Liquide und Messer Griesheim, ebenso wie bei fast allen Fusionen, die wir begleitet haben, waren sämtliche klassischen Virentypen vertreten, was eine sehr komplexe Situation darstellte. Die Behandlung der Viren verlangte daher einen sehr strukturierten Ansatz mit klaren Prinzipien, um die „Antiviren" effizient einzusetzen.

Diesen Ansatz und die Prinzipien erläutern wir in diesem Kapitel.

## 11.2 Strukturierte Vorgehensweise bei Fusionen und Changeprozessen: Der mentalmerger-Prozess

Zunächst muss nochmals betont werden, dass die meisten Viren interdependent miteinander verknüpft sind und selten isoliert behandelt werden können. Aus diesem Grund betrachten wir bei einem Projekt nicht jeden Virus einzeln, sondern entwickeln einen Projektplan, der uns erlaubt, möglichst alle Viren optimal zu behandeln. Bei ähnlichen Vorhaben, wie zum Beispiel Integrationen, sind oft vergleichbare Viren aktiv, weshalb wir in zwanzig Jahren der Begleitung von internationaler Fusionen einen speziellen Ansatz zur Arbeit mit der immateriellen Realität des Vorhabens entwickelt haben, den mentalmerger-Prozess. Bei mentalmerger handelt es sich um einen pragmatischen Prozess, der in drei Phasen zu einer mentalen Integration der betroffenen Gruppen führt:

- Phase 1: Syndrom.

- Phase 2: Syntonie.

- Phase 3: Synergie.

---

**Abb. 11.1: Die drei Phasen des mentalmerger-Prozesses**

## syndrom

**1. Kulturelle und mentale Bestandsaufnahme**

- ■ Identifizierung und Benennung von emotionalen Viren um „mentaler Verschmutzung" vorzubeugen
- ■ Definition des genetischen Codes der Firmenkulturen
- ■ Benchmark von übereinstimmenden und abweichenden Praktiken, Werten, sowie der Beziehungsqualität
- ■ Entwicklung einer mentalmerger Strategie um die Implementierung der neuen Unternehmenskultur bzw. der Veränderungsinitiative zu beschleunigen

## synergie

**3. Nachhaltigkeit implementieren**

- ■ Implementierung eines dauerhaften mentalmerger Managements
- ■ Indikatoren für ein effizientes Frühwarnsystem zur Erfassung des Integrations- / Change-Fortschrittes
- ■ Training von internen Multiplikatoren
- ■ mentalmerger Tools zur Optimierung der transkulturellen Wertschöpfung

## syntonie

**2. Human Integration**

- ■ Sensibilisierung für Chancen und Risiken transkultureller Beziehungsmechanismen, um Blockaden abzubauen
- ■ An-, Ausprache und Legitimierung der emotionalen Viren, um eine realistische Vertrauensbasis zu schaffen
- ■ Interfacing von Strukturen und alten Netzwerken mit strategischen Key-Playern
- ■ Erreichen der kritischen Masse: der „buy-in" von ca. 10 % der Mitarbeiter schafft den Durchbruch zum mentalmerger

© he2be SA & JPB Consulting

---

Der Ansatz basiert auf dem Leitmotiv: „Maximale Optimierung der immateriellen Realität durch Intervention an den kybernetisch wirkungsvollsten Engpässen". Im Klartext: Wir versuchen, an den Knotenpunkten im System anzusetzen. Wenn dies gelingt, werden viele andere Probleme, insbesondere auf der Ebene der materiellen Realität, mit gelöst. Der Change-Prozess kommt so ins Fließen und der Beratungs- und Mediationsaufwand hält sich in übersichtlichen Grenzen. Das Grundprinzip entstammt der von Wolfgang Mewes entwickelten „Engpasskonzentrierten Strategie (EKS)"[36], die heutzutage auch am renommierten Malik Management-Institut in St. Gallen gelehrt wird. Die Bezeichnung mentalmerger, ein bereits seit 1997 eingetragenes Markenzeichen, impliziert, dass Menschen in fusionierenden Organisationen, zusammengewürfelten Projektteams, Joint-Ventures usw. mental fusionieren müssen, damit das Gesamtprojekt gelingt. Es geht hierbei nicht um eine „Gleichschaltung" oder ein „Gleichdenken", sondern gleiche Ziele und Werte zu teilen, auch wenn die Ansichten darüber, wie diese Ziele zu erreichen sind, stark divergieren können.

Die drei Zahnräder in der Abbildung 11.1 stehen für die drei Phasen, die interdependent miteinander vernetzt sind. Wir erläutern die drei Phasen näher, wie sie im mentalmerger-Prozess bei Air Liquide und Messer Griesheim angewandt wurden:

## Phase 1: Syndrom – Kulturelle und mentale Bestandsaufnahme

Diese Phase ist eine maßgeschneiderte Bestandsaufnahme des emotionalen und mentalen Zustands der Organisation, der gemeinsamen und trennenden Werte und hat folgende Ziele:

- Identifizierung und Benennung von emotionalen Viren, um „mentaler Verschmutzung" vorzubeugen,

- Identifizierung der organisatorischen Hindernisse zur Kooperation,

- Die Entwicklung einer mentalmerger-Strategie, um die Implementierung der neuen Unternehmenskultur beziehungsweise der Veränderung zu beschleunigen.

Der übergreifende Ansatz ist darauf ausgelegt, tiefstmögliches Verständnis für die Situation und die kritischen Vorgänge wie beispielsweise die jeweiligen Wahrnehmungen und Unterschiede in den Kulturen zu entwickeln. Die Einzelmaßnahmen entsprechen weitgehend der Vorgehensweise, die wir in den Kapiteln 9 „Aufspüren und Analyse von Viren" und Kapitel 10 „Vermittlung der Viren" dargestellt haben.

*Das tiefstmögliche Verständnis für die Situation zu bekommen*

## Phase 2: Syntonie – Human Integration

Syntonie ist ein Begriff aus der Physik und steht für „gleiche Resonanz". In der Psychologie bezeichnet sie einen Zustand der Integration, des Einklangs, in dem die unterschiedlichen Zustände in wichtigen Belangen miteinander einig sind.

In dieser Phase geht es darum, die betroffenen Gruppen „in Gleichklang zu bringen" durch

- das Aufarbeiten historisch bedingter Spannungen,

- das Wecken von Verständnis für die Unterschiede, Schaffung von Akzeptanz und Erarbeitung von konkreten Problemlösungen,

- den Aufbau einer realistischen Vertrauensbasis zwischen strategischen und operativen Schlüsselpersonen der Organisation, um schnelle Effizienz der gemeinsamen Aktivitäten zu sichern,

- die Erhöhung der Effizienz und Geschwindigkeit der operativen Arbeit mittels Bewusstsein und offener Zusammenarbeit, um die Ressourcen zu minimieren, die für die Vereinigungsprozeduren und Strukturen notwendig sind, und um die Qualität der ausgearbeiteten Lösungen zu optimieren,

- das Erreichen eines Kipp-Punktes („tipping point") von positiv gestimmten Mitarbeitern, wobei mit zehn Prozent der betroffenen Akteure gearbeitet wird.

Diese Phase beginnt mit anderthalb bis zwei Tage dauernden „Integrations-Schlüssel-Workshops" (ISW) für bis zu 20 Teilnehmer mit dem folgenden Format:

- Modul über businesskulturelle Fragen: Das Bewusstmachen der Hauptunterschiede zwischen firmenspezifischen und ggf. nationalen Kulturmechanismen, um die jeweiligen Relevanzen der Kulturen zu entdecken und deren Einfluss auf die Zusammenarbeit zu bestimmen.

- Die Bewertung und Diskussion der emotionalen Viren: Möglichkeiten und Risiken ausloten und die Entdeckung der „emotionalen Viren" als Thema, um den Erfolg der Zusammenarbeit zu optimieren.

- Die Bewertung und Priorisierung von Fragen der Organisation: Das Verständnis, welche strukturellen Punkte (Organisation, Prozesse, Steuerungsmechanismen) eine erfolgreiche Zusammenarbeit behindern.

- Beginn der Entwicklung einer gemeinsamen Sprache, die Missverständnisse und Konflikte vermeidet durch die Bereitstellung eines „Code", der die gegenseitige Verflechtung der drei kulturellen Komponenten behandelt, die Verhalten beeinflussen: nationale und firmengeprägte Kulturen und Persönlichkeitsstruktur.

- Besprechung, Diskussion und Verfeinerung des vorgeschlagenen Aktionsplans.

Üblicherweise beinhaltet die Syntonie-Phase auch **Projekt-Teambuilding- und Tandembuilding-Workshops**, in denen sich die Teams konkreten Problemen in der Zusammenarbeit stellen (zum Beispiel Führungsmechanismen, Angebotsausschreibungen, Projekte). Die Anzahl, der Fokus und das Format dieser Workshops werden in einer Besprechung mit dem Lenkungsausschuss definiert.

Die Hauptziele der **Projekt-Teambuilding-Workshops** lauten:

- operationelles Teambuilding für konfliktgeladene und/oder blockierte Teams,

- historisch bedingte Blockaden zu entschärfen und Unterschiede in der Interpretation und Wahrnehmung im gemeinsamen Projektmanagement herauszuarbeiten,

- genügend Raum zu geben, um Bedenken ansprechen zu können, Dialog und grundsätzliches Engagement (wieder) einzuführen,

- neue Impulse zu geben und/oder Lösungen zu geben zum Inhalt oder Fragen der Organisation.

Die Hauptziele der **Tandembuilding-Workshops** lauten:

- die strategischen und operationellen Schlüsselpersonen dazu zu motivieren, zusammenzuwachsen, Engagement zu entwickeln und ein gemeinschaftliches Verständnis und eine Identität aufzubauen

- strategische Zusammenführung von Key-Playern und Meinungsführern, die bereit sind, eine Vorbildfunktion zu übernehmen als

  - „Syntonisierer" in ihren Abteilungen/Standorten,
  - Schnittstellen der Kommunikation zwischen miteinander gekoppelten Abteilungen/Standorten,
  - stabile Brückenköpfe für Krisensituationen.

Parallel zu diesen Aktivitäten können gegebenenfalls Einzelcoachings und auch Konfliktmediation stattfinden.

## Phase 3: Synergie – Nachhaltigkeit implementieren

Die oben genannten Maßnahmen und Ansätze werden die Dinge nicht nachhaltig regeln können (siehe dazu auch „Das Prozess-Prinzip", Seite 208) Viele beziehungrelevante und die Organisation betreffende Situationen, über die während der zweiten Phase diskutiert wird, werden im Tagesgeschäft entdeckt. Daher muss erfahrungsgemäß während eines andauernden Interventionsprozesses eingehend nachgefragt werden, um sicherzustellen, dass

- neue/weitere „emotionale Viren" identifiziert und behandelt werden und der Teamgeist und die vorurteilsfreie Diskussion anhält (in schwierigen Situationen),

- die Fähigkeit entwickelt wird, - falls notwendig - internationale Teams zu managen.

Die Ziele der Synergie-Phase lauten daher:

- die strategischen und operationellen Schlüsselpersonen und Teammitglieder zu unterstützen, Ziele innerhalb eines multikulturellen Umfeldes besser zu erreichen,

- mit dem Aufbau eines **mentalmerger-Supervisionsgremiums** (mentalmerger-Management) die Nachhaltigkeit des mentalmerger-Prozesses sicherzustellen,

- ein **Frühwarnsystem** einzusetzen mit Indikatoren, die regelmäßig den Integrationsprozess messbar sowie aufkommende Frustrationen und Konflikte erkennbar machen, die korrigierende Maßnahmen erfordern,

- dem Management die Fähigkeit und den Willen zur Selbsteinschätzung nahe zu bringen,

- das Potenzial der kollektiven Intelligenz zwischen den Teams freizulegen, indem die Teammitglieder insbesondere lernen, ihre Unterschiede effektiv zu nutzen.

Diese Ziele werden, falls nötig, angepasst an die Ergebnisse der Syndrom-Phase „kulturelle und mentale Bestandsaufnahme".

In dieser Phase geben die Berater den Teams und den einzelnen Mitarbeitern gezielte Unterstützung und Coaching. Hier einige mögliche Maßnahmen zur Vertiefung, über die mit dem Lenkungsausschuss entschieden werden:

- Workshop-Moderation und Coaching in den „heißen Problemzonen"

- Einzelcoaching der Schlüsselpersonen

- Betriebliche Supervision

- Resonanzboden für das Top-Management und den Lenkungsausschuss

- Regelmäßige Reviews mit den Teams in Form von mentalmerger-Barometer-Sitzungen

- Regelmäßige Reviews mit dem Vorstand: Einschätzung und Neufokussierung des Ansatzes, wenn nötig

- Integrations-Hotline: zusätzliche Unterstützung und Rat per Telefon.

## Abb. 11.2: Die Kernelemente eines mentalmerger-Prozesses

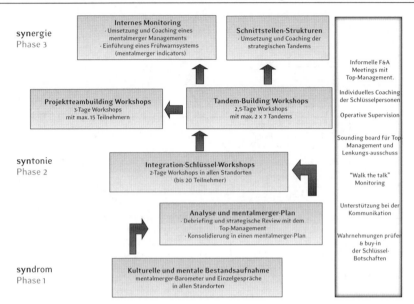

© he2be SA & JPB Consulting

Der mentalmerger-Firmenprozess ist ausgelegt für einen Zeitraum von zwölf bis 18 Monaten. Die Erfahrung zeigt, dass dieser Zeitrahmen realistisch ist. Die tatsächlich benötigte Zeit hängt ab von den geschichtlichen Verstrickungen, der Marktsituation, der Verfügbarkeit der Schlüsselpersonen, der Kluft zwischen den Businesskulturen, unter anderem.

Wie die Abbildung 11.3 an (der bereits in Kapitel 4.10 vorgestellten) Change-Kurve verdeutlicht, ist der mentalmerger-Prozess keine Harmonie-Veranstaltung. Er illustriert deutlich, dass die Change-Phasen durchlaufen werden müssen. Der maßgebliche Vorteil des Prozesses liegt darin, dass er die Zeit des Zusammenwachsens stark verkürzt und die strategischen Key-Player dabei unterstützt, die Krise zu meistern, die aus der Verbreitung der emotionalen Viren unvermeidlich entsteht.

Abb. 11.3: Der Vorteil des mentalmerger-Prozesses

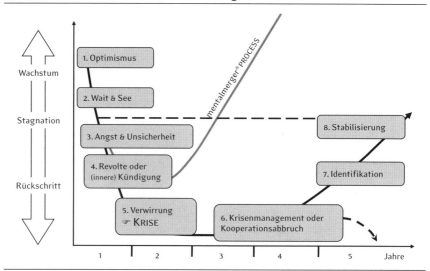

© he2be SA & JPB Consulting

## 11.3 Vier Prinzipien bei der Behandlung der emotionalen Viren

### Das MMM-Prinzip: mentalmerger-Management

Bei fast allen Integrationen gibt es ein „Lead Integration Team" dessen Aufgabe darin besteht, die materiellen Realitäten beider Unternehmen zu integrieren: Finanzen, juristische Fragen, Organisationen, Prozesse, usw. Oft arbeiten Mitarbeiter aus der Kommunikationsabteilung und manchmal sogar Veränderungsmanagementspezialisten als „Stabseinheit" in diesem Team, um die Integration auf der humanen Seite zu begleiten.

*Manager freistellen, die hauptsächlich mit der immateriellen Realität arbeiten*

Ein wichtiges Zeichen für die Organisation, dass das Management es ernst meint, die immaterielle Realität professionell zu begleiten und anzugehen, liegt in der prinzipiellen Entscheidung, Manager freizustellen, die sich hauptsächlich mit dieser „weichen" Materie befassen. Diese Manager sollten aus dem Geschäft kommen, also täglich mit der „materiellen Realität" konfrontiert sein. Ausschließlich Stabmitarbeiter, Personalmitarbeiter oder Kommunikationsspezialisten in diese Position zu ernennen ist nicht sinnvoll, da diese oft keine allzu große Anerkennung und Glaubwürdigkeit in der Organisation genießen. Wir bezeichnen dies als „mentalmerger-Management" oder als das „MMM-Prinzip". Das MMM-Team besteht aus mindestens je einem Manager aus den beiden fusionierenden Organisationen sowie aus Verantwortlichen der Personalabteilung und der internen Kommunikation.

Das MMM-Team ist sowohl die Schnittstelle zwischen der Geschäftsleitung und der Organisation als auch ständiger Ansprechpartner für die internen und externen Berater. Seine Aufgabe besteht darin, die immaterielle Realität regelmäßig zu sondieren und den Prozess der mentalen Fusion zu begleiten, zu fördern und beschleunigen.

**Aufgabe des mentalmerger-Managements**

- **Optimierung der immateriellen Realität** durch ständigen Austausch mit der Geschäftsleitung:
  - Regelmäßiges Update: Soll-Ist-Vergleich über die Entwicklung der immateriellen Realität,
  - Impulse für interne Kommunikations-Maßnahmen,
  - Entscheidung von Quick-Fix-Maßnahmen bei akuten Problemen.

- **Regelmäßiges Beziehungs-Monitoring** beziehungsweise -Management
  - Aufdecken von akuten emotionalen Viren,
  - Anregung und Supervision von Korrekturmaßnahmen,
  - Beziehungsqualität sondieren und optimieren durch Unterstützung und Coaching der Key-Player und Schlüsseltandems.

- **Steuerung des mentalmerger-Prozesses**
  - Supervision des Integrations-Plans,
  - ständiger Austausch und Abstimmung mit den Beratern.

- **Nachhaltigkeit der mentalen Fusion absichern**: Werkzeuge und Prozesse dauerhaft implementieren helfen

Das MMM-Team trifft sich regelmäßig und notfalls auch außerplanmäßig. Es hat eine Vorbildfunktion für die neue Firma, da sich hier Manager beider Organisationen „zusammenraufen" und Entscheidungen treffen müssen. Die bloße Existenz des MMM-Teams zwingt die Geschäftsleitung, die – unter starkem Druck stehend – dazu neigt, sich auf das Tagesgeschäft und die materielle Realität zu fokussieren, auch die immaterielle Realität ständig auf ihrer Agenda präsent zu haben. Für die Berater wiederum ist es wichtig, permanente Ansprechpartner zu haben, die sowohl als Sparringpartner fungieren als auch konkretes Feedback aus der Organisation geben können.

## Das Prozess-Prinzip

Die Arbeit mit dem Prinzip der emotionalen Viren kann nur dann erfolgreich sein, wenn sie im Rahmen eines systemischen Prozesses behandelt werden, der die Aspekte *sowohl der materiellen als auch der immateriellen Realität* miteinander verbindet. Einzelmaßnahmen oder so genannte „one shot"-Veranstaltungen sind meist nur oberflächliche Retusche oder dienen als Alibi. Manchmal können sie sich positiv auswirken, als so genannte „defining moments" des Veränderungsprojekts, wie Amerikaner denjenigen Zeitpunkt nennen, in dem etwas zum Positiven oder Negativen umkippt. Allerdings wirken solche Workshops als „one shot" zwar im Moment beeindruckend, sind aber meistens nur von kurzfristiger Wirkung. Deshalb muss sich ein Kunde, der sich nach einem Teambuilding-Workshop erkundigt, im Voraus im Klaren sein über eine aufrichtige Antwort auf unsere zugegebenermaßen provozierende Frage: *„Möchten Sie einen Workshop, oder wollen Sie wirklich etwas verändern?"*

Möchten Sie einen Workshop, oder wollen Sie wirklich etwas verändern?

Bei Tropicana-CSX wurden beispielsweise über Monate hinweg Trainings in Prinzipien und Übungen zum Aufbau von Vertrauen angeboten, ein Ansatz, den wir insbesondere bei (interkulturellen) Fusionen anbieten.

Die geringe Wirkung von Einzelmaßnahmen verdeutlichen wir wiederum anhand einer Metapher: „Der Idiotengraben" - die häufigste vernachlässigte Komponente in einem Lern- und Veränderungsprozess. Der Graben steht für die Schwierigkeit, etwas Neues oder Gelerntes konkret anwenden und umsetzen zu können. Der Grund für diese Schwierigkeit liegt in den beiden „Paradiesen der Kompetenz".

**Abb. 11.4: Die vier Stufen eines Lern- und Change-Prozesses**

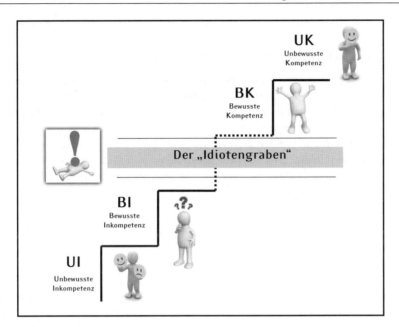

- **Paradies 1: Die unbewusste Kompetenz.** Wir fühlen uns effizient, können jedoch keinen genauen Grund dafür nennen. Wir beherrschen etwas so gut, dass wir uns dessen gar nicht mehr bewusst sind, wie zum Beispiel das Autofahren. Obwohl dies eine sehr komplexe Aufgabe ist, hören wir nebenbei Radio, sprechen mit dem Beifahrer oder telefonieren. Die Aufgaben zur Abwicklung des Fahrprozesses laufen sozusagen „per Autopilot" ab, wir bemerken nicht mehr, wie kompliziert es ist, die verschiedenen Handlungen aufeinander abzustimmen. Die Tatsache, dass dieser Prozess selbstverständlich geworden ist und automatisch abläuft, gibt uns ein „paradiesisches" Effizienzgefühl.

- **Paradies 2: Die unbewusste Inkompetenz.** Wir fühlen uns zwar ineffizient, jedoch schuldlos! Überspitzt gesagt, machen wir alles falsch, sind uns dessen allerdings nicht bewusst, weil die Tatsache, dass es nicht so läuft, wie es sollte, der Einfachheit halber auf die Umstände, die Personen, das Produkt, die Umfeldbedingungen usw. geschoben wird. Im Berufsleben, und vor allem in einem Umfeld, in dem die emotionalen Viren das Verhalten bestimmen, macht sich die unbewusste Inkompetenz durch Aussagen bemerkbar, wie:

- *„Das ist wieder einmal typisch für ....“*
- *„Etwas anderes konnte man von den Amerikanern ja auch nicht erwarten.“*
- *„Mit den Leuten von der Firma B. kann man sowieso nicht zusammenarbeiten.“*
- *„Ich habe doch schon tausendmal gesagt, dass ...“*

■ **Brutales Erwachen: Die bewusste Inkompetenz.** Managern, die ein interkulturelles Training zur Verbesserung der Zusammenarbeit mit Amerikanern besuchen, kann schlagartig klar werden: *„Ich habe wirklich alles falsch gemacht, was man nur falsch machen konnte!“* Der Trainer war in diesem Fall sehr effizient und hat den Teilnehmer eine Stufe höher gebracht: von der unbewussten Inkompetenz zur bewussten Inkompetenz. Die Folge ist natürlich Unsicherheit, und die bisherigen Überzeugungen geraten ins Wanken.

■ **Der „Idiotengraben“:** Das Problem besteht darin, dass dieses neu erworbene Wissen nicht ausreicht, um es in alltäglichen und vor allem in Krisensituationen anzuwenden, es also zu einer bewussten Kompetenz zu machen. Die negative Synergiespirale hat uns gezeigt, dass der Mensch, je mehr er unter Stress steht, unbewusst auf Basiswissen und Basismechanismen zurückgreift. Der Teilnehmer des interkulturellen Seminars wird mit an Sicherheit grenzender Wahrscheinlichkeit beim nächsten Treffen mit den amerikanischen Kollegen erneut in die Autopilot-Falle laufen und sich danach erst recht wie ein „Idiot“ vorkommen: *„Ich wusste es doch und habe es trotzdem falsch gemacht!“* Er ist also in den *„Idiotengraben“* gefallen.

In den wenigsten Fällen wird ihm vermittelt, dass es sich hier um einen natürlichen Lernprozess handelt. Um von der bewussten Inkompetenz zu einer bewussten Kompetenz zu gelangen gibt es nur eine Möglichkeit: ÜBEN!

Neue Verhaltensweisen zu trainieren ist in Post-Merger-Integration-Prozessen die leider am meisten vernachlässigte Komponente. Die Beteiligten werden in Workshops und Seminare geschickt, und die Verantwortlichen gehen davon aus, dass die Materie danach beherrscht wird. Hierbei wird jedoch vernachlässigt, dass alles, was in Zusammenhang mit Kommunikations-, Verhaltens- und Bewegungsabläufen steht, zum Teil intensives Training und somit ausreichend Zeit erfordert.

In einem Veränderungsprozess ist der „Idiotengraben“ nur durch eine einfühlsame Begleitung in Form von Einzel- und Organisations-Coaching zu überwinden. Vor allem in angespannten Lagen und Krisensituationen benötigen die Beteiligten unabhängige Hilfestellung – und auch Ermunterung – von außen. Aus diesem Grund verfügen viele Spitzensportler heute neben ihrem Fachtrainer auch über einen Mentaltrainer.

## Das 10-Prozent-Prinzip

Die Akteure im Fall Tropicana-CSX benutzten einen Hebel, den wir im mental-merger-Prozess ebenfalls ansetzen: die Vernetzung der sich misstrauenden oder gar verfeindeten Gruppen, um verkrustete Beziehungen und klischeehafte Wahrnehmungen aufzubrechen, um so schnell wie möglich eine realistische Vertrauensbasis aufzubauen. Empirische Untersuchungen zeigen übereinstimmend, wie stark reales Vertrauen zwischenmenschliche Interaktion erleichtert.[37]

Überraschend im Fall Tropicana-CSX könnte die geringe Anzahl von Mitarbeitern beider Firmen erscheinen, die dem Ausschuss angehören und somit zu den positiven Beziehungen zwischen den zwei Firmen beitrugen: 20 bis 30 Mitarbeiter sind, selbst bei regelmäßiger Rotation, sehr wenig im Vergleich zur Größe der betroffenen Bereiche. Dieses Beispiel entspricht unserer Erfahrung: Um Viren zu behandeln, genügt es, einen kleinen, aber bestimmten Teil der Belegschaft zu erreichen. Im Extremfall kann dieser Anteil bei Macht- und Beziehungskonflikten aus nur zwei Führungskräften bestehen. Legendär sind einige außergewöhnliche Vertrauensverhältnisse in der Politik, wie zum Beispiel das deutsch-französische zwischen Adenauer und De Gaulle, Schmidt und Giscard d'Estaing, Kohl und Mitterrand. Weniger bekannt ist, dass viele letztlich einvernehmliche Entscheidungen zwischen Kohl und Mitterrand nur aufgrund der persönlichen Freundschaft zwischen den damaligen Außenministern Genscher und Dumas zu Stande kamen. So haben persönliche Vertrauensverhältnisse wesentlich zur Versöhnung und Verständigung zwischen Deutschland und Frankreich beigetragen.

Bei Viren der Kategorie „Werte- und kulturelle Konflikte", die starke Ängste und Unsicherheiten auslösen, reicht hingegen die Arbeit mit wenigen Top-Managern nicht aus. Um eine Hebelwirkung zu erreichen, muss bei solchen Viren ein größerer Teil der Betroffenen angesprochen werden. Unsere empirische Erfahrung zeigt, dass praktisch alle Viren in Organisationen wirksam behandelt werden können, wenn wir mit ca. zehn Prozent der Betroffenen arbeiten.

*Die Arbeit mit ca. 10 Prozent der Beteiligten reicht aus, um Viren wirksam zu behandeln*

**⏸ PRAXISBEISPIEL:**

Im Fall Air Liquide – Messer Griesheim waren insgesamt ca. 2.700 Mitarbeiter von der Fusion betroffen. Im Rahmen des mentalmerger-Prozesses arbeiteten wir mit ca. 250 Managern und Mitarbeitern, die entweder in einer leitenden Stellung waren oder zu den Meinungsführern beider Organisationen gehörten. Diese kritische Masse war ausreichend, um die Viren zu eliminieren oder zumindest so zu behandeln, dass sie im Laufe der Zeit für die Fusion kein Risiko mehr darstellten.

## Das Fokus-Prinzip

*„Gott, gib mir die Gelassenheit, Dinge hinzunehmen, die ich nicht ändern kann, den Mut, Dinge zu ändern, die ich ändern kann, und die Weisheit, das eine vom anderen zu unterscheiden."*[38]

Behandelbare, verhandelbare und unverhandelbare Elemente einer Veränderung

Dieses bekannte Gebet von Reinhold Niebuhr nutzen wir, um den Rahmen bei der Arbeit mit denen emotionalen Viren abzustecken, da es zum menschlichen Verhalten gehört, Energie und Kommunikationsanstrengungen gerne in Dinge zu investieren, die nicht mehr veränderbar sind. Es ist zwar verständlich, dass sich die betroffenen Mitarbeiter über die dritte Fusion innerhalb von fünf Jahren ereifern, und auch notwendig, dieser Frustration ein Ventil zu geben. Die assoziierten Ängste und Schmerzen können allerdings nur gemildert, nicht jedoch vermieden werden. Es gilt dabei zuzuhören, Wertschätzung zu zeigen, die Trauerarbeit zu begleiten und Randbedingungen, wie zum Beispiel im Fall einer Standortschließung, flexible Heimarbeitsregelungen oder Unterstützung für Umzug und Wohnungssuche zu definieren. Damit bleibt die Veränderung zwar weiter schmerzhaft, die negativen Emotionen werden indessen reduziert (siehe dazu die Veränderungskurve in Kapitel 4).

Gleichzeitig müssen die Berater die Organisation sehr schnell auf die veränderbaren Dinge, wie zum Beispiel Einzelmaßnahmen, Arten der Zusammenarbeit, Bedeutung verschiedener Integrations-Maßnahmen usw. fokussieren. Dies ist für die Berater manchmal wie eine Spagatübung, aber unvermeidlich, damit die Antiviren wirken können. Nur so ist die Organisation so schnell wie möglich von der mentalen Verschmutzung über das mentale Zusammenwachsen zur mentalen Stärke zu führen.

---

**Abb. 11.5:  Die vier Prinzipien der Behandlung von Viren**

| Das mentalmerger®-Management-Prinzip | Das Prozess-Prinzip | Das 10%-Prinzip | Das Fokus-Prinzip |
|---|---|---|---|
| ▪ Business Manager sind verant-wortlich für die Integration der immateriellen Realitäten | ▪ Einen Prozess anstoßen und implementieren, keine Kollektion von Einzel-maßnahmen | ▪ Die Arbeit mit 10% der Belegschaft ermöglicht, die ganze Organisation zu erreichen | ▪ Behandelbare, verhandelbare und unverhandelbare Elemente einer Veränderung unterscheiden |

---

## 11.4    Hintergrund: Können Organisationen lernen, besser mit Emotionen umzugehen?

*Emotionale Intelligenz der Organisation?*

Wir haben bisher nicht von emotionaler Intelligenz (EI) gesprochen, was überraschend erscheinen mag, da dieses Konzept sehr verbreitet ist. Zur Erinnerung: Der Begriff der EI, im Jahr 1990 von Salovey und Mayer eingeführt, wurde 1995 durch ein Buch des Psychologen und Harvard University Professor Daniel Goleman populär. Laut Goleman setzt sich EI aus fünf Teilkonstrukten zusammen:[39]

- **Selbstbewusstheit**: Die Fähigkeit eines Menschen, seine Gefühle und Bedürfnisse zu erkennen, zu verstehen und zu akzeptieren und deren Wirkung auf andere einzuschätzen.

- **Selbststeuerung**: Die Fähigkeit, die eigenen Gefühle und Stimmungen zu beeinflussen und konstruktiv zu steuern.

- **Empathie**: Die Fähigkeit, emotionale Befindlichkeiten anderer Menschen zu verstehen und angemessen darauf zu reagieren.

- **Soziale Kompetenz**: Die Fähigkeit, Kontakte zu knüpfen und tragfähige Beziehungen aufzubauen.

- **Selbstmotivation**: Die Fähigkeit, sich für die Arbeit zu begeistern, unabhängig von finanziellen Anreizen oder Status.

Wir haben die EI bisher aus zwei Gründen nicht erwähnt: Zunächst handelt es sich um einen Begriff aus der Psychologie der individuellen Emotionen, der mit kollektiven Emotionen bisher nicht verknüpft wurde. Zweitens ist das Konstrukt von Goleman in der Wissenschaft derartig umstritten, dass mehrere Forscher seine Behauptungen sogar als „schädigend für das Forschungsfeld"[40] betrachten. Es wurde zum Beispiel gezeigt, dass – im Gegensatz zu Golemans Aussagen – kognitive Intelligenz, gemessen am Intelligenzquotienten, ein besserer Vorhersagefaktor für Karriereerfolg ist als emotionale Intelligenz.

Es soll uns hier nicht darum gehen, den wissenschaftlichen Streit über das Konstrukt der EI zu vertiefen, sondern zu untersuchen, ob ein besserer, reiferer Umgang mit Emotionen eine positive Wirkung auf die Effizienz eines Unternehmens hat. Auf diesem Gebiet sind die Ergebnisse eindeutig.

### Emotionale Fähigkeiten sind erlernbar

Mehrere Studien belegen, dass die Kernfähigkeiten der EI – Emotionen identifizieren, verstehen, regulieren und nutzen – nicht nur lernbar sind, sondern auch nachhaltig bleiben, wenn sie einmal gelernt wurden. Eine belgische Studie liefert ein gutes Beispiel dafür:[41]

In dieser Studie wurden 37 Personen mit mehreren Standardtests auf ihre emotionalen Fähigkeiten hin geprüft und dann in zwei beliebige Gruppen getrennt. Nur die erste Gruppe bekam ein EI-Training, die zweite Gruppe diente als „Kontrollgruppe". Das EI-Training beinhaltete vier 2½-Stunden lange Trainingseinheiten, verteilt über vier Wochen. Jede Einheit umfasste eine Mischung aus kurzen Lehrvorträgen, Rollenspielen, Gruppendiskussionen und Arbeit in Zweiergruppen. Die Trainingseinheiten waren entlang der vier emotionalen Kernfähigkeiten strukturiert:

- Sitzung 1: Emotionen verstehen

- Sitzung 2: Emotionen identifizieren

- Sitzung 3: Emotionen ausdrücken und nutzen

- Sitzung 4: Emotionen managen

Danach wurden die gleichen Standardtests für alle Teilnehmer durchgeführt. Sie zeigten eine deutliche Verbesserung der EI-Werte der Trainees. Darüber hinaus bewiesen die gleichen Tests, sechs Monate später durchgeführt, dass das Erlernte nicht verloren gegangen war!

*Die Entwicklung der „emotionalen Intelligenz" im Unternehmen und der Einfluss
auf die Leistung*

Studien dieser Art bleiben aber immer noch ein Stück weit theoretisch: Die Teilnehmer haben etwas gelernt, über die konkreten Konsequenzen in ihrem Leben
wird jedoch nichts ausgesagt. Die Auswirkung einer solchen Ausbildung ist dagegen ganz besonders relevant in einem Unternehmen. Auch hierfür gibt es mehrere Studien, die belegen, dass emotionale Intelligenz und Leistung korreliert
sind.[42] Die Fallstudie eines EI-Trainings in einer australischen Einzelhandelsfir-
ma liefert dazu interessante Ergebnisse:[43]

Bei der betroffenen Firma handelt es sich um eine große Handelskette mit über
3.000 Filialen. 300 IT-Mitarbeiter, geführt von 37 Teamleitern und Teamleiterin-
nen, sollten zwei multi-millionen Dollar teure Software-Programme für die Lohn-
abrechnung und die Fakturierung entwickeln. Beide Projekte liefen schlecht und
hatten erhebliche Verspätungen. Viele Mitarbeiter verließen die Firma und der
Absentismus war hoch. Das unmittelbare Management half wenig: Eine Befragung über die Mitarbeiterzufriedenheit ergab, dass die Teamleiter(innen) als
schwach, inkonsistent in der Kommunikation, als schlechte, untereinander zer-
strittene Vorbilder wahrgenommen wurden!

Das Management entschied sich für die Durchführung eines EI-Trainings – einer
Mischung aus Teamausbildung und Einzelcoachings –, angelegt über eine Dauer von zehn Wochen, das die Kernelemente der emotionalen Intelligenz ansprechen sollte:

- Teams: Für jedes Team drei Teamausbildungen von je vier Stunden und eine
  „Fortschritts-Sitzung" sechs Wochen später.

- Teamleiter: Für jeden Teamleiter zehn einstündige Einzelcoachingsitzungen
  (einmal pro Woche) und eine „Fortschritts-Sitzung" sechs Wochen danach.

Gemessen wurden vor und nach der Durchführung nicht nur die emotionale Intelligenz der Teamleiter, – bewertet von den Mitarbeitern –, sondern auch unter-
nehmerisch relevante Faktoren wie die Teameffektivität. Es wurden beispielsweise 26 Fragen über Elemente wie Ergebniseffektivität (on-time, on-budget,
on-specifications-Ergebnisse), Veränderungseffektivität (Fähigkeit, Probleme
kreativ zu lösen), Organisations- und Planungseffektivität, interpersönliche Effektivität (Kommunikation und Konfliktmanagement) und Beitragseffektivität
(des Teams für die Gesamtorganisation) gestellt. Eine per Zufall ausgewählte
Gruppe von Mitarbeitern beurteilte am Anfang der Intervention die EI-Fähig-
keiten der Teamleiter sowie die Teameffektivität, eine andere Gruppe, ebenfalls
per Zufall ausgewählt, tat das Gleiche am Ende der Intervention. Alle Teamleiter
wurden auch gebeten, die Teameffektivität zu beurteilen.

Die Ergebnisse waren eindeutig: Mitarbeiter und Teamleiter waren der Ansicht, dass die Teams *nach* der Intervention wesentlich effektiver arbeiteten, dass bessere Entscheidungen getroffen wurden und dass die Teams einen besseren Beitrag zum Unternehmen lieferten. Mitarbeiter fanden auch, dass die Teamleiter Emotionen im Team besser einschätzen und managen konnten. Von 21 gemessenen Elementen hatten sich 20 aus Sicht der Teamleiter und der Mitarbeiter deutlich verbessert!

## 12. Behandlung der Viren: Ein Fallbeispiel

„Wo das Vertrauen fehlt, spricht der Verdacht."
Laotse (6. Jahrhundert v. Chr.)

Mit der Akquisition von Messer Griesheim und deren 2.000 Mitarbeitern in Deutschland erfüllten sich die Manager von Air Liquide einen lang gehegten Wunsch: Bereits Anfang der 1990er Jahre hatten die Air Liquide-Verantwortlichen auf das „Juwel", wie sie es nannten, ein Auge geworfen.

Auf der Basis einer Bestandsaufnahme der Wahrnehmungen an den drei Standorten Paris (Air Liquide-Zentrale), Düsseldorf (Air Liquide Deutschland-Zentrale) und Krefeld (Messer Griesheim- Zentrale) definierten wir insgesamt zwölf emotionale Viren, die in der Lage waren, eine erfolgreiche Zusammenführung der beiden deutschen Strukturen zu erschweren.[44] Einige davon haben wir Ihnen in Kapitel 10 bereits vorgestellt.

**Die zwölf emotionalen Viren in der Integration von Messer Griesheim in den Air Liquide Konzern[45]**

**Insbesondere bei Messer Griesheim festgestellte emotionale Viren:**

- „Wir gehen dabei drauf!": Angst um den Arbeitsplatz und um die Postenbesetzung in der neuen Organisation.

- „Noch einmal die Ärmel hochkrempeln, dann haben wir's geschafft!": Messer Griesheim hatte bereits mehrere Umstrukturierungen hinter sich gebracht. Die Mitarbeiter hegten die Hoffnung, dass eine nunmehr letzte Anstrengung dazu führen könnte, endlich wieder zu einer normalen, routinemäßigen Arbeitsweise zurückzufinden.

- „Oh je, meine neue ‚Stiefmutter' will ihren Senf dazugeben...": Die Sorge der Mitarbeiter, die neue Muttergesellschaft würde Entscheidungen schwieriger machen und die Autonomie einschränken.

**Bei der deutschen Niederlassung von Air Liquide festgestellte emotionale Viren:**

- „Eifersucht auf die ‚Adoptivschwester'": Die französischen Air Liquide-Manager flogen in großer Anzahl ein, um die neu erworbene Messer Griesheim kennenzulernen. Die deutschen Air Liquide-Mitarbeiter fühlten sich zurückgesetzt und nicht wahrgenommen mit ihren Problemen und Ängsten.

- „Pubertätskrise: Erwachsen werden, aber cool bleiben": Die deutsche Tochtergesellschaft von Air Liquide trat bisher als Challenger gegen die etablierten Mitbewerber auf und erwirtschaftete mit einem erfolgreichen Geschäftsmodell über Jahre hinweg Wachstumszahlen im zweistelligen Bereich. Sie zog bevorzugt jüngere Mitarbeiter an, die sehr flexibel waren und lange Arbeitszeiten akzeptierten. Man wusste zwar, dass vieles verbesserungsfähig war, verspürte jedoch auch Stolz darauf, dieses Wachstum dank der eigenen Cleverness und „Coolness" erreicht zu haben. Die Mitarbeiter hegten die Hoffnung, dass, trotz der durch die größere Struktur erforderlichen Prozedere, diese Flexibilität und „Coolness" beibehalten werden könnte.

**Bei der französischen Muttergesellschaft festgestellte emotionale Viren:**

- „Messer Griesheim, der ‚Messias', naht: Jetzt kommt endlich Gründlichkeit ins Haus!": Diese Aussage hörten die Berater häufig von den französischen Managern, die sehr stolz auf ihren flexiblen Air Liquide-Führungsstil waren. Jedoch wollte sich Air Liquide Paris mittels der Integration von Messer Griesheim quasi schmerzlos und automatisch von seit langem als überfällig empfundenen Strukturen trennen. Insgeheim hoffte man, von der Strukturierungsstärke von Messer Griesheim zu profitieren, ohne selbst viel Aufwand betreiben zu müssen.

- „Verschwörung der Töchter gegen die «Autoritätsanfälle» der (Stief-) Mutter": Air Liquide Paris plante, bei bestimmten Themen sehr autoritär auf die Töchter einzuwirken, obwohl dieses Verhalten den eigenen Grundwerten widersprach. Dies wiederum barg die Gefahr, dass sich die Töchter zusammentun und zum konzertierten Widerstand verleiten könnten.

- „Jetzt müssen wir doch den Stier bei den Hörnern packen!": In bestimmten Bereichen hatte Air Liquide Paris heikle Entscheidungen für die Gesamtgruppe bis dahin vermeiden können. Durch die Integration von Messer Griesheim, die immerhin mehr als zehn Prozent des Konzernumsatzes ausmachte, waren die Konzernmanager aufgefordert, sich auf neue Standards und Strukturen festzulegen.

**Auf allen Seiten festgestellte emotionale Viren:**

- **„Wir sind die Besten! Warum also sollten wir uns ändern?"**: Alle drei Strukturen besaßen ein extrem ausgeprägtes Selbstwertgefühl. Im Integrationsprozess prallten diese starken „Unternehmens-Egos" aufeinander, wobei alle Parteien an Bewährtem festhalten wollten. Zwischen den beiden deutschen Strukturen gestaltete sich dies als besonders schwierig, da die Basis für ihr Selbstwertgefühl mit der Integration zerstört wurde.

- **„Die anderen machen es falsch! Chaoten gegen Beamte"**: Dieser klassische Virus entsprang den unterschiedlichen Unternehmenskulturen. Obwohl er alle drei Standorte betraf, war er zwischen Düsseldorf (Air Liquide-Zentrale) und Krefeld (Messer Griesheim-Zentrale) besonders virulent. Der Virus machte sich dadurch bemerkbar, dass sich die beiden Parteien nicht zuhörten, sondern vielmehr ihre Energien darauf verwandten, sich gegenseitig schlecht zu machen, was im Übrigen eine natürliche Reaktion darstellt: Um das Eigene nicht zu verlieren, versuchen die Beteiligten, das Andere zu zerstören.

- **„Die Deutschen" – „Die Franzosen": „Strukturfetischisten" vs. „künstlerisches Wischiwaschi"**: Bei diesem Virus handelte es sich um die klassischen deutsch-französischen Konflikte, die sich jedoch im Fall Air Liquide – Messer Griesheim durch die verschiedenen Unternehmenskulturen potenzierten: Das französische Doppeldeutige, Implizite und das flexible Reagieren lösten bei den Messer Griesheim-Managern, die sehr strenge Prozedere gewohnt waren, Verwirrung und Demotivation aus. Vom typisch deutschen „genauen Festlegen" und der detaillierten Planung im operativen Bereich fühlten sich die Air Liquide-Verantwortlichen hingegen stark eingeengt und reagierten oft in autoritärer Weise.

- **„Undurchdringlicher Netzwerk-Dschungel"**: Air Liquide Paris, Air Liquide Deutschland und Messer Griesheim funktionierten sehr netzwerkorientiert. Insbesondere die Messer Griesheim-Manager litten darunter, da sie noch keinen Zugang zu den Managern der neuen französischen Muttergesellschaft in Paris hatten.

Für die deutsche Geschäftsleitung von Air Liquide und ihren Vorsitzenden Markus Sieverding war es von vitaler Bedeutung, die emotionalen Viren in den Griff zu bekommen: Die Akquisition von Messer Griesheim hatte ca. 2,7 Milliarden Euro gekostet und auf dem Konzern lastete enormer Erwartungsdruck seitens der Finanzmärkte. Sieverding und sein Managementteam hatten die Vorgabe, schnell Synergieeffekte zu realisieren, das Geschäft auszuweiten und gleichzeitig innerhalb von drei Jahren Synergien von ca. 100 Millionen Euro vor Steuern zu realisieren.[46]

## 12.1 Von der Quarantäne zur Heilung

Durch die vorangegangene Bestandsaufnahme der Wahrnehmungen (siehe Kapitel 9.6) waren die emotionalen Viren vorübergehend in „Quarantäne", die Mitarbeiter erwarteten die nächsten Schritte. Mit dieser Gewissheit konnten wir beginnen, zusammen mit der Organisation an den emotionalen Viren zu arbeiten.

Aufgrund der Verschiedenheit von Projekten und Unternehmen kann es keine Patentrezepte für die Behandlung von Viren geben. So wie der behandelnde Arzt sich nicht zu 100Prozent sicher sein kann, ob und wie ein Medikament bei einem Patienten wirkt, können auch wir nicht garantieren, dass die geplanten Maßnahmen und Antiviren greifen werden. Es hängt zum Großteil von der Erfahrung und der Kreativität der Berater ab, welche Prozesse angestoßen und welche Werkzeuge eingesetzt werden sollen. Ein weiterer unbekannter Faktor ist die Involvierung des Top-Managements. Je mehr dieses Änderungen und neue Werte selbst vorlebt, je mehr es die Bedeutung der immateriellen Realität nicht nur mit Worten, sondern auch mit Taten aufwertet, umso mehr wird auch den emotionalen Viren der Nährboden entzogen.

Nachfolgend wollen wir zeigen, wie der in Kapitel 11 beschriebene mentalmerger-Ansatz und die vier Prinzipien im Falle von Air Liquide umgesetzt wurden und welche Maßnahmen und Antiviren dabei besonders wirkungsvoll waren.

## 12.2 Die Umsetzung des mentalmerger-Managements

In der angespannten Startsituation gab Markus Sieverding, unterstützt von der französischen Muttergesellschaft in Paris, ein wichtiges Signal an die Organisation: Ein mentalmerger-Management (MMM) wurde etabliert, das aus zwei sehr erfahrenen Managern beider Organisationen bestand, die auch hierarchisch weit oben angesiedelt waren und somit über entsprechende Autorität und Durchsetzungskraft verfügten. Weitere Mitglieder waren die Verantwortlichen für die interne Kommunikation (von Air Liquide) sowie der Verantwortliche für Führungskräfteentwicklung der ehemaligen Messer Griesheim-Organisation. Somit war der unverzichtbare Überbau geschaffen: Die entscheidenden Instanzen der neuen Organisation befürworteten und förderten den mentalmerger-Prozess. Gemeinsam mit der Geschäftsleitung wurde ein Integrationsplan entwickelt und der Organisation zur Kenntnis gebracht.

Zwei sehr erfahrene Manager beider Organisationen leiten das mentalmerger Management-Team

**Abb. 12.1: Die Maßnahmen des mentalmerger-Integrationsplans**

# mentalmerger-Integrationsplan

## I. Ziele des mentalmerger® Prozesses

➢ Übergeordnete Ziele

◼ Vertrauen aufbauen

◼ Über höheres (Selbst-)Vertrauen der Key-Player auch die Mitarbeiter
beruhigen (um u.a. Resignation und ungewünschte Kündigungen zu vermeiden)

◼ Soziale Kompetenz der Key-Player erhöhen

◼ Identifikation mit neuer AL GmbH vorantreiben
(Gemeinsame Werte und Vision schaffen)

◼ Effektiveres und schnelleres Gestalten der operativen Arbeit
durch bewussteres und offeneres Zusammenarbeiten

◼ Qualität der gefundenen Lösungen optimieren

◼ Nachhaltigkeit der Veränderung absichern:

◼ Erreichen der „kritischen Masse" von 10% (dazu müssen ca. 200 Mitarbeiter in
Deutschland in den Prozess eingebunden werden)

# mentalmerger-Integrationsplan

## II a. Stufe 1: Kurzfristige Ziele

➢ Bauchgefühle thematisieren: Bewusstmachen des entscheidenden
Einflusses der „Soft Issues" auf das Operative anhand der
„12 emotionalen AL Viren"

◼ Erkennen und Nachvollziehen der Unterschiede (Virus 1 bis 5):
▪ Persönlichkeitsstruktur
▪ Unternehmenskultur (einschliesslich: Position am Markt & Grundlagen des
Selbstwertgefühls)
▪ Landeskultur
▪ Kooperationsmechanismen („Mutter-Tochter Verhältnis", „Not invented here"...)
◼ Bewusstmachung der daraus resultierenden Mechanismen und Spiralen
(Virus 1 bis 5)
◼ Erkennen des internen Zielkonfliktes, den die jeweiligen Illusionen auslösen
(Virus 6 bis 8)
◼ Erkennen der Gefahr der Schuldzuweisung: „Falscher Sündenbock" (Virus 6 bis 8)
◼ Risiken im Vorfeld thematisieren, um Vorfälle zu entschärfen (Virus 9 bis 12)

➢ Aufbau einer gemeinsamen Sprache (Viren, Symbole, Structogram ...)

➢ Operative Sofortmassnahmen

## 12.3    Die Integrations-Schlüssel-Workshops

Eine Hauptmaßnahme der Behandlung von emotionalen Viren zwischen zwei Gruppen besteht in einer Reihe so genannter Integrations-Schlüssel-Workshops (ISW), in denen

- die Viren der Integration offen diskutiert und

- die negativen Beziehungsspiralen zwischen den Gruppen durch gezielte Interventionen unterbrochen werden.

Nach dem 10-Prozent-Prinzip nehmen ca. zehn Prozent der betroffenen Mitarbeiter an solchen Workshops teil. Die generellen Ziele und Themen eines Integrations-Schlüssel-Workshops für die Integration der zwei Organisationen waren:

---

**Abb. 12.2:** Die Integrations-Schlüssel-Workshops (ISW)

---

# mentalmerger–Integrationsplan    AIR LIQUIDE

IV.   mentalmerger-Maßnahmen
    Inhalt & Dauer

| Veranstaltung | Ziele | Themen | Teilnehmer | Anzahl / Orga. |
|---|---|---|---|---|
| 1.Integrations-Schlüssel Workshop (ISW)  Dauer : 2 Tage | 1. Sich business- und unternehmens- kultureller Unterschiede bewusst werden 2. Vertrauen aufbauen und gemeinsame Sprache zur Vermeidung und Entschärfung von Konflikten entwickeln 3. Erkennen der 12 AL Viren, die auf dem Weg zur erfolgreichen Integration behandelt werden müssen | • Structogram • Landeskulturen (grob) • Unternehmens- kultur • 12 Viren • Mechanismen und Spiralen | • 12 Pers. (1 Consultant) bis 20 Personen (2 Consultants) AL- alt & Messer Griesheim alt: Sub-team leaders, HR, Kommunikation und sonstige Key-Player • AL SA: Keyplayer vom HQ in Paris | AL D GmbH: ca. 120 Teilnehmer = 8-10 Sessions  AL Paris:  ca. 80 Teiln. = 4-6 Sessions  Seminar außerhalb des Unternehmens |

---

### Der Kick-off-Workshop mit dem Management

Ähnlich wie im Beispiel von Sears beschrieben, arbeiten wir grundsätzlich „top-down", also zunächst mit den Management-Teams. An einem mentalmerger Kick-off-Workshop in einem Seminarhotel bei Düsseldorf nahmen mehr als 30 Manager beider Organisationen teil. Sie gehörten dem erweiterten Führungskreis an. Dort bot sich ihnen zum ersten Mal die Gelegenheit, sich zweieinhalb Tage lang außerhalb der Geschäftsräume und abseits vom Tagesstress auszutauschen.

Ein Kick-off-Workshop mit dem versammelten Top-Management stellt einen entscheidenden Moment dar. Wie erreicht man, dass 30 Führungskräfte aus zwei fusionierenden Unternehmen offen und ehrlich ihre emotionalen Viren ansprechen? Wie gelingt es, dass sie nach dem Workshop als Botschafter in der Organisation fungieren und auch ihre Mitarbeiter dazu motivieren, in den mentalmerger-Prozess einzusteigen?

## WAHR-Nehmungen malen

Der Workshop begann damit, dass wir die Manager und Managerinnen aus den jeweiligen Alt-Organisationen baten, ihre Wahrnehmung der Unternehmenskultur des jeweils Anderen in Form eines Gemäldes darzustellen (siehe Kapitel 7.6). Der Virus *„Beamte gegen Chaoten"* wurde nun für alle anschaulich sichtbar gemacht und nahm greifbare Konturen an. Ex-Messer-Griesheim-Führungskräfte zeichneten eine Air Liquide-Kultur in bunten Farben, ohne Struktur, mit viel Kommunikation und Geistesblitzen, einen sehr präsenten Chef und eine unklare Hierarchie. Die Air Liquide-Manager malten sehr viele Organigramme, Kästchen und Flachbildschirme, die nach ihrer Sicht die Messer Griesheim-Kultur kennzeichneten.

Der Hintergrund: Air Liquide war in typisch französischer Art sehr flexibel organisiert, die Mittel waren „so gut wie eben nötig" und nicht „so gut wie nur möglich" wie bei Messer Griesheim, die stolz auf ihre Prozesse und Strukturen waren und auch in entsprechende Mittel investiert hatten (zum Beispiel PC-Flachbildschirme, die damals noch sehr teuer waren). Die stark hierarchiegesteuerte Messer Griesheim-Organisation stand in krassem Gegensatz zum Air Liquide-Managementstil. Bei der Präsentation der Gemälde kommentierte ein Air Liquide-Teilnehmer den Grund für die Präsenz der Flachbildschirme: *„Das Einzige, was bei Messer Griesheim flach ist, sind die Bildschirme!"* Der Ausspruch wurde zum geflügelten Wort und brachte sogar die Messer Griesheim-Führungskräfte zum Lachen –, ein weiterer Beweis für die Kraft humorvoller Metaphern. Beide Seiten konnten sich über ihre gegenseitigen Wahrnehmungen amüsieren und sie akzeptieren –, das Eis war gebrochen.

„Das Einzige, was bei Messer Griesheim flach ist, sind die Bildschirme!"

Der nächste Höhepunkt war die Nachbesprechung über den Ablauf der Gruppenarbeit: Wie waren die beiden Gruppen an die Aufgabe gegangen, ein Gemälde zu malen? Es stellte sich heraus, dass beide schon nahezu in Karikaturmanier die wechselseitige Wahrnehmung ihrer jeweiligen Arbeitsweisen bestätigten:

- Die Messer Griesheim-Manager hatten zunächst ein Konzept entwickelt, sich in der danach folgenden Diskussion auf einen Konsens geeinigt, der sodann vom höchstrangigen Manager der Gruppe abgesegnet wurde. Erst daraufhin begann die Gruppe mit der Ausführung des Gemäldes, wobei sie genau ihrem Konzept folgte. Sie arbeitete ruhig und eher sachlich, geriet nicht unter Zeitdruck, sondern war schon vor Ablauf der Zeit fertig.

- Die Air Liquide-Teilnehmer setzten zunächst ein Brainstorming an, in dessen Verlauf die wenigsten Ideen schriftlich festgehalten wurden. Dies dauerte ziemlich lange, bis schließlich Zeitdruck entstand. Dann griff ein Manager plötzlich zum Pinsel und malte ein Kästchen, worauf eine Diskussion innerhalb der Gruppe einsetzte, was nun daraus zu machen sei. Je stärker der Druck wurde, umso mehr Effizienz kam in die Gruppe. Die Idee des „Flachbildschirms" tauchte auf, provozierte großes Gelächter und lautstarke Begeisterung. Ihre Art der Zusammenarbeit machte bei einem unbeteiligten Betrachter einen strukturlosen und chaotischen Eindruck. Die Gruppe hatte jedoch viel Spaß und musste nach Ablauf der Zeit mit sanftem Druck gezwungen werden, nicht mehr weiterzumalen.

Das Bewusstmachen dieser Mechanismen der jeweiligen Arbeitsweisen war der zweite „Eisbrecher". Allen Teilnehmern wurde klar, dass es sich bei dem Virus „Chaoten gegen Beamte" nicht um Klischees handelte, sondern dass dieser im Gegenteil sehr ernst genommen werden musste, wenn die Integration gelingen sollte.

Wie von selbst war das Thema „unterschiedliche Managementstile und Arbeitsweisen" aufgetaucht. Hier gilt es wachsam zu sein, da sonst die Protagonisten schnell in eine Auseinandersetzung darüber geraten können, wessen Arbeits- und Managementstil effizienter ist. Dies ist der Nährboden für den Virus *„Wir sind die Besten, warum sollen gerade wir uns ändern?"* Um die weitere Verbreitung dieses Virus zu vermeiden und gleichzeitig das Wahrnehmungs-Bewusstsein weiter zu schärfen, setzen wir ein einfaches, aber sehr effektives Werkzeug zur Erfassung der unterschiedlichen Persönlichkeitsstrukturen ein: das Structogram.

### Das Wahrnehmungs-Bewusstsein schärfen mit dem Structogram

In zahlreichen Projekten bestätigte sich, dass die Sensibilisierung für den Einfluss von Kulturaspekten und der bewusste Umgang mit unterschiedlichen Managementstilen und Arbeitsweisen viel besser vermittelbar sind, wenn sich die Akteure ihrer eigenen, intuitiven Werte und Handlungsweisen bewusster werden.

**Der kleinste interkulturelle Konflikt besteht zwischen zwei Personen**

Daraus entstand der Ansatz, zunächst die Selbst(er)kenntnis in den Vordergrund zu stellen und anhand der eigenen Unterschiede zu anderen Persönlichkeitsstrukturen, auch zu Kollegen und Kolleginnen der eigenen Kultur, klassische negative Beziehungsspiralen erfahr- und erklärbar zu machen. Letztlich sind diese nichts anderes als interkulturelle Konflikte. Aus diesem Grund weisen wir seit langem darauf hin, dass der kleinste interkulturelle Konflikt sich bereits zwischen zwei Personen der gleichen Kultur abspielen kann.

Wir haben in langjähriger Projektarbeit erfolgreiche und störende Verhaltensmuster in Integrationsprozessen systematisch erfasst, und mit den Erkenntnissen der Structogram-Persönlichkeitsanalyse – ein einfach verständliches und bekanntes Persönlichkeitstool – verknüpft. Daraus entstand ein empirisch erprobtes Vorgehen, das in ganzheitlicher Weise Selbsterkenntnis, Menschenkenntnis und transkulturelles Management miteinander verknüpft.

Neben dem klassischen „Mann-Frau"-Konflikt kann dies auch an unterschiedlichen Persönlichkeitsstrukturen mit einfachen Mitteln illustriert werden.

> **▶ BEISPIEL:**
>
> Einfluss der Persönlichkeitsstruktur auf die Beziehungen
>
> - Manager A ist ein eher reflektierender Typ, dessen Kernkompetenz in der Strukturierung und Systematisierung von Aufgaben besteht.
>
> - Manager B ist mehr der „Macher", der schnell Situationen und Aufgaben erfasst und sich nach dem Motto „Just do it" nach einer kurzen Abstimmung mit der Lösung befasst.
>
> Beide werden ihre Mitarbeiter nicht nur unterschiedlich führen, sondern auch ein erhebliches Konfliktpotenzial freisetzen, sobald sie gemeinsam an eine Aufgabe herangehen müssen. Aufgrund ihres unterschiedlichen Effizienzverständnisses stellen sie beide füreinander eine Bedrohung dar.
>
> - Auf Manager A wirkt B „planlos", „hastig" bis hin zu „chaotisch".
>
> - Manager B nimmt hingegen A als „zu detailliert", „langsam" bis zu „pedantisch" wahr.
>
> Diese Wahrnehmungen verstärken sich noch unter Stress und Müdigkeit, da sich jede Person in angespannten Situationen unbewusst auf Basisreflexe zurückzieht, die ihrer Persönlichkeitsstruktur – und ihrer Kultur – entsprechen. Die Beteiligten werden somit zu Karikaturen ihrer selbst und setzen die negative Synergiespirale in Gang, an deren Ende die „self fulfilling prophecy" steht: Jeder kann glaubhaft erklären, dass die Karikaturen stimmen.
>
> Beim Structogram geschieht die Visualisierung der Persönlichkeitsstrukturen anhand von drei Farben auf einer Scheibe: Grün, Rot und Blau . Ohne viele Worte kann jeder schnell die Grundmechanismen und gleichzeitig die damit verbundenen Komplementär- wie auch Konfliktpotenziale erfassen.

**Abb. 12.3: Visualisierung der Structogram-Profile der zwei Manager**

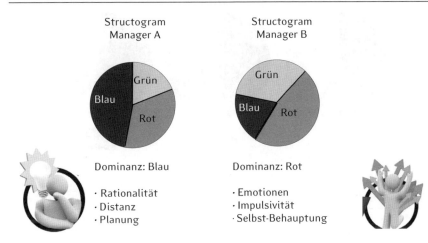

Structogram-Persönlichkeitsanalyse: © Structogram International, IBSA AG, CH 6003 Luzern

Der innovative und für die Teilnehmer spannende Aspekt liegt darin, dass die gleichen negativen Spiralen auch zwischen fremden Business- und Unternehmenskulturen ablaufen. So sind die oben beschriebenen gegenseitigen Wahrnehmungen von Manager A und B charakteristisch für einen klassischen Konflikt zwischen Deutschen und Franzosen: Deutsche Manager werfen den französischen in der Regel „konzeptloses Handeln" vor, während sich französische Manager bei ihren deutschen Kollegen über deren „Unflexibilität" aufregen.

Die klar verständliche Visualisierung der Grundmechanismen ermöglicht einen Transfer der Prinzipien der Persönlichkeitsstruktur sowohl auf Business- als auch auf Unternehmenskulturen. Die Teilnehmer erarbeiten selbst diese Kultur-Structogram-Profile nach einer einfachen, von uns entwickelten Methodik auf der Grundlage ihrer Erfahrungen und Wahrnehmungen.

## Abb. 12.4: Businesskulturen visualisert mit dem Structogram

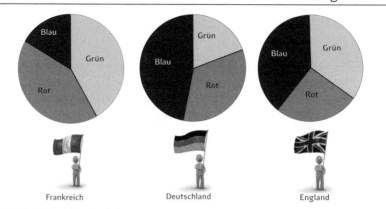

JPB Consulting

Aufgrund zahlreicher Structogram-Profile von Businesskulturen, die im Laufe der letzten 20 Jahre erarbeitet und verfeinert wurden, sind wir in der Lage, die visuelle Darstellung vieler Businesskulturen auf Structogram-Basis einzubringen.

Dieser Ansatz hat viele Vorteile:

- Indem wir mit der kleinstmöglichen Einheit eines kulturellen Konfliktes beginnen, das heißt zwischen zwei Personen, erkennen die Teilnehmer bereits am eigenen Beispiel die „Stolpersteine" von Kulturaspekten.

- Aufgrund des einfachen Modells und der Visualisierung von Werten und Verhaltensweisen über die drei Farben des Structograms verliert die Thematik an Komplexität.

- Er ermöglicht die Entwicklung einer gemeinsamen Sprache, eines geteilten Verständnisses für zwischenmenschliche Störungen, die in einer Post Merger- Integration immer auftreten.

In unserem Kick-off-Workshop brachte die Arbeit mit dem Structogram durchschlagende Erfolge. Nach der Persönlichkeitsanalyse baten wir die Teilnehmer, sich nach ihren persönlichkeitsdominanten Farben Rot, Blau oder Grün in Untergruppen aufzuteilen. Das hat den Effekt, dass normalerweise Teilnehmer aus beiden Organisationen in der gleichen Gruppe zusammenkommen und folglich etwas sehr Wichtiges entdecken: Gemeinsamkeiten!

*Die Teilnehmer entdecken, dass sie mit Mitarbeitern der anderen Organisation besser arbeiten können als mit manchen Kollegen*

Dies ist der erste Schritt zur mentalen Fusion, denn plötzlich entdecken die Teilnehmer, dass sie mit bestimmten Kollegen der anderen Organisation aufgrund ihrer ähnlichen Persönlichkeitsstrukturen sogar besser zusammenarbeiten können als mit manchen Kollegen der eigenen Alt-Organisation. Die ersten Aufgaben, die diese Untergruppen gemeinsam lösen müssen, bestätigen dies in den meisten Fällen. Die wichtige Erkenntnis, dass der fremde Kollege nicht so anders ist, wogegen der bekannte Kollege aus der Alt-Organisation im Gegenteil ganz anders ist als gedacht, löst zum Teil sehr spontane Reaktionen aus, wobei das Spektrum reicht von *„Das dachte ich mir schon!"* über *„Jetzt verstehe ich endlich, warum wir uns immer in den Haaren liegen"*, bis hin zu *„Ich muss sofort meine Frau/meinen Mann anrufen und mich entschuldigen ..."*.

Die Erkenntnisse aus diesen persönlichen Interaktionen übertragen wir danach auf das konkrete Geschehen im Arbeitsleben. In welchen Bereichen tauchen vergleichbare, negative Mechanismen auf? Wie äußern sich diese und welche Konsequenz haben sie auf die tägliche Zusammenarbeit?

Sehr schnell erkennen die Teilnehmer, dass der genetische Code ihrer Unternehmenskulturen, ebenso wie bei den Persönlichkeits-Strukturen, zu großen Missverständnissen führen kann. So ergaben sich beispielsweise völlig verschiedene Auffassungen von „Effizienz" (siehe auch dazu Kapitel 6.4), „Strategie", „Management". Auf der Grundlage der Abstrahierung der Vorkommnisse in der Vergangenheit und der sich daraus ergebenden gegenseitigen Wahrnehmungen kann nun die Historie aufgearbeitet und in einem neuen Licht gesehen werden.

Damit sind zwar keinesfalls die effektiv bestehenden Interessen- und Machtkonflikte geregelt, jedoch ist eine Art Zusammenhalt entstanden, der das Ansprechen der Konflikte aus einer anderen Perspektive ermöglicht. In dieser Phase können wir uns mit dem eigentlichen Kernproblem befassen, an die Substanz gehen. Wir nennen es „Geschichten entwaffnen".

## Arbeit an der Substanz: Wie man Geschichten entwaffnet

Konflikte und Integrationshindernisse sind zwangsläufig auftretende Phasen in jeder echten Kooperation und resultieren zu einem erheblichen Teil daraus, dass die einzelnen Gruppen zu wenig voneinander wissen. Daher können sie nur wenig Verständnis aufbringen für die Gründe, warum die jeweils andere Gruppe auf eine ganz bestimmte Art und Weise handelt. Diese Unwissenheit generiert viele Gerüchte und Geschichten. Deshalb verbreiten sich emotionale Viren bevorzugt über Geschichten, was schließlich zu einer künstlichen Abgrenzung der Gruppen führt. Matthias zur Bonsen schreibt dazu: *„Die Trennung, die Abgrenzung, die Gegnerschaft ist eigentlich nur eine Geschichte, die wir uns erzählen, und die, wenn sie erzählt wird, Energie und Bewusstsein des Unternehmens prägt und seine Kohärenz und Kraft vermindert. Diese Geschichte/Sichtweise der Trennung vernebelt unseren Blick. Wir halten die Abgrenzung und Gegnerschaft für normal und übersehen, dass die Mitarbeiter eines Unternehmens eigentlich immer durch das Band einer gemeinsamen Vision miteinander verbunden sind,* *auch wenn diese kaum bewusst und damit kaum wirksam sein mag. Wir über-sehen, dass Unternehmen Ausdruck des Lebens sind, das nach Kooperation und Vernetzung statt nach Trennung und Konflikt strebt."*[47]

Geschichten, die im Unternehmen erzählt werden, sind meist negativer Natur und werden oft als Waffe eingesetzt, um die andere Partei in Verruf zu bringen oder ihr zu schaden. Die Waffe wirkt durch die Verbreitung der emotionalen Viren: Sie untergraben die Moral der Mitarbeiter, schaffen unheilvolle Allianzen und erschüttern das Selbstwertgefühl. Wir bezeichnen sie als „Vampirizer": Geschichten, die vitale Energien aus dem Unternehmen absaugen. Daher besteht eine der wichtigsten Maßnahmen des Veränderungsmanagements darin, solche „Vampirizer"- Geschichten aufzudecken und zu „entwaffnen".

Paradoxerweise funktioniert dies am besten, indem man einen Raum schafft, in dem diese Geschichten ganz offiziell erzählt werden können. Dies ist der erste Schritt zur „Entwaffnung": Wahrnehmungen einfordern, ihnen einen offiziellen Raum geben.

### „One-to-One-Speed-Meetings"

Die Entwaffnung kann auf unterschiedliche Art geschehen. Eine Vorgehenswei-se, die wir häufig anwenden, ist die „1-zu-1-Methode", auch „One-to-One-Speed-Meetings" genannt. Wenn die Teilnehmer nach einer Pause in den Seminarraum zurückkommen, erhalten sie folgende Anweisung:

*„In den nächsten 60 Minuten* (manchmal auch 90 Minuten) *haben Sie die Mög-lichkeit zu drei persönlichen und vertraulichen Gesprächen mit Kollegen Ihrer Wahl. Jedes Gespräch dauert genau 20 Minuten. Nach 20 Minuten erhalten Sie eine erneute Anweisung. Stehen Sie bitte auf, selbst wenn Sie sich mitten in einem sehr interessanten Gedankenaustausch befinden, bedanken Sie sich bei Ihrem Partner und suchen Sie einen neuen Partner. Jetzt haben Sie nochmals die Gele-genheit, sich genau 20 Minuten mit diesem auszutauschen. Das Ganze passiert insgesamt drei Mal. Das Thema Ihrer Gespräche sollte in Anlehnung an den Titel eines bekannten Filmes von Woody Allen sein: „Was ich schon immer einmal fra-gen oder sagen wollte, aber niemals wagte ...".*

> „Was ich schon immer sagen wollte, aber niemals wagte..."

Bei dieser Übung ist es wichtig, dass die Teilnehmer im Raum verbleiben und die Moderatoren auf strenge Einhaltung ihrer Vorgaben achten.

Obwohl wir diese Methode bereits seit 20 Jahren einsetzen und kontinuierlich verfeinert haben, sind wir immer wieder verblüfft über die beeindruckende Wir-kungsweise und Weisheit der kollektiven Intelligenz:

■ Es gibt keine weiteren Vorgaben, aber es treffen sich immer die „richtigen" Personen, das heißt exakt diejenigen, die sich über ihre emotionalen Viren austauschen müssten.

- Nach anfänglichem verlegenen Zögern und spürbarer Nervosität Einzelner (*„Oh weh, jetzt muss ich wohl ran …!"*) erfährt die Gruppe eine Eigendynamik, welche die Moderatoren mit einer Mischung aus Fingerspitzengefühl und Autorität managen müssen: Viele Zweiergruppen würden gerne ihr Speed-Meeting verlängern. Die Erleichterung, die Betroffenheit, die „Aha-Effekte" usw. sind förmlich spürbar.

- Zwanzig Minuten mögen zu kurz erscheinen, dies ist jedoch nicht der Fall. Innerhalb dieser 20 Minuten geschieht erfahrungsgemäß genau das, was die Beteiligten brauchen, um ihre emotionalen Viren anzusprechen, und sehr oft auch, um diese bereinigen zu können.

- Obwohl es eigentlich nur um eine gegenseitige Aussprache geht, werden in diesen Gesprächen auch viele Ideen und zum Teil sogar Lösungen produziert. Wir haben mehrfach erlebt, dass Entscheidungen, die seit Monaten in der Schwebe hingen, nach solchen Speed-Meetings wie von selbst gefällt wurden.

Im Anschluss eines Speed-Meetings fordern wir die Teilnehmer auf, sich in einem Kreis zu setzen, und bitten dann Freiwillige darum, ihre Erkenntnisse, Stimmungen, Informationen oder Lösungen in der Gruppe bekannt zu geben. In der Regel geben 80 bis 90 Prozent der Teilnehmer von sich heraus ein Feedback.

Ein typisches Feedback lautet: *„Ich bin sehr erleichtert, da ich erfahren habe, dass meine Befürchtung X vollkommen unbegründet war. Gemeinsam mit Herrn Müller konnten wir auch endlich die Geschichte um den verlorenen Auftrag Y aus der Welt schaffen."* Oder: *„Wir hatten bisher kaum Gelegenheit, einmal miteinander privat sprechen zu können. Es tat gut zu merken, dass auch meine drei Gesprächspartner meine Sorge teilen, dass wir in der Produktion Probleme bekommen, wenn wir uns mit dem Vertrieb nicht besser abstimmen. Wir haben daher vereinbart, uns am Montag zu treffen, um hier schnell eine Lösung zu finden."*

Auch in den Speed-Meetings zwischen den Air Liquide- und Messer Griesheim-Managern wurden viele der Viren angesprochen und die daraus entstandenen Geschichten „entwaffnet".

Nun war der Raum vorhanden, um die Antiviren zu definieren. Die Stimmung war optimistisch, der Fokus war auf die konkret veränderbaren Dinge gerichtet. In gemischten Arbeitsgruppen wurden umsetzbare Lösungsvorschläge für alle Viren erarbeitet. Diese Ideen, verbunden mit Methoden aus dem mentalmerger-Prozess, wurden in den Integrationsplan eingebracht. Nachfolgend ein weiterer Original Auszug daraus:

## Abb. 12.5: Maßnahmen des mentalmerger-Integrationsplans

**mentalmerger**-Integrationsplan     AIR LIQUIDE

III a.  Stufe 1 : Zielgruppe und Massnahmen

➢ Hineintragen des Prozesses in die nächste Ebene in Deutschland:
Subteam, HR-und Kommunikations-MA, Mercer.
   ➡ 6 Integrations-Schlüssel-Workshops (ISW)
     à 12 Teilnehmer     (= insgesamt 72 Teilnehmer)

➢ Begleiten der kritischsten Subteams und Soforthilfe für
Herausforderungen von Schlüsselpersonen.
   ➡ Prozessmonitoring und Coaching/Beratung nach Bedarf

➢ Sammlung der Bedürfnisse nach Vertiefung (für Stufe 2)
und Entscheidung über Prioritäten (kritisch oder wichtig)

➢ Einrichten von Frühwarnsystemen
   ■ Sofort (bereits begonnen) „Sounding board" Integration Managt./ Beraterteams
   Erste Instanz um kritischen und wichtigen Handlungsbedarf zu identifizieren.
   Kurzfristig: Stimmungs-Review bzw. Erlebnisbilanz AL / Messer

   ■ Delegierte aus allen wesentlichen Bereichen / Abteilungen ernennen,

   ■ Kurze-Review per Mail an das Integrationsmanagement alle 14 Tage
   (sondiert auch die Basis, um Frustrationen und Ängste frühzeitig zu erkennen).

**mentalmerger**-Integrationsplan     AIR LIQUIDE

III b.  Stufe 2: Zielgruppe und Maßnahmen (1/2)

➢ Hineintragen des Prozesses in die prioritären Subteams
   ➡ 5 - 10 Projekt Teambuildung Workshops für

   die Teams höchster Priorität, Prozessmonitoring für die anderen

➢ Sensibilisierung der französischen MA an direkten Schlüsselfunktionen für
Deutschland ( 20 MA bereits identifiziert).
   ➡ 2 bis 4 ISW in Frankreich ( 24 bis 48 MA)

➢ Dauerhaftes Interfacing von Bereichen
   ➡ Tandembuilding an mindestens 14 deutsch-deutschen
   und 7 deutsch-französischen Schnittstellen durch insgesamt
   3 Tandembuilding Workshops

➢ Betreuung und Prozessbegleitung von Key-Playern
   ➡ Coaching und Beratung

➢ Organisation der Integrationskonferenz für 150 deutsche MA
   ➡ Nutzung der Konferenz als Future-Konferenz

Auch konkrete Vorschläge, um schnell zu einer gemeinsamen Identität zu finden, wurden gemacht:

Abb. 12.6: Vorschläge zur Entwicklung einer gemeinsamen Identität

## mentalmerger-Integrationsplan ⚠ AIR LIQUIDE

### V. AL interne Selbstpflege

➢ Anregungen für konkrete Massnahmen

■ Gemeinsame Ausstellung Paris-Krefeld: „Wie wir die 80er Jahre erlebt haben" (zum Herausarbeiten der gemeinsamen Wurzeln)

■ Integrationsforum auf Intranet einführen (Fragen, Erlebnisse...)

■ Auf Intranet: Key-Player mit Foto, Sprachkenntnissen und persönlichen Motivationen (baut Berührungsängste ab)

■ Ausschreibung zur Suche eines neuen AL D GmbH Leitspruchs

■ Ideensammlung : „Wie wir Linde schlagen", & „Welche Mittel brauchen wir dazu (u.a. von AL Paris)?"

■ Betriebsfeste : gemeinsam planen und Sportveranstaltungen

■ Gemeinsame englische bez. französische Sprachkurse

■ Austausch mit Paris fördern

Somit war ein wichtiges Ziel erreicht: Wir hatten die Erlaubnis und vor allem die Motivation des Top-Managements, den mentalmerger-Prozess weiterzuführen und zu vertiefen. Dies war ein wesentlicher Schlüsselfaktor für den Erfolg.

## Ergebnisse der Intergrations-Schlüssel-Workshops

In einem Bericht an die Geschäftsleitung zum Fortschritt der Integration schrieben wir sechs Monate nach Beginn des mentalmerger Prozesses zu den Ergebnissen der ISWs in Deutschland:

1. Ausgelöste Bewusstseinsprozesse:

■ **Mehr Gelassenheit:** Derzeitige Ängste und Frustrationen sind normal: *„Da müssen wir eben durch!"*

■ **Realistischer Optimismus:** Erleben, dass die Zusammenarbeit funktionieren kann.

■ **Vorurteile abbauen:** Jeder hat seine Stärken und Grenzen, alle haben gemeinsame Hoffnungen und Ängste.

■ **Erstaunen über Unterschiede in den Businesskulturen:** Franzosen denken und handeln wirklich anders, aber das kann auch eine Chance sein.

**2. Erzielte Fortschritte:**

- **Beginn eines „Wir"-Gefühls:** Konkretes Aufeinanderzugehen, offener Austausch und gemeinsames Lachen: „Wir sitzen in einem Boot!"

- **Emotionale Viren bestätigt:** Sehr positive Aufnahme des Ansatzes. Intensive Diskussionen. Keine Vorschläge für weitere Viren.

- **Konkrete Vorschläge für Maßnahmen:** Erste Überlegungen, wie die gefährlichsten Viren erkannt und bekämpft werden können.

- **Structogram-Tool akzeptiert:** Gemeinsame Structogram-„Farben"-Sprache kam gut an.

- **Beziehungskompetenz erhöht:** Größeres Bewusstsein für negative Beziehungsmechanismen auf persönlichen und kulturellen Ebenen geweckt.

- **Erhöhtes Verständnis für die Unternehmenskulturen:** Stärken und Grenzen auf beiden Seiten erkannt. Konfliktpotenzial wurde konkret angesprochen.

## 12.4 Einführung strategischer Schlüsseltandems in die Organisation

Alle Mitarbeiter, die einen Integrations-Schlüssel-Workshop ISW durchliefen, wurden auf ihre Vorbildrolle in der Integration eingeschworen. Sie nahmen folgende Leitsätze und Anweisungen aus dem Workshop mit:

**Abb. 12.7: Die Leitsätze der ISW-Teilnehmer**

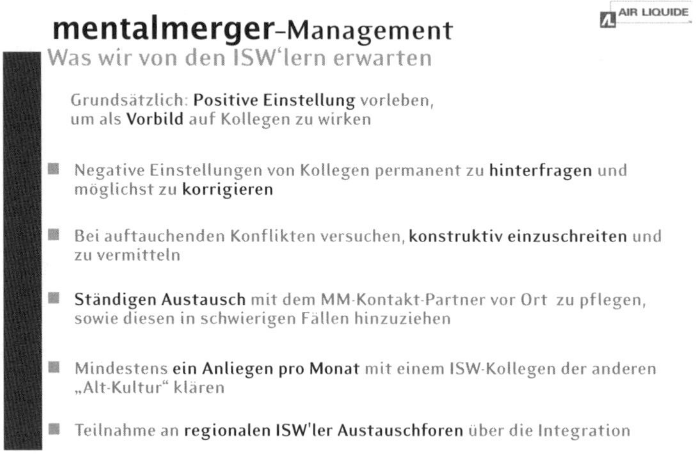

**mentalmerger**–Management    ⬛ AIR LIQUIDE

Was wir von den ISW'lern erwarten

Grundsätzlich: **Positive Einstellung** vorleben, um als **Vorbild** auf Kollegen zu wirken

- Negative Einstellungen von Kollegen permanent zu **hinterfragen** und möglichst zu **korrigieren**

- Bei auftauchenden Konflikten versuchen, **konstruktiv einzuschreiten** und zu vermitteln

- **Ständigen Austausch** mit dem MM-Kontakt-Partner vor Ort zu pflegen, sowie diesen in schwierigen Fällen hinzuziehen

- Mindestens **ein Anliegen pro Monat** mit einem ISW-Kollegen der anderen „Alt-Kultur" klären

- Teilnahme an **regionalen ISW'ler Austauschforen** über die Integration

Begleitet wurden die „ISW-ler" von dem MMM-Team (MMM = mentalmerger Management), jedoch insbesondere auch von den mentalmerger-Kontaktpartnern vor Ort.

### Die Kontaktpartner: Schlüsselfaktor für den Erfolg

Die Kontaktpartner waren ein weiterer Schlüsselfaktor für den Erfolg der Integration: Jeweils zwei Schlüsselpersonen aus allen Abteilungen in beiden Organisationen bildeten „Schlüssel-Tandems". Sie wurden in regelmäßigen Kontaktpartner-Tagungen ausgebildet, als Anlaufstelle für die Mitarbeiter in den verschiedenen Standorten. Gleichzeitig waren sie auch das verlängerte Sprachrohr des MMM-Teams.

Stress, Angst, Unsicherheit und Existenzangst sind die Stimmungen, in denen die Parteien bei Integrationen nach Selbstbehauptung streben. Die Parteien geben sich unbemerkt Projektionen hin, Einstellungen sind deshalb immer der Gefahr von getrübten Wahrnehmungen ausgesetzt. Fehlattribuierungen, selektive Wahrnehmung, Wahrnehmungsabwehr, Vorurteile und Stereotype sind Mechanismen, die zwischen Gruppen als Ganzes ebenso zu Konflikten führen. Wichtig ist deshalb bei der Behandlung der Viren, dass die Parteien aus der Isolation ihres „Kommunikationsghettos" herausgehen und neue, alt-organisationsübergreifende Netzwerke aufgebaut werden.

Die Ansprüche und Anweisungen an diese Kontaktpartner waren die folgenden:

---

**Abb. 12.8:** Anweisungen an die Kontaktpartner

Insgesamt 48 Kontaktpartner trafen sich durchschnittlich einmal monatlich für einen Tag. Der Workshop verlief nach folgender Agenda:

- Energizer-Geschichten ( „Best of both worlds").

- Fortschritte und Rückschläge bei der Behandlung der emotionalen Viren.

- Stand der Beziehungslage: eventuelle neue Viren, zu entwaffnende Geschichten, Gerüchte ...

- Vorschläge an das MMM-Team.

- Werkzeuge für die Arbeit an der immateriellen Realität vor Ort.

Die Mehrheit dieser 24 Schlüsseltandems verstand sich sehr gut. Sie waren sich ihrer Mittlerrolle bewusst und stolz darauf, diesem Kernteam anzugehören. Obwohl sie stark in das Tagesgeschäft eingespannt waren, setzten sie alles daran, regelmäßig an den Kontaktpartner-Tagungen teilzunehmen, standen auch in ständigem Kontakt miteinander und coachten sich gegenseitig im Alltagsgeschäft.

Tatsächlich bildeten diese 48 Mitarbeiter beider Organisationen ein neues Netzwerk, über welches quasi alle wichtigen Informationen liefen, insbesondere solche, die die Geschäftsleitung bevorzugt über das MMM-Team an die Kontaktpartner weitergab. Dieses Kontaktpartner-Netzwerk ersetzte nach und nach die alten Netzwerke. Für die übrigen Mitarbeiter der neuen Organisation wurden dadurch die direkten Kontakte zu den Angehörigen des Kontaktpartner-Netzwerks wichtiger als die alten Kontakte aus früheren Zeiten. Damit funktionierte das 10-Prozent-Prinzip: Die meisten übrigen Mitarbeiter wurden von einigen Schlüsselpersonen zu ihrem neuen Ziel geführt: die neue Air Liquide Deutschland GmbH.

## 12.5 Gesprächskreise mit der Geschäftsleitung

Ein weiteres gewichtiges Instrument stellen die Gesprächskreise mit der Geschäftsleitung dar. Untersuchungen und langjährige Erfahrung zeigen, dass das effektivste Instrument der internen Kommunikation immer noch der direkte Kontakt der Mitarbeiter zur Geschäftsleitung ist. Leider werden diese Kontakte oft nur als „Kamingespräch" auf Seminaren angeboten oder als Podestveranstaltungen auf offiziellen Mitarbeiter-Veranstaltungen nach dem Motto: „Wir da oben, ihr da unten!"

*Zwischen 10 und 30 Mitarbeiter sprechen im Kreis mit dem Geschäftsführer*

Im mentalmerger-Prozess implementieren wir in der Organisation die Variante mit regelmäßigen Gesprächskreisen mit der Geschäftsleitung. Diese zwischen zehn und 30 Teilnehmer umfassenden Gesprächskreise finden in Räumen statt, in denen nur Stühle stehen: Der oder die Geschäftsführer sitzen mit im Kreis und beantworten alle Fragen spontan, das heißt, heikle Fragen werden nicht im

Vorfeld ausgeklammert, die Diskussion mit den Mitarbeitern erfolgt auf Augenhöhe und auch das Eingeständnis, nicht auf alle Fragen eine passende Antwort zu haben, ist möglich.

Markus Sieverding, der Geschäftsführer von Air Liquide Deutschland, fand die Idee der Gesprächskreise ausgezeichnet. In den Anfangsmonaten reiste er regelmäßig zu den verschiedenen Standorten und stand den Mitarbeitern Rede und Antwort. Um die natürliche Scheu der Mitarbeiter vor der Begegnung mit der Geschäftsleitung zu mildern, strukturierten wir im Vorfeld mit ihnen die Fragen. Wir arbeiteten auch regelmäßig mit den Mitgliedern der Geschäftsleitung, um sie möglichst optimal vorzubereiten – weniger inhaltlich, sondern eher in Bezug auf den Prozess und die Form. Ein Auszug aus dem Briefing-Papier für die Geschäftsleitung:

### Sinne und Nutzen der Gesprächskreise

- In schwierigen Zeiten müssen verunsicherte Mitarbeiter Gründe für Probleme und Abweichungen nachvollziehen können. Die Gesprächsrunden sollen durch direkten Kontakt mit den Entscheidungsträgern von Air Liquide hierzu beitragen:

  - Ventilfunktion,
  - Gerüchtebekämpfung,
  - Abbau von Ärger über die Geschäftsleitung,
  - Vermeidung von Kündigungen,
  - Motivationsschub durch „Chefs zum Anfassen",
  - Identifikation mit der neuen Organisation.

- Es geht um die Glaubwürdigkeit der Geschäftsleitung, denn in Zeiten der Veränderung ist die Vertrauensbasis immer sehr labil. Die Geschäftsleitung muss trotz Prioritätenkonflikten mit dem Tagesgeschäft einheitlich auftreten und aktiv in der Kommunikation werden: Der mentalmerger-Prozess kann nur greifen, wenn sie ihn aktiv vorantreibt und selbst als Beispiel vorangeht.

- Die momentane hohe Arbeitsbelastung durch die zusätzlichen Integrations-Aufgaben, die Unsicherheiten über die Zukunft und die Angst vor Veränderung bedürfen klarer Stellungnahmen. Durch informierte und motivierte Mitarbeiter werden unnötige Kündigungen vermieden. Selbst schwierige Themen und Sachverhalte können derart kommuniziert werden, dass die Art der Kommunikation und des Umgangs als korrekt empfunden wird.

### Vorbereitung der Gesprächsrunden

- Im Vorfeld müssen heikle Punkte identifiziert werden, die in den Gesprächs-runden angesprochen werden könnten. Wir haben nachstehend eine Auswahl zusammengestellt.

- Zu diesen Punkten und emotionalen Viren sind gemeinsam eindeutige und einheitliche Aussagen festzulegen, die allen Geschäftsleitungsmitgliedern als Grundlage für ihre Antworten dienen.

- Koordination ist wichtig: Das mentalmerger Management-Team wird der Geschäftsleitung ab sofort die anstehenden Termine für MM-Veranstaltungen bekannt geben. Die entsprechenden Mitglieder der Geschäftsleitung werden um kurzfristiges Feedback gebeten, ob sie verfügbar sind. Gleichzeitig bittet das MMM-Team darum, dass von Geschäftsleitungsmitgliedern selbständig in den Regionen geplante Gesprächsrunden ebenfalls sofort bekannt gegeben werden, damit sich keine Überschneidungen ergeben und das MMM-Team auch unterstützend an der Organisation mitwirken kann.

### Anzusprechende Themenbereiche

- Global Review: Wo steht der Integrationsprozess?

- Begründung von Entscheidungs- beziehungsweise Terminverschiebungen. Komplexität erklären.

- Geschäftleitungsmitglieder der Messer Griesheim-Organisation: Eigenes Erleben für den Umgewöhnungsprozess an die Air Liquide-Managementansätze geben.

- Geschäftleitungsmitglieder aus der Air Liquide-Organisation: Was mir schwerfällt, aus der Messer Griesheim-Kultur umzusetzen.

### Erwartungen / Befürchtungen der Mitarbeiter bei Gesprächskreisen

- Mitarbeiter der Air Liquide-Organisation sind eher eine „Führung zum An-fassen" gewohnt. Mitarbeiter der Messer Griesheim-Organisation sind zurückhaltender, da die Abstände innerhalb der Hierarchie größer waren.

- Mitarbeiter beider Alt-Organisationen versuchen insbesondere zu ergründen, ob das Geschäftsleitungsmitglied hinter seinen Aussagen steht, beziehungsweise an die Struktur/Strategie/gemeinsame Zukunft glaubt.

- Mitarbeiter befürchten enttäuschende „politically correct-" beziehungsweise Schönwetteraussagen! Am schlimmsten wirken „Heile-Welt-Vorträge". Bitte unbedingt vermeiden.

- Die Mitarbeiter erwarten „Insider-Informationen", nicht die „altbekannten Infos des letzten Forums".

- Mitarbeiter haben durchaus Verständnis für schwierige Zeiten. Dazu müssen sie jedoch die wahren Gründe nachvollziehen können. Reine Sachargumente (zum Beispiel offizielle Aussagen) sind kontraproduktiv.

Markus Sieverding gehört zu den Führungspersönlichkeiten, die auf der Klaviatur des Instruments „Gesprächskreis" meisterhaft zu spielen verstehen. Auch in schwierigen Situationen wie zum Beispiel bei Befürchtungen von Standortschließungen, Entlassungen oder Gebietsverlusten betrat er freundlich gelassen, nie überheblich, den Raum und begrüßte jeden Anwesenden persönlich. Nach einer kurzen Einführung durch uns als Mediatoren gab er zunächst ein persönliches Statement zu seinem Erleben des Integrationsprozesses ab. Als Reaktionen aus dem Mitarbeiterkreis kamen, ging er sofort darauf ein.

Die zusammen mit den Mitarbeitern vorbereiteten Fragen, die Sieverding im Voraus nicht kannte, steckten auf Karten in einem Topf. Er zog sie heraus, las sie vor und beantwortete sie sogleich mit bemerkenswerter Offenheit und Souveränität. Den Mitarbeitern vermittelte er den Eindruck, ihre Gefühlslage nicht nur nachzuvollziehen, sondern auch mitzuempfinden. Gleichzeitig wandte er das Fokus-Prinzip an, das heißt, er machte sehr klar deutlich, wo noch Spielraum für Verhandlungen bestand oder wo nicht. Er erntete Respekt für eigene Zweifel an Entscheidungen der Muttergesellschaft, machte jedoch klar deutlich, dass er auch diese vertreten und durchsetzen würde.

*Die Gefühlslage der Mitarbeiter nicht nur verstehen, sondern mitempfinden*

Gegen Ende der Veranstaltung konnten die Mitarbeiter noch spontan weitere Fragen stellen. Manchmal endete ein Gesprächskreis in gedrückter Stimmung, wenn sich herausstellte, dass ein Arbeitsplatzabbau an diesem Standort unvermeidlich war, jedoch war das Feedback auch in diesem Fall meist positiv: *„Ich werde vielleicht meinen Arbeitsplatz verlieren, aber ich habe neues Vertrauen geschöpft, dass ich fair behandelt werde."*

Auch andere Mitarbeiter der Geschäftsleitung, insbesondere der alten Messer Griesheim-Organisation, engagierten sich stark in den Gesprächskreisen: Sie waren somit selbst ganz nah am Puls ihrer Organisation und konnten oftmals durch ihre bloße Anwesenheit vor Ort ausbrechende emotionale Viren behandeln.

In unserer internen Analyse über die Erfolgsfaktoren des mentalmerger-Prozesses Air Liquide und Messer Griesheim kamen wir übereinstimmend zu der Überzeugung, dass durch die persönliche Involvierung der Geschäftsleitung in den Gesprächskreisen die anderen Maßnahmen unterstützt und ihre Glaubwürdigkeit gestärkt wurde.

## 12.6 Mediations- und Teamworkshops zur Behandlung der Machtkonflikte

Die Viren der Kategorie „Machtkonflikte" sind unvermeidbar bei großen Veränderungsinitiativen, da sie immerzu Verschiebungen der Machtverhältnisse verursachen. Trotz aller versöhnenden Behauptungen des Top-Managements ergeben sich bei Veränderungen fast immer Gewinner und Verlierer. Wenn durch eine Fusion vergleichsweise weniger Führungspositionen vorhanden sind, sind Machtkonflikte nicht zu vermeiden, sondern nur zu mildern. Trotzdem ist es immer notwendig und möglich, sicher zu stellen, dass die Machtthemen die neu zusammenwachsende Organisation nicht nachhaltig schädigen.

So sollten zum Beispiel bei der Integration zwischen Air Liquide und Messer Griesheim bestimmte Synergien durch die Abschaffung von doppelt besetzten Positionen und Anpassungen an Standorten erreicht werden: 65 Prozent der erwarteten 100 Millionen Euro Synergien sollten aus der Straffung von Verwaltungs- und Gemeinkosten kommen, und zwölf Prozent aus „industrieller Effizienz".[48] Durch die Integration von Messer Griesheim in die Air Liquide-Organisation gab es zum Beispiel viele Positionen doppelt. Viele Mitarbeiter, vor allem in den beiden Hauptverwaltungen, waren daher durch die Unsicherheit über ihre persönliche Zukunft belastet, müssten jedoch trotzdem Leistung bringen. Kritische Themen der Integration waren unter anderem

- die Besetzung der Führungspositionen, insbesondere bei der regionalen Vertriebsniederlassungen,
- der Standort der Zentrale,
- der Standort des Forschung und Entwicklungszentrums,
- die Auswahl der IT-Systems,
- die Auswahl des Vertriebssteuerungssystems.

Aus Gründen der Vertraulichkeit ist es uns nicht möglich zu beschreiben, welche Überlegungen und Optionen es für diese Interessenkonflikte gab, allerdings wurde jedes Thema einzeln betrachtet und behandelt. Operative beziehungsweise technisch heikle Themen wurden von Anfang an mit Teambuilding-Ansatz bearbeitet, damit innerhalb kürzester Zeit entweder klare Entscheidungen getroffen oder Kompromisslösungen gefunden werden konnten.

Ein Beispiel für den professionellen Umgang mit heiklen Fragen können wir jedoch an dieser Stelle geben: Die Zentrale der neuen Air Liquide Deutschland GmbH würde in Düsseldorf sein, ein von vornherein nicht verhandelbarer Punkt. Für die Mitarbeiter in der Messer Griesheim-Zentrale in Krefeld bedeutete dies entweder Umzug, oder wesentlich längere Anfahrtszeiten in Kauf zu nehmen. Um die Air Liquide-Mitarbeiter, die sich als die Käufer natürlich auf der „Siegerseite" wähnten, ebenfalls in den Integrationsprozess zu führen, entschied sich das Management auch für einen Umzug der bestehenden Düsseldorfer Zentrale in ein neues Gebäude. Damit kam man den Messer Griesheim-Mitarbeitern zumindest etwas entgegen (der neue Standort war von Krefeld schneller erreichbar) und zwang gleichzeitig die Mitarbeiter beider Organisationen, sich gemeinsam neu einzurichten. Dies war ein starkes Zeichen für alle Mitarbeiter und Manager.

Es kam selten vor, dass diese oder andere Lösungen von allen Teilnehmern als befriedigend gefunden wurden: Die erwarteten Synergien waren nicht verhandelbar, schwierige Entscheidungen waren daher unvermeidbar. Es ging darum, die Vorgehensweise so zu gestalten, dass die unvermeidbaren Emotionen gewürdigt und betrachtet wurden, und vor allem darum, dass die Entscheidungskriterien klar und transparent diskutiert wurden, um weitere „Vampirizer"-Geschichten zu vermeiden.

*Transparenz der Entscheidungskriterien und Würdigung der Emotionen*

## 12.7 Die Ergebnisse des mentalmerger-Prozesses

Anfang 2007, ein gutes Jahr nach Beendigung des über 18 Monate andauernden mentalmerger-Prozesses, teilte uns Markus Sieverding in einem Brief unter anderem Folgendes mit:

Über die Durchführung der ISWs (17 ISWs, 250 Teilnehmer):

„Trotz der harten Situation, dass durch Abbau der Doppelfunktionen nahezu 30 Prozent der Belegschaft das Unternehmen verlassen mussten, hatten diese Maßnahmen eine spürbare Verbesserung der emotionalen Lage im Unternehmen zur Folge:

- Eine erkennbare **deutliche Beruhigung** unter den Mitarbeitern.
- Ein **feststellbares Aufeinanderzugehen** in den Projektgruppen und verstärkte transversale Kommunikation."

Sein Fazit:

„Zusammenfassend ist 15 Monate nach Abschluss des mentalmerger-Prozesses festzuhalten, dass

- die Integration der Messer-Griesheim in den Air Liquide Konzern **schneller und effizienter** verlief, als wir das erwarten konnten,
- die geplanten **Synergieziele** nicht nur zeitgerecht erreicht, sondern **sogar übertroffen wurden**. Wir haben die für **2007 geplanten Synergieziele bereits 2006 erreicht**,
- die **Nachhaltigkeit** der von den Beratern durch den mentalmerger-Prozess erzielten Ergebnisse auch **heute noch deutlich spürbar** ist."

— sich die **Berater** mühelos in die konkrete Projektarbeit integrierten und sich das **nachhaltige Vertrauen der Mitarbeiter** erwerben konnten.

Die Bedeutung der **erfolgreichen Human Integration für den Gesamterfolg** möchte ich hier ausdrücklich unterstreichen."

## 12.8    Zu guter Letzt: Eine Energizer-Geschichte

Diese Geschichte hat sich tatsächlich nach Abschluss des oben beschriebenen Kick-off-Workshops zugetragen:

Freitagnachmittag, 19 Uhr. Die Teilnehmer waren nach einem anstrengenden und anregenden Workshop ins Wochenende gefahren, Markus Sieverding und wir, die beiden Moderatoren, waren bei der Nachbesprechung als sich plötzlich die Tür öffnete, und ein junges Brautpaar betrat mit betrübter Miene den Raum. Wir glaubten zunächst an einen Scherz. Der Bräutigam meinte schüchtern: „Man hat uns gesagt, hier könnten wir jemanden von Air Liquide finden", worauf Markus Sieverding antwortete: „Da haben Sie Glück, Sie sprechen gerade mit dem Geschäftsführer!" Die Braut strahlte: „Oh, dann sind wir ja gerettet!"

Es stellte sich heraus, dass das Brautpaar für seine Hochzeitsfeier eine Gasflasche bei Air Liquide gekauft hatte, um damit Hunderte von Luftballons aufzublasen, die mit Botschaften versehen in den Himmel über Düsseldorf geschickt würden. In der Aufregung war die Gasflasche durch einen Bedienungsfehler jedoch vorzeitig leer, und man suchte nun händeringend nach Ersatz, ein an einem Freitagabend aussichtsloses Unterfangen.

Markus Sieverding griff spontan zum Handy. Ein Niederlassungsleiter der Messer Griesheim-Organisation, der bereits im Wochenende war, erklärte sich bereit, persönlich noch einmal zum Abfüllwerk zu fahren und dort eine neue Flasche aus dem Lager zu holen, konnte jedoch nicht den Transport nach Düsseldorf übernehmen. Diese Aufgabe übernahm ein Regional-Vertriebsleiter von Air Liquide. Eine Stunde später war die Gasflasche vor Ort, und Markus Sieverding half persönlich beim Aufblasen der Luftballons.

Diese Geschichte, mitsamt einem Foto von Markus Sieverding, der, dem traurigen Brautpaares gegenüber stehend, per Handy zusammen mit zwei Mitarbeitern beider Organisationen das Problem löste, war eine der ersten Energizer-Geschichten der neuen Air Liquide Deutschland GmbH.

## 12.9    Hintergrund: Vertrauen

Bei zahlreichen Viren geht es um Konflikte zwischen Gruppen. Wir haben schon erwähnt, dass Konflikte und Integrationshindernisse zwangsläufig auftretende Phasen in jeder echten Kooperation sind. In vielen Fällen handelt es sich um ein Wissensdefizit, das relativ einfach zu behandeln ist. Das Problem entsteht eher, wenn das Misstrauen zwischen den Gruppen gewachsen ist: Misstrauen behindert erheblich die Suche nach einer für alle akzeptablen Lösung eines Konflikts. Ungünstige Konfliktausgänge führen sogar dazu, dass sich ein verzerrtes Feindbild entwickelt: Die „gegnerische" Gruppe wird als inkompetent, überheblich und feindselig dargestellt. Eine der wichtigsten Maßnahmen bei der Behandlung eines Konfliktvirus besteht deshalb darin, zwischen den Gruppen ein realistisches Vertrauen (wieder-)herzustellen. Eine vertrauensvolle Beziehung erlaubt den Teilnehmenden, kreative Lösungen für Probleme zu finden und nach Möglichkeiten anstatt nach Barrieren zu suchen, nach dem Motto: „Wenn man etwas will, sucht man einen Weg, wenn man etwas nicht will, sucht man einen Grund." Deswegen ist es wichtig, die Wirkungsmechanismen des Vertrauens zu verstehen.

*Vertrauen und Emotionen*

Es gibt wenige theoretische Untersuchungen über den Einfluss von Emotionen auf Vertrauen, eine bemerkenswerte Lücke, wenn man bedenkt, wie viele Vertrauensentscheidungen in emotionsreichen Kontexten gefällt werden. Zwei Professoren der Universität von Pennsylvania konnten allerdings beweisen, dass positive Emotionen wie Freude und Dankbarkeit Vertrauen erhöhen, während negative Emotionen wie Ärger Vertrauen reduzieren.[49] Sie entdeckten darüber hinaus, dass Emotionen, die von Anderen verursacht werden, wie zum Beispiel Ärger oder Dankbarkeit, das Niveau des Vertrauens wesentlich mehr beeinflussen als Emotionen wie Stolz oder Schuldgefühl, die unter der eigenen Kontrolle stehen. Glückliche Menschen sind wesentlich vertrauensvoller als traurige Menschen, die wiederum wesentlich vertrauensvoller sind als ärgerliche Menschen. Dies erklärt, weshalb Vertrauen so selten ist in Kontexten, in denen negative Emotionen (emotionale Viren) das Unternehmensklima beherrschen. Daher ist es wichtig, an diesen Emotionen zu arbeiten, wenn man Vertrauen (wieder-)herstellen möchte. Das Problem dabei besteht darin, dass die Kommunikation bei Misstrauen ungleich schwieriger ist. Psychologische Untersuchungen zeigen, dass Menschen dazu tendieren, eine Botschaft eher zu glauben, wenn Vertrauen vorhanden ist. Wenn aber Misstrauen herrscht, suchen sie ständig nach alternativen Interpretationen, so genannte *„counter-scenarios"*: Sie erstellen zwar ein Szenario, in dem die Botschaft stimmt, aber parallel dazu auch weitere Szenarien, in denen sie *nicht* stimmt.[50] In der Psychologie wird dieses Vorgehen als Mechanismus gesehen, der den Menschen ermöglicht, mit Unsicherheit umzugehen. Es erklärt, wieso teilweise falsche Unterstellungen, Falschinterpretationen der „gegnerischen" Vorschläge und Überzeichnung der jeweiligen Positionen häufig in Organisationen festzustellen sind.

*Vertrauen reduziert soziale Komplexität*

Für den Soziologen Niklas Luhmann[51] ermöglicht Vertrauen vielschichtige Kooperationsformen zwischen Menschen und Gruppen, weil es einen Mechanismus zur Reduktion der sozialen Komplexität darstellt. Organisationen können als komplexe Systeme betrachtet werden, die mehr Möglichkeiten enthalten, als ein Mensch begreifen und beherrschen kann, auch weil andere Menschen zu jedem Zeitpunkt zwischen sehr unterschiedlichen Handlungen wählen können. Statt sich gegen die Unberechenbarkeit des Anderen in der vollen Komplexität aller Möglichkeiten zu wappnen, kann man auch die Komplexität zu reduzieren suchen, in dem man Vertrauen schenkt. Vertrauen ist somit der Glaube in der Begrenzung der negativen Konsequenzen einer Beziehung. Wer Vertrauen erweist, nimmt Zukunft vorweg. Er handelt, als ob die Zukunft sicher wäre. Vertrauen ist also eine wirksame Form der Reduktion der Komplexität: Man neutralisiert gewisse Gefahren, die nicht ausgeräumt werden können, die aber das Handeln nicht verhindern sollen. Wo Vertrauen besteht, gibt es deshalb auch mehr Möglichkeiten des Handelns, also steigt zwar wieder die Komplexität des Systems, allerdings in eine Richtung, die die Ziele der Betroffenen unterstützt.

Menschen oder Gruppen, die sich misstrauen, stellen die ursprüngliche Komplexität der Möglichkeiten wieder her und belasten sich damit. Wer nicht vertraut, muss andere Strategien der Reduktion der Komplexität entwickeln, indem er seine Erwartungen ins Negative zuspitzt. Negative Erwartungen schließen aber in der Regel zu wenige Möglichkeiten aus, um die Komplexität wirksam zu reduzieren. Entsprechend belastender sind sie: Sie absorbieren Kräfte und lassen weniger Raum für den Lernprozess. Vertrauen ist dem gegenüber, psychologisch gesehen, der leichtere Weg.

# Managementwissen:
## kompetent, kritisch, kreativ
↗

## Lebendigkeit im Unternehmen
## freisetzen und nutzen

Lebendigkeit ist der fundamentalste Wettbe-
werbsvorteil eines Unternehmens. Denn durch
einen hohen Grad an Lebendigkeit entsteht alles
andere: Spitzenleistung, Innovationskraft, Verän-
derungsbereitschaft, Dynamik und Tempo. Dieses
Buch zeigt, wie diese hohe Lebendigkeit in Unternehmen erreicht werden kann.

Matthias zur Bonsen
**Leading with Life**
Lebendigkeit im Unternehmen
freisetzen und nutzen
2009. 273 S.
Geb. EUR 39,90
ISBN 978-3-8349-1353-1

## Authentisch führen - worauf es dabei
## ankommt

Führungskräfte lernen ihren Führungsjob, während
sie ihn betreiben. Dabei gibt es drei entscheidende
Kompetenzbereiche, die entwickelt werden müssen: die Orientierung in der Rolle, die persönliche
Selbstreflexion und die Empathiefähigkeit.

Adolf Lorenz
**Die Führungsaufgabe**
Ein Navigationskonzept für
Führungskräfte
2009. 192 S. mit 6 Abb. und
Zusatzprodukt: Mindmap. Geb.
EUR 39,90
ISBN 978-3-8349-1029-5

## Nachhaltige Führung durch intelli-
## gente Verknüpfung von Ökonomie,
## Ökologie und Ethik

In Zeiten der Globalisierung und zunehmender
Dynamik der Märkte stellt sich immer häufiger
die Frage nach der Vereinbarkeit von ökonomi-
schem Handeln mit Umweltmanagement, Ethik
und Nachhaltigkeit. In diesem Buch werden neun
Bausteine für die Entwicklung eines integrierten
Führungssystems der Nachhaltigkeit beschrieben.
Die Kompatibilität der Bausteine und die Schlüs-
sigkeit des Gesamtansatzes stehen dabei im
Vordergrund.

Jörg Rabe von Pappenheim
**Das Prinzip Verantwortung**
Die 9 Bausteine nachhaltiger
Unternehmensführung
2009. 176 S. mit 22 Abb. Br.
EUR 29,90
ISBN 978-3-8349-1431-6

Änderungen vorbehalten. Stand: Februar 2010.
Erhältlich im Buchhandel oder beim Verlag

Gabler Verlag . Abraham-Lincoln-Str. 46 . 65189 Wiesbaden . www.gabler.de

**GABLER**

# TEIL 4: Das mental starke Unternehmen

## 13. Organisationen zur mentalen Stärke coachen

> „Du sollst Dich nicht nach einer vollkommenen Lehre sehnen, sondern nach der Vervollkommnung deiner selbst."
> Hermann Hesse (1877 - 1962)

Im Jahr 2003 stand die Nedbank, die viertgrößte südafrikanische Bank, auf wackeligen Füßen - die Gewinne schwankten, die Moral der Angestellten war auf dem Tiefpunkt, und die Abwicklungen hatten abgenommen. Gleichzeitig befand sich Nedbank inmitten einer komplizierten Fusion mit BOE, was nicht nur eine notwendige Anpassung seitens der Angestellten, der Kultur und der Werte mit sich brachte, sondern auch die Tatsache, dass die Einführung mit jedem Tag teurer wurde, und daher reelle Einsparungen nicht sofort realisiert werden konnten.

Der neu eingesetzte CEO, Tom Boardman, plante mehr als nur einen Turnaround der Bank, sondern wollte es nachhaltig besser machen als seine Konkurrenten. Nach seiner Analyse ging es nicht um das Bemühen, die größte oder profitabelste Bank zu werden. Sein Ziel war, die Nedbank zur respektiertesten und höchst angesehenen Bank des Landes zu machen. Aus einer von Kostendenken dominierten Kultur war er entschlossen, eine kundenorientierte Bank zu formen.[1] Nach 33 Jahren Erfahrung im Bankgeschäft war er der Ansicht, dass die erfolgreichsten Unternehmen der Welt von Visionen geleitet und von Werten transportiert werden.

„Wenn es ein zentrales Leitthema gab in dem, was bei der Nedbank passierte, dann war dies die Schaffung einer Vision und der Aufbau einer Unternehmenskultur, die auf Werten beruht", sagte er. Es bestand ein generelles Bedürfnis, die Organisation umzubauen, die Strategie, die Kultur und die Kreditwürdigkeit der Bank. „Aber Organisationen ändern sich nicht, nur Menschen können dies. Veränderung beginnt mit dem Verhalten der Führungsgruppe, weil jeder auf sie schaut."[2]

Boardman und sein Team führten Anfang 2004 eine Reihe von Workshops durch, - Strategie, Werte und Marke -, um die Ansichten der Angestellten aus allen Ebenen der Bank zu sammeln. Während der Workshops stellte sich heraus, dass die Moral der Angestellten auf dem absoluten Tiefpunkt war. „Ganz gleich, mit wem ich redete, jeder sagte: „Früher war ich stolz darauf, für die Nedbank zu arbeiten, jetzt ist es mir peinlich." Der Mangel an Stolz auf die eigene Firma wurde als tiefer Verlust empfunden."

Tom Boardman lancierte die so genannte „Zurück-zur-Spitze"-Initiative, gestützt von einem Dreijahresplanungs-Prozess und gab der Nedbank eine Vision: „Südafrikas am höchsten geratete und respektierte Bank zu werden ... von den Angestellten, den Kunden, den Aktienbesitzern und den Behörden."

Den Erfolg messbar zu machen war eines der Schlüsselelemente des Programms. Für die Angestellten lautete das Ziel, dass die Organisation allen Angestellten eine fesselnde und einzigartige Wertvorstellung anbot, die sich zusammenfassen ließ in Motto und Ziel Nummer eins der neuen Strategie der Nedbank: „Ein großartiger Platz zum Arbeiten." Shirley Sinn, die Personalmanagerin, drückte es folgendermaßen aus: „Wir wollen die Bestmöglichen sein und unsere gemeinsame Unternehmensseele entdecken. Und wir sprechen davon nicht in einer locker-flockigen Art. Es geht darum, wie wir den Geist der Organisation steigern können."[3]

Aus einer Reihe von Quellen wurden Daten zusammengetragen, um herauszufinden, was Menschen attraktiv an der Nedbank fanden, warum sie gerne für die Nedbank arbeiteten, und was die Nedbank ihrer Ansicht nach anstreben sollte: Umfragen bei den Angestellten wurden gestartet, Vorschlagskästen, strukturierte Interviews mit neuen Angestellten, Turnover-Analyse und Telefonate mit Personen, die die Firma verlassen hatten, um den tatsächlichen Grund für die Kündigung zu erfahren.[4]

Eines der Teilprojekte, die gebildet wurden, um aus der Nedbank einen „großartigen Arbeitsplatz" zu machen, bestand in einem kombinierten Führungs- und Strategieprozess, der vom „Centre for Conscious Leadership" entwickelt wurde, einem Team von Organisationspsychologen. Die Schlüsselaspekte hierbei waren die Bewusstseinsbildung bezogen auf die eigene Persönlichkeit, Führungsstil und die Bedeutung und der Einfluss auf Andere. Bis September 2009 hatten bereits 162 Teams und fast 2.000 Angestellte das Programm absolviert.[5]

Jedes Jahr misst eine Werte-Umfrage unter allen Angestellten den erzielten Fortschritt. Im Jahr 2004, zu Beginn des Programms, hießen die Top-2-Werte in der Organisation „Kostenbewusstsein" und „Profit". Negative Empfindungen wie „Bürokratie", „Tunnelmentalität", „Hierarchie", „Kontrolle", „Aufbau eines Fürstentums" und „Konfusion" waren ebenfalls unter den Top 20 vertreten.

Im Jahr 2009 hießen die Top-3-Werte „Verantwortlichkeit", „Kundenbezogenheit" und „Kundenzufriedenheit". Unter den Top 20 waren keine negativen Wahrnehmungen mehr vertreten. Stattdessen fanden neue Werte wie „menschenbezogen", „Werte leben", „Integrität" und „Ethik" ihren Weg in die Liste.[6] Die Strategie Boardmans hatte funktioniert, die Marktbewertung der Nedbank betrug 60 Milliarden Rand im September 2009, verglichen mit 17 Milliarden Rand im Jahr 2004.

„Ich kann Ihnen nicht sagen, wie gerührt jeder in der Bank war, als wir die Ergebnisse verkündeten", sagte Shirley Shinn. „Die Leute waren so glücklich darüber, dass sie den Umschwung geschafft hatten. Wir sind einen langen Weg
gegangen. Und wie es so im Leben ist, müssen wir uns nun aufmachen zu größeren Herausforderungen."[7]

## 13.1 Was ist ein mental starkes Unternehmen?

### Die bewusste Entscheidung zur mentalen Stärke

Tom Boardman war mit einem „einfachen" Turnaround der Nedbank nicht zu-
frieden. Er wollte die angeschlagene Bank nicht nur aus der Gefahrenzone führen, sondern daraus ein starkes Unternehmen machen. Unsere Erfahrung zeigt,
dass dieses Vorgehen eher eine Ausnahme darstellt: Berater werden meisten engagiert, um eine Krise zu bewältigen, die Anstrengungen hören jedoch mit der
Lösung der Probleme auf. Es wird in der Regel nicht an einer Weiterentwicklung
der Fähigkeiten der Organisation gearbeitet, wie die Abbildung 13.1 verdeutlicht:

---

**Abb. 13.1: Krisenbewältigung vs. Entwicklung der mentalen Stärke**

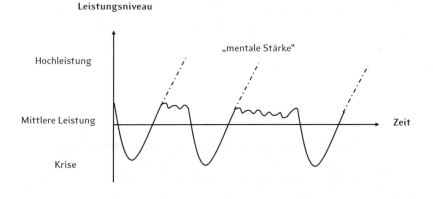

---

Sobald man die Krise überstanden hat, wird weitergearbeitet wie bisher. Dieses
Muster gilt nicht nur für Unternehmen, sondern für fast alle Menschen, die Unterstützung bei einem Therapeuten oder Coach suchen: Wenn das Problem „vorbei" ist, wird die Behandlung abgeschlossen. Dabei bleibt jedoch der Bereich der
Hochleistung und des „Flows", in dem viele Dinge auch ohne hohen Energieauf-
wand erreicht werden können, meist unangetastet. Ein unausgeschöpftes Poten-

zial, das Top-Athleten und auch Top-Unternehmen durch die Fähigkeit, mentale Stärke zu entwickeln und zu nutzen. Dr. James Loehr, einer des berühmtesten Hochleistungs-Coachs der Welt und Leiter eines Hochleistungs-Trainingsinstitutes für Spitzensportler in Orlando, USA, definiert mentale Stärke als „die Fähigkeit, sich ungeachtet der Wettkampfbedingungen an seiner oberen Leistungsgrenze zu bewegen."

Ein virenfreies Unternehmen existiert nicht. Gleich dem menschlichen Körper, der von Viren bedroht wird, so ist auch das emotionale System einer Organisation ständigen Angriffen ausgesetzt. Je mehr Zweifel, Ängste, unterschiedliche Werte und Interessen ein Unternehmen mental „verschmutzen", umso mehr können sich die emotionalen Viren verbreiten. Vertrauen, Selbstbewusstsein, Kooperations- und Konfliktfähigkeit erhöhen die Resistenz der Organisation gegenüber emotionalen Viren, sie entziehen ihnen den Nährboden. Wenn diese Eigenschaften und Fähigkeiten in einem Unternehmen vorhanden sind und kontinuierlich weiter ausgebaut werden, wird die Organisation eine mentale Stärke entwickeln, die das emotionale Immunsystem stärkt und es vor Angriffen von außen wie von innen schützt.

Markus Sieverding, der Geschäftsführer von Air Liquide Deutschland, räumte nach der Intergration von Messer Griesheim der Financial Times gegenüber ein: „Wir können nicht garantieren, dass von unseren 2.000 Mitarbeitern heute keiner mehr einen emotionalen Virus hat, aber es ist kein relevantes Thema in der Firma mehr."[8] Dieser Feststellung kommt mehr Bedeutung zu, als es auf den ersten Blick erscheint. Denn nur wenige Manager und Unternehmer können heute betonen, dass emotionale Viren „kein relevantes Thema" in ihrer Organisation sind.

Diese Fähigkeit, das Immunsystem des Unternehmens zu entwickeln, bezeichnen wir als das vierte Element des Veränderungsmanagement: die Organisation zur mentalen Stärke coachen. (sh. Kapitel 4).

## Die Kennzeichen einer mental starken Organisation

Mental starke Firmen sind kreativer und agiler als ihre Wettbewerber und nutzen die Chancen am Markt optimal durch die kollektive Intelligenz ihrer Mitarbeiter. Sie sind nicht krisenfrei, sondern krisenfest. Sie verfügen über Prozesse und Methoden, mit denen sie die immaterielle Realität ständig sondieren und steuern.

Sie verfügen unserer Erfahrung nach über folgende Merkmale im Vergleich zu mental schwachen Organisationen:

Virenfreie Unternehmen gibt es nicht. Wichtig aber ist die Virulenz der Viren

## Abb. 13.2: Mental starke und mental schwache Organisationen

| Mental starke Organisation | Mental schwache Organisation |
|---|---|
| **Gelebte Kernleidenschaft** | **Oberflächliche Kernleidenschaft** |
| ❖ Die Führungsmannschaft lebt die Unternehmenswerte vor. Sie vermittelt der Organisation mit Leidenschaft, für die Kunden einen überragenden Nutzen zu stiften. Motto: Die Höhe des Gewinnes hängt in erster Linie von der Höhe des Kunden Nutzens ab. | ❖ Die Führungsmannschaft gibt die Unternehmenswerte lediglich vor, propagiert den Kundennutzen, hat aber lediglich die Gewinnmaximierung im Auge. Alle andern Werte und Aussagen werden dieser untergeordnet. Motto: der Gewinn wird auf der Kostenseite erwirtschaftet. |
| **Realistisches Vertrauen** | **Misstrauen** |
| ❖ Die Handlungen in der Organisation beruhen auf einem gegenseitigen Vertrauensvorschuss. Jedem Mitarbeiter ist jedoch bewusst, dass Interessenkonflikte die Vertrauensbasis angreifen können. Daher werden diese regelmäßig in einem geschützten Umfeld angesprochen. | ❖ Die Mitarbeiter misstrauen sich gegenseitig. Interessenkonflikte sind die Bestätigung für die Berechtigung des Misstrauens. Die Organisation verschwendet ihre Energie darauf, Beziehungen zu regulieren anstatt Produkte und Dienstleistungen zu produzieren. |
| **Lebendige Netzwerke** | **„Old-boys-Network"** |
| ❖ Die Mitarbeiter tauschen sich regelmäßig untereinander aus, auch über den einen Verantwortungsbereich hinaus. Sie geben sich gegenseitig emotionale und moralische Unterstützung. | ❖ Die Mitarbeiter tauschen sich nur mit denjenigen aus, die sie bereits seit Jahren kennen. Probleme der Anderen kümmern sie nicht und sie neigen dazu, andere eher zu diskreditieren. |
| **Know-how-Fluss** | **Know-how-Abschottung** |
| ❖ Abteilungen teilen ihr Know-how miteinander. | ❖ Abteilungen verbergen ihr Know-how voreinander. |
| **Beziehungs-Gelassenheit** | **Beziehungs-Chaos** |
| ❖ Auch in kritischen Situationen bleiben die Mitarbeiter gelassen, die Arbeitsatmosphäre ist dann zwar angespannt, aber konzentriert. | ❖ In kritischen Situationen machen sich Mitarbeiter schnell gegenseitig Vorwürfe, die Arbeitsatmosphäre ist vergiftet. |
| **Uneigennützigkeit** | **Eigennutz** |
| ❖ Fällt ein Teammitglied aus, so springt ein anderes bereitwillig ein. | ❖ Fällt ein Teammitglied aus, so bleibt der Platz unbesetzt, selbst wenn dadurch wichtige Projekte in Verzug geraten. |
| **Konfliktfähigkeit** | **Konfliktunfähigkeit** |
| ❖ Auseinandersetzungen werden konstruktiv ausgetragen, Meinungsverschiedenheiten respektvoll behandelt. | ❖ Bei Auseinandersetzungen wird es schnell laut, Meinungsverschiedenheiten arten in Machtkämpfe aus. |
| **Eigenverantwortung** | **Opferrolle** |
| ❖ Jeder sucht zunächst einmal seinen Anteil am Problem und strebt danach, Möglichkeiten zu finden, um Teil der Lösung zu werden. | ❖ Jeder sucht andere oder das Umfeld für die Probleme verantwortlich zu machen und strebt danach, anderen die Lösung zu überlassen. |
| **Energizer-Spirit** | **Vampirizer-Spirit** |
| ❖ Die Mitarbeiter tauschen untereinander positive, energetisierende Geschichten aus. Sie halten so das Energieniveau hoch. | ❖ Die Mitarbeiter tauschen untereinander Gerüchte und negative Geschichten aus, welche das Energieniveau herunter ziehen. |
| **Wahrnehmungs-Bewusstsein** | **Wahrnehmungs-Unbewusstsein** |
| ❖ Die Mitarbeiter sind sich der Bedeutung der immateriellen Realität bewusst. Sie versuchen, ihr Wohlbefinden zunächst durch Observierung ihrer eigenen emotionalen Reaktionen beizubehalten oder zu optimieren. | ❖ Die Mitarbeiter sind in der materiellen Realität verhaftet. Sie versuchen ständig, ihr Wohlbefinden über die Verbesserung der äußeren materiellen Bedingungen zu steigern. |
| **Kultur- und Werte-Bewusstsein** | **Kultur- und Werte-Unbewusstsein** |
| ❖ Die Mitarbeiter haben den natürlichen Reflex, Werte und Worte, nicht nur bei Fremdsprachen, auf ihre Bedeutung zu hinterfragen. Sie sind sich bewusst und respektieren, dass die Motivationen und Wertedefinitionen von Menschen anderer Kulturen oder mit unterschiedlichen Persönlichkeitsstrukturen von ihren eigenen abweichen können. | ❖ Die Mitarbeiter gehen davon aus, dass alle Kollegen, auch unterschiedlicher Kulturen, im Grunde die gleichen Werte und Motivationen teilen. Missverständnisse, die hierauf zurückgehen, werden nicht hinterfragt, sondern meist über Machtkonflikte geregelt. |

Selbstverständlich erheben wir mit dieser Liste keinen Anspruch auf Vollständigkeit. Außerdem werden selbst in Unternehmen, auf die viele dieser Merkmale zutreffen, nicht alle Kriterien erfüllt sein und selbst wenn, dann nicht hundertprozentig. Die Liste bietet allerdings konkrete Anhaltspunkte, mit denen jeder

Verantwortliche nach seiner eigenen Gewichtung einen schnellen Check durchführen kann, wie es um die mentale Stärke im eigenen Unternehmen bestellt ist. Oder anders gesagt: Wie viel Angriffsfläche das Unternehmen den emotionalen Viren bietet, weil die Organisation mental schwach ist.

Nicht jeder Unternehmenschef verfügt über so herausragende Eigenschaften wie Tom Boardman oder Jack Welsh, der legendäre CEO des US-Konzerns General Electric. Jedoch ist es selbst in großen Organisationen möglich, die Grundkriterien für mentale Stärke zu vermitteln und dort nachhaltig einzubringen.

## 13.2    Der Weg zum mental starken Unternehmen

### Der Prozess, um mentale Stärke in der Organisation zu implementieren

Die Merkmale eines mental starken Unternehmens sind seit langem bekannt. Wieso sind solche Firmen so selten? Viele Berater bieten Trainings an, nur wenige unter ihnen jedoch ein reelles „Organisationscoaching" das die Entwicklung von mentaler Stärke im Unternehmen ermöglicht. Einer der Gründe dafür ist, dass dies Arbeit sowohl an der immateriellen als auch an der materiellen Realität erfordert, wozu unserer Erfahrung nach nur sehr wenige Beratungsunternehmen in der Lage sind.

### Der Wahrnehmungszyklus

Die Basisregeln des mentalen Trainings eines Athleten sind aus der Sicht von Leistungscoach Dr. James Loehr ganz einfach: „Wie bei einem Computer erhalten wir immer das zurück, was wir einprogrammieren. Machen Sie sich nichts vor, indem Sie glauben, dass Ihre negative Haltung harmlos ist. Was in Ihrem Kopf vorgeht, das spiegelt Ihr Körper wider. Ein guter Wettkämpfer zu werden, verlangt, dass Sie Ihre negative Grundeinstellung unter Kontrolle bekommen. Die folgenden drei Schritte sollten Ihnen ganz erheblich dabei helfen:

- **Schritt 1:** Horchen Sie auf das, was Sie sagen und denken, werden Sie sich Ihrer Denkweise und Ihrer inneren Stimme bewusst. Seien Sie besonders sensibel gegenüber jeglicher negativen Einstellung. Geben Sie sich selbst den Befehl, jeden negativen Input sofort zu stoppen.

- **Schritt 2:** Sobald Sie sich irgendeiner negativen Einstellung bewusst werden, rufen Sie mit Ihrer inneren Stimme laut „HALT!". Sie werden überrascht sein festzustellen, dass dieser unerwünschte Gedanke wirklich stoppt.

- **Schritt 3**: Ersetzen Sie negatives Gerede oder den negativen Gedanken durch etwas Positives und Konstruktives. Ihre negative Einstellung ist kontrollierbar! Fangen Sie an, die Sache in Ihre Hand zu nehmen!"[9]

Unternehmen werden mental stark, wenn sie – wie Hochleistungssportler – ihre negativen „Gedanken" wahrnehmen, analysieren und behandeln (siehe zum Beispiel „Wie man Geschichten entwaffnet", Seite 227). Es handelt sich dabei allerdings nicht um persönliche Gedanken, sondern um kollektive Wahrnehmungen in der Organisation. Deswegen nennen wir diese verschiedenen Schritte, in denen wir sinngemäß auch die drei Schritte von Loehr wiederfinden, den „Wahrnehmungszyklus".

Negative „Gedanken" wahrnehmen, analysieren und behandeln

---

## Abb. 13.3: Der Wahrnehmungszyklus

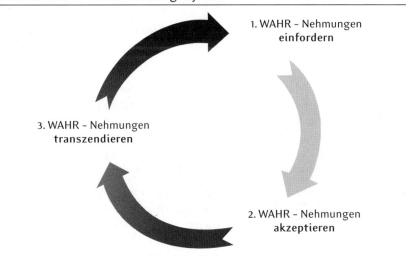

1. WAHR – Nehmungen einfordern

2. WAHR – Nehmungen akzeptieren

3. WAHR – Nehmungen transzendieren

---

- Das Ziel des **Einforderns der Wahrnehmungen** ist, ein Wahrnehmungsbewusstsein für die Elemente der immateriellen Realität in der Organisation zu entwickeln. Wir haben in Kapitel 1 „Die Grundproblematik des Unternehmens: Umgang mit Emotionen" verdeutlicht, wie die bloße Anerkennung und Betrachtung der immateriellen Realität für viele Organisationen schwierig ist (sich der inneren „Organisations-Stimme" bewusst werden).

- **Wahrnehmungen akzeptieren** ist eine Referenz an die Sichtweise, die wir in Kapitel 9.3 erläutert haben: WAHR-Nehmungen sind für die Betroffenen emotionale Wahrheiten. Es ist ein unstrittiger Fakt, den wir zu respektieren haben. Zudem ist es äußerst wichtig, diese Wahrnehmungen nicht zu kritisieren, sondern zu akzeptieren, wobei es nicht um die inhaltliche, sondern um die *emotionale* Akzeptanz geht („STOPP!" sagen: die negativen Geschichten und emotionalen Viren gehen in Quarantäne). Dieser Schritt ist nicht einfach und muss deswegen vermittelt und geübt werden.

- ■ Bei **Wahrnehmungen transzendieren** geht es darum, die (negativen) Wahrnehmungen zu behandeln und gemeinsam etwas Größeres aus dieser Energie zu entwickeln (konstruktiv die Sache in die Hand nehmen)

Die Einführung des Wahrnehmungszyklus in die Organisation ermöglicht, die immaterielle Realität ständig zu sondieren und - falls notwendig - anzupassen. Dafür muss das Unternehmen eine Disziplin entwickeln, um diese Wahrnehmungszyklen regelmäßig in allen Organisationseinheiten der Firma am Leben zu halten.

### WAHR-Nehmungen einfordern: Die proaktive Suche nach emotionalen Viren führen

Wie in der Einleitung dieses Kapitels beschrieben, werden häufig emotionale Viren lediglich im Verlauf einer Krisenbewältigung untersucht und behandelt. Mental starke Unternehmen beschäftigen sich jedoch ständig damit. Das Ziel besteht darin, die emotionalen Viren rechtzeitig zu erkennen und möglichst bereits im Frühstadium zu behandeln, damit sich die negativen Synergiespiralen nicht weiterentwickeln können und die Stimmung sowie die Kooperationsbereitschaft im Unternehmen weitgehend konstruktiv bleiben.

In jeder Organisationseinheit regelmäßige mentalmerger-Barometer-Sitzungen durchführen

Die Vorgehensweise und Methoden zum Aufspüren von emotionalen Viren haben wir in Kapitel 9 „Aufspüren, Analyse und visuelle Aufbereitung von Viren" beschrieben. Die gleichen Ansätze werden bei der proaktiven Suche benutzt. Dabei wird in Sitzungen, die von speziell geschulten Mitarbeitern des Unternehmen moderiert werden, mit mentalmerger-Barometern, Karten und Schlagzeilen gearbeitet. Wir empfehlen in der Regel, dass solche Sitzungen mindestens einmal pro Quartal in jeder Organisationseinheit stattfinden, bei Bedarf öfters. Dabei werden häufig angepasste mentalmerger-Barometer benutzt, da das in Kapitel 9.5 vorgestellte Kooperationsbarometer ausschließlich für Viren der Kooperation zwischen Gruppen einsetzbar ist. Ein typisches Barometer bei der Durchführung einer neuen Maßnahme - zum Beispiel die Einführung eines neuen IT-Systems oder neuer Geschäftsprozesse - stellt sich folgendermaßen dar:

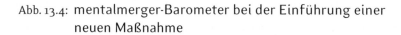

**Abb. 13.4:** mentalmerger-Barometer bei der Einführung einer neuen Maßnahme

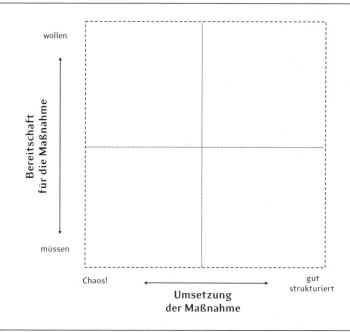

**WAHR-Nehmungen akzeptieren: Nur durch ein adäquates Training zu erreichen**

Um ein mental starkes Unternehmen zu entwickeln, müssen zumindest alle Führungskräfte, wenn möglich sogar alle Mitarbeiter die Prinzipien vermittelt bekommen. Ziel ist nicht nur, die Kommunikations- und Kooperationsfähigkeiten der Einzelmitarbeiter zu entfalten, sondern ebenso eine gemeinsame Sprache in der Organisation und eine Kommunikations- und Vertrauenskultur zu entwickeln.

*Alle Führungskräfte und viele Mitarbeiter ausbilden*

Bei der Nedbank zum Beispiel hatten 2.000 Führungskräfte (von insgesamt 26.000 Mitarbeitern) das Programm des „Centre for Conscious Leadership" absolviert. Als Jack Welch die Kulturveränderung bei GE abschloss, hatten 200.000 der 240.000 Mitarbeiter an Work-out-Veranstaltungen teilgenommen (siehe Kapitel 4.8).

Bei der Entwicklung der mentalen Stärke eines Unternehmens führen wir so genannte mentalmerger-Ausbildungsworkshops durch, in denen viele in diesem Buch beschriebenen Konzepte vermittelt werden. Eine typische dreitägige mentalmerger-Ausbildung beinhaltet zum Beispiel:

- Entwicklung des Bewusstseins für die immaterielle Realität der Organisation.

- Vermittlung der Metapher der emotionalen Viren als Analyse-Instrument und gemeinsame Sprache.

- Arbeit an den Beziehungsspiralen.

- Arbeit an Kulturunterschieden und Persönlichkeitsstrukturen.

- Definition gemeinsamer Wertebegriffe.

- Optimierung des persönlichen Gesundheitsmanagements.

Bei Führungskräften wird nicht nur ein Einzelworkshop, sondern ein mental-merger-Trainingsprogramm durchgeführt, das eine tiefere Kenntnis vermittelt und die Umsetzung im Tagesgeschäft unterstützt. Ein typisches mentalmerger-Trainingsprogramm setzt sich zusammen aus:

- Dem Basis-Ausbildungsworkshop, leicht angepasst.

- Einem Aufbauworkshop mit Fokus auf:

  – Reflexion über die Praxiserfahrungen mit den Konzepten.
  – Vertiefung ausgewählter Konzepte, zum Beispiel Werte.
  – Arbeit an den persönlichen Herausforderungen der Führungskraft.

- Ggf. Einzelcoaching für die Führungskrafte, die vor besonderen Herausforderungen stehen.

Die Vermittlung der notwendigen Fähigkeiten, um mentale Stärke zu erreichen, ist ein erster Schritt zu emotionaler Unabhängigkeit. Mitarbeiter, denen bewusst wird, dass die zu ihrem eigenen Schutz eingesetzte Intelligenz (protektive Intelligenz) zwar ein natürlicher, menschlicher Reflex ist, aber langfristig sowohl der Organisation als auch dem Einzelnen selbst schadet, werden sich in schwierigen und unerwarteten Situationen eher konstruktiv verhalten.

### WAHR-Nehmungen transzendieren: Die Behandlung der Viren

Das Einfordern und die Akzeptanz der Wahrnehmungen in der Organisation sind nur die ersten Schritte. Es geht in dieser Phase des Zyklus um konkretes Umsetzen und Erleben, und letztendlich darum, die Wahrnehmungen zu transzendieren, das heißt sicherzustellen, dass sie keinen negativen Einfluss auf die immaterielle Realität ausüben, und dass – oftmals synergetische – Lösungsansätze von den eigenen Mitarbeitern gefunden und umgesetzt werden. Eine Organisation, die sich tatsächlich um ihre Mitarbeiter kümmert, lehrt diese, sich um sich selbst zu kümmern: Je mehr Führungskräfte und Mitarbeiter Eigenverantwortung übernehmen, umso bewusster wird ihnen, dass sie nicht Opfer, sondern Gestalter ihres Umfelds sein können.

*Mitarbeiter übernehmen Eigenverantwortung*

> **⏵ BEISPIEL:**
>
> Jack Welch baute den verkrusteten General Electric-Konzern in 20 Jahren zu einem weltumspannenden Mischunternehmen aus, das weltweit als Benchmark für lernende Organisationen galt. Als radikaler Verfechter des Leistungsprinzips hatte er aber zugleich volles Vertrauen in seine Mitarbeiter. Er sagt heute selbst, dass dieses Vertrauen in die Mitarbeiter und die Konzentration auf Werte und Kultur bei GE ausschlaggebend für den nachhaltigen Erfolg waren.[10] Ein weiteres Kriterium war selbstverständlich: Er ist selbst immer konsequent als Vorbild vorangegangen.

Diesen Weg zu gehen, ist nicht nur mit Paradigmenwechsel, sondern auch und vor allem mit Anstrengung verbunden – wir sind erneut bei unserem „Idiotengraben" angelangt. Um von der bewussten Inkompetenz bei der Nutzung der kollektiven Intelligenz zur bewussten Kompetenz zu kommen, muss die Organisation das Erreichen der mentalen Stärke nicht nur wollen, sondern hartnäckig üben.

Wir haben in den Kapiteln 9 und 10 ausführlich beschrieben, wie Viren zu behandeln sind. Es reicht hier zu bemerken, dass die erfolgreiche Behandlung der Viren generell sehr positive und befreiende Auswirkungen hat, insbesondere auf die Verbesserung der Kommunikations- und der Kooperationsfähigkeit der Mitarbeiter.

## Die notwendigen Maßnahmen und Einstellungen, um mentale Stärke in der Organisation zu implementieren

Ist dies alles nur graue Theorie oder wirklich im Bereich des Möglichen? Unserer Erfahrung nach sind drei Einstellungen notwendig, um die mentale Stärke einer Organisation zu entwickeln:

### „Walk the talk": Das kompromisslose Engagement des Top-Managements

Der Erfolg hängt zunächst hauptsächlich vom Management ab. Wir haben das Dilemma des Managers und die vier Hürden eingehend in Kapitel 3 beschrieben. Die beste Methode hilft nichts, wenn die Energie nicht von oben in die Organisation hineingegeben wird. Kompromissloses Engagement des Top-Managements heißt, dass dieses sich als Teil des Ganzen und nicht als losgelöst von der Organisation betrachtet: Die Arbeit an der mentalen Stärke der Organisation beginnt mit der Arbeit an der mentalen Stärke der Top-Management-Ebene.

Bekanntlich „stinkt der Fisch vom Kopf her". So spiegelt sich auch in der Organisation immer eine Grundproblematik wider, die im Vorstand oder auf der Geschäftsleitungsebene des Unternehmens vorherrscht. Werden an diesen Stellen

Entscheidungen verzögert, so wird auch innerhalb der Organisation gezaudert. Sind zwei oder mehr Manager zerstritten, so wird man diesen Dissens in anderer Form, zum Beispiel zwischen zwei Abteilungen, wiederfinden. Lästert man im Management über „die anderen", so werden auch die Mitarbeiter untereinander lästern.

Der innovative Veränderungsexperte Richard Barrett sagt dazu: *„Die Kultur einer Organisation oder jeglicher Gruppierung von Individuen ist eine Spiegelung der Werte, Glaubensgrundsätze und Verhaltensweisen der Anführer der Gruppe."* Und weiter: *„Die Transformation einer Organisation beginnt mit der persönlichen Transformation der Top-Manager. Nicht die Organisationen transformieren sich, es sind die Menschen."*

Die Transformation einer Organisation beginnt mit der Transformation der Top-Manager

Konsequenterweise muss das Führungsteam zunächst:

- selbst die nötige Zeit aufbringen, um sich untereinander zu „syntonisieren", auf gleiche Wellenlänge zu kommen. In der Consultant-Sprache wird dies heutzutage „Leadership-Alignment" genannt.

- selbst das vorleben, was es von der Organisation verlangt. Die Vorbildfunktion der Schlüsselpersonen des Unternehmens wird immer wieder unterschätzt. Wenn diese besonnen und mit Klarheit, ohne emotionale Überreaktion agieren, geben sie der Organisation damit ein starkes Signal. Denn das Verhalten in der Organisation ist die Resonanz auf das Verhalten der Führungspersonen und Meinungsbildner.

- für die Organisation menschlich erlebbar werden, indem es nicht nur aus der Stärke heraus kommuniziert, sondern durchaus auch eigene Grenzen sichtbar werden lässt.

Die pragmatischen Amerikaner nennen dies „walk the talk", ein Ausdruck, der inzwischen auch Einzug gefunden hat in den deutschen Business-Sprachgebrauch. Jack Welsh, CEO von GE, verkörperte dies in geradezu karikaturhafter Weise. Er war immerzu unterwegs, um unermüdlich seine Botschaft zu verkünden. Er hatte sich zum klaren Ziel gesetzt, so viele GE-Mitarbeiter wie möglich persönlich zu treffen. Wenn er von deutlicher und offener Kommunikation sprach, so war er der Erste, der auch unangenehme Dinge ansprach.

## Entschlossene Umsetzung

Die konsequente Umsetzung eines Organisationscoachings verlangt ein klares „Ja" zur Existenz der immateriellen Realität sowie deren bedeutenden Einfluss auf das Unternehmen. Dieses klare „Ja" impliziert allerdings den festen Willen, dafür Energie, Zeit, Geld und Mittel zu investieren, um die Organisation zur mentalen Stärke zu führen.

Der in diesem Buch ausführlich besprochene mentalmerger-Prozess bei der Integration von Messer Griesheim in den Air Liquide-Konzern hätte nie so erfolgreich greifen können, wenn der Geschäftsführer Markus Sieverding und seine Kollegen aus der Geschäftsleitung die Umsetzung nicht bedingungslos aktiv unterstützt hätten: Es wäre einfacher gewesen, den Prozess an die Berater zu delegieren und auf deren Feedback zu warten, als inmitten einer Fusion mit sehr ehrgeizigen finanziellen und strukturellen Zielen die Zeit und den Mut aufzubringen, sich in zahlreichen Gesprächskreisen direkt den Mitarbeitern zu stellen.

*Energie, Zeit und Geld investieren*

Entschlossene Umsetzung heißt für das Top-Management:

- Bedeutende **finanzielle Investitionen** in Beraterhonorare, Reisekosten, Seminarlogistik tätigen für die Behandlung der immateriellen Realität.

- **Bereitstellung von Unternehmensressourcen:** Abstellung von mehreren hoch bezahlten Führungskräften, Räumlichkeiten, Logistik usw., um beispielsweise dem MMM-Team die Möglichkeit zu geben, seine Funktion wahrzunehmen.

- **Unsicherheit aushalten,** da die gefühlte Effizienz des Zeit- und Arbeitsaufwands im Zusammenhang mit der immateriellen Realität insbesondere am Anfang sehr gering sein kann. Oder anders gesagt: ständig die eigene Überzeugung zu vermitteln, dass die richtigen Maßnahmen ergriffen wurden und die reale Effektivität sich später manifestieren wird.

- **Die nötige Zeit und Energie aufbringen,** um trotz hoher Anspannung auch selbst noch aufnahmefähig und offen für Neues zu bleiben, das heißt, selbst an Workshops teilzunehmen oder Coachings in Anspruch zu nehmen, um die Werkzeuge zu kennen und selbst anwenden zu können.

- **Vielfältiger Kritik standhalten,** wenn die emotionalen Viren bei der „Wahrnehmung einfordern"-Phase für alle sichtbar werden. Gleichzeitig dem Umfeld und den Vorgesetzten geduldig zu erklären, dass in einem Veränderungsprozess Emotionen nur dann in den Griff zu bekommen sind, wenn man den Menschen in der Organisation eine Möglichkeit gibt, ihre Emotionen auszudrücken und zuzulassen.

Kurzum: Es ist nicht möglich, die Umsetzung der Arbeit an der emotionalen Realität wegzudelegieren. Und da die ersten Ergebnisse nicht sofort sichtbar sind, muss der Vorstand über Standvermögen verfügen, das aufkommende Kritik aushält.

### Simplexity: Pragmatische Klarheit

Fusions- und Changeprozesse sind äußerst komplex, besonders wenn es sich um große, internationale Unternehmen handelt. Dies impliziert jedoch nicht, dass man die immaterielle Realität mit der gleichen Komplexität berühren muss. Das Erleben der Mitarbeiter manifestiert sich oft in Verwirrung und Frust, wenn zahlreiche Berater viele, teilweise unkoordinierte oder sich widersprechende Maßnahmen durchführen. Frustriert von der Doppelbelastung Tagesgeschäft und Change-Management, zeigen dabei viele Manager eine Überreaktion, gehen in die protektive Intelligenz über oder verlassen als letzte Konsequenz das Unternehmen.

Wie bereits erwähnt, liegt unser Ansatz in der Intervention an den Knotenpunkten des Systems: Je tiefer wir in die immaterielle Realität vordringen können, umso höher ist die Wahrscheinlichkeit, dass andere Probleme, insbesondere auf der Ebene der materiellen Realität, sich ebenfalls lösen. Dieses auf dem Grundprinzip der „Engpasskonzentrierten Strategie (EKS)"[11] basierende Vorgehen nennen wir „Simplexity": Die Komplexität der materiellen und immateriellen Realität wird anerkannt, jedoch durch das Vordringen zu den dahinterliegenden emotionalen Viren und energetischen Verhältnissen reduziert. Die nachfolgende Abbildung verdeutlicht die Vernetzung der verschiedenen Problemfelder. Dabei wird die Vernetzung umso dichter (komplexer), je mehr man in die materielle Realität vordringt:

*An den Knotenpunkten des Systems agieren*

**Abb. 13.5: Die Vernetzung der Viren untereinander und mit den Ebenen der materiellen Realität**

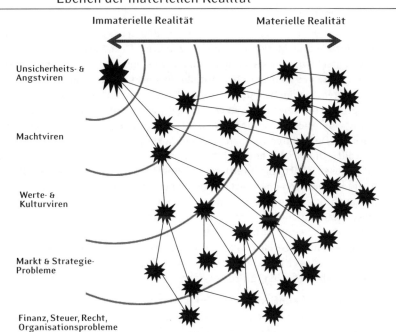

Immaterielle Realität          Materielle Realität

Unsicherheits- &
Angstviren

Machtviren

Werte- &
Kulturviren

Markt & Strategie-
Probleme

Finanz, Steuer, Recht,
Organisationsprobleme

Die Darstellung veranschaulicht, dass beispielsweise die Behandlung der Machtviren automatisch auch die Behandlung der Werte- und Kulturviren vereinfachen kann. Beispiel: Wenn Machtviren im Hintergrund aktiv sind, dann erhalten wir nicht die Erlaubnis (siehe Kapitel 10.3) der Beteiligten, Zeit und Energie in die gemeinsame Definition von Werten zu investieren. Werden derartige Workshops aufgesetzt, kann es schnell zu Unmut kommen, da die Teilnehmer zu Recht argumentieren, dass die wahren Probleme woanders liegen. Sind jedoch die Macht- und Interessenkonflikte geklärt, arbeiten oft die gleichen Teilnehmer mit Feuereifer an einer gemeinsamen Wertedefinition.

Nach unserer Erfahrung stehen die Unsicherheits- und Angstviren am Anfang der Kette. Werden diese behandelt, so können auch Macht- und Interessenkonflikte in einer weitaus sachlicheren Atmosphäre angesprochen werden. Durch die Reduzierung der Komplexität und die Arbeit am kybernetisch wirkungsvollsten Punkt involvieren wir zudem intensiv die Schlüsselpersonen. Sie spüren, dass die Arbeit Sinn macht und den Gesamtprozess weiterbringt. Manchmal muss hierfür etwas Provokation eingesetzt werden, was allerdings auf der Beraterseite sehr viel Erfahrung und Charakter erfordert.

Ein Beispiel aus unserer Praxis verdeutlicht dies und die besondere Rolle der persönlichen Unsicherheits- und Angstviren:

⏩ PRAXISBEISPIEL:

Gegen Ende der neunziger Jahre kaufte ein deutsches Industrieunternehmen den französischen Marktführer mit Sitz in Lyon. Die neue Muttergesellschaft entschied, die Forschungs- und Entwicklungsabteilungen in Frankfurt unter Vorsitz des französischen Abteilungsleiters Patrick Dupont zusammenzulegen. Die postwendende Antwort aus Frankreich kam in Form eines unbegrenzten Streiks! Obwohl er selbst als neuer Leiter der Konzernforschung eigentlich als Gewinner dastand, war gerade Dupont der größte Widersacher. Die Fronten verhärteten sich, da keine der beiden Seiten nachgeben wollte. Um ihren Standpunkt zu untermauern, beauftragte die deutsche Muttergesellschaft eine internationale Beratungsfirma mit einer Studie. Für ein Honorar von umgerechnet fast einer Million Euro zeigte die Studie dann auch, dass eine Zusammenlegung der beiden Abteilungen in Frankfurt sinnvoll war. Dupont blieb davon unbeeindruckt und gab mit Unterstützung der französischen Vorstände seinerseits eine Studie bei einer konkurrierenden Beratungsgesellschaft im Auftrag. Wundersamerweise zeigte diese Studie auch, dass es von Vorteil wäre, die französische Forschungs- und Entwicklungsabteilung in Lyon zu belassen.

Nachdem dieser Konflikt bereits seit mehr als sechs Monaten schwelte, beauftragte uns der deutsche Vorstand mit einer Mediation. Die Bestandsaufnahme der Wahrnehmungen an beiden Standorten ergab gravierende Machtviren, die durch Kulturviren noch verstärkt wurden. Wir arbeiteten zunächst separat mit jeder der beiden Parteien und baten danach zu einem zweieinhalbtägigen Konfliktlösungs-Workshop mit sämtlichen Vorstandsmitgliedern beider Seiten. Es war eindeutig festzustellen, dass sich die Atmosphäre zunehmend entspannte, bei allen Machtfragen jedoch blieben die Fronten verhärtet. Einige Kulturviren konnten zwar behandelt werden, aber der große Durchbruch blieb aus.

Nur drei Stunden vor dem Abschluss des Workshops versammelten wir alle Teilnehmer im Kreis und erklärten: *„Obwohl wir in den vergangenen zwei Tagen sehr hart und zielorientiert gearbeitet haben, ist es uns bisher nicht gelungen, zu Kernproblem vorzustoßen. Wir, die beiden Moderatoren, werden von jetzt an schweigen und mit Ihnen in diesem Kreis sitzen bleiben, bis sich jemand bereit erklärt, die wahren Gründe für die Blockade bekanntzugeben.“* Zwölf deutsche und französische Vorstände schauten sich entweder unruhig um, vermieden Blickkontakt oder fixierten einen imaginären Punkt am Boden. Nach sieben endlos erscheinenden Minuten scharrte plötzlich Patrick Dupont mit den Füßen, räusperte sich und sagte: *„Nun, ich glaube, ich muss etwas gestehen. Der wahre Grund für meinen Widerstand ist, dass ich mir nicht sicher bin, ob ich der Aufgabe, ein internationales Team zu leiten und* *dazu noch in der englischen Sprache, gewachsen bin. Außerdem lehnt meine Frau kategorisch ab, nach Frankfurt umzuziehen."* Wer nun glaubt, der deutsche Vorstandsvorsitzende wäre aufgestanden, um Dupont wütend Vorhaltungen zu machen, irrt. Zur Verblüffung aller stand dieser spontan auf, nahm den konsternierten Patrick Dupont in die Arme, klopfte ihm auf die Schultern und sagte: „Warum haben Sie das denn nicht gleich gesagt? Da wird sich doch bestimmt eine Lösung finden lassen."

In dieser allgemeinen Atmosphäre der Erleichterung fand die Gruppe tatsächlich innerhalb von zwanzig Minuten eine Lösung. Es wurde entschieden, die Abteilungen wie geplant in Frankfurt zusammenzulegen. Dort sollte in Zukunft unter Leitung des bisherigen deutschen Chefs an Verbesserungs-Innovationen, Qualitätsmanagement und Standardisierung gearbeitet werden. Patrick Dupont würde in Lyon eine kleine Abteilung leiten, die sich ausschließlich mit Durchbruchs-Innovation befasste. Diese Entscheidung stellte im Übrigen keinen Kompromiss dar, sondern wurde von allen Seiten als bestmögliche Lösung empfunden. Im Anschluss an diese Entscheidung konnten noch fünf weitere Punkte in Markt- und Strategiefragen übereinstimmend geklärt werden.

Dieses Beispiel veranschaulicht deutlich, wie stark persönliche Unsicherheit, Stolz, aber auch familiäre Umfeldbedingungen Energien binden können und den Nährboden für Machtviren bereiten. Vorgeschobene Sachprobleme, Beraterhonorare in Millionenhöhe für Studien und immense Spannungen in beiden Organisationen hätten vermieden oder zumindest reduziert werden können, wenn man früher in die immaterielle Realität vorgestoßen wäre.

Selbstverständlich ist es sind nicht immer möglich, an den persönlichen Motivationen, Hoffnungen und Ängsten von Schüsselpersonen in einem Workshop zu arbeiten. Oft geschieht dies im Rahmen eines begleitenden Coachings. Die Arbeit in den individuellen Sitzungen macht dann auch Fortschritte in gemeinsamen Workshops möglich.

Das Simplexity-Prinzip gilt auch für den Einsatz der Methoden und die Vorgehensweise. Je komplexer die Situation, umso einfacher müssen die Maßnahmen sein. Direkte Kontakte, eingängige Methoden, schnelle, konkrete Fortschritte im Tagesgeschäft sind gefragt – keine komplizierten Theorien und vor allem wenig Papier. Es ist von fundamentaler Bedeutung, dass die durch die Doppelbelastung bereits erschöpften Schlüsselpersonen der Organisation nicht noch mit schwer zugänglichen Theorien des Change-Managements und komplizierten Prozessen zusätzlich belastet werden.

*Keine komplizierten Theorien, sondern eingängige Methoden und schnelle Fortschritte im Tagesgeschäft*

Wir stellen immer wieder fest, wie dankbar die Teilnehmer für ein klar strukturiertes Vorgehen und pragmatische Werkzeuge sind, die sie sofort im Tagesgeschäft umsetzen können.

## 13.3 Wie mental starke Unternehmen ihre kollektive Intelligenz nutzen

### Kollektive Intelligenz:
### Der Schlüssel zur Beherrschung der Komplexität

Kollektive Intelligenz wird in der Wissenschaft als eine emergente Eigenschaft einer Gruppe definiert: Kollektive Intelligenz entsteht in einem Prozess, in dem eine Gruppe Fähigkeiten und Eigenschaften erlangt, welche die einfache Addition der Fähigkeiten und Eigenschaften aller beteiligten Individuen weit übersteigt und zu denen die Gruppe nur gemeinsam Zugang hat. Dieses Phänomen wird oft in der Natur beobachtet. So hat zum Beispiel eine Arbeitsbiene den Standort eines Futterplatzes nach acht Tagen vergessen. Das Bienenvolk jedoch erinnert sich wesentlich länger daran. Dem liegt ein einfacher und überaus wichtiger Prozess zugrunde: Jede Biene, die etwas Neues erfährt, verkündet ihr Wissen den anderen, indem sie einen „Schwänzeltanz" aufführt. Weil alle tanzen, kann das Gedächtnis im Bienenvolk beliebig lang aufgefrischt werden.[12]

Das Interesse an kollektiver Intelligenz ist in den letzten Jahren stark gestiegen, weil

■ die Vernetzungsmöglichkeiten der Menschen mit der Einführung des Internets und anderer Kommunikationsstrukturen der digitalen Informationstechnologie ganz neue, scheinbar grenzenlose Perspektiven bieten,

■ die Komplexität der Situationen, mit denen Gesellschaften und Unternehmen konfrontiert werden, ständig steigt.

Entscheider stoßen an die Grenzen ihrer persönlichen Verständnismöglichkeit

Professor Peter Kruse, einer der deutschen Experten zu diesem Thema, ist sogar der Ansicht, dass die soziale Komplexität derart extrem gestiegen ist, dass viele Lösungen nur im Rahmen der kollektiven Intelligenz zu finden sind. Wenn Einzelpersonen sich mit diesen hochkomplexen Situationen auseinandersetzen, haben sie nur begrenzt die Möglichkeit, zugrunde liegende Muster zu erkennen und zu klaren Entscheidungen zu kommen. Entscheider in der Wirtschaft und in der Politik stoßen damit an die Grenzen ihrer persönlichen Verständnismöglichkeit.[13]

### Die Grenzen der Technologie

Es ist eine vor allem im Management von großen Unternehmen weit verbreitete Hoffnung, dass die Bereitstellung von geeigneten elektronischen Tools eine ausreichende Voraussetzung ist, um die Gruppe zu vernetzen und deren kollektive Intelligenz zu entwickeln. Pierre Lévy, Philosoph und Universitätsprofessor für Hypermedia, kam in einem richtungsweisenden Buch[14] zu der Überzeugung, dass die globale Vernetzung des Internets zu einem neuen „Raum des Wissens" der Menschheit führen wird. Er vertritt die Meinung, dass „die dauernde Veränderung der Techniken, Märkte und wirtschaftlichen Verbindungen die Kollektive dazu treibt, ihre rigiden, hierarchischen Organisationsstrukturen aufzugeben und die aktiven Fähigkeiten zu Initiative und Kooperation ihrer Mitglieder zu entwickeln".

Was häufig übersehen wird, ist seine Warnung, dass „die Schwierigkeit darin besteht, die Menschen in Gruppen zusammenzufassen – im emotionalen und topologischen Sinn – und sie in ein Abenteuer zu verwickeln, in dem sie wieder Lust bekommen, zu phantasieren, zu erforschen und gemeinsame Sinneswelten zu schaffen."

Professor Kruse sieht in Unternehmen eine weitere Barriere für die Entwicklung der kollektiven Intelligenz: „Es ist vielmehr eine Frage der Kultur, die einen Erlaubnisraum für nicht hierarchische Kommunikationsformen gibt oder nicht. [...] Und da sehe ich bei Unternehmen tatsächlich noch ein Problem. Das Einführen der Technologie ist leicht. Aber wo immer sie eine Netzwerkorganisation installieren, greifen sie implizit die Linie an. Und wo immer sie die Linie angreifen, sind mächtige Gegenreaktionen zu erwarten."[15] Was Kruse hier beschreibt, nennen wir in unserer Metapher der emotionalen Viren einen sehr virulenten Machtvirus.

## Der Triumph der Vielfalt

Ein zweiter Faktor, der im Zusammenhang mit kollektiver Intelligenz steht, ist die Vielfalt, das heißt wie unterschiedlich die Einzelteilnehmer einer Gruppe sind. Alle Recherchen über komplexe adaptive Systeme – die zur Zeit in der Wissenschaft am meisten benutzte Analogie für Organisationen – zeigen, dass ein System nur dann überlebensfähig ist, wenn eine ausreichende Vielfalt vorhanden ist. Homogene Systeme sind starr und unfähig, sich an die Veränderungen der Umwelt anzupassen. Scott Page, Professor an der Universität von Michigan, der neben komplexen Systemen auch Politik und Wirtschaft lehrt, konnte durch spieltheoretische und sozialwissenschaftliche Ansätze demonstrieren, dass Vielfalt bei der Suche nach den besten Problemlösungen ein Faktor ist, der mindestens so wichtig ist wie individuelle Fähigkeiten.[16] Darüber hinaus konnte er aufzeigen, dass Vielfalt als hervorstechende Eigenschaft eines Teams diesem einen Vorteil über das Team verschafft, das nach den Kriterium der höchsten Intelligenzquotienten zusammengesetzt ist. Für Page, ebenso wie für viele Forscher komplexer Systeme, „triumphiert" deshalb Vielfalt über Fähigkeit (*„diversity trumps ability"*).

Vielfalt ist wichtiger als die Intelligenzquotienten der Teammitglieder

In der Theorie der komplexen Systeme besagt die „Regel der erforderlichen Vielfalt", dass Kontrolle über ein externes System nur möglich ist, wenn der Handelnde denselben oder einen höheren Grad an Vielfalt aufweist wie das zu kontrollierende System. Dies übertragen viele Organisationsforscher ohne weiteres auf Organisationen und fordern, dass die interne Vielfalt von Organisationen der externen entsprechen muss.[17] Die Annahme lautet: „Je größer die Vielfalt einer Gruppe oder eines Netzwerks, desto höher die kollektive Intelligenz dieser Gruppe oder dieses Netzwerks."

## Abb. 13.6: Vielfalt und kollektive Intelligenz: Die theoretische Kurve

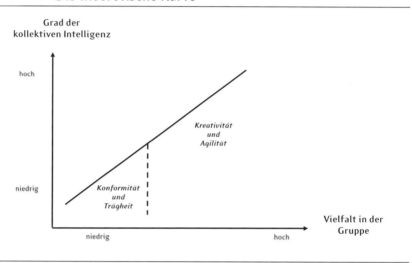

## Die Grenzen der Vielfalt

Wir begleiten seit mehr als drei Jahrzehnten viele internationale Unternehmen und deren Mitarbeiter aus verschiedenen Kulturen und mit unterschiedlichem Background. Und wie jeder, der diese Erfahrung gemacht hat, wissen wir, dass diese Annahme schlicht falsch ist. Unbestritten ist, dass zu wenig Vielfalt tatsächlich Konformität und Trägheit im Unternehmen verursacht: Diese „Trägheitsfalle" wurde von vielen Organisationswissenschaftlern beschrieben und brachte Firmen wie zum Beispiel IBM, Polaroid, Laura Ashley oder Swissair in existenzielle Gefahr.[18]

*Wenn unterschiedliche Kulturen und Meinungen aufeinander stoßen, sind Missverständnisse und Konflikte unvermeidlich*

Weniger untersucht hingegen ist die „Vielfalt-Falle", die Lähmung der Organisation durch eine zu große Vielfalt. Wenn innerhalb einer Gruppe sehr viele unterschiedliche Kulturen, Werte und Meinungen aufeinander stoßen, sind Missverständnisse und Konflikte unvermeidlich. Dazu Professor Kruse: „Kollektive Intelligenz ist gebunden an die gemeinsame Aushandlung von Bedeutung und an gegenseitiges Verstehen. Wir können uns zwar schnell darauf einigen, Englisch zu reden, aber die Aushandlung kultureller Konzepte ist etwas ganz anderes. […] Es ist die Bedeutung hinter der Sprache, die das Problem macht".[19] Was Peter Kruse hier äußert, ist im Prinzip das Gleiche wie die von uns beschriebenen Kultur- oder Werteviren.

Aus unserer Sicht ähnelt daher die reale Kurve zwischen Vielfalt und kollektiver Intelligenz eher der Stresskurve von Yerkes-Dodson (siehe Kapitel 4.3):

### Abb. 13.7: Die „Vielfalt – Kollektive Intelligenz-Kurve"

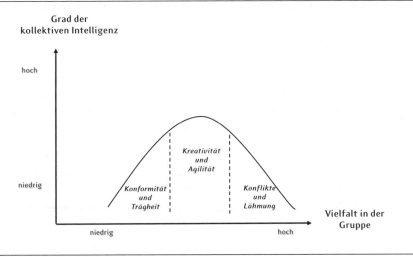

Diese Kurve spiegelt die eben angesprochene Trägheitsfalle wider: Bei geringer Vielfalt kann sich die kollektive Intelligenz in der Gruppe nicht ausdrücken. Eine angemessene Vielfalt hingegen führt dazu, dass sich gerade aufgrund dieser Unterschiede eine gegenseitige Befruchtung ergeben kann. Hierzu möchten wir jedoch gleich anmerken, dass eine „angemessene Vielfalt" alleine nicht gleichbedeutend mit hoher kollektiver Intelligenz ist. Diese bleibt nur schöne Theorie, wenn weder unterschiedliche Werte, Sozialverhalten und Motivationen angesprochen werden, noch ein gemeinsames Verständnis erarbeitet wird.

Nahezu unsteuerbar wird jedoch das System, wenn die Vielfalt zu hoch wird. Die soziale Komplexität, hervorgerufen durch unterschiedliche Werte und Verhaltensweisen, kann dann so groß werden, dass kein einheitliches Grundverständnis mehr geschaffen werden kann. Dies gilt vor allem für wirtschaftlich orientierte Organisationen, die oft kaum Zeit haben, eine solche Komplexität auch nur ansatzweise zu lösen.

Daher ist der Ruf nach mehr Vielfalt durchaus richtig, jedoch auch hier gilt: Die Dosierung ist entscheidend!

## Die vier Bedingungen, um die kollektive Intelligenz zu nutzen

Zusammenfassend gibt es demnach vier wesentliche Bedingungen, um die kollektive Intelligenz einer Organisation nutzen zu können:

1. Die Mitarbeiter in **neue Netzwerke zusammenschließen und zur Kooperation motivieren**, indem sie auf der Basis einer gemeinsamen Kernleidenschaft Lust bekommen, Risiken einzugehen und gemeinsame Sinneswelten (Pierre Lévy) zu schaffen.

2. Die **Kultur- und Werteviren konkret behandeln**, indem man:
   - zunächst ein Bewusstsein schafft für die Existenz von unterschiedlichen Motivationen, Sozialverhalten und Wertebegriffen,
   - gemeinsame Bedeutungsräume bildet, in denen kulturelle Wertekonzepte so ausgehandelt und definiert werden, dass sie als von allen Beteiligten respektiert und gelebt werden können.

3. Die **Machtviren innerhalb der Organisation zur Sprache bringen**, Interessenkonflikte klar definieren und daran arbeiten, ein realistisches Vertrauen zwischen den Schlüsselpersonen aufzubauen.

4. Die **Vielfalt fördern**, jedoch in Grenzen, um das System nicht zu überfordern.

## Durch mentale Stärke die Vielfalt besser nutzen

Mental starke Organisationen erfüllen diese vier Bedingungen. Denn je mehr sie an dem Auf- und Ausbau ihrer mentalen Stärke arbeiten, umso mehr müssen sie zwangsläufig die ersten drei Punkte behandeln. Auf jeden Fall sollte eine seriöse und erfahrene Beratungsgesellschaft in ihrem Projektvorschlag konkret nachweisen können, dass diese drei Bedingungen ein Hauptbestandteil des Begleitungsprozesses ausmachen, auch wenn dies natürlich in anderen Worten oder Metaphern formuliert werden kann.

Ein anderer wesentlicher Vorteil ist ein Abfallprodukt des Prozesses: Mit wachsender mentaler Stärke können sich die Vorteile der Vielfalt besser entfalten, bevor die Organisation an die Grenze der „Vielfalt-Falle" stößt. Die „Vielfalt/kollektive-Intelligenz"-Kurve verschiebt sich damit nach oben und nach rechts, was der Organisation ganz neue Möglichkeiten und Leistungspotenziale eröffnet:

Abb. 13.8: Die Wirkung der mentalen Stärke auf die kollektive
Intelligenz der Organisation

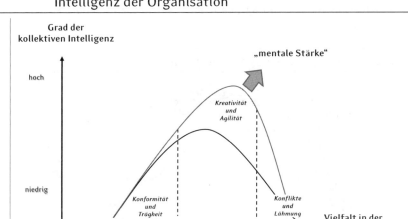

Das Mindeste, das eine mental starke Organisation mit einem Minimum an Vielfalt erreichen kann, ist der Bereich der normalen Kurve. Wie unsere zweite Kurve zeigt, kann eine mental starke Organisation jedoch ihre Kreativität, Flexibilität, Innovationskraft, Kostenintelligenz etc. wesentlich erhöhen, da sie auch eine größere Vielfalt verkraftet. Wir haben bereits mehrfach erlebt, dass solche Unternehmen multikulturelle Mitarbeiter, Querdenker oder kluge Köpfe aus anderen Branchen nahezu magisch anziehen. Sie haben „vielfältige" Mitarbeiterteams, wie zum Beispiel erfahrene Profis, die mit jungen Menschen der digitalen Generation zusammenarbeiten, Mann-Frau-Teams, Spezialisten-Generalisten-Teams, multikulturelle Teams, usw.

Auch hier gibt es allerdings einen Kipp-Punkt, der nicht überschritten werden sollte, um das System nicht zu überfordern.

Quintessenz: Es lohnt sich, unabhängig von der Notwendigkeit, emotionale Viren zu eliminieren, in die mentale Stärke zu investieren, da dadurch die kollektive Intelligenz der Organisation gefördert wird.

## Organisationen neue Leistungspotenziale eröffnen

Wir haben in Kapitel 4.4 dargestellt, wie negative Synergiespiralen entstehen und sich entwickeln, bis hin zur „K.O.-Operation", wenn die immaterielle Realität nicht ernst genommen wird. Wenn Unternehmen hingegen die vier Bedingungen zur Nutzung der kollektiven Intelligenz wirklich konkret zu erreichen versuchen, beginnend mit dem Wahrnehmungszyklus über die oben beschriebenen Maßnahmen und Trainings, kann sich etwas Faszinierendes entfalten - die positive Synergiespirale:

---

## Abb. 13.9: Die positive Synergiespirale

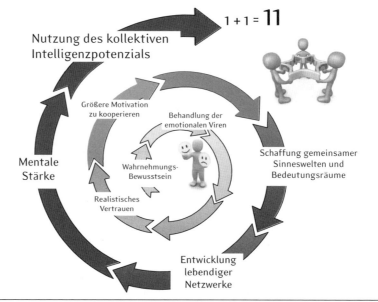

© he2be SA

---

Durch das wachsende Wahrnehmungs-Bewusstsein und die Behandlung der Viren entwickelt sich ein realistisches Vertrauen zwischen den Beteiligten. Aus diesem Vertrauen heraus werden die Möglichkeiten sowie die Motivation zu kooperieren größer. Die Beteiligten erleben erste Erfolge, ihr gemeinsames Handeln bekommt Sinn und Bedeutung. Aus dieser Sinngemeinschaft entwickeln sie tiefere Beziehungen, die neue, lebendige Netzwerke im Unternehmen bilden. Die Mitarbeiter tauschen sich regelmäßig untereinander aus, auch über den eigenen Verantwortungsbereich hinaus. Sie geben sich gegenseitig emotionale und moralische Unterstützung. Diese lebendigen Netzwerke bilden ihrerseits das Rückgrat für die mentale Stärke des Unternehmens: Emotionale Viren werden offen angesprochen, Lösungen im Vertrauen gefunden und umgesetzt. Die kollektive Intelligenz der Gruppe kann sich damit mehr und mehr entfalten. Das ist der Nährboden für „Flow" und wahre Synergie. Die Beteiligten stellen fest, dass 1+1 tatsächlich 11 ergeben kann!

Eine weitere positive Wirkung: Je mehr ein Unternehmen es sich zur Gewohnheit macht, regelmäßig die immaterielle Realität zu sondieren und zu optimieren, umso mehr geht nach einiger Zeit der Aufwand zurück, um Beziehungsprobleme zu regeln und vorgeschobene Sachprobleme zu behandeln.

➕ Fazit:

Je besser die in diesem Buch beschriebenen Bedingungen zur Behandlung der immateriellen Realität erfüllt werden, umso mehr wird die Nutzung der kollektiven Intelligenz zukünftig nicht mehr die Ausnahme, sondern die Regel sein. Das hier beschriebene Konzept der emotionalen Viren – eingebunden in einen Prozess wie mentalmerger – kann dazu entscheidend beitragen.

## 13.4 Hintergrund: Die „Vielfalt-Falle" am Beispiel der kulturellen Vielfalt

Wir haben in diesem Kapitel unsere „Vielfalt/kollektive-Intelligenz"-Kurve dargestellt und erwähnt, dass die „Vielfalt-Falle" von Organisationswissenschaftlern wenig untersucht wurde. Dies heißt allerdings nicht, dass die Thesen, auf denen die Kurve basiert, lediglich aufgrund unserer Praxiserfahrung und Imagination entstanden. Viele Untersuchungen bestätigen unsere Aussagen, wie zum Beispiel zahlreiche Ergebnisse aus der Organisationsforschung in multikulturellen Kontexten:

*These 1: (Kultur-)Vielfalt erhöht das Konfliktrisiko*

Kultur umfasst Basisannahmen, Werte, kognitive Muster sowie Normen und Regeln, die Verhalten und soziale Beziehungen beeinflussen. Sobald Angehörige verschiedener Kulturen interagieren, treffen unterschiedliche Wertvorstellungen und Arbeitsstile aufeinander. Geert Hofstede, Professor für Organisationsanthropologie und internationales Management an der Universität Maastricht, konnte schon in den 1970er Jahren beweisen, dass die nationalen Kulturelemente die Business-Kultur der verschiedenen IBM-Ländergesellschaften weltweit stark prägten.[20] Hofstede identifizierte damals fünf Merkmale von nationalen Kulturen, die noch immer die Basis für viele interkulturelle Forschungen darstellen:

- Große versus geringe **Machtdistanz** zwischen Führungskräften und Mitarbeitern,

- **Individualismus** versus **Kollektivismus**,

- **Maskulinität** versus **Femininität** (zum Beispiel bzgl. Konkurrenzbereitschaft und Selbstbewusstheit),

- Unsicherheitsvermeidung,

- lang- versus **kurzfristige Ausrichtung**.

Die Franzosen zum Beispiel haben eine wesentliche größere Machtdistanz, sind individualistischer, femininer, mehr risikoaffin und kurzfristiger ausgerichtet als die Deutschen. Diese Unterschiede führen zu unvermeidlichen kulturellen Schwierigkeiten.[21] Die Mechanismen, die durch unterschiedliche Werte und Verhalten zu Konflikte führen, sind wissenschaftlich sehr gut dokumentiert. Petra Köppel, eine deutsche Expertin für kulturelle Zusammenarbeit, erwähnt unter anderem:

- Die Interaktionspartner können das Verhalten ihres Gegenübers nicht richtig einschätzen, da sie nach der Kommunikationstheorie auf unterschiedliche kulturelle Codes zurückgreifen, um die Botschaft zu ver- und entschlüsseln.

- Fremdes Verhalten wird nicht akzeptiert, weil es den eigenen Vorstellungen nicht entspricht und als falsch und unpassend erlebt wird (Ethnozentrismus).

- Stereotypen sowie weitere Bewertungsmechanismen der Fremdgruppe aus der Theorie der sozialen Identität (siehe dazu Kapitel 6.8) werden benutzt, die auf Grund ihres generalisierenden oder verfälschenden Charakters eine realistische Einschätzung des Gegenübers vermeiden.

- Der fundamentale Attributionsfehler tritt oft ein, wo beim Auftreten eines Unterschieds ein Defekt in der Person gesucht wird, anstatt die kulturelle Prägung zu bedenken.

Köppel betont die Risiken solcher Missverständnisse: „Wenn kulturelle Unterschiede nicht bekannt sind, treten zwangsläufig Dekodierungsprobleme auf, die durch besagten Ethnozentrismus zu Fehlattributionen und Ablehnung führen können. Breiten sich diese Ablehnungserscheinungen über die Gruppe hinweg in die Organisation aus, führt dies im schlimmsten Falle zu einer Polarisierung der Belegschaft und dem Aufbau eines negativen Betriebsklimas."[22] Eben dies bezeichnen wir als „Verbreitung der emotionalen Viren".

Unsere negative Synergiespirale (siehe Kapitel 4.4) entstand aus unserer Praxis der interkulturellen Konflikte zwischen Deutschen und Franzosen und verdeutlicht den Prozess, der von kulturell geprägten Wahrnehmungen zum Konflikt führt.

Interkulturelle Konflikte sind kein theoretisches Risiko: Das große Angebot an Ausbildungen ist ein Beweis dafür, dass kulturelle Unterschiede in der Wirtschaftspraxis sehr relevant sind. Auch Organisationswissenschaftler haben das Phänomen untersucht und bewiesen, dass multikulturelle Organisationen tatsächlich mehr an Konflikten verursachen. Eine Studie über stationäre Betreuungszentren in den USA zeigte zum Beispiel, dass die Häufigkeit der Konflikte in den Zentren mit der ethnischen Heterogenität der Mitarbeiter korreliert ist: Betreuungszentren mit einer geringen Anzahl an Mitarbeitern aus verschiedenen ethnischen Minoritäten haben wesentlich weniger Konflikte als Zentren mit einer größeren Kulturvielfalt. Die „machtvollen Subkulturen" wurden von den Wissenschaftlern als der Hauptgrund für die Konflikte identifiziert.[23]

*These 2: Vielfalt und Konflikte verhindern die optimale Entwicklung der kollektiven Intelligenz in Organisationen*

Es gibt keine Messgröße, die erlaubt, die kollektive Intelligenz einer Organisation zu messen. Daher ist es nicht möglich direkt zu beweisen, dass Vielfalt und Konflikte die kollektive Intelligenz einer Organisation beeinträchtigen. Infolgedessen werden wir hier die Leistung und die Lernfähigkeit einer Organisation oder einer Gruppe als Proxy für ihre kollektive Intelligenz nutzen.

Vor allem in der US-amerikanischen Forschung wurde untersucht, welchen Einfluss Vielfalt auf Effektivität und Performance hat. Daraus entstand ein sehr differenziertes Bild: Eine Studie mit 92 Arbeitsgruppen und 545 Mitarbeitern in einem führenden Elektrogerätekonzern kam zum Beispiel zur Schlussfolgerung, dass Informationsvielfalt (Gruppenmitglieder mit verschiedenen Informationen) zwar die Gruppenperformance erhöht, dass Sozial- und Wertevielfalt aber einen höheren Grad an Konflikten, Fluktuation, Unzufriedenheit und ein geringeres Commitment verursacht,[24] was sich negativ auf die Performance der Gruppe auswirkt. Das Problem ist bekannt: Bei Wertekonflikten handelt es sich um so genannte „affektive Konflikte" die mit der Aufgabe per se nichts zu tun haben, jedoch die Identität der Teilnehmer gefährden (siehe dazu auch das Airbus-Beispiel in Kapitel 6). In fast allen Fällen wird affektiven Konflikten eine negative Wirkung auf das Gruppenergebnis zugerechnet. Weitere Untersuchungen belegen, dass affektive Konflikte das Lernen in einer Gruppe - eines der wesentlichen Elemente der kollektiven Intelligenz - verhindern.[25]

*These 3: Interventionen über emotionale Viren und interpersonelle Kommunikationsfähigkeiten erhöhen die kollektive Intelligenz einer Organisation*

Die deutschen Autoren Alexander Thomas und Ulrich Zeutschel identifizieren vier Interaktionsmöglichkeiten, die in Zusammenhang mit einer Zusammenarbeit in multikulturellen Kontexten stehen:[26]

- In der **Dominanz** beherrschen die Teammitglieder einer Kultur (zum Beispiel die des Stammhauses) das Team und geben die Regeln vor, wie in unserem „Do it my way"-Machtvirus beschrieben (siehe Kapitel 6.2). Weil keine Kultur dominant wird, sind deshalb Gruppen mit vier oder mehr Kulturen effektiver als Gruppen mit nur zwei oder drei Kulturen.[27]

- In der **Koaktion** arbeitet jedes Mitglied nach seinen eigenen Gewohnheiten und Regeln. Es gibt kaum Interaktionen und folglich auch kaum Reibungen. Es handelt sich um unseren in Kapitel 6.2 beschrieben „Friendly-avoidance"-Virus.

- **Integration** herrscht, wenn die Mitglieder gleichberechtigt zusammenarbeiten und Divergenzen durch das Finden eines gemeinsamen Nenners lösen. Die Integration beruht laut Zeutschel und Thomas auf einem expliziten Verhandlungsprozess.

- **Innovation** kommt dann zum Ausdruck, wenn die Teammitglieder gemeinsam neue Regeln und neue Handlungsweisen entwickeln, die über alle beteiligten kulturspezifischen Repertoires hinausgehen. Was Zeutschel und Thomas Innovationsinteraktion eines multikulturellen Teams nennen, betrachten wir als „kollektive Intelligenz" des Teams.

Das Modell zeigt, dass die Entwicklung einer Interaktionsform, welche die Innovation fördert, auch bei kultureller Vielfalt möglich ist. Es zeigt allerdings auch, dass diese Form nicht automatisch entsteht, sondern die bewusste Auseinandersetzung mit den unvermeidbaren Konflikten und die kulturellen Unterschiede verlangt. So ist es zum Beispiel entscheidend, ob den Akteuren die interkulturellen Unterschiede bekannt und bewusst sind, da sie sonst überrascht, enttäuscht oder irritiert sein können, wenn ihre kulturell geprägten Erwartungen verletzt werden.

Basierend auf der Arbeit von Thomas und Zeutschel hat Professor Swetlana Franken der Fachhochschule Bielefeld eine Liste der Erfolgsfaktoren entwickelt, die zu Synergien in interkulturellen Teams führen.[28] Wir haben diese Liste durch unsere Ansätze ergänzt, um zu zeigen, wie die Arbeit an die vorhandenen Viren und an die Kommunikations- und Kooperationsfähigkeit der Teilnehmer zu Synergien führt, das heißt wie die kollektive Intelligenz der Gruppe damit zum Ausdruck kommt.

| Erfolgsfaktoren | Ansätze |
|---|---|
| „Synergy is not for free! Effektive multikulturelle Zusammenarbeit muss gemanagt werden." | Die Arbeit an der immaterielle Realität beziehungsweise der mentalmerger-Ansatz |
| „Kulturelle Unterschiede sollten offen gelegt und thematisiert werden" beziehungsweise „Die Führung multikultureller Teams erfordert interkulturelle Kompetenz." | Die Behandlung der Kultur- und Werteviren und die Arbeit mit „kulturellen" Structogram-Profilen |
| „Die Wertschätzung der Individualität und Andersartigkeit ist die Basis für die interkulturelle Synergie." | Die Arbeit mit der Structogram liefert die Basis für diese Wertschätzung. |
| „Intensive Kommunikation: gemeinsam Ziele definieren, Erwartungen klären, regelmäßige Arbeitsbesprechungen." | Die Arbeit an der materiellen Realität in den ISW Workshops. |
| „Viel Zeit und Geduld mitbringen. Ein multikulturelles Team muss zusammenwachsen, benötigt mehr Zeit für Abstimmungen und Diskussionen." | Eine der Kernaussagen der Change-Kurve, die wir als gemeinschaftliche „Sprache" über Veränderungsmanagement in die Organisation einführen. |
| „Informelle Kontakte und Sympathie fördern. Information über Länderkulturen, Nationalküche, Familientreffen usw." | Vernetzung der Gruppen durch „Tandem-Workshops." |
| „Offenheit, Empathie und Humor sind von besonderer Bedeutung." | Humoristische Virenbilder und Humor als Intervention. |

# 14. Perspektiven

## 14.1 Warum emotionale Viren kein Modekonzept sind

### Vom Exoten ...

Als wir Anfang der 1990er Jahre mit den kollektiven Emotionen der Organisation arbeiteten, wurden wir als Exoten betrachtet. Das Bestseller von Peter und Waterman „Auf der Suche nach Spitzenleistungen" hatte zwar den Begriff „weiche Faktoren" für Manager salonfähig gemacht, aber nur wenige Führungskräfte hatten von Change-Kurven gehört, und auch dann war nur die Rede von „Einstellungen". Wie wir zu Beginn des Buches beschrieben haben, war das Wort „Emotionen" negativ besetzt und so gut wie tabu. Emotionen galten als Synonym für Unkontrolliertheit und waren somit unerwünscht. Alle gängigen Wirtschafts- und Organisationstheorien ließen die Emotionen außen vor.

Diese negative Einstellung änderte sich etwas mit dem 1996 in Deutschland veröffentlichten Buch „Emotionale Intelligenz" von Daniel Goleman. Zum ersten Mal lag der Fokus auf der positiven Seite der Emotionen und nicht nur auf den Gefahren, die sie mit sich brachten. Die Assoziation der Emotionen mit dem positiv besetzten Wort „Intelligenz" unterstützte sicherlich die Akzeptanz des Konzepts. Es handelte sich dabei allerdings ausschließlich um die Emotionen der Einzelnen, nicht um die kollektiven Emotionen einer Organisation. Unbeeindruckt von diesen Entwicklungen blieb der meistverbreitete Ansatz der Beratungsunternehmen das „Expertenmodell", das wir in Kapitel 4 beschrieben haben.

Ende der 1990er und Anfang der 2000er Jahre entwickelten sich das Verständnis und die Techniken für Change Management in rasanter Weise. Fast alle Führungskräfte kannten nun die Change-Kurve und hatten schon an Teambuilding-Maßnahmen teilgenommen, mit mehr oder weniger Erfolg ...

### ... zum Main-Stream?

Emotionen im Unternehmen werden in Zukunft mehr Anerkennung und Aufmerksamkeit gewinnen, vor allem kollektive Emotionen. Hierfür sehen wir mehrere Gründe:

- Wie im ersten Kapitel dieses Buches dargestellt, ist ein **Wandel der Einstellungen der Mitarbeiter** mittlerweile deutlich spürbar. Heute erwarten die Mitarbeiter, insbesondere die Führungskräfte, ein Unternehmen und ein Arbeitsklima, in dem sie nicht nur Leistungsträger sind, sondern sich wohl fühlen und sich auch persönlich entwickeln können.

- Ein **Wandel der Einstellungen der Unternehmen** ist ebenfalls unübersehbar. Viele der in diesem Buch erwähnten Studien belegen, dass die Firmen beginnen – oft gezwungen durch Rückschläge in der materiellen Realität - die immaterielle Realität ernsthaft zu betrachten. Zum Zeitpunkt, an dem wir dieses Buch zu Ende bringen, fand z.B. in Genf eine Veranstaltung über das Thema „Wenn das Management die Emotionen nutzt" statt, die mehrere hundert Teilnehmer aus allen großen Unternehmen der Region anzog.

- Marktstudien belegen auch, dass „**Mindset ändern**" und „**Wertewandel initiieren**" immer mehr an Bedeutung in den Unternehmen gewinnen. Sie stehen auch an erster Stelle aller Kundenanfragen, die wir zurzeit erhalten. Der Begriff der „mentalen Stärke" ist auch immer häufiger zu hören. Vor allem im Leistungssport, besonders beim Fußball, wird in jedem Interview mit Trainern und Spielern zunehmend die Notwendigkeit der „mentalen Stärke" des Teams hervorgehoben.

- Wie in Kapitel 13 gezeigt, ist dieser Wandel teilweise von der wachsenden Komplexität der Herausforderungen der Gesellschaft und der Wirtschaft verursacht, die nicht mehr von Einzelpersonen zu beherrschen ist. **Kollektive Intelligenz ist nicht mehr nur ein Modewort, sondern eine Notwendigkeit**, die sich ohne die Einbeziehung der immateriellen Realität des Unternehmens nicht entfalten können wird.

- **Die entscheidende Rolle der Emotionen wird in der Wissenschaft immer besser verstanden.** Und somit verliert die Rationalität ihre ehemals alleinherrschende Stellung. Der Neuropsychologe António Damásio konnte die Unentbehrlichkeit der Emotionen bei der Entscheidungsfindung nachweisen. Wirtschaftstheorien berücksichtigen mittlerweile eine „begrenzte Rationalität" der Akteure.

- **Namhafte Beratungsgesellschaften greifen das Thema auf**, wenn auch nur zögerlich. Eine Change-Management-Studie von McKinsey untersuchte zum Beispiel zum ersten Mal die kollektiven Emotionen in Organisationen, die großen Veränderungsinitiativen durchgeführt hatten und bewies, dass erfolgreiche Unternehmen negative Emotionen wie Angst und Frustration wesentlich besser im Griff hatten, und positive Emotionen wie Begeisterung oder Vertrauen deutlich besser verbreiteten als weniger erfolgreiche Unternehmen.[29]

Die Existenz der immateriellen Realität des Unternehmens wird folglich in Zukunft mehr Anerkennung erhalten. **Frühwarnsysteme für kollektive Emotionen** werden aus unserer Sicht in den nächsten Jahren genauso selbstverständlich werden wie es heute bereits „Marketingradare" und die Kennzahlen der finanziellen Entwicklung sind. Was die Organisation ermüdet, ist nicht die Arbeit - es sind die Emotionen. Wahrnehmungen einfordern, akzeptieren und transzendieren wird daher neben der strategischen Ausrichtung eine fundamentale Bedeutung für eine nachhaltige Unternehmensentwicklung erhalten.

Sind wir dafür „Main-Stream" geworden? Noch nicht! Fünfzehn Jahre nach der Einführung des Konzepts der emotionalen Viren fühlen wir uns immer noch als Pioniere auf dem Gebiet der Behandlung der kollektiven Emotionen. Selbstverständlich gibt es viele andere Pioniere, wie zum Beispiel in den USA Richard Barrett mit „Value Center", der Unternehmen nach den Bewusstseinsebenen einstuft, in denen sie sich gerade befinden. In Deutschland hat aus unserer Sicht nextpractice eine starke Vorreiterrolle. Doch trotz allem bleibt das „limbische System" des Unternehmens weiterhin ein Mysterium für die große Mehrheit der Führungskräfte.

## 14.2　Wie geht es weiter?

Wie sehen wir die Zukunft des Konzepts der emotionalen Viren? Wir sind der Ansicht, dass drei Entwicklungsachsen dieses Konzept in den kommenden Jahren prägen werden:

- ■ **Verbreitung des Konzepts**: Mit diesem Buch verbinden wir die Hoffnung, dass es zu einer Verbreitung des Bewusstseins über die Bedeutung der kollektiven Emotionen beitragen wird, ähnlich wie das Buch von Peter und Watermann für die weichen Faktoren, und das Buch von Goleman für die emotionale Intelligenz. Im „weichen" Bereich der kulturellen Unterschiede im deutsch-französischen Management hatten wir bereits sehr großen Erfolg, jedoch geht es hier um mehr: Wir wollen das Konzept so einfach und schlüssig wie möglich an viele Führungskräfte vermitteln, um zu beweisen, dass die Arbeit an den kollektiven Emotionen der Organisation einerseits absolut notwendig und andererseits kein „Hexenwerk" ist.

- ■ **Weiterentwicklung des Ansatzes**: Innovative Ansätze und Werkzeuge, die das „limbische System" des Unternehmens ansprechen, kommen verstärkt auf den Markt. Ein Paradebeispiel hierfür sehen wir im Software-Tool nextexpertizer das wir in Kapitel 4.13 vorgestellt haben. Ein Beratungsansatz lebt oder veraltet. Aus diesem Grund werden wir, gemeinsam mit bestehenden und neuen Partnern, immer wieder neue Ansätze oder Werkzeuge in unsere mentalmerger-Methodik integrieren. Wir freuen uns auch sehr auf den Austausch mit unseren Lesern. Dazu haben wir eigens eine Homepage (www.emotionales-unternehmen.org) eingerichtet.

- **Internationalisierung**: Unsere Auftraggeber kommen, historisch bedingt, bisher in den meisten Fällen aus Deutschland oder Frankreich, auch wenn die Veränderungs- und Fusionsprojekte, die wir begleitet haben, viele verschiedene Länder und Kulturen umfassten. Die Internationalisierung der möglichen Anwender des Konzepts war ein Grund für uns, die Firma *he2be* – *H*uman *E*steem to *B*usiness *E*nhancement – im internationalen Umfeld des Genfer Sees zu gründen. *he2be* wird das Konzept der emotionalen Viren im Rahmen des mentalmerger-Ansatz weiter verbreiten. Ein nächster, wichtiger Schritt wird darin bestehen, das Konzept in die angelsächsischen Länder, und insbesondere in die USA zu exportieren. Wir haben diesbezüglich erste vielversprechende Gespräche durchgeführt, um das bestehende internationale mentalmerger-Netzwerk von Partnern weiter auszubauen.

Das emotionale Unternehmen ist nicht das Ziel. Es geht um eine höchstmögliche Balance zwischen Rationalität und Emotionalität. Dazu muss der „Kutscher" mehr Gewicht bekommen, denn nur ein schärferes Bewusstsein kann dazu beitragen, die potenziell destruktive Kraft der Emotionen in eine antreibende und belebende Tat-Kraft zu transzendieren.

Was uns antreibt, ist der Glauben an eine zwangsläufige Evolution im zwischenmenschlichen Miteinander in Unternehmen, an eine mehr am Zusammenspiel zwischen Individuum und Gemeinschaft ausgerichtete Arbeitswelt. Auch nach über 30 Jahren im internationalen Business haben wir unsere tiefe Überzeugung nicht abgelegt, dass der Mensch kooperativ veranlagt ist und danach strebt, sich immer höher zu organisieren und zu vernetzen.

> „Wenn wir unsere *protektive Intelligenz* nutzen,
> dann *fordern* wir von den anderen.
>
> Wenn wir unsere *kollektive Intelligenz* nutzen,
> dann *fördern* wir die anderen."

# Danke

Unseren Frauen **Francine** und **Ulrike** für ihren unermüdlichen Zuspruch und ihr Verständnis. Es war Francine, die schon seit mehreren Jahren dazu gedrängt hat, dieses Buch zu schreiben. Und Ulrike hat sich Tage und Nächte um die Ohren geschlagen, um unsere Texte zu übersetzen und leserfreundlich aufzubereiten.

Meinem langjährigen Weggefährten **Pierre de Bartha**, mit dem mich viel mehr verbindet als 25 Jahre gemeinsames Unternehmertum. Dank seines Einsatzes und seiner Ideen wurde der mentalmerger-Prozess im Laufe der Jahre immer ausgefeilter und strukturierter.

Allen **Kunden**, die uns vertraut und die innovativen Projekte mit uns oft gegen hohen Widerstand in der eigenen Organisation durchgesetzt haben. Insbesondere **Markus Sieverding** für seine zusätzliche Bereitschaft, den mentalmerger-Prozess für die Integration von Messer Griesheim in den Air Liquide Konzern hier als Praxisbeispiel darstellen zu dürfen.

Allen **Freunden** und **Partnern** des **mentalmerger-Netzwerks**, insbesondere **Susanne de Broglie** für das wertschätzende Vertrauen und all die Herausforderungen, die wir gemeinsam angenommen und geschafft haben.

**Melanie, Benjamin, René, Tobias, Thomas, Bettina, Vera, Madeline**, die während ihres Praktikums bei he2be eindrucksvoll unter Beweis gestellt haben, dass sie als Teil der „Digital Generation" nicht nur mit Computern und Web 2.0 umgehen können. Sie haben auch mit Ideen, Tatkraft und Optimismus unseren Glauben verstärkt, dass diese Generation nicht das Problem, sondern die Lösung für die Zukunft ist.

Den sehr **zahlreichen Bekannten** und (noch) **Unbekannten**, die uns mit überraschender Begeisterung und innovativen Ideen bei der Suche nach einem prägnanten Titel über unserer Homepage kontaktiert und inspiriert haben.

**Ulrike M. Vetter**, der Cheflektorin Management des Gabler Verlages, für ihre spontane Unterstützung des Buchprojekts.

**Peter Kruse** und all **den Forschern** und **Kollegen**, die weltweit an den gleichen oder ähnlichen Themen arbeiten und mit denen wir uns sehr verbunden fühlen.

# Die Autoren

Jochen Peter Breuer (links im Bild), geboren 1956 in Köln, verfügt über 35 Jahre Business-Erfahrung, davon 25 Jahre als Consultant. Er gilt als Spezialist für Transformationsmanagement, vor allem in einem transkulturellen Umfeld. 1984 gründete er JPB Consulting in Paris; seither hat er mit mehr als 20.000 Managern und Führungskräften bei internationalen Fusionen und Umstrukturierungen gearbeitet. Seit 2008 ist er Geschäftsführer von Human Esteem to Business Enhancement (he2be) in Lausanne/Schweiz.

Pierre Frot (rechts im Bild), 1963 in Frankreich geboren, lebt seit über 20 Jahren in München. Nach dem Studium der Informatik und einem MBA-Abschluss war er fünf Jahre bei der Boston Consulting Group in Paris und München tätig. Anschließend leitete er die Unternehmensberatung CSC Index und begleitete zahlreiche Transformationsprozesse in internationalen Konzernen. Seit 2001 ist er selbständiger Unternehmensberater und Coach und repräsentiert he2be in München.

Informationen, Blog und Downloads:

www.emotionales-unternehmen.org | info@emotionales-unternehmen.org

# Anmerkungen und Literatur

## Teil 1

1　Michael Kunz (2007): *Das Daimler Debakel*, Sueddeutsche.de, 14. Mai 2007

2　Sueddeutsche.de (2009): *Hochzeit des Grauens*, 28. April 2009

3　Die Welt online (1998): *Aktionäre begrüßen Fusion*, 19. September 1998

4　Sydney Finkelstein (2002): *The DaimlerChrysler merger,* Trustees of Dartmouth College

5　Stephen Fineman (1993): *Emotions in organizations*, Sage

6　Wendelin Küpers und Jürgen Weibler (2005): *Emotionen in Organisationen*, Kohlhammer

7　Capgemini Consulting (2008): Change Management-Studie 2008

8　People's Post: *China's super rich only second to US*, 30. Oktober 2009

9　Studie 2009 von L'Oréal und Global Alliance in Management Education (CEMS)

10　Managerseminare.de (2009): Kienbaum Jahrestagung: Krisenkompetenzen für HR-Profis, 2. Juni 2009

11　dito

12　Thomas J. Peters und Robert H. Waterman (1984): *Auf der Suche nach Spitzenleistungen*, Redline Wirtschaftsverlag

13　Dietmar Vahs (2009): *Organisation – Ein Lehr- und Managementbuch*, Schäffer-Poeschel

14　IBM Global Business Strategy (2008): *Making change work*

15　Winfried Panse und Wolfgang Stegmann (1996): *Kostenfaktor Angst*, mi-Verlag

16　Süddeutsche Zeitung: *Hochzeit des Grauens*, 28. April 2009

17　Sydney Finkelstein (2002): *The DaimlerChrysler merger,* Trustees of Dartmouth College

18　Joseph LeDoux (2001): *Das Netz der Gefühle*, DCV

19　Paul Ekman (2004): *Gefühle lesen*, Spektrum

20　In Anlehnung an Laurence Saunder (2007): *L'énergie des émotions*, Eyrolles

21　Winfried Berner: *Lexikon des Change Management*, www.umsetzungsberatung.de

22　In Anlehnung an Laurence Saunder (2007): *L'énergie des émotions*, Eyrolles

23　Joseph LeDoux (2001): *Das Netz der Gefühle*, DCV

24　John Grinder und Richard Bandler (2007): *Therapie in Trance. NLP und die Struktur hypnotischer Kommunikation,* Klett-Cotta

25　Paul Ekman (2004): *Gefühle lesen*, Spektrum

26　Nigel Nicholson (1998): *How hardwired is human behavior?*, Harvard Business Review, July-August 1998

27　Joseph LeDoux (2001): *Das Netz der Gefühle*, DCV

28　Valentina Bruk-Lee und Paul Spector (2006): *The social stressors-counterproductive work behaviors link: Are conflicts with supervisors and coworkers the same?*, Journal of Occupational Health Psychology, 2006, Vol. 11, 2

29　Andreas Bartels und Semir Zeki (2007): *Hals über Kopf*, Gehirn&Geist 1/2007

30　James Harter, Frank L. Schmidt und Ted Hayes (2002): *Gallup survey of 7,939 business units across 36 companies*

31    Tower Perrin HR Services (2007): *Towers Perrin Global Workforce Study 2007*

32    Winfried Berner: *Lexikon des Change Management - Emotionen: Motoren unseres Handelns, Quell unserer Ausrede,* www.umsetzungsberatung.de

33    Peter Senge (1999): *The dance of change, the challenges to sustaining momentum in learning organizations,* Nicholas Brealey Publishing

34    Arnd Wolpers (1990): *Philips - Flucht nach vorn,* Computerwoche, 31. August 1990

35    Stephen Harper (1998): *Leading organization change in the 21st century.* Industrial Management, Mai-Juni 1998

36    Heike Bruch und Bernd Vogel (2005): *Organisationale Energie,* Gabler

37    Nigel Freedman (1996): *Operation Centurion - Managing transformation at Philips,* Long range planning, Vol. 29, Oktober 1996

38    Capgemini Consulting (2008): *Change Management Studie 2008*

39    Booz & Company (2008): *Change Management graduates to the boardroom*

40    IBM (2008): *Making change work*

41    Lehrstuhl für Soziologie der Fakultät für Wirtschaftswissenschaften der TU München und C4 Consulting (2007): *Veränderungen erfolgreich gestalten*

42    Interview mit Susan Pinker, *„Der codierte Mann",* sueddeutsche.de, 16. August 2009

43    Suzanne Thompson (1981): *A complex answer to a simple question: Will it hurt less if I can control it?,* Psychological Bulletin, 90, 89-101

44    Managerseminare.de (2009): Kienbaum Jahrestagung: *Krisenkompetenzen für HR-Profis,* 2. Juni 2009

45    DaimlerChrysler eins: die Strategie. *Die beiden Vorstandsvorsitzenden Robert J. Eaton und Jürgen E. Schrempp zur Neuausrichtung des Vorstands,* 1. Oktober 1999

46    Matthias zur Bonsen (2009): *Leading with Life,* Gabler

47    Hans Böckler Stiftung (2001): WSI-Tarifbericht 2001

48    Heike Bruch und Bernd Vogel (2005): *Organisationale Energie,* Gabler

49    Spiegel Online (2001): *Schon 270 Flüge ausgefallen,* 17. Mai 2001

50    James W. Greenwood (1979): *Managing executive stress,* Wiley

51    Wendelin Küpers und Jürgen Weibler (2005): *Emotionen in Organisationen,* Verlagsvertrieb Stuttgart GmbH

52    John und Nicholas Jackson O'Shaughnessy (2003): *The marketing power of emotions,* Oxford University Press

53    Robert Yerkes und John Dodson (1908): *The relation of strength of stimulus to rapidity of habit-formation,* Journal of Comparative Neurology and Psychology, 18 (1908), 459-482

54    Copyright © he2be SA / JPB Consulting Sarl

55    Thomas Steiger und Brigitte Hug: *„Veränderungsmanagement",* in Thomas Steiger, Eric Lippmann (Hrsg., 2008): *Handbuch Angewandte Psychologie für Führungskräfte,* Springer

56    Bernd Glazinski (2007): *Innovatives Changemanagement,* Wiley

57    Thomas Steiger und Brigitte Hug: *„Veränderungsmanagement"* in Thomas Steiger, Eric Lippmann (Hrsg., 2008): *Handbuch Angewandte Psychologie für Führungskräfte,* Springer

58    Elizabeth Kübler Ross (1989): *Über den Tod und das Leben danach,* Silberschnur

59    McKinsey (2006): *Organizing for successful change management: A McKinsey global survey,* McKinsey Quarterly, Juni 2006

## Teil 2

1 Gareth Morgan (1986): *Bilder der Organisation*, Klett-Cotta
2 George Lakoff und Mark Johnson (1997): *Leben in Metaphern*, Carl Auer
3 Michael Buchholz in George Lakoff und Mark Johnson (1997): *Leben in Metaphern*, Carl Auer
4 Thomas Steiger und Eric Lippmann (Hrsg., 2008): *Handbuch angewandte Psychologie für Führungskräfte*, Springer
5 Vera Birkenbihl (2001): *Stroh im Kopf? Von Gehirn-Besitzer zum Gehirn-Benutzer*, MVG
6 Manfred Spitzer (2006): *Lernen – Gehirnforschung und die Schule des Lebens*, Spektum
7 George Lakoff und Mark Johnson (1997): *Leben in Metaphern*, Carl Auer
8 Gareth Morgan (1986): *Bilder der Organisation*, Klett-Cotta
9 Robert Misik (2006): *Poesie und Erkenntnisfortschritt: Vom Nutzen und Nachteil der Metapher für das Denken.* taz.de, 5. September 2006.
10 Karl Wimmer (2004): *Metaphern und Geschichten als Entwicklungsimpulse*, www.wimmer-partner.at
11 dito
12 dito
13 Spiegel Online, *Deutsch-französische Disharmonie*, 23. Juni 2008
14 Manager Magazin, *Teures politisches Geschöpf*, 4. Oktober 2006
15 Stern.de, *Handmade in Germany*, 28. Juli 2008
16 Spiegel Online, *Airbus Chef will Englisch als Firmensprache einführen*, 18 Juni 2008
17 Mauritius Lohmer (2001): *Room to move, die Psychodynamik von Fusionen und ihre Konsequenzen für die Personalarbeit*, www.osb-i.com
18 Manager Magazin (2000): *Weltgrößter Geldsack platzt*, 6. April 2000
19 Rolf Oerter (1982): *Struktur und Wandlung von Werthaltung*, Oldenbourg R. Verlag
20 Siehe auch: Jochen Peter Breuer und Pierre de Bartha (2005*): Deutsch-Französische Geschäftsbeziehungen erfolgreich managen: Spielregeln für die Zusammenarbeit auf Führungs- und Fachebene*, Deutscher Wirtschaftsdienst.
21 Martin Classen und Felicitas von Kyaw (2009): *Warum der Wandel meist misslingt*, Harvard Business Review, 12/2009
22 Bernd Glazinski (2007): *Innovatives Change Management*, Wiley
23 Mathias und Mauritius Lohmer (2009): *Room to move – Die Psychodynamik von Fusionen und ihre Konsequenzen*, www.osb-i.com
24 Winfried Werner (2006): *Lexikon des Change Management – Angst: die wichtigste Emotion in Veränderungsprozessen*, www.umsetzungsberatung.de
25 Capgemini (2005): *Veränderung erfolgreich gestalten. Change Management 2005*
26 Matthias zur Bonsen (2009): *Leading with Life*, Gabler
27 Hermann Winner (2007): *10 Jahre Elchtest-Debakel Mercedes und der Elch: Die perfekte Blamage.* Die Welt, 21. Oktober 2007
28 Klaus Doppler (2002): *Unternehmenswandel gegen Widerstände*, Campus
29 Thomas Delekat (2009): *Witze machen mächtig*, Die Welt, 26. August 2009
30 Gerharz Schwarz (2008): *Führen mit Humor*, Gabler
31 Barbara Abrell (2007): *Lachen auf Rezept – wie Humor heilt*, Focus-Online, 11. Februar 2007
32 www.humorhilftheilen.de

33    John Kihlstrom (1987): *The cognitive unconscious*, Science, Vol. 238,
      Issue 4834, 18. Dezember 1987

34    Karl C. Mayer (2010): *Glossar Psychiatrie, Psychosomatik, Psychotherapie,*
      *Neurologie und Neuropsychologie - Capgras Syndrom,* www.neuro24.de

35    www.wikipedia.de: *Capgras Syndrom*

36    Andreas Eder (2001): *Erklärungsmodelle für den Mere Exposure Effekt:*
      *Die affektive Qualität der perzeptuellen Geläufigkeit.* Diplomarbeit aus der
      Studienrichtung Psychologie, Leopold-Franzens-Universität Innsbruck

37    Christian Schreier und Dirk Held (2008): *Wie Werbung wirkt - Erkenntnisse des*
      *Neuroimarketingt,* Haufe

38    Judith Dobrzynski (1995): *Yes, he's revived sears. But can he reinvent it?,*
      New York Times, 7. Januar 1996

39    Anthony Rucci, Steven Kirn und Richard Quinn (1998): *The employee-Customer-*
      *Profit Chain at* Harvard Business Review, Januar, Februar 1998.

40    Steven Kirn, Anthony Rucci, Mark Huselid und Brian Becker (1999): *Strategic*
      *human resource management at Sears,* Human Resource Management, Winter
      1999, Vol. 38, Nr. 4, 329-335.

41    Learning Maps wurden von der Firma Root Learning entwickelt. Beispiele von
      Learning Maps sind unter www.rootlearning.com zu sehen

42    Stratford Sherman and Anthony Rucci (1997): *Bringing Sears into the new world,*
      Fortune Magazine, 13. Oktober 1997

43    Anthony Rucci, Steven Kirn und Richard Quinn (1998): *The employee-Customer-*
      *Profit Chain at Sears* Harvard Business Review, Januar-Februar 1998

44    www.wikipedia.de (12/2009): *Bildkommunikation*

45    DIMP (2004): *The use of images to support instruction and presentations,*
      Technical Advisory Service for Images (TASI), 2002-2004

46    U.S. Department of Labor, OSHA Office of Training and Education (1996):
      *Presenting Effective Presentations with Visual Aids.*

47    Robert E. Horn (12/2009): *Eff ectiveness of Visual Language Presentations,*
      www.macrovu.com

48    Video: *„So sehen wir die Franzosen",* Interview ARD Morgenmagazin

49    Michael Kucht, www.changekomm.de

50    Patricia Noller (1980): *Misunderstandings in marital communication: A study of*
      *couples' nonverbal communication,* Journal of Personality and Social Psychology,
      1985, Vol. 39, 1135-1148

51    Anne Bartsch (2004): *Emotional communication - a theoretical model,* Papier für
      die IGEL-Konferenz 2004

## Teil 3

1   Rosa Beth Moss Kanter (2009): *Merger without misery,* The Conference Board Review, September 2009.

2   Rosa Beth Moss Kanter (2009): *Mergers that stick,* Harvard Business Review, Oktober 2009.

3   The Asian Banker (2004): *Shinhan's Choi – Chohung integration in two years,* 17. März 2004

4   Asien Aktuell (2003): *Streik gegen Bankfusionen,* 18. Juni 2003

5   Asien Aktuell (2003): *Wilde Banker,* 8. August 2003

6   In-Ho Lee, CEO of Shinhan (2006): *CEO Interviews,* The Korea Herald, 20. März 2006

7   Moon Gwang-lip (2009): *Stability is key to success,* JoongAng Daily, 31. August 2009

8   Jeffrey Sanchez-Burks und Quy Nguyen Huy (2009): *Emotional Aperture and Strategic Change – The Accurate Recognition of Collective Emotions.* Organization Science, Vol. 20, Nr. 1, January-February 2009

9   dito

10  Jeffrey Sanchez-Burks (2005): *Protestant relational ideology: The cognitive underpinnings and organizational implications of an American anomaly,* Research in Organizational Behavior, Vol. 26, 265-305.

11  Takahiko Masuda, Phoebe C. Ellsworth, Batja Mesquita, Janxin Leu, Shigehito Tanida und Ellen Van de Veerdonk (2008): *Placing the face in context: Cultural differences in the perception of facial emotion,* Journal of Personality and Social Psychology, Vol 94, 365-381.

12  Hillary Anger Elfenbein und Nalini Ambady (2002): *Is there an ingroup advantage in emotion recognition?* Psychological Bulletin. Vol. 128, 243-249.

13  Google Recherche, 01/2010: „*Engagement survey*"

14  Winfried Berner (01/2010): „*Lexikon des Change Managements – Motivations- und Führungs-Audit*", www.dieumsetzungsberatung.de

15  Mathieu von Rohr (2010): *Immer Ärger mit den Deutschen,* Der Spiegel, 8. Februar 2010

16  Klaus-Peter Kerbusk (2010): „*Enorme Herausforderungen*" – Interview mit Hasso Plattner, Der Spiegel, 15. Februar 2010

17  Mentalmerger ist ein eingetragenes Markenzeichen von JPB Consulting, Paris

18  Marshall Rosenberg (2007): *Gewaltfreie Kommunikation: Eine Sprache des Lebens.* Junfermann

19  www.nextpractice.de

20  Harald Gärtner (2003): *Sie verstehen mich nicht – Wahrnehmungsfilter in der Kommunikation,* Fitness Tribune Nr. 86, Okt.-Nov. 2003

21  Friedrich Glasl (2008): *Selbsthilfe in Konflikten,* Haupt

22  Michael Loebbert (2003): *Storymanagement,* Klett-Cotta

23  Jerome Bruner (2002): *Making stories – law, literature, life,* Harvard University Press

24  Dean Mobbs, Michael Greicius, Eiman Abdel-Azim, Vinod Menon und Allan Reiss (2003): *Humor Modulates the Mesolimbic Reward Centers,* Neuron, Vol. 40, Issue 5, 1041-1048

25  Air Liquide, Geschäftsbericht 2003

26  Die Welt, 21. Januar 2004: *Marktführer Air Liquide bringt Linde in Zugzwang*

27  Sieghart Scheiter und Mirja Wehmeyer (2006): *Konzerne suchen ihr (M&A-)Glück auch wieder in der Ferne,* Strategien und Visionen | report 8/9 2006

28 Das Air Liquide - Messer Griesheim Integrationsprojekt wurde von einem Beraterteam unter Leitung von Jochen Peter Breuer und Pierre de Bartha, Mitentwickler des Konzepts der emotionalen Viren, durchgeführt.

29 Financial Times Digital Edition (2006): *Why a successful merger is all in the mind*, 14. März 2006

30 M. Reddy in George Lakoff und Mark Johnson (2008): *Leben in Metaphern*, Carl Auer

31 Friedemann Schulz von Thun (1981): *Miteinander reden*, Rowohlt

32 Douglas Griffin (2003): *Leadership als Ethik der Globalisierung in Lebensprozessen*, GD_I Journal für Entscheidungsträger, Winter 2003

33 Argus Rail Business, März 2000

34 Ruth Ann Hattori und Todd Lapidus (2004): *Collaboration, trust and innovative change*, Journal of Change Management, Vol. 4, Nr. 2, 97-104, June 2004

35 Paul Sander (2004): *Endorsement letter to Jonathan Rosen Associates and Foxworthy Consulting*, 4. April 2000

36 www.eks.de

37 Marin Schweer und Barbara Thies (2008): *Vertrauen*, in Ann Elisabeth Auhagen (Hrsg.): Positive Psychologie, Beltz

38 Reinhold Niebuhr (1943): *Gelassenheitsgebet.*

39 Daniel Goleman (1995): *Emotionale Intelligenz*, Hanser

40 Peter Jordan, Claire Ashton-James und Neal Ashkanasy (2006): *Evaluating the claims - Emotional intelligence in the workplace*, in Kevin R. Murphy (Hrsg.): A critique of emotional intelligence: What are the problems and how can they be fixed?, 189-210, Mahwah, NJ: Lawrence Erlbaum

41 Delphine Nelis, Jordi Quoidbach, Moïra Mikolajczak und Michel Hansenne (2009): *Increasing emotional intelligence: (How) is it possible?* Personality and Individual Differences 47 (2009) 36-41

42 Abraham Carmeli und Zvi Josman (2006): *The relationship among emotional intelligence, task performance, and organizational citizenship behaviors*, Human Performance, 19(4), 403-419

43 Richard Harmer und Catherine Lutton (2007): *Enhancing team performance through emotional intelligence coaching.* Organisations and People, Mai 2007, Vol. 14; Nr. 2, 41-48

44 Das Air Liquide-Messer Griesheim-Integrationsprojekt wurde von einem Beraterteam unter Leitung von Jochen Peter Breuer und Pierre de Bartha, Mitentwickler des Konzepts der emotionalen Viren, durchgeführt.

45 Financial Times Digital Edition (2006): *Why a successful merger is all in the mind*, 14. März 2006

46 Air Liquide (2003): Geschäftsbericht 2003

47 Matthias zur Bonsen(2009): *Leading with Life*, Gabler

48 Air Liquide (2004): Geschäftsbericht 2004

49 Jennifer Dunn und Maurice Schweitzer (2005): *Feeling and believing: The influence of emotion on trust*, Journal of Personality and Social Psychology, 2005, Vol. 88, Nr. 5, 736-748

50 Yaacov Schul, Ruth Mayo und Eugene Burnstein (2008): *Encoding under trust and distrust - the spontaneous activation of incongruent cognitions*, Journal of Applied Psychology, 2008, Vol. 93, Nr. 3, 593-601

51 Niklas Luhmann (2009): *Vertrauen*, UTB

## Teil 4

1    Leadership online (2009): *Transformation begins with leaders*, 4. November 2009

2    Regis Nyamakanga (2008): *It's happening, Financial Mail*, 11. April 2008

3    dito

4    Gina Davidson (2006): *Employer Branding - A Nedbank Case Study*, Nedbank presentation, SARA Conference 9. und 10. November 2006

5    Barrett Values Center (2009): *The Role of Strategy, Culture and Leadership in the Nedbank Turnaround - The Tom Boardman Story*, 14. September 2009

6    Tom Boardman - Nedbank CEO (2009): *Strategy, culture and leadership*. Interne Präsentation, 19. August 2009

7    Regis Nyamakanga (2008): *It's happening*, Financial Mail, 11. April 2008

8    Financial Times Digital Edition (2006): Why a successful merger is all in the mind, 14. März 2006

9    James E. Loehr (2006): *Persönliche Bestform durch Mental-Training*, BLV Verlagsgesellschaft

10    Jack Welch (2001): *Was zählt*, Econ

11    www.eks.de

12    Ellen Walter-Klaus und Andre Reuter (2005): *Wissens- und Werte-Management in Theorie und Praxis*, VDM

13    Ulrike Reinhard (2008): *DNAdigital im Gespräch mit Peter Kruse*, DNAdigital, 18. Februar 2008

14    Pierre Lévy (1998): *Die kollektive Intelligenz - für eine Anthropologie des Cyberspace*, Bollmann

15    Ulrike Reinhard (2008): *DNAdigital im Gespräch mit Peter Kruse*, DNAdigital, 18. Februar 2008

16    Scott Page (2007): *The difference: how the power of diversity creates better groups, firms, schools, and societies*, Princeton University Press

17    Zum diesen Thema siehe zum Beispiel Frances Milliken und Luis Martins (1996): *Searching for common threads: Understanding the multiple effects of diversity in organizational groups*. Academy of Management Review, Vol 21, Nr. 2, 402-433.

18    Zu diesem Thema siehe zum Beispiel Heike Bruch und Bernd Vogel (2005): *Organisationale Energie*, Gabler

19    Ulrike Reinhard (2008): *DNAdigital im Gespräch mit Peter Kruse*, DNAdigital, 18. Februar 2008

20    Geert Hofstede (2001): *Culture's consequences: comparing values, behaviors, institutions and organizations across nations*. 2. Auflage, Sage Publication

21    Jochen Peter Breuer und Pierre de Bartha (2005*): Deutsch-Französische Geschäftsbeziehungen erfolgreich managen: Spielregeln für die Zusammenarbeit auf Führungs- und Fachebene*, Deutscher Wirtschaftsdienst

22    Petra Köppel (2007): *Konflikte und Synergien in multikulturellen Teams: Virtuelle und face-to-face-Kooperation*, Gabler

23    Lisa Hope Pelled (1996): *Relational demography and perceptions of group conflict and performance: A field investigation*, International Journal of Conflict Management, 7, 230-246

24    Karen Jehn, Gregory Northcraft und Margaret Neale (1999): *Why difference makes a difference: A field study of diversity, conflict and performance in workgroups*, Administrative science quarterly, Vol. 44, Nr. 4, 741-763

25  Marianne van Woerkom und Marloes van Engen (2009): *Learning from conflicts? The relations between task and relationship conflicts, team learning and team performance*, European Journal of Work and Organizational Psychology, 2009, Vol. 18, Nr. 4, 381-404

26  Ulrich Zeutschel und Alexander Thomas (2003): *Zusammenarbeit in multikulturellen Teams*. Wirtschaftspsychologie aktuell - Themenschwerpunkt Management, 10 (2), 31-39

27  Swetlana Franken (2008): *Innovation durch kulturelle Vielfalt*. Fachworkshop „Faktor Vielfalt - Sprengsatz oder Innovationstreiber?!" Basel, 10. September 2008

28  dito

29  McKinsey (2006): *Organizing for successful change management: A McKinsey global survey*. The McKinsey Quaterly, June 2006

# Stichwortverzeichnis

# Mitarbeiter erfolgreich führen

↗

## Von der Natur für die Führungs-praxis lernen

Mit Erkenntnissen der Evolutionsbiologie die „weichen" Verhaltensfaktoren wie Sympathie, persönliches Kennen und gegenseitiges Vertrauen mit den „harten" sozialen Regeln des Handelns erfolgbringend verschränken.

Klaus Dehner

**Die Bindungsformel**

Wie Sie die Naturgesetze des gemeinsamen Handelns erfolgreich anwenden
2010. 192 S.
Geb. EUR 39,90
ISBN 978-3-8349-1393-7

## Mit verändertem Denken Leistungs-niveau steigern

Ein Praxisratgeber, der Führungskräfte pragma-tisch dabei unterstützt, Talent-Management, also Personalführung und –entwicklung, professionell in ihren Alltag zu integrieren. Durch die sehr pra-xisorientierte Herangehensweise, die auf über 10 Jahren Coaching-Erfahrung mit Führungskräften beruht, sowie eine Reihe realer Praxisfälle erhält der Leser erprobte Ansätze, wie er seine eigenen Denk- und Verhaltensmuster verändern kann, um seiner Verantwortung als Talent-Manager besser gerecht zu werden und seine Attraktivität als Arbeitgeber ebenso wie das Leistungsniveau in seinem Bereich zu steigern.

Jochen Gabrisch

**Die Besten managen**

Erfolgreiches Talent-Management im Führungsalltag
Mit zahlreichen Beispielen aus der Coaching-Praxis
2010. 237 S. mit 32 Abb.
Br. EUR 34,95
ISBN 978-3-8349-1872-7

## Worauf es beim Führen wirklich ankommt

Was zeichnet gute Führung aus? Welche Füh-rungsansätze sind wichtig und praxisnah? Daniel F. Pinnow, Geschäftsführer der renommier-ten Akademie für Führungskräfte, zeigt in diesem Kompendium, worauf es wirklich ankommt.

Daniel F. Pinnow

**Führen**

Worauf es wirklich ankommt
4. Aufl. 2009. 321 S.
Geb. EUR 42,00
ISBN 978-3-8349-1753-9

Änderungen vorbehalten. Stand: Februar 2010.
Erhältlich im Buchhandel oder beim Verlag

Gabler Verlag . Abraham-Lincoln-Str. 46 . 65189 Wiesbaden . www.gabler.de

**GABLER**

# Mehr Erfolg und weniger Stress

↗

## Leicht umzusetzende Praxistipps eines erfahrenen Coaches

Stress gehört zum Berufs- und Privatleben der meisten Menschen dazu. Immer mehr Menschen bekommen jedoch durch Stress gesundheitliche Probleme. Das wiederum führt zu vermehrten Ausfallzeiten in den Unternehmen und stellt somit zunehmend auch eine volkswirtschaftlich interessante Komponente dar.

Peter Buchenau
**Der Anti-Stress-Trainer**
10 humorvolle Soforttipps für mehr Gelassenheit
2010. 158 S. mit 34 Abb.
Br. EUR 14,90
ISBN 978-3-8349-1808-6

## Der Weg zu mehr Mut, Entschlossenheit, Erfolg

Mut ist die fundamentale Antriebskraft, damit wir im Leben das erreichen, was wir wirklich wollen. Um mutig und erfolgreich handeln zu können, benötigen wir Metaphern einer mutigen Selbsterzählung. Denn in jedem Augenblick unseres Lebens handeln wir nach Geschichten, die wir uns selbst erzählen – so der Managementberater und Coach Kai Hoffmann. Mithilfe der Metapher des Boxens wirft der Autor einen überraschenden Blick auf unser Verhalten im Alltag. Eindringliche Praxisfälle belegen seine einzigartige und bewährte Coachingmethode, die auf neuesten Erkenntnissen der Gehirnforschung basiert. Um seine Selbstführung im täglichen Leben wirksam durchzuboxen, muss der Leser nicht in den Ring steigen.

Kai Hoffmann
**Dein Mutmacher bist du selbst!**
Faustregeln zur Selbstführung
2009. 204 S.
Geb. EUR 29,90
ISBN 978-3-8349-1664-8

## Schneller und effektiver durch professionelle Langsamkeit

Dieses Buch ist kein klassischer Ratgeber, sondern vielmehr ein „Tatgeber". Die Schilderung unterschiedlichster Alltagssituationen führt immer wieder zu der Erkenntnis: Die Zukunft im (Wirtschafts)leben gehört den „ProLas", den professionellen Langsamen. Diese wissen genau, bei welchen Tätigkeiten sie bremsen müssen, um dadurch Höchstgeschwindigkeit zu erreichen. Wer künftig deutlich schneller sein will, muss gezielt langsamer werden!

Oliver Alexander Kellner
**Speed Control**
Die neue Dimension im Zeitmanagement
2010. 215 S.
Geb. EUR 24,90
ISBN 978-3-8349-1826-0

Änderungen vorbehalten. Stand: Februar 2010.
Erhältlich im Buchhandel oder beim Verlag

Gabler Verlag . Abraham-Lincoln-Str. 46 . 65189 Wiesbaden . www.gabler.de

GABLER